Die Evolution der Psychoanalyse

S. E. Tömmel, Dr. phil., Dr. rer. pol. habil., arbeitet hauptberuflich als Psychoanalytikerin in eigener Praxis. Sie studierte in München, Saarbrücken und Brüssel Philosophie, Soziologie, Psychologie, Pädagogik und Literaturgeschichte. Nach ihrer Promotion arbeitete sie mehrere Jahre als wissenschaftliche Assistentin am Institut für Soziologie der Universität München (Spezialgebiete: geschlechtsspezifische Sozialisation, Ideologiekritik, Wissenschaftssoziologie).

Sieglinde Eva Tömmel

Die Evolution der Psychoanalyse

Beitrag zu einer evolutionären
Wissenschaftssoziologie

Campus Verlag
Frankfurt/New York

Die vorliegende Arbeit wurde 1983 von der Sozialwissenschaftlichen Fakultät der Ludwigs-Maximilians-Universität München als Habilitationsschrift im Fach Soziologie angenommen und für die Veröffentlichung geringfügig überarbeitet.

Gedruckt mit Unterstützung der Deutschen Forschungsgemeinschaft.

CIP-Kurztitelaufnahme der Deutschen Bibliothek

Tömmel, Sieglinde:
Die Evolution der Psychoanalyse : Beitr. zu e.
evolutionären Wissenschaftssoziologie / Sieglinde
Eva Tömmel. - Frankfurt/Main ; New York : Campus
Verlag, 1985.
    ISBN 3-593-33553-0

Copyright © 1985 Campus Verlag GmbH, Frankfurt/Main
Umschlaggestaltung: Atelier Warminski, Büdingen
Satz: Heinz Breynk, Kirchweiler
Druck und Bindung: Beltz Offsetdruck, Hemsbach
Printed in Germany

Inhalt

Verzeichnis der Abbildungen und Tabellen

Vorwort

Mein Erkenntnisinteresse bei dieser Arbeit war, anhand eines relativ gut bekannten theoretischen, wissenschaftshistorischen und biographischen Materials der Frage nachzugehen, warum und wie sich manche wissenschaftlichen Theorien im Laufe der Zeit durchsetzen, andere aber nicht. Warum "überleben" einige Theorien, treten, wie die Psychoanalyse Sigmund FREUDs, gar einen Siegeszug um die wissenschaftliche Welt an, beeinflussen das Denken einer Epoche weit über die Fachöffentlichkeit hinaus, während andere Theorien eher eine Randexistenz führen, wieder andere den "Hypothesentod" (POPPER) sterben?

Die dabei wirksamen Mechanismen am Beispiel psychotherapeutischer Theorien aufzuzeigen, lag mir auch deswegen nahe, weil ich nach langjähriger Assistentenzeit am Soziologischen Institut der Universität München (Lehrstuhl Prof. E.K. FRANCIS / Prof. W.L. BÜHL) eine psychoanalytisch-psychotherapeutische Ausbildung durchlaufen hatte und inzwischen als freipraktizierende Psychoanalytikerin tätig bin.

Der Gedanke an den evolutionären Charakter auch der Wissenschaftsentwicklung drängt sich nicht erst seit den Arbeiten der "New Philosophy of Science", für die Namen wie POPPER, KUHN, LAKATOS, TOULMIN und FEYERABEND repräsentativ sind, geradezu auf, sondern ist bereits in den Arbeiten der deutschen Wissenssoziologie der zwanziger und dreißiger Jahre angelegt. Die deutsche Wissenssoziologie hat - in komplexe philosophische Erörterungen gekleidet - bereits "geahnt", welches die Gesetze des Verhältnisses von "sozialem Sein" und "Wissen" sind. Abgesehen von der brutalen Unterbrechung durch den Nationalsozialismus, der viele deutsche Philosophen und Soziologen zur Auswanderung in die USA zwang, konnte diese spezifische wissenssoziologische Sichtweise auch deshalb zunächst nicht weiter ausgearbeitet werden, weil die heute bekannten Fakten aus den Naturwissenschaften, vor allem der Biologie, der Neurophysiologie und der Humanethologie noch nicht vorlagen.

Erst in jüngster Zeit haben Biologen wie z.B. Rupert RIEDL gezeigt, daß einige der aus der Philosophie bekannten typischen Probleme, Fragestellungen und Denkweisen "biologisch", d.h. in ihrer stammesgeschichtlichen Entwicklung zu verstehen sind. Vor allem RIEDL, so die hier vertretene Auffassung, ist es zu verdanken, daß am Horizont unseres Denkens so etwas wie "objektive Erkenntnis" (POPPER) aufscheint, die eben nicht in Widerspruch zu subjektivem Verstehen steht, sondern dessen Konsequenz und Ergänzung darstellt.

Ziel und Absicht der vorliegenden Schrift ist es, unter konsequent angewandtem evolutionstheoretischem Aspekt

1. einige der soziologischen Entwicklungsbedingungen moderner Wissenschaftsentwicklung generell zu erfassen;
2. insbesondere die Entwicklung der Psychoanalyse zur wissenschaftlichen Disziplin darzustellen, die, ausgehend von den klassischen Naturwissenschaften, unversehens zur Entdeckung eines radikalen Neuen vorstieß, das sich der in unseren Augen veralteten Einordnung in den traditionellen Dualismus von Natur- und Geisteswissenschaften verweigert. Die Entwicklung der Psychoanalyse stellt keinen Sonderfall in der Geschichte der Wissenschaftsentwicklung dar; wie andere wissenschaftliche Disziplinen auch hat sie verschiedene Selektionsstufen zu überstehen, bis sie in den anerkannten wissenschaftlichen Schatz unserer historischen Epoche aufgenommen werden kann.

Mein Dank gilt Herrn Prof. E.K. Francis für seine besondere Art, soziologisches Denken zu vermitteln, und für seine jahrelange Geduld mit einer oft recht ungebärdigen Schülerin. Auch Herr Prof. W.L. Bühl hat meine Tätigkeit am Soziologischen Institut der Universität München großzügig gefördert; seine Arbeiten weisen den Weg zu einer allgemeinen verhaltens- und evolutionstheoretisch begründeten Soziologie. Den Herren Professoren K.M. Bolte und H.J. Helle bin ich dankbar dafür, daß ich mich immer wieder gegen sie behaupten mußte. Den Psychoanalytikern Prof. E. Wiesenhütter, Dr. E. Frühmann, Dr. W. Schmidbauer und Prof. W. Mertens danke ich für die Lektüre des Manuskripts und ihre konstruktive Kritik; der DFG für den Druckkostenzuschuß.

Danken möchte ich vor allem auch meinem Mann, dem Psychiater und Psychotherapeuten Dr. C. Cording-Tömmel, der mit auch heute noch nicht selbstverständlicher "männlicher Geduld" und der Übernahme nicht selbstverständlich männlicher Aufgaben im Haus und mit unseren Kindern mir das Schreiben sehr erleichtert hat. Insbesondere danke ich ihm für die zahlreichen Diskussionen und Anregungen, die mich immer wieder veranlaßten, meine Standpunkte zu überprüfen.

Frau Helga Goller danke ich für ihre unermüdliche Geduld beim Schreiben der Manuskriptfassungen, Frau Sonnauer und Frau Hödemaker für die Schreibarbeiten bei der Korrektur.

Unseren Kindern, Till und Tanja, danke ich für die Fülle der emotionalen Erlebnisse, die mich auch die trockeneren Stellen des Stoffes heil überstehen ließen.

Sieglinde Eva Tömmel   München, im Mai 1985

Einleitung

1. Skizzierung der Fragestellung

Unter "Psychoanalyse" wird allgemein diejenige Theorie und therapeutische Praxis verstanden, die zunächst von Sigmund FREUD (1856-1939) etwa vom Jahr 1895 an (1) entwickelt wurde. Als Therapieform unterscheidet sie sich von der Psychiatrie und anderen seelenheilkundlichen Disziplinen durch die Beschränkung auf die Behandlung von psychogenen Erkrankungen mit ausschließlich psychischen Mitteln, insbesondere der freien Assoziation (zu Träumen, zu Tagesereignissen, zur analytischen Situation usw.) und deren Deutung.

Im Gegensatz zu anderen psychotherapeutischen Methoden versteht sich die Psychoanalyse als erste Tiefenpsychologie, d.h. sie untersucht nicht allein, nicht einmal primär, bewußte psychische Prozesse. Ihre Priorität liegt auch nicht in der Beobachtung und Veränderung menschlichen Verhaltens, sondern sie zielt in erster Linie, wenn auch nicht ausschließlich, auf die Aufdeckung unbewußter seelischer Tätigkeit. Ihre Grundannahme lautet, daß neurotische Erkrankungen Folge unbewußter Konflikte seien.

Zunächst imponiert die Psychoanalyse als Leistung eines bahnbrechenden einzelnen: Sigmund FREUDs. So jedenfalls lautet in der Regel die Version der Biographen, Anhänger und auch Gegner.(2)

Der Siegeszug der Psychoanalyse ist in der modernen Wissenschaftsgeschichte nahezu beispiellos. Sie hat wie keine andere wissenschaftliche Theorie das Interesse nicht nur der Fachleute (Mediziner, Psychologen), sondern auch das der Philosophen, Soziologen, Pädagogen und Sprachwissenschaftler, der Künstler und Literaten sowie nicht zuletzt der gebildeten Öffentlichkeit auf sich gezogen. Dieses Interesse hält seit etwa 1910 unvermindert an, so daß SCHÜLEIN (1978) sagen kann, es sei heute beinahe einfacher, aufzuzählen, wer nichts über FREUD geschrieben habe, als eine vollständige Bibliographie der Texte zusammenzustellen, die sich mit ihm befassen, geschweige denn, diese alle zu lesen. Die vorliegenden Publikationen umfassen nicht nur wissenschaftliche Auseinandersetzungen mit seiner Theorie und psychotherapeutischen Praxis, sondern auch sein Leben hat das Interesse der wissenschaftlichen wie der nichtwissenschaftlichen Öffentlichkeit gefunden: die erste Biographie entstand bereits zu FREUDs Lebzeiten (WITTELS 1924); einige Jahre nach FREUDs Tod schrieb BERNFELD seine berühmt gewordenen Aufsätze über die frühe Kindheit FREUDs (1944b), über seine wissenschaftlichen Anfänge (1944a, 1949), über ein noch "unbekanntes autobiographisches Fragment" in FREUDs Werk (1946) sowie, zusammen mit Suzanne CASSIRER, über seine ersten Jahre in der Praxis (1952).

1981 hat Ilse GRUBRICH-SIMITIS die genannten Arbeiten sowie weitere frühe Veröffentlichungen unter dem Titel "Siegfried Bernfeld, Suzanne Cassirer Bernfeld: Bausteine der Freud-Biographik", übersetzt und mit einer ausführlichen Einleitung versehen, neu herausgegeben.

In den fünfziger Jahren schrieb JONES seine große Freudbiographie (1953-1957). 1972 veröffentlichte der Leibarzt FREUDs, Max SCHUR, eine Darstellung seines Lebens und Sterbens.

Außerdem wurden zwei photographische Bildbände veröffentlicht: im Jahr 1974, von FREUDs Familie mitherausgegeben und um eine kurze Biographie FREUDs ergänzt (3), und im Jahr 1976 ein weiterer von ENGELMANN (4).

1979 erschien in London eine FREUD-Biographie von R.W. CLARK; in der Bundesrepublik eine Arbeit über FREUD und seinen Vater (KRÜLL 1979). In demselben Jahr erschien in den USA ein umfangreiches wissenschaftshistorisches Werk von Frank J. SULLOWAY, das bereits 1982 in deutscher Sprache vorlag und den Titel trägt: "Freud – Biologe der Seele. Jenseits der psychoanalytischen Legende."

Längere Zeit nach Abschluß des vorliegenden Manuskripts erschien von A. LORENZER "Intimität und soziales Leid - Archäologie der Psychoanalyse" (1984) sowie ein von J.M. MASSON (1984) als Angriff auf die psychoanalytische Theorie gedachter Versuch, mithilfe bisher noch unveröffentlichten biographischen Materials FREUDs "Unterdrückung" der "Verführungstheorie" zu erhellen.(5)

Die Aufzählung der biographischen Werke um FREUD beansprucht keineswegs Vollständigkeit. Nicht erwähnt wurden z.B. die zahllosen "Huldigungen" an FREUD in Form von Lebenserinnerungen in Schilderungen der eige-

16

nen Analyse bei FREUD (z.B. DOOLITTLE 1976, BLAN-
TON 1975) oder die ebenso zahllosen Versuche, FREUDs
Wirkung auf die Zeitgeschichte einzuschätzen (z.B. Erich
FROMM 1981). Dabei herrscht, wie GRUBRICH-SIMITIS
bemerkt (1981, S. 7), abwechselnd die Tendenz zur Hagio-
graphie oder zur Demontage vor.

Das Interesse an Werk und Person Sigmund FREUDs,
das nun seit etwa 80 Jahren unvermindert anhält, ist ein
gesellschaftliches Phänomen ersten Ranges. Schließlich gehört
es nicht zur Norm, daß ein großer Wissenschaftler, deren
es ja viele gibt, in so ungewöhnlichem Ausmaß porträtiert,
beschrieben, sein Leben bis in den letzten Winkel ausge-
forscht wird. Wer hätte dies bei EINSTEIN oder MARX,
KRAEPELIN oder DARWIN versucht? Es muß an der Person
und dem Werk Sigmund FREUDs etwas besonderes sein,
das dieses überraschende gesellschaftliche und private,
wissenschaftliche und nichtwissenschaftliche Interesse hervorgerufen hat. Die Größe der wissenschaftlichen Leistung
allein kann dieses Phänomen kaum erklären.

Auffallend ist auch, daß FREUDs Werk sehr unterschiedliche Interpretationen herausgefordert hat und immer noch
herausfordert; dies gilt sowohl für die Inhalte der FREUD-
schen Theorie und Praxis als auch für deren wissenschaftstheoretischen Status: die Skala reicht von radikaler Ablehnung bis zu bedingungsloser Zustimmung, von dem Urteil,
die Psychoanalyse sei keine Wissenschaft (so z.B. EYSENCK,
KRAEPELIN, BUMKE, ASCHAFFENBURG und JASPERS),
bis zu dem Versuch des Nachweises, sie sei Naturwissenschaft
(so z.B. HARTMANN, RAPAPORT, KRIS und LÖWENSTEIN).
Nebeneinander bestehen Vorstellungen über FREUDs "szientistisches Selbstmißverständnis" (HABERMAS 1968), dessen
Zurechtrückung in Richtung sozialwissenschaftlicher Herme-
neutik (RICOEUR, LORENZER) und ihrer Verteidigung
als nomothetische Wissenschaft. Experimentelle Untersuchungen zur Stützung der Theorie gibt es ebenso (DOLLARD
und MILLER 1948, FRENKEL-BRUNSWICK 1956, REMPLEIN
1977) wie die Ablehnung des Experiments als einer der
Psychoanalyse inadäquaten Methode (Anna FREUD 1972),
Versuche, die Psychoanalyse in ihren Grundlagen als erklärende Wissenschaft zu retten (PEREZ 1972, MÖLLER 1978,
1979), wie ihre Verdammung als Sektierertum, Mystik oder
Religion (JASPERS 1973, BUMKE 1931, EYSENCK 1970).

Bemerkenswert ist auch, daß sich die Psychoanalyse
seit ungefähr 70 Jahren weltweit (mit Ausnahme der Länder
des Realen Sozialismus) in den Industriegesellschaften durchgesetzt hat; in Frankreich wie in England, in den USA,

in der Bundesrepublik Deutschland, der Schweiz und in ihrem Herkunftsland Österreich. In diesen Ländern gibt es eine große Anzahl von Veröffentlichungen zur Weiterentwicklung der psychoanalytischen Theorie und Praxis, wobei in den dreißiger und vierziger Jahren die Ichpsychologie, heute die Psychologie narzißtischer Probleme, im Vordergrund steht. Den größten Anteil an der Weiterentwicklung haben dabei zweifellos die USA; seit dem Beginn der vierziger Jahre wurde sie in der psychoanalytischen Theorie und Praxis allmählich zur führenden Nation, nicht zuletzt wegen der zahlreichen vor Hitler flüchtenden jüdischen und auch nicht-jüdischen Psychoanalytiker, die in die USA emigrierten.

Dabei ist die weltweite Durchsetzung der Psychoanalyse nicht selbstverständlich: zur Zeit der Begründung der Psychoanalyse existierten in Europa mindestens drei oder vier psychotherapeutische Schulen, die heute nur noch dem engeren Fachkreis bekannt sind. In Frankreich lehrten und psychotherapierten CHARCOT, BERNHEIM, LIEBAULT und JANET; in der Schweiz gelangte Paul DUBOIS zu Weltberühmtheit. Ihre Schulen sind heute fast vergessen; auch in den Herkunftsländern dieser Schulen gewann die Psychoanalyse an Boden und konnte sich nicht nur bis heute halten, sondern wird weiterentwickelt und über zahlreiche Lehrinstitute institutionalisiert und tradiert.

Der Begriff "Psychotherapie" tauchte, soweit wir wissen, erst spät, am Ende des 19. Jahrhunderts, bei den Schülern BERNHEIMs in Nancy auf und wurde dann rasch dem wissenschaftlichen und nichtwissenschaftlichen Wortschatz integriert.(6) Die Tatsache der Entstehung dieses Begriffs und der wissenschaftlichen Psychotherapie am Ende des 19. Jahrhunderts verweist vermutlich auf ein damals dringender werdendes gesellschaftliches Bedürfnis: die Behandlung der Neurosen bzw. die Heilung der "Nervösen", die die Sprechstunden der Neurologen, somatisch orientierter Mediziner, verstopften (vgl. DUBOIS 1910, FREUD GW XIV).

Betrachtet man die heutige psychotherapeutische Szene, so fallen vor allem die explosionsartig zunehmenden Techniken der Gruppenpsychotherapie auf. Es gibt analytische Gruppenpsychotherapie, Psychodrama, Urschrei, bioenergetische Gruppen, Gestaltgruppen, transaktionsanalytische Gruppen usw. Noch läßt sich nicht entscheiden, welche von diesen ständig neu erfundenen und ausprobierten Techniken übrigbleiben werden; sichtbar ist heute nur die Tatsache des enormen Zulaufes zu derartigen Gruppen. Die Hypothese drängt sich auf, daß dies mit der zunehmenden Isolation der Bewohner der Industriegroßstädte zusammenhängt, mit dem Verlust einer "organischen Kohäsion", der Gefahr des Einzelnen, inmitten von massenhaften Menschenansammlungen zu vereinsamen, der Tendenz, halb bewußt, halb unbewußt zu Versuchen der Selbstheilung zu greifen, in therapeutischen Gruppen ehrlichen Kontakt, wahre Gefühle und echte Zuneigung zu suchen.

Mit diesem aktuellen Bild als Hintergrund ist es einfacher, das historische zu illustrieren: das 19. Jahrhundert war das Zeitalter der individuellen Psychotherapie. Dies ist kein Zufall, sondern hat gesellschaftliche Methode, denn man kann ohne Übertreibung sagen, daß das 19. Jahrhundert das Jahrhundert des bürgerlichen Familiendramas war.

Dieser Satz wird plausibel, wenn man die zeitgenössische schöne Literatur betrachtet. IBSEN und STRINDBERG schreiben Dramen, deren Inhalt wahrhafte Schauerlichkeiten gegenseitiger psychischer Quälereien ist; in Frankreich verfassen MAURIAC und BALZAC Frauendramen, die ebensogut aus der Sammlung FREUDscher Krankengeschichten stammen könnten; in Rußland schreibt DOSTOJEWSKY seine erschütternden Familiengeschichten von Vatermord und Bruderhaß; in Frankreich entstehen die Werke PROUSTs - Meisterstücke selbstquälerischer Introspektion; D.H. LAWRENCE verfaßt in England die ödipale Geschichte der Liebe zu seiner Mutter, aber auch die "Lady Chatterly" - das frivole Gegenstück zu seinem Mutterdrama; in Deutschland schreibt Thomas MANN das Familiendrama "Buddenbrooks", Untergangsepos eines bürgerlichen Hauses; in Österreich schreiben SCHNITZLER und ZWEIG zahlreiche Novellen, deren zentrale Figur an den Verhältnissen leidende Frauen und Mädchen sind; in "Frau Bertha" findet die ödipale Beziehung zwischen Mutter und Sohn erst im Selbstmord beider ihre Lösung. Hermann BROCH und Robert MUSIL entwickeln den bürgerlichen Roman durch Introspektion zu einer noch nicht gekannten Höhe. Kurz: zu vermuten ist, daß dieselben gesellschaftlichen Lebensbedingungen, die diese Literatur hervorbrachten, auch die Psychotherapeuten auf den Plan riefen.

Es spricht vieles dafür, daß es gerade die Zeitbedingtheit einer Theorie ist, an welcher ihre Fehler offenbar werden. An den Widersprüchlichkeiten zwischen in der Vergangenheit formulierter Theorie und in der Gegenwart gelebter Praxis können die Einflüsse des "Zeitgeistes" auf die Formulierung der Theorie erkannt werden. Dies gilt zumindest für die Wissenschaften, welche nicht als rein historische gelten.

Unter "zeitbedingt" wird hier nicht verstanden der historisch erreichte Stand der Produktivkräfte, der bestimmte Entdeckungen erst ermöglicht, wie etwa das Mikroskop die Untersuchung organischer Feinstrukturen, das Teleskop die Formulierung bestimmter astronomischer Theorien. Während die Produktionsmittel und der erreichte Stand der Technik und Wissenschaft die Voraussetzungen für eine Theorie darstellen, auf denen diese erst entwickelt werden kann, sind mit "zeitbedingt" hier diejenigen Faktoren gemeint, die notwendig den Blickpunkt des Forschers trüben: z.B. als normative Implikate einer Gesellschaft, als materielle Lage oder als Resultat der individuellen Biographie. Theoretische "Wahrheit" (als möglichst genaue Übereinstimmung von Aussage und Gegenstand, wissenschaftlich in der Form von Gesetzen ausgedrückt) ist demgegenüber unabhängig von den Kontaminationen des "Zeitgeistes". Freilich wird es kaum möglich sein, auf diese Weise einfach die "wahren" Teile einer Theorie von den "falschen" zu unterscheiden. Aber der Aufweis der Zeitbedingtheit von Teilbereichen der Theorie öffnet das Feld für die empirische Untersuchung der Inhalte und bricht die Selbstimmunisierung einer Theorie auf.

FREUD behandelte seinen Gegenstand als zeitungebunden: es kam ihm darauf an, "ewige" Gesetze psychischen Funktionierens zu finden; an diesem Anspruch ist er zu messen. Das heißt auch, daß eine Fortentwicklung der Theorie in seinem Sinne nur möglich sein wird, wenn die unterlaufenen "zeitbedingten" Irrtümer, die er selbst nicht zu sehen in der Lage sein konnte, aufgewiesen und korrigiert werden.

Aus den genannten Problemen ergeben sich folgende Fragen, die zur Begründung für die vorliegende Untersuchung wurden: Wieso sind Ende des 19. Jahrhunderts und zu Beginn des 20. Jahrhunderts mehrere psychotherapeutische Schulen entstanden? Auf welche Probleme der Zeit war die Psychotherapie die gesellschaftlich adäquate Antwort? Was unterschied die Psychoanalyse von den anderen psychotherapeutischen Schulen? Was unterscheidet FREUD von anderen Psychotherapeuten? Wieso gelang es der Psychoanalyse, sich im Konkurrenzkampf mit anderen psychotherapeutischen Theorien und Schulen als einzige durchzusetzen? Was ist das Besondere an der FREUDschen Theorie, das unter Umständen auch das große Interesse an seiner Person erklären könnte? Lassen sich darüber hinaus allgemeine Schlußfolgerungen bezüglich der Entstehung von Theorien und Schulen überhaupt ziehen? Was an der FREUDschen Theorie ist Einzelleistung, was seiner Biographie, was der "normalen Wissenschaft" (KUHN) der Zeit geschuldet?

Diese Fragen sind Grund genug, die Psychoanalyse unter einem neuen Aspekt zu untersuchen: dem wissenschaftssoziologischen.

2. Zum theoretischen Bezug: Wissenschaftssoziologie

Wissenschaftssoziologische Untersuchungen zur Psychoanalyse im engeren Sinn gibt es bisher nicht (schon deshalb nicht, weil die Wissenschaftssoziologie selbst eine noch sehr junge Disziplin ist). Allerdings sind einige wissenschafshistorische Arbeiten erschienen (zuletzt die umfassende Arbeit von SULLOWAY 1979), in denen hier und da als soziologisch aufzufassende Randbemerkungen stehen. Es gibt weiter eine größere Anzahl soziologischer Arbeiten zum "Gesellschaftsbild" der FREUDschen Theorie (SCHÜLEIN 1978), zur Politik und Gesellschaft in der FREUDschen Theorie (ROAZEN 1971), zum Zusammenhang zwischen Psychoanalyse und Gesellschaftstheorie (REIMANN 1973) sowie frühe Versuche der Frankfurter Schule (FROMM, ADORNO, HORKHEIMER, MARCUSE), Beziehungen zwischen Soziologie und Psychoanalyse herauszustellen; dies lag schon deshalb besonders nahe, weil vom Jahre 1929 an in Frankfurt ein psychoanalytisches Lehrinstitut gegründet wurde, das vor allem über die Person Erich FROMMs mit dem Institut für Sozialforschung in engstem Kontakt stand.

Wenn hier als Bezugsrahmen für die Untersuchung der Psychoanalyse Wissenschaftssoziologie gewählt wird, ist damit implizit vorausgesetzt, daß die Psychoanalyse eine Wissenschaft sei. Diese Einschätzung ist allerdings nicht unumstritten: je nach wissenschaftstheoretischem Paradigma wird die Frage der Wissenschaftlichkeit der Psychoanalyse negativ oder positiv beantwortet. Der Streit um die Wissenschaftlichkeit oder Unwissenschaftlichkeit der Psychoanalyse ist keineswegs neu: von Beginn ihrer Entwicklung an begleitet er ihre gesamte Entfaltung.

Diese Tatsache kann man - bemüht um Unvoreingenommenheit - auf zwei Weisen interpretieren: zum einen läßt sich darin tatsächlich eine fragwürdige Stellung der Psychoanalyse im Gesamt der wissenschaftlichen Disziplinen sehen; da nicht anzunehmen ist, daß große Wissenschaftler des etablierten Universitätsbetriebes (z.B. der zeitweilige Rektor der Wiener Universität und spätere Nobelpreisträger Julius WAGNER-JAUREGG, ein Duzfreund FREUDs aus gemeinsamen Assistentenzeiten, oder Männer wie FLECHSIG in Leipzig und BLEULER in Zürich) aus reiner Böswilligkeit Urteile gefällt haben, die allesamt dem Zweifel an der Wissenschaftlichkeit der Psychoanalyse entsprangen, ist zumindest eine nähere Untersuchung ihrer Bedenken angebracht. Zum anderen wäre es möglich, den heftigen Widerspruch gerade der Zeitgenossen, die Berühmtheit in der "normalen Wissenschaft" (KUHN 1978) erreicht haben, als Indikator für ein Phänomen anzusehen, das in der Wissenschaftssoziologie als "Paradigmenwandel" bezeichnet wird.

Versteht man vorläufig mit KUHN unter Paradigma "eine Reihe sich wiederholender und gleichsam maßgebender Erläuterungen verschiedener Theorien in ihren Anwendungen in Bezug auf Begriffsbildung, Beobachtung und Apparaturen" (1978, S. 57), so hat FREUD die Paradigmata der etablierten Psychologie, Neurologie und auch Psychiatrie im Sinne einer weitreichenden und umfassenden Veränderung gerade jener Regeln, die bis dahin das Verständnis und die Forschungsarbeit im Hinblick auf Erklärung von Neurosen sowie deren Therapie bestimmten, in aller Konsequenz aber auch das des normalen psychischen Funktionierens, revolutioniert.

Diese epochale Leistung in der Wissenschaft, so wurde bereits gesagt, ist im wesentlichen als Schöpfung Sigmund FREUDs überliefert. Vor allem die Biographie von JONES, die den meisten Einschätzungen von Leben und Werk des Begründers der Psychoanalyse zugrunde liegt (u.a. deshalb, weil sie am besten mit dem umfangreichen biographischen Material des FREUDschen Familienbesitzes vertraut war), suggeriert, FREUD habe in extremer Einsamkeit, in beharrlichem Kampf gegen den etablierten Universitätsbetrieb, von Unterschätzung und Ungerechtigkeit gegenüber seinem Werk und seiner Person umgeben, als wissenschaftlicher Einzelkämpfer seinen Weg gesucht. GICKLHORN und GICKLHORN (1960) haben demgegenüber nachzuweisen versucht, daß es sich zumindest bei FREUDs akademischer Laufbahn, dokumentiert in bis dahin unbekannten Papieren der Wiener Universität, anders, als in der JONES-Biographie dargestellt, verhält.

ELLENBERGER (1973) hat die Geschichte der "Entdeckung des Unbewußten" vor dem Hintergrund der historischen Ereignisse zwischen dem frühen 18. Jahrhundert (der Entdeckung des sogenannten "magnetischen Fluids" durch Franz Anton MESMER) und dem 20. Jahrhundert (der weltweiten Durchsetzung der wissenschaftlichen Psychotherapie) geschrieben. Es gelingt ihm, FREUD in die großen historischen Strömungen, die zur Entstehung der in Amerika sogenannten "dynamischen Psychiatrie" führten, nicht als einsamen Heros, sondern als großen unter vielen einzuordnen. Kürzlich hat SULLOWAY (1979) noch einmal umfassend die Quellen der FREUDschen Theorie rekonstruiert; ihm geht es darum, die blühende Legendenbildung um FREUD und dessen angebliche wissenschaftliche Einsamkeit zu destruieren. Diese Arbeit muß also im vorliegenden Zusammenhang nicht mehr geleistet werden. Bisher nicht beantwortet sind aber die Fragen nach dem "Wie" und "Warum" der Durchsetzung der FREUDschen Theorie gegen alle anderen existierenden psychotherapeutischen Schulen.

Freilich könnte man es sich leicht machen und einfach ein wissenschaftliches Qualitätsurteil fällen: diejenige Theorie habe sich durchgesetzt, die der Wahrheit – der psychischen Wahrheit des Menschen im ausgehenden 19. und beginnenden 20. Jahrhundert – am nächsten gekommen sei, sie am adäquatesten widergespiegelt habe. Bei näherem Hinsehen, im Verlauf des Studiums konkurrierender psychotherapeutischer Schulen läßt sich dieses Urteil jedoch nicht ohne weiteres aufrecht erhalten: die Patienten wurden auch mit Hilfe anderer Verfahren gesund, und Ärzte und Laien des In- und Auslandes besuchten berühmte Therapeuten in Frankreich und in der Schweiz ebenso wie FREUD in Wien.

Während das "Qualitätsurteil" später näher untersucht werden soll, leitet das Faktum der Existenz mehrerer Schulen der Psychotherapie auf die eigentlich soziologischen Forschungsfragen, die des Entwurfs eines exakteren theoretischen Bezugsrahmens bedürfen, um dann erneut operationalisiert an den Stoff gestellt zu werden.

Dabei wird es notwendig sein, einer etwas weiter ausholenden Darstellung der theoretischen Ansätze der Wissenschaftssoziologie einige neue Theoreme hinzuzufügen, die geeignet sein könnten, wissenschaftliche Entwicklungen wie die der Psychoanalyse zu erklären. Ich lege hier einen "Entwurf einer evolutionären Wissenschaftssoziologie" vor, der helfen soll, die seit langem (vor allem seit POPPER und TOULMIN) bekannten Thesen zur Variation und Selektion von Theorien theoretisch so weit voranzutreiben, daß sie mit den sozialen Prozessen in einer gegebenen historischen Gesellschaft verknüpft werden können und so auch zu dem schon über 60 Jahre währenden Problem des Zusammenhanges von "Wissen" und "Gesellschaft" einen kleinen Beitrag leistet.

3. Gang der Untersuchung

Der erste Teil der Arbeit entwirft das Modell einer evolutionären Wissenschaftssoziologie.

Im Verlauf der Darstellung der Anfänge wissenssoziologischer Fragestellungen in den Zwanziger Jahren in Deutschland werden einzelne prinzipielle Probleme des Zusammenhangs von "Wissen" einerseits und "Gesellschaft" andererseits diskutiert. Dieser Abschnitt hat eine doppelte Funktion: erstens, aus historischen und systematischen Gründen den Beginn des Interesses an "gesellschaftsgebundenem" Wissen aufzuzeigen; zweitens, die Nähe der in letzter Zeit die wissenschaftssoziologische, -psychologische und auch die wissenschaftstheoretische Diskussion bestimmende Debatte zum Verhältnis von "Wissen" und "Gesellschaft" zu älteren wissenssoziologischen Fragestellungen zu demonstrieren.

Im Anschluß an diesen Abschnitt werden die die derzeitige wissenschaftsphilosophische und -soziologische Debatte bestimmenden Ansätze der "New Philosophy of Science" diskutiert; sie leisten einen entscheidenden Beitrag zu dem, was hier als "evolutionäre Wissenschaftssoziologie" bezeichnet werden soll. Allerdings lassen sie auch einige Lücken grundsätzlicher Art offen, die, in einem Exkurs, mit Hilfe der theoretischen Ansätze RIEDLs und HOLZKAMP-OSTERKAMPs ergänzt werden. Nur mit Hilfe dieser Positionen lassen sich nach dem hier vertretenen Konzept die Fundamente einer "evolutionären Wissenschaftssoziologie" legen.

In dem darauffolgenden Abschnitt geht es darum, die psychologischen, biologischen und erkenntnistheoretischen Voraussetzungen menschlichen Denkens mit den sozialen Faktoren gesellschaftlichen Seins und Lebens zu verknüpfen.

Um ein Instrumentarium zu haben, das zu sagen erlaubt, wie weit und ab wann eine neu entstandene Theorievariante sich innerhalb des Wissenschaftssystems (und eventuell auch außerhalb desselben) "durchgesetzt" hat, wird mittels älterer und neuerer wissenschaftssoziologischer Ansätze ein Modell von sechs aufeinanderfolgenden "Selektionsstadien" entwickelt, das auf kognitiver, institutioneller und kommunikativer Ebene bestimmte Charakteristika bezeichnet, die für eine neue Theorievariante zutreffen müssen.

In dem darauffolgenden Abschnitt wird die Entstehung und Entwicklung einer neuen wissenschaftlichen Disziplin in evolutionstheoretischer Sichtweise in Thesen und Modellen entfaltet werden. Über die "Stufen" der "Definition eines gesellschaftlichen Problems", dessen "Rezeption" durch unterschiedliche wissenschaftliche Gemeinschaften und einzelne Wissenschaftler und der Formulierung unterschiedlicher "Theorievarianten" kommt eine (immer vorläufige) "Lösung" des in Frage stehenden "gesellschaftlichen Problems" zustande, die sich in der Folge strengen Selektionen ausgesetzt sieht. Kann die Theorievariante sich auf den entwickelten "Stadien" durchsetzen, geht sie (immer vorläufig) in die sogenannte "Theorieklassik", d.h. in den anerkannten Bestand des Wissens einer gegebenen historischen Epoche ein. Sie wird (relativ) unanfechtbar und gehört zum wissenschaftlichen "Schatz" einer gegebenen Kultur. Als "Theorieklassik" gilt die Variante so lange, bis sie von neuen Fragestellungen und neuen Problemlösungsversuchen eingeholt wird. Mit diesem Konzept, so wird sich zeigen, lassen sich einige der von der Wissenschaftssoziologie bisher noch nicht geklärte Fragen relativ einfach lösen: so z.B. die "theoretischen Irrläufer", die zwar formuliert werden, dann aber den gesellschaftlichen Selektionsprozessen zum Opfer fallen und "untergehen" - wie die meisten Mutanten in der organismischen Evolution.

Der zweite Teil der Arbeit untersucht die Psychoanalyse mit Hilfe des Instrumentariums des evolutionären wissenschaftssoziologischen Konzepts. Hier soll sich zeigen, inwieweit das entwickelte Instrumentarium dazu geeignet ist, die Wissenschaftsentwicklung bzw. die Entfaltung einer Einzeldisziplin rekonstruierend nachzuvollziehen und zu erklären. Über die verschiedenen, zuvor theoretisch entwickkelten Stadien der Problemlage, der Problemdefinition, der Problemrezeption von seiten verschiedener wissenschaftlicher Gemeinschaften (und/oder auch Einzelwissenschaftler) zu der Entstehung unterschiedlicher "Theorievarianten" (hier die Lösung des Neurosenproblems gewidmet) werden die Selektionsmechanismen benannt, die keine anderen sein können als sozial bestimmte (nicht mehr rein wissenschaftstheoretische, wie noch bei POPPER üblich). Sie lassen die Theorievarianten "untergehen" oder verstärken deren Weiterentwicklung bis zum (vorläufigen) Ende: der Akademisierung einer neuen Disziplin, die in unserer historischen Epoche dem Gipfel wissenschaftlicher Anerkennung entspricht.

So ergibt sich eher nebenbei eine Rekonstruktion der Entwicklung der Psychoanalyse unter einem neuen Blickwinkel, der das alte, bereits weitgehend bekannte Material aus Biographien, Lebenserinnerungen, umfassenden Selbstdarstellungen und Briefwechseln neu ordnet: nur ein schon gut erschlossener Bereich wissenschaftlicher Entwicklung ist geeignet, ein Instrumentarium wie das hier vorgestellte zu testen.

Der Schluß zeigt die Lücken der Untersuchung auf und diskutiert zusammenfassend die erreichten Ergebnisse und die noch offen gebliebenen Fragen. Der vorgelegte Entwurf kann nur ein vorläufiger sein und muß sich natürlich seinerseits den in ihm beschriebenen Mechanismen der Selektion durch die wissenschaftliche Gemeinschaft der Fachkollegen stellen.

Teil I

Wissens- und Wissenschaftssoziologie: zum theoretischen
Bezugsrahmen der Untersuchung

> "Alle Erkenntnismechanismen (kön-
> nen) nur für jenen Umwelt-
> bereich richtig sein, für welchen
> sie selektiert wurden."
>
> Rupert RIEDL

Wenn auch bis heute noch keineswegs geklärt ist, welche inhaltlichen und formalen Konzepte der psychoanalytischen Theorie und Praxis längerfristig in die "Theorieklassik" eingehen werden, legt das Studium der Entstehung, Entwicklung und beinahe weltweiten Ausbreitung der Psychoanalyse einen soziologischen Bezugsrahmen nahe, der im folgenden als "evolutionäre Wissenschaftssoziologie" bezeichnet werden soll. Ihm liegt die These zugrunde, daß sich Wissenschaft evolutionär entfaltet, das heißt, prinzipiell denselben Gesetzmäßigkeiten gehorcht wie die natürlichen Prozesse der Entwicklung alles Lebendigen. Die gesellschaftlichen Mechanismen der Variation und Selektion spielen nach dem hier vertretenen Konzept in der Entwicklung der Wissenschaft die gleiche Rolle wie die natürlichen in der Entwicklung der Arten. Diese Behauptung bedarf einer ausführlichen Begründung.

Zunächst hat sich dieser Ansatz aber noch mit mehreren, nicht geringen Problemen auseinanderzusetzen: "evolutionäre Wissenschaftssoziologie" bezieht sich per definitionem auf die soziologische Untersuchung von "Wissenschaft"; der wissenschaftliche Status der psychoanalytischen Theorie ist jedoch bisher umstritten.

28

Kapitel 1
Wissenschaft und Psychoanalyse

Hierfür gibt es verschiedene Gründe: erstens legt der Gegenstand der psychoanalytischen Theorie (die Entwicklung und Funktionsweise der menschlichen Psyche, insbesondere ihre Störanfälligkeit für neurotische Fehlentwicklungen und die Möglichkeiten zu ihrer Heilung) es nahe, den nicht gerade neuen Kampf zwischen dessen Bestimmung als Gegenstand der Naturwissenschaften (Mensch als "Natur") oder der Geisteswissenschaften (Mensch als "geistiges Wesen") auszutragen. Die Geschichte der Psychologie ist für diese Kontroverse beispielhaft. Der Streit zwischen den Anhängern unterschiedlicher wissenschaftstheoretischer Richtungen um die Zugehörigkeit der Psychoanalyse (Naturwissenschaft oder Geisteswissenschaft, nomothetische Wissenschaft oder hermeneutische Wissenschaft, naturwissenschaftlich-empirisch ausgerichtete versus sozialwissenschaftlich-sinnverstehende Wissenschaft etc.) ist bis heute nicht entschieden, vielmehr sind gerade in jüngster Zeit wieder lebhafte Auseinandersetzungen in Gang gekommen (HILGARD et al. 1970, HARTMANN 1959, RAPAPORT 1970, LORENZER 1970, 1973, 1976, RICOEUR 1969, HABERMAS 1973, PERREZ 1969, 1972, 1974, MÖLLER 1978, 1979).

Eine auch nur annähernde Einigung konnte bisher nicht erreicht werden, im Gegenteil scheinen sich die Fronten zwischen Hermeneutikern und Nomothetikern zu verhärten. Von dieser nicht unproblematischen Situation angeregt, ließ MÖLLER (1978) beide Positionen in ihren Hauptvertretern zu Wort kommen. Im Zentrum seiner Arbeit steht die Frage, ob die Psychoanalyse eine erklärende, nomothetische oder eine sinnverstehende, hermeneutische Wissenschaft sei. Den Wissenschaftsstatus der Psychoanalyse als ganze stellt er nicht in Frage. Er betont, daß FREUD der Auffassung gewesen sei, die Psychoanalyse gehöre zu den erklärenden Wissenschaften.(7) In der Analyse einzelner psychoanalytischer Sätze jedoch träten so viele terminologische und methodologische Probleme auf, daß der von FREUD erhobene

Anspruch vorläufig nicht als eingelöst bezeichnet werden könne. MÖLLER trifft zwischen den referierten Positionen keine Entscheidung. Es kommt ihm - bei freilich eingestandener Neigung der Zuordnung der Psychoanalyse zu den nomothetischen Wissenschaften - eher darauf an, vor allem praktizierende Analytiker für bestehende "methodologische Probleme zu sensibilisieren" (1978, S. 212). Auch PERREZ (1972) analysiert in methodologischer Absicht eine der berühmtesten Fallgeschichten FREUDs, den "Wolfsmann", auf ihre wissenschaftliche Aussagenlogik hin. Er kommt zu dem Ergebnis, daß die Psychoanalyse zwar tendenziell in der Lage sei, den Anforderungen an eine erklärende Wissenschaft Genüge zu leisten, daß dieses Ziel bisher aber nicht erreicht sei. Dies findet seine Begründung vor allem in der Tatsache, daß die psychoanalytischen Erklärungen häufig die Struktur der partiellen und/oder rudimentären Erklärungen habe. Nach der psychoanalytischen Theorie könne ein beobachtetes Phänomen verschiedene Ursachen haben; diese sei nur aus dem Gesamtkontext einer Lebensgeschichte zu erschließen, wobei bisher noch weitgehend unbekannt sei, welche traumatischen Ursachen zu welchen neurotischen Störungen führten. Prinzipiell jedoch hält PERREZ - ebenso wie MÖLLER - die Entwicklung der Psychoanalyse zu einer reifen, nomothetischen Wissenschaft für möglich. Das Hauptproblem psychoanalytischer Erklärungen sei - so beide Autoren - ihre Ähnlichkeit mit der Struktur historischer Erklärungen: "Die historisch-genetische Erklärung tritt mit dem Anspruch auf, den Endzustand E_n einer gesamten Entwicklung erklären zu wollen, diesem Anspruch kann sie aber nicht gerecht werden; genaugenommen gibt sie lediglich eine von vielen möglichen lückenhaften Erklärungsketten für den Endzustand E_n an." (MÖLLER 1978, S. 36) Damit wird die Psychoanalyse zur post factum Analyse. FREUD war diese Tatsache bewußt. Er erhob zwar den Anspruch, seine Theorie sei Naturwissenschaft, sie beschreibe und erkläre, und er widersprach dem von manchem zeitgenössischen Wissenschaftler erhobenen Vorwurf, seine Theorie sei "Deutungskunst"; er war aber nicht der Auffassung, die damit zusammenhängenden Probleme bereits gelöst zu haben. Anläßlich der Darstellung eines "Falles von weiblicher Homosexualität" (bei dem er wesentliche Gründe für die Störung des Mädchens in der Geburt eines kleinen Bruders sah) merkt er an: "Allein hier werden wir auf ein Verhältnis aufmerksam, welches uns auch bei vielen anderen Beispielen von psychoanalytischer Aufklärung eines seelischen Vorganges entgegentritt. Solange wir die Entwicklung von ihrem Endergebnis aus nach rückwärts verfolgen, stellt sich uns ein lückenloser Zusammenhang her, und wir halten unsere Einsicht für vollkommen befriedigend, vielleicht für erschöpfend. Nehmen wir aber den umgekehrten Weg, gehen wir von den durch die Analyse gefundenen Voraussetzungen aus und suchen diese bis zum Resultat zu verfolgen, so kommt uns der Eindruck einer notwendigen und auf keine andere Weise zu bestimmenden Verkettung ganz abhanden. Wir merken sofort, es hätte sich auch etwas anderes ergeben können, und dies andere Ergebnis hätten wir ebensogut verstanden und aufklären können. Die Synthese ist also nicht so befriedigend wie die Analyse; mit anderen Worten, wir wären nicht imstande, aus der Kenntnis der Voraussetzungen die Natur des Ergebnisses vorherzusagen." (GW XII, S. 296)

Dies ist nur ein Beispiel für wissenschaftstheoretische Probleme, die im Gegenstand der Psychoanalyse selbst liegen. Ihr wissenschaftstheoretischer Status ist auch deshalb so umstritten, weil als Grundlage zu seiner Bestimmung meist verschiedene Bereiche der Psychoanalyse berücksichtigt werden. Hermeneutiker neigen dazu, vergleichsweise einseitig den Interaktionsprozeß zwischen Analytiker und Analysanden als Grundlage der methodologischen Einordnung der Psychoanalyse heranzuziehen: damit tritt die Tätigkeit des Analytikers, den Patienten in seinen unbewußten Bedürfnissen, Problemen und Phantasien zu verstehen, in den Vordergrund, und es wird verständlich, daß unter diesem Aspekt der hermeneutischen Auffassung der Psychoanalyse leicht die Priorität eingeräumt wird. Die naturwissenschaftlich und/oder nomothetisch orientierten Wissenschaftler neigen dazu, eher die theoretischen Aussagen der Psychoanalyse unabhängig von ihrer praktischen Anwendung in den Vordergrund zu stellen; bei dieser Vorgehensweise tritt die beschreibende und erklärende Kraft der Theorie vor den Interaktionsprozeß zwischen Analytiker und Analysand; jener wird hier in der Hauptsache als Datenquelle gesehen, die der Theorie vorausgeht.

Diese unterschiedlichen Ausgangspositionen werden bisher zu wenig in ihrer Funktion für die wissenschaftstheoretische und methodologische Bestimmung der Psychoanalyse beachtet, so daß zu hoffen ist, ein Konsens werde sich mit der Zeit erreichen lassen, wenn die verschiedenen Ebenen der Psychoanalyse in ihren jeweiligen Funktionen besser auseinandergehalten werden. Denn es sind ja nicht die in jeder historischen Epoche, in jeder Nation, in jeder Region, in jeder Stadt, in jeder Familie unterschiedlichen Inhalte des Unbewußten der Analysanden, die die psychoanalytische Theorie in ihrem substantiellen Gehalt ausmacht (wie die Hermeneutiker zuweilen anzunehmen scheinen), sondern die verallgemeinerungsfähigen psychischen Strukturen gesunder und neurotischer Entwicklung des Menschen sind der Gegenstand der psychoanalytischen Theorie. Während in der psychoanalytischen Praxis tatsächlich der Analytiker sich sinnverstehend und interpretierend bemüht, die Biographie eines einzelnen Analysanden zu rekonstruieren, tut er das, indem er die bisher nicht widerlegten psychoanalytischen theoretischen Sätze im Kopf hat, die diese Interpretation erst erlaubt. Diese Sätze gehören aber den Wirklichkeitswissenschaften (8) an - wie die der Psychologie und der Sozialwissenschaften insgesamt.

In der vorliegenden Arbeit wird dem nomothetischen Wissenschaftsverständnis der Psychoanalyse der Vorzug gegeben. Die historisch und regional, individuell und kollektiv (gesellschaftlich) wechselnden Inhalte psychoanalytischer Funde sind davon getrennt zu behandeln. Nicht die Tatsache, daß ein bestimmter Vater ein Kind geschlagen hat, hat dessen Neurose in Gang gesetzt; sondern daß die frühe menschliche Entwicklung, langdauernd und von komplexen und reichen Lernprozessen angefüllt, verwundbar ist (vielleicht zu bestimmten Zeitpunkten besonders verwundbar, vgl. dazu SCHMIDBAUER 1973), macht die menschliche Disponiertheit zur neurotischen Entwicklung aus. Damit wird gleichzeitig bestritten, daß "die Gesellschaft" für neurotische Entwicklungen verantwortlich sei; nicht bestritten hingegen wird, daß es historische und gesellschaftliche Bedingungen gibt, die diese Anfälligkeit des Menschen besonders verschärfen. Es ist die enge Verschränkung von Gesellschaft und Natur, die den Gegenstand der Psychoanalyse bestimmt und damit deren wissenschaftstheoretischen Status wie auch ihre Methodologie begründen muß (HOLZKAMP-OSTERKAMP 1977, 1978, HOLZKAMP 1973). Ein weiteres Problem stellt die Tatsache dar, daß die Psychoanalyse in einer Zeit entwickelt wurde, in der die Vorherrschaft des materialistischen und mechanizistischen Weltbildes in der Medizin unumstritten war. FREUD erhielt seine Ausbildung bei einigen der größten Mediziner der HELMHOLTZ-Schule (DORER 1932, BERNFELD 1944a, JONES I, 1960); die Psychoanalyse trat zunächst unter dem Legitimationszwang an, den diese Richtung erforderte. Aus naheliegenden Gründen mußten sich aus dem Widerspruch zwischen FREUDs zeitadäquater wissenschaftstheoretischer Auffassung seines Gegenstandes und seinen Entdeckungen, die mit dieser

Auffassung allenfalls teilweise zu vereinbaren waren, manche theoretischen und auch praktischen Probleme ergeben, an denen die Psychoanalyse noch heute zu tragen hat (vgl. z.B. HABERMAS 1973, S. 262-299 und S. 300-331).

Außerdem bietet die Psychoanalyse bereits in ihrer Formulierung durch FREUD Interpretationsspielräume, die ebenfalls zu wissenschaftstheoretischer Unklarheit beigetragen haben; es scheint so, als sei die Theorie fast für jede "Ausdeutung" offen. FREUD gibt selbst keine eindeutige Antwort auf die anstehenden Auseinandersetzungen. Einige "essentials" seiner Theorie waren ihm so wichtig, daß er ihretwegen den Bruch mit dem einen oder anderen Analytiker riskierte: so die Frage der Sexualität in der Ätiologie der Neurosen, die Bedeutung des Ödipuskomplexes in der onto- und phylogenetischen Entwicklung. Philosophische und/oder wissenschaftstheoretische Interpretationen, die verschieden von seinen eigenen (naturwissenschaftlichen) waren, tolerierte er viel leichter.(9)

FREUD hatte ferner die Angewohnheit, wissenschaftlichen Angriffen seiner Zeitgenossen - berechtigten und unberechtigten - aus dem Weg zu gehen. Er entwickelte, unbeeindruckt von Kritik aus den Reihen der naturwissenschaftlich orientierten Psychiater, seine Theorie weiter. Mag darin ein gewisser Vorteil gelegen haben: ein Nachteil ist sicher, daß zahlreiche Nachfolger FREUDs diese Haltung gegenüber Kritik und wissenschaftlicher Auseinandersetzung übernommen haben und daher vergleichsweise wenig neuere Forschungsergebnisse aus benachbarten Wissenschaften wie der Humanethologie, Psychiatrie, Neurologie, Biologie, Psychologie etc. in die psychoanalytische Theorie und Praxis eingegangen sind. Diese hätten in mancher Hinsicht zur Überprüfung psychoanalytischer Hypothesen anregen können. Statt dessen findet man manchmal ein fast geschlossenes Aussagensystem, das sich zusätzlich mit Hilfe von "Deutungen" der Handlungsweise seiner Gegner selbst immunisiert. Auch dies hat zu dem umstrittenen Status der Psychoanalyse als Wissenschaft beigetragen.

So gehen schwer entwirrbare allgemeinhistorische, wissenschaftshistorische, gesamtgesellschaftliche und nicht zuletzt persönlichkeitsstrukturelle Faktoren in die hier aufgeworfenen Fragen ein, die noch alle der Beantwortung bedürfen.

Da der wissenschaftliche Status der Psychoanalyse noch ungesichert ist, der theoretische Bezugsrahmen zu ihrer Untersuchung aber als evolutionäre Wissenschaftssoziologie bezeichnet wurde, wird eine kurze Erörterung dessen, was in vorliegendem Zusammenhang unter Wissenschaft verstanden wird, sowie der Stellung, die die Psychoanalyse innerhalb dieses so umgrenzten und bestimmten Bereiches einnehmen kann, folgen.

Dabei tauchen weitere Probleme auf: nicht nur, daß der Wissenschaftsbegriff selber innerhalb der verschiedenen Wissenschaftlergemeinschaften verschieden bestimmt wird und die Wissenschaftstheorie keinen Konsens über die Kriterien, die Wissenschaft von Nichtwissenschaft abgrenzen, erreicht hat; sondern HABERMAS schreibt auch: "Wollte man die philosophische Diskussion der Neuzeit in Form einer Gerichtsverhandlung rekonstruieren, wäre diese zur Entscheidung der einzigen Frage einberufen worden: wie zuverlässige Erkenntnis möglich sei." (1963, S. 11) Auch die Tatsache, daß in vorliegendem Zusammenhang die Entstehung einer Theorie untersucht werden soll, weniger ihr Reifestadium bzw. das, was nach strenger wissenschaftlicher Überprüfung von ihr in die Theorieklassik eingehen könnte, wirft einige Probleme auf. Die historische Dimension des Problems ist ein Hinweis darauf, daß nicht unreflektiert heutige wissenschaftstheoretische Standards auf die Entstehungsgeschichte der Psychoanalyse aufgepfropft werden dürfen.

Unter "Wissenschaft" wird hier zunächst die systematische Beantwortung "der vornehmen Frage warum" (DAHRENDORF 1962) verstanden. Wissenschaft wächst aus der gesellschaftlichen Praxis und wird allgemein als System der Erkenntnisse über die wesentlichen Eigenschaften, kausalen Zusammenhänge und Gesetzmäßigkeiten der Natur, der Gesellschaft und des Denkens angesehen, das in Form von Begriffen, Hypothesen, Theorien und Gesetzen festgelegt wird. Sie ist eine komplexe gesellschaftliche Erscheinung und eine notwendige menschliche Überlebenspraxis (in Vergangenheit und Gegenwart - das hängt davon ab, von wann an und mit welchen wissenschaftstheoretischen Ansprüchen man die wissenschaftliche Entwicklung mißt); sie ist nicht nur Erforschung der Natur und des Menschen, seiner Natur und Gesellschaft, seiner intellektuellen und materiellen Produkte, sondern auch, als "Wissenschaftswissenschaft", reflexiv auf sich selbst bezogen: ein ebenso schauderhafter Name wie eine bisher dünne Disziplin (vgl. dazu auch BÜHL 1974).

Wissenschaft ist zweitens eine besondere Form des gesellschaftlichen Bewußtseins - wie Religion, Kunst, Literatur und nichtwissenschaftliche Theorien andere Formen des Bewußtseins darstellen, in denen Menschen sich spiegeln und wiedererkennen können. Die Entwicklung von Wissenschaft ist abhängig von einer bestimmten Gesellschaftsstruktur in einer bestimmten historischen Epoche, die spezifische gesellschaftliche Voraussetzungen des Denkens und Forschens bietet, wie diese wiederum von ihr und von der intellektuellen und persönlichkeitsstrukturellen Kapazität auch einzelner Menschen, die sich ihr widmen: als "subjektiver Faktor" in gewissem Ausmaß durchaus unabhängig von bis dahin bestehenden gesellschaftlichen Grenzen des Denkens und des Glaubens.

Wissenschaft ist drittens dem Wahrheitsanspruch unterworfen; die Forderung, Wissenschaft müsse wahr sein, ist von allen die wichtigste. Sie unterscheidet Wissenschaft von allen anderen Bewußtseinsmanifestationen des Menschen. Auch Wissenschaftswachstum ist nur zu verstehen als "Anhäufung" von Wissen, das als (vorläufig) gesichertes, wahres gelten kann. So kann es zum Beispiel kein Kunstwachstum geben – sondern lediglich sich ablösende Kunstepochen. Dennoch dürfte auch hier eine (evolutionäre) Relativierung gelten: "alle Erkenntnisse (können) nur für jenen Umweltbereich richtig sein, für welchen sie selektiert wurden" (RIEDL 1980, S. 12).

Die Definition von Wahrheit (als Übereinstimmung von Aussage und Gegenstand) ist zu unterscheiden von der Sicherung des Wissens als "wahres". Über die Methodologie der Sicherung des Wissens als wahres streiten sich allerdings die Geister; die Geschichte der Erkenntnistheorie ist hierfür ein Beispiel. Materialisten streiten sich mit Idealisten, logische Empiriker mit kritischen Rationalisten, Dialektiker mit Hermeneutikern.

Hier wird keine Entscheidung darüber getroffen werden, welche Methode der wissenschaftlichen Wahrheit am ehesten nahekommt: das Gebiet (hier: der Sozialwissenschaften) ist bisher so wenig elaboriert, daß eine zu frühe Ausklammerung einzelner wissenschaftlicher Methoden eine Eliminierung eventuell fruchtbarer Forschungsmöglichkeiten bedeuten würde.

Dennoch wird Wissenschaft zumindest soweit bestimmt, daß die Objektivität des Seienden nicht bezweifelt bzw. die Realität als "Realität sui generis" anerkannt wird, die vom Subjekt, dem erkennenden Menschen, (mit gewissen Einschränkungen) auch erkannt werden kann (RIEDL 1980). Dementsprechend müßte sich die Methodologie je nach ihrem Gegenstand richten.

Ein gewisser Vorzug wird dem POPPERschen Satz eingeräumt, der besagt, daß die "Methode der Wissenschaft ... die Methode der kühnen Vermutungen und der sinnreichen und ernsthaften Versuche, sie zu widerlegen" sei (POPPER

1974a, S. 95; vgl. dazu ausführlich Abschnitt 3.1.1 dieser Arbeit). Freilich setzt seine Bestimmung von wissenschaftlicher Methode voraus, daß eine Theorie widerlegt werden kann, das heißt, daß ihre Sätze so formuliert sind, daß eine Falsifikation prinzipiell möglich ist, selbst wenn diese realiter erst viele Jahre oder gar Jahrzehnte später geschehen kann. Dies trifft (nach Auffassung von POPPER) für die Psychoanalyse gerade nicht zu (POPPER 1974b). Andere Wissenschaftstheoretiker haben ihm in dieser Frage allerdings widersprochen: z.B. LAKATOS, der die Auffassung vertrat, die NEWTONsche Theorie sei ebensowenig widerlegbar wie die FREUDsche (LAKATOS 1970, POPPER 1974b). Aus den Reihen der Psychoanalytiker sind immer wieder Versuche angeregt worden, die FREUDsche Theorie so zu formulieren, daß ihre Sätze in Experimenten überprüfbar und widerlegbar gemacht werden können (vgl. z.B. DOLLARD und MILLER 1948). Es wurde bereits gesagt, daß eine Einigung bisher nicht erreicht werden konnte - aus Schwierigkeiten, die im Gegenstand der Psychoanalyse selbst liegen. Für den vorliegenden Zusammenhang ist jedoch wichtig, daß die Psychoanalyse nicht verfrüht in ein wissenschaftstheoretisches Prokrustesbett gezwungen wird. Zwar ist die Psychoanalyse nicht so formuliert, daß sie dem wissenschaftstheoretischen Standard einer (vorläufig) als "wahr" geltenden wirklichkeitswissenschaftlichen Theorie gerecht werden kann; es wird aber angenommen, daß sie große Wahrheiten über das Funktionieren der menschlichen Psyche "ungenau", d.h. vorläufig, formuliert hat. Die psychoanalytische Theorie - auch in ihrer akademisierten Gestalt - befände sich also nach der hier vertretenen These in einem Vorstadium (relativ) gesicherten Wissens; es besteht aber die (u.a. durch die bereits in die Klassik eingegangenen Teile der Theorie) begründete Vermutung, daß in Zukunft weitere Teile ihrer Theorie in die psychologische Theorieklassik eingehen werden, vielleicht in veränderter Formulierung. Diese Auffassung umgeht eine als verfrüht eingeschätzte eindeutige wissenschaftstheoretische Bestimmung der Psychoanalyse in den derzeit geltenden Termini. Damit wird es möglich, wissenschaftliche Disziplinen, die, obwohl akademisiert, dennoch nicht nach strengen wissenschaftstheoretischen Kriterien formuliert und/oder vorläufig formulierbar sind, mit hineinzunehmen in den größeren Zusammenhang historisch-soziologischer Untersuchung von Wissenschaft. Denn es gibt genügend Kriterien, die sie als Wissenschaft ausweisen, in Abgrenzung zu Kunst, Religion oder sonstigen Bewußtseinsmanifestationen des Menschen. Dies ist deshalb nicht unwichtig, weil gemäß der hier vertretenen These zwar ein Unterschied, aber kein Bruch zwischen den Vorformen, Frühformen und wissenschaftlichen Annäherungen an die Objektivität und dem Reifestadium besteht. Dies dann nicht, wenn alle Stadien dem Medium "Wahrheit" (LUHMANN 1968) verpflichtet sind. Es wurde bereits gesagt, daß dieser Anspruch - als einer, der die Übereinstimmung von Aussage und Gegenstand meint, der wichtigste sei.(10) Insofern also die Entwicklung einer Theorie diesem Medium verpflichtet ist, besteht die Berechtigung, sie auch in die wissenschaftssoziologischen (-historischen, -psychologischen etc.) Untersuchungen einzubeziehen. Damit wäre tendenziell möglich, die von TOULMIN (1972) geforderte Aufhebung der Trennung wissenschaftstheoretischer, -soziologischer und -historischer Untersuchungen zu vollziehen zugunsten einer integrierten Theorie der Wissenschaftsentwicklung und des Wissenschaftswachstums (vgl. dazu auch Abschnitt 3.1.5 dieser Arbeit).

Schließlich setzt eine evolutionstheoretische Fundierung von Wissenschaft ohnehin eine integrierte Sichtweise (LUHMANN 1968) voraus bzw. bedingt diese: angenommen, die Wissenschaft habe sich aus den alten Religionen und Philosophien herausentwickelt, d.h. sie wachse derzeit immer noch vom "Ungenauen" zum "Genauen", innerhalb des Genauen von vorläufigen zu gesicherten Aussagen, so verbietet sich eine strenge Grenzziehung gegenüber Vor- und Übergangsformen von selbst.

Nach diesen Überlegungen kann nun begründeter und zusammenfassend gesagt werden, warum die Psychoanalyse in der vorliegenden Arbeit einer wissenschaftssoziologischen Untersuchung unterzogen wird:

1. Insofern die Entwicklung einer Theorie dem Medium "Wahrheit" (LUHMANN 1968) verpflichtet ist, d.h. sich mit Hilfe einer systematischen Methode, welche als die dem Gegenstand angemessene gelten kann, mit dem Ziel der Erreichung von Übereinstimmung von Aussage und Gegenstand annähert, ist sie dem Bereich der "Wissenschaft" zuzuordnen. Von sekundärer Bedeutung ist die Frage, ob dieses Ziel schon erreicht ist. Die hier formulierten Voraussetzungen treffen auf die FREUDsche Theorie zu.

2. Die psychoanalytische Theorie ist aus den wissenschaftlichen Zusammenhängen der Wiener Medizin des 19. Jahrhunderts hervorgegangen (vgl. dazu Abschnitt 4.3 und Kapitel 7); FREUD wurde an der Wiener Universität von einigen der berühmtesten Mediziner der damaligen

akademischen Welt ausgebildet; er begann seine akademische Laufbahn als Neurologe; lange Jahre arbeitete er an universitären Institutionen und empfing seine wichtigsten wissenschaftlichen Anregungen von den akademischen Lehrern BRÜCKE, MEYNERT, FLEISCHL-MARXOW, EXNER u.a. Die Wurzel seiner psychoanalytischen Theorie liegt in der Neurologie. Auf diesem Gebiet konnte er sich schon früh habilitieren und einen gewissen Ruf erwerben. Es wäre falsch, die Wissenschaftlerpersönlichkeit des "frühen" FREUD, der anerkannte, neurologische Schriften verfaßte und experimentell forschte, gegen den "späten" FREUD, den Psychoanalytiker, auszuspielen (SPEHLMANN 1953 und GICKLHORN/GICKLHORN 1960). Seine gesamte Ausrichtung ist wissenschaftlicher Natur. Er blieb auch dann noch Wissenschaftler (nach den oben formulierten Kriterien), als er (aus finanziellen Gründen) eine Privatpraxis eröffnete.

3. FREUDs Theorien sind alle in einem in engerem Sinne wissenschaftlichen Bezugsrahmen, nicht in einem künstlerischen, religiösen oder einem anderen entwickelt. Zunächst versuchte er, seine Entdeckungen im Rahmen der Neurophysiologie BRÜCKEs und der Neuroanatomie MEYNERTs zu formulieren, anschließend im Rahmen der neurologischen Hysterielehre CHARCOTs (vgl. dazu Kapitel 6.1.3. und 5.1.). Als dieses Unternehmen wegen sich ergebender Widersprüche scheiterte, entwickelte er eine allgemeine Triebtheorie, in die er seine Lehre einbettete. Den Boden der Naturwissenschaften hat er (vielleicht) objektiv, aber nicht subjektiv verlassen. Trotz seiner Zweifel bezüglich der Absicht, somatische Entsprechungen seelischer Ereignisse zu finden, hat er diese niemals aufgegeben.(11) Im übrigen hielt er die gesamte Psychoanalyse für Naturwissenschaft: "Was sollte sie denn sonst sein?" (GW XVII, S. 143)

4. Zu Beginn der Entwicklung einer Wissenschaft können die "kühnen Vermutungen" überwiegen; ein wissenschaftstheoretisches und methodologisch zu enges Korsett dürfte der Neuentwicklung einer Theorie eher hinderlich als förderlich sein (RAPAPORT 1970). Zwar ist der angestrebte Wahrheitsgehalt der neu entwickelten Hypothesen oder Theorien qua "kreativer Einfälle" keineswegs gesichert: im Gegenteil sind für diese erst strenge Überprüfungen nach logischen Kriterien erforderlich. Aber es ist problematisch, aufgrund von Schwierigkeiten, die sich der experimentellen Überprüfung entgegenstellen,

die formulierten Theorien und Hypothesen in den Bereich von Mystik, Religion, Literatur oder Kunst zu verweisen, wie dies häufig mit der Psychoanalyse versucht worden ist. Die aufgezählten Bereiche nichtwissenschaftlicher geistiger Gebilde gehorchen allesamt anderen als den oben für Wissenschaft festgelegten Kriterien. Erst die Abgrenzung dieser verschiedenen Bereiche voneinander erlaubt Aussagen über ihr "Überleben" und, im Falle der Wissenschaft, über ihr "Wachstum" (vgl. dazu MÜNCH 1979).

5. Große Teile der psychoanalytischen Theorie sind bereits in die psychologische Theorieklassik eingegangen; es besteht die begründete Vermutung, daß weitere in sie eingehen werden. Aus Gründen, die im Gegenstand der vorliegenden Untersuchung liegen, die die Inhalte psychoanalytischer Theorie und Praxis zugunsten der Entwicklung der Theorie zur akademischen Disziplin weitgehend unberücksichtigt läßt, kann der Nachweis für diese Behauptung kaum geführt werden. Die Komplexität der zu untersuchenden Phänomene erfordert, daß entsprechende Überprüfungsmethoden erst noch gefunden werden müssen. In gewissem Ausmaß gilt dies jedoch für die Psychologie insgesamt (vgl. dazu MÖLLER 1978, KRAIKER 1980).

Kapitel 2
Ältere deutsche Wissenssoziologie:
das ungelöste Problem der soziologischen
Analyse der Beziehung von »Sein« und
»Bewußtsein«

"Die wissenschaftliche Analyse, ob funktionalistisch oder dialektisch, wird immer dann scheitern und in die Verkündigung einer Weltanschauung übergehen, wenn es nicht mehr gelingt, das Untersuchungsfeld empirisch offenzuhalten."

W.L. BÜHL

In dem folgenden Abschnitt soll nicht die gesamte wissenssoziologische Debatte, wie sie in den zwanziger und frühen dreißiger Jahren in Deutschland zwischen MANNHEIM und SCHELER, TILLICH und SALOMON, LEWALTER und BLESSNER, MARCUSE und HORKHEIMER, SPEIER u.a. geführt wurde, wiedergegeben werden; im vorliegenden Zusammenhang interessieren vor allem die folgenden beiden Fragen: Gibt es Beziehungen zwischen der älteren wissenssoziologischen Diskussion, die versuchte, das Problem des Wissens aus dem größeren Zusammenhang der Philosophie herauszulösen und es in einen im engeren Sinne soziologischen akademischen Rahmen zu stellen, und der sich heute als noch sehr junge Disziplin etablierenden Wissenschaftssoziologie? Und weiter: gibt es Ansätze zu einer evolutionär verstandenen Wissenschaftssoziologie, an die sich hier anknüpfen ließe?

Die erste Frage wird beispielsweise von WEINGART (1976) bejaht: er ist der Auffassung, die derzeitige wissenschaftssoziologische und wissenschaftsphilosophische Debatte, wie sie seit KUHN (1978) geführt wird, sei - auch wenn dies nicht explizit eingestanden werde - eine Art Fortsetzung der älteren deutschen Wissenssoziologie.

Eine gewisse Verwandtschaft beider Diskussionen ist nicht zu übersehen. Vor allem gilt dies für die historische Dimension der Debatte, für die Priorität der Erklärung von Wissenschaftsprozessen aus externalen gegenüber dem Zurücktreten der Erklärung aus internalen Faktoren der Wissenschaftsentwicklung, für die (mit gewissen Einschränkungen so zu bezeichnenden) "materiellen" Faktoren der Erklärung von Wissenschaftsfortschritten sowie für die Überschreitung des bis vor kurzem in der angelsächsischen Wissenschaftssoziologie üblichen funktionalistischen theoretischen Bezugsrahmens der Wissenschaftsforschung.

Die zweite Frage ist wesentlich schwieriger zu beantworten. Vordergründig ist sie zunächst zu verneinen, denn was Wissenssoziologen trotz zum Teil sehr unterschiedlicher theoretischer Positionen einigte, war der Gegner "Sozialdarwinismus", dessen Einfluß die Soziologie der zweiten Hälfte des 19. Jahrhunderts entscheidend bestimmt hatte. Obwohl der Sozialdarwinismus allenfalls auf den ersten Blick mit einer evolutionären Wissenschaftssoziologie verwandt ist, ist letztere doch schon in den Verdacht einer allzu großen Nähe zu diesem naiven, "organischen", in Analogie zur Naturentwicklung verstandenen prozessualen gesellschaftlichen Entfaltungskonzept geraten.(12)

Um die hier aufgeworfenen Fragen präziser beantworten zu können, sollen kurz einige bis heute offen gebliebene Fragestellungen der älteren deutschen Wissenssoziologie skizziert werden.

1. Grundprobleme

Kern wissenssoziologischer Fragestellung war die Erforschung der Beziehung zwischen "sozialem Sein" und "Bewußtsein". Dieses Grundproblem faßten die Autoren begrifflich unterschiedlich: SCHELER sprach von "Idealfaktoren" und "Realfaktoren" (1960), MANNHEIM von "sozialen" und "geistigen" Gebilden (1926, 1952), MARCK von "Ideologie" und "realem Sein" (1927), MARCUSE von "realem" und "idealem Sein" (1929). Gemeint war immer das gleiche: gesellschaftlich vorfindbares Wissen (nicht Wissenschaft) sollte verstanden, rückgeführt, interpretiert und als gesellschaftlich bedingt analysiert werden.

Zentral beunruhigend und eine Quelle der Diskussion war das Problem der Wahrheit des Wissens, des Denkens und der Wissenschaft. Damit in Zusammenhang standen die Fragen nach der Aufdeckung von Ideologien als der Entlarvung falschen Denkens sowie dem "Wie" der Beeinflussung des Wissens und Denkens durch die sogenannten "Realfaktoren", die "konkreten Seinsstufen", die "Basis" oder das "reale Sein".

Eine tiefe Skepsis gegenüber der Möglichkeit "richtigen" Denkens und "wahren" Wissens hatte die Soziologen in den zwanziger Jahren erfaßt. So formulierte der junge MARCUSE in der Einleitung eines Aufsatzes, der sich mit MANNHEIMs schnell berühmt gewordenem Werk "Ideologie und Utopie" auseinandersetzte: "In Karl Mannheims Buch 'Ideologie und Utopie' kommt die ganze Problematik unserer heutigen wissenschaftlichen Situation (die die Problematik des heutigen menschlichen Daseins selbst ist) zum Durchbruch ..." (1929). MANNHEIM hatte in der Auseinandersetzung mit dem MARXschen Werk seinen wissenssoziologischen Ansatz formuliert. Seit MARX in der Nachfolge der französischen Aufklärer und Utopisten die Ideologie einer Klasse auf deren soziale Stellung im Produktionsprozeß zurückgeführt und seine Theorie des Denkens auf die klassische Form gebracht hatte: "die herrschenden Gedanken sind immer die Gedanken der herrschenden Klasse" (1956), war die Beunruhigung nicht mehr gewichen. Die im Ansatz vulgärökonomistischen Vereinfachungen der Diskussion im späten 19. Jahrhundert entwickelten sich über die austromarxistische Debatte um KORSCH und KAUTSKY in Richtung eines als Verteidigung des "wahren Marxismus" gedachten, in Wirklichkeit aber neuen Linkshegelianismus bis zur wissenssoziologischen Auseinandersetzung nach dem ersten Weltkrieg, die nie beendet werden konnte - vielmehr von außen durch den Sieg des Nationalsozialismus und die Emigration deutscher Philosophen und Soziologen in die angelsächsischen Länder brutal unterbrochen wurde.

Die Tatsache der Beeinflussung des Wissens, Denkens und der Erkenntnis durch gesellschaftliche Faktoren - wie immer diese im einzelnen terminologisch gefaßt wurden - stellten die Wissenssoziologen nicht mehr in Frage. Dieser Konsens vereinte selbst Marxisten und Nicht-Marxisten unter den Wissenssoziologen. Die Frage nach dem "Wie" der Beeinflussung sowie vor allem die Frage nach der Wahrheit eines bestimmten gruppen- oder klassenspezifischen Denkens wurde aber sehr verschieden beantwortet.

Daß die Verursachung von Prozessen des Denkens und des Wissens durch externale (gegenüber dem Zurücktreten der Erklärung von Geistesentwicklungen aus immanenten oder internen) Faktoren nicht mehr geleugnet wurde, weist auf eine erste Verwandtschaft mit der derzeitigen wissenschaftssoziologischen Debatte hin, wie sie von KUHN und TOULMIN, LAKATOS und FEYERABEND geführt wird. Ähnliches gilt für die historische Dimension der Debatte. Auf beide Problembereiche wird später ausführlich eingegangen werden (vgl. Abschnitt 3.1).

Die genauere Erklärung des Wissens "von außen" (MANNHEIM) versuchte eine Lücke zu füllen, die von MARX und ENGELS offengelassen worden war. So meinte er alte ENGELS in einem Brief an MEHRING, daß von MARX und ihm selbst das "Wie" der Abhängigkeit ideeller Phänomene von ökonomischen über der Frage des "Daß" zu kurz gekommen sei (ENGELS 1964, S. 466f.). In der Tat sind die Vermittlungsschritte, die zwischen dem sozialen Sein und dem Bewußtsein liegen, bei beiden Autoren unklar geblieben. In gewissem Umfang war sich MARX dieses Problems bewußt: nicht nur, daß er die Beeinflussung der ökonomischen Basis durch den ideologischen Überbau nie geleugnet, die Dialektik beider Entwicklungen stets betont hat: er gehörte auch nicht zu jenen vulgärmaterialistischen Kunsttheoretikern, die nach Erfindung von Eisenbahn und Dampflok diese auch in Öl gemalt sehen wollten.(13) Eine Lösung dieses Problems gelang beiden Autoren dennoch nicht. Sie verharrten bei der Betonung der "in letzter Instanz" für die Entwicklung der Ideologien und des Denkens, der Wissenschaft und des Wissens ausschlaggebenden ökonomischen Prozesse.

Dieser (in der Folgezeit häufig vulgärmaterialistisch mißverstandene Ökonomismus war es, der nicht nur die Wissenssoziologen in engerem Sinne herausforderte.(14) Im folgenden sollen exemplarisch drei wissenssoziologische Lösungsversuche der seit MARX und ENGELS offen gebliebenen Problematik dargestellt werden, die als repräsentativ für das Spektrum der Wissenssoziologie der zwanziger Jahre gelten können. Sie zeigen eine deutliche Verwandtschaft zu der derzeit geführten wissenschaftssoziologischen Debatte seit Verlassen der logisch-empiristischen und funktionalistischen wissenschaftstheoretischen Basis der angelsächsischen Wissenschaftssoziologie. Als Beispiele werden die Lösungsversuche MANNHEIMs, SCHELERs und MARCUSEs diskutiert.

2. Max SCHELER

Von skeptizistischer, fast fatalistischer Sicht bezüglich der Chance des Geistes gegenüber den die Gesellschaft bestimmenden "Trieben" und deren Durchsetzung ist SCHE-LERs Wissenssoziologie durchdrungen. In seiner Theorie steht das Reich des Geistes dem der Triebe polar gegenüber: zwar haben beide (eine noch aufzuweisende) Verbindung miteinander, aber SCHELER ist von dem Gedanken der letztlichen Ohnmacht des Geistes gegenüber den "Realfakto-ren" des gesellschaftlichen Lebens überzeugt. Seine Unter-scheidung zwischen "Ideal-" und "Realfaktoren", die er in Analogie zum Geist-Leben-Dualismus entfaltet, gibt bezüg-lich der Wirkrichtung den Realfaktoren eindeutig die Priorität. Diese sind bei ihm "Nahrungs-", "Fortpflanzungs-" und "Machttrieb". "All jene Lehren, die zum Beispiel Wirtschaft ohne Rückgang auf Nahrungstrieb, Staat und staatsähnliche Gebilde ohne Rückgang auf die Machttriebe, Ehe ohne Rück-gang auf die Geschlechtstriebe umgrenzen wollen, weisen wir als törichten Spiritualismus zurück." (1960, S. 30) Die "Realfaktoren" sind überzeitlich und universal und treffen in einer gegebenen Sozialstruktur die Selektion zwischen den entworfenen und den existierenden Wissensfor-men. Nur die Produkte des Geistes haben eine Chance, welche von den Realfaktoren in einer bestimmten Zeit und Epoche zugelassen werden.

Die "Idealfaktoren", Ausfluß des als ewig und absolut vorgestellten Geistes, sind niemals in einer bestimmten Epoche oder in einem bestimmten Kulturkreis die Repräsentan-ten des gesamten Geistes, sondern können nur jeweils einen Teil, einen Ausschnitt des Absoluten realisieren. Die Vorstel-lung des gesamten Geistes, eines Absoluten, ist eine metaphy-sische Voraussetzung, ein a priori, das nicht näher begrün-det zu werden braucht.

Hauptformen des Wissens sind bei SCHELER das Heils-oder Erlösungswissen, das Bildungswissen und das Leistungs-wissen. Sie sind als idealtypische Konstruktionen aufzufassen und kommen als formal zwar überzeitliche, inhaltlich jedoch in verschiedenartigen, den verschiedenen historischen Epochen entsprechenden Ausprägungen gesellschaftlich zur Geltung.

Ebenso wie das Postulat eines in der Geschichte und Gesellschaft wirkenden absoluten, zeitlosen Geistes sind auch seine Grundaxiome der Wissenssoziologie deduktiv gewonnen. SCHELER nennt drei Axiome: erstens, das Wissen eines jeden Menschen, Glied einer Gesellschaft zu sein, sei kein empirisches, sondern ein "a priori Wissen"; zweitens, je nach "Wesensstruktur der Gruppe" realisierte sich das empirische Teilhabeverhältnis eines Menschen an seiner Gruppe verschieden; die Pole reichten von der "Identifizie-rung" bis zum "Analogieschluß von der Körpergeste auf das So-Sein des Erlebens" (1925, S. 53); drittens gebe es "in der Ordnung des Ursprungs unseres Wissens um Realität ... und in der Ordnung der Erfüllung der dem Menschenbewußtsein konstanten eigenen Wissens- und korrelaten Gegenstandssphären ein festes Ordnungsgesetz ..." (1925, S. 55f.). Damit ist nach SCHELER die Tatsache des soziologischen Charakters allen Wissens vorgegeben – wobei keineswegs die soziologischen Faktoren allein, sondern nur mitbestimmend wirkten. Gegenüber jeder Art von "Soziologismus" (wie auch "Psychologismus") setzte sich SCHELER entschieden zur Wehr. Sein Argument lautete, daß mit dieser Art des Reduktionismus nichts anderes gewonnen sei, als daß das "wissenschaftliche Weltbild" überhaupt über Bord geworfen werde. Um dies zu vermeiden, empfiehlt er, "alle funktionellen Denkformen auf Funktionalisierung von Wesenserfassungen an den Dingen selbst (zurückzuführen), und nur an der jeweiligen Auswahl, der diese Funktionalisierung unterliegt, ein Werk der Gesellschaft und ihrer Interessenperspektive gegenüber dem 'reinen' Bedeutungsreich" zu erblicken (1960, S. 58).

Damit sei die Wahrheit des Wissens eine prinzipielle, ewige, zeitlose, deren Ausschnitte eine bestimmte Gesellschaft jeweils nur sichtbar machen könne. Die Wahrheit von Wissen ist damit nicht bezweifelt, aber die Wahrheit als ganzes zu sehen nicht möglich.

Indem SCHELER den Leben-Geist-Dualismus absolut setze, meint LIEBER (1962), entgehe er zwar der Relativierungsproblematik, er erkläre aber die Wirkungslosigkeit des Geistes gegenüber den Realfaktoren. Der gesellschaftliche Prozeß werde bei ihm letzten Endes von blinden Triebdynamismen gesteuert, auf die der Geist oder das menschliche Wissen keinen entscheidenden Einfluß besäßen.

Auch die Idee des Fortschritts menschlichen Wissens läßt sich kaum in SCHELERs Wissenssoziologie finden: indem er eine gegebene Zeit, eine gegebene historische Epoche nur als einen möglichen Ausschnitt des ewigen und absoluten Geistes durch den Filter der Realfaktoren passieren sieht, kann allenfalls durch eine logische Synthese, die Wahrheit an und für sich, die "Wahrheit an sich" ansatzweise gesehen werden. Die Wissensgeschichte ist damit ein Kreislauf, für deren Weiterentwicklung in SCHELERs Augen nichts spricht.

Vielleicht ist wichtig zu sehen, daß und wie SCHELER Realfaktoren – wenngleich als ewige, natürliche, gesellschaftlich zwar nicht unveränderbare, aber dennoch relativ fixe Gegebenheiten aufgefaßt – in seiner Theorie berücksichtigt. Sie sind als Konzept eine Absage an den Spiritualismus, auch an den Antimaterialismus. Zwar ist es SCHELER ebensowenig wie den Materialisten des 19. Jahrhunderts gelungen, eine Verknüpfung von "Geist" und "Materie" theoretisch adäquat zu konzeptualisieren, aber seine "Realfaktoren" sind eine Vorform dessen, was auch in der evolutionären Wissenschaftssoziologie eine Rolle spielen wird.

Eine Vermittlung zwischen "Geist" und "Materie" ist SCHELER zwar insofern gelungen, als er klar das Verhältnis beider zueinander angibt; dennoch bleibt der Geist "im Himmel" und die Materie "auf der Erde": ihre extreme Polarisierung verhindert letzten Endes eine fruchtbare Antwort. Ferner wird die Rolle des Sozialen stark reduziert; damit ist SCHELERs Theorie auch weniger Wissenssoziologie als Wissensphilosophie.

3. Karl MANNHEIM

Im Gegensatz zu SCHELER entwirft MANNHEIM eine dynamische Theorie des Wissens in der Gesellschaft. Ausführlich setzt er sich mit SCHELER auseinander; er lehnt im Gegensatz zu diesem die "Bestimmung des Geistes durch das Naturale" (1925, S. 227) ab. Für ihn beginnt das Historische und damit der Faktor, welcher Wissen konstituiert und folglich auch erklären kann, erst mit dem Sinnhaften, mit den verschiedenen "geistigen Standorten". Man könnte sagen, daß seine Wissenssoziologie zwei Ebenen berücksichtigt, deren eine die abhängige Variable Theorie, Denken und Wissen, deren andere die unabhängige Variable "geistiger Standort" darstellt. Diese geistigen Standorte sind verankert in Klassen und Schichten, Gruppen und einzelnen kleineren gesellschaftlichen Gruppierungen. Die dynamisch-soziologische Analyse scheidet ihn von dem statisch und in Ewigkeitskategorien denkenden SCHELER: "SCHELER denkt ... in Epochen und in Kulturkreisen und beachtet nicht, daß auch innerhalb einer engeren Einheit, innerhalb einer Nation zum Beispiel, in einem gegebenen Zeitpunkt mehrere soziale Schichten vorhanden sind und an der Gesamtdynamik teilnehmen. Wir halten für eine Soziologie der Kultur und des Denkens das Sich-Orientieren an sozialen Schichten (in der Neuzeit ist die Klassenschichtung immer mehr dominierend) für das Allerfruchtbarste, was das moderne soziologische Denken geschaffen hat." (1925, S. 229) Gegen MARX richtet er den Einwand: "Nur muß hier allerdings einer jeden übertriebenen Konzeption gegenüber betont werden, daß das Gesamtwerden mit dem Wollen einer Klasse zusammenfallen zu lassen, eine Einseitigkeit ist. Auch die aufsteigende Klasse hat nur eine Funktion im Gesamtprozeß. Nur das antinomische Spiel und Widerspiel der in einem Zeitalter vorhandenen Spannungsmomente ergibt das Ganze." (1925, S. 229)

Einig ist er mit SCHELER in der Betonung der Notwendigkeit einer soziologischen Analyse, die "geistige Gehalte nicht nur immanent, sondern auch in ihrem Seinsbezug, insbesondere in ihrer Funktionalität zum sozialen Sein erfassen kann" (ebd.).

Versuchte SCHELER das Wahrheitsproblem zu lösen, indem er ein immer schon vorhandenes, überzeitliches, einheitliches Wahrheitssystem voraussetzt, so gibt MANNHEIM sich mit dieser im Grunde einfachen Lösung nicht zufrieden. Er kritisiert, daß damit das geschichtlich-zeitliche Moment des Wissens erst nachträglich in die Analyse hineinmanövriert werden müsse. Seine Vorgehensweise ist die umgekehrte: "Das unmittelbar Gegebene ist für uns der dynamische Wechsel der Standorte, das historische Moment" (1925, S. 230). Von daher ergibt sich für MANNHEIM die Methode der wissenssoziologischen Analyse: zunächst müssen alle in einer bestimmten historischen Epoche vorhandenen "Denkstandorte" exakt herausgearbeitet und ihre Entstehung analysiert werden. Diese Denkstandorte sind dynamisch, nicht statisch. Sie verändern sowohl ihre Inhalte als auch ihre Funktionen im Hinblick auf den gesamten Geschichtsprozeß. Diese Veränderung, vor allem deren Stellenwert in ihrer Funktionalität für das soziale Sein herauszustellen, sei eine zentrale Aufgabe der Erkenntnissoziologie. Als "metaphysisch" gilt MANNHEIM die Voraussetzung, daß der Gesamtprozeß, aus dem die verschiedenen, sich ständig wandelnden Denkstandorte hervorgehen, sinnvoll sei. "Daß kein Durcheinander der Denkstandorte und Denkgehalte vorhanden ist, beruht darauf, daß sie alle Teile eines über sie herausragenden sinnvollen Werdens sind." (1925, S. 230) Insoweit ist seine metaphysische Voraussetzung allerdings ähnlich der SCHELERs: sie braucht nicht näher begründet zu werden. Das Problem besteht lediglich darin, wie diese Einheit des Geistigen soziologisch und/oder philosophisch erfaßbar wird. MANNHEIM ist der Auffassung, daß die Totalität des Gewordenen am ehesten sichtbar wird, nachdem eine historische Epoche bereits abgeschlossen ist und sich damit "das Gewordene als eine Totalität" abheben läßt. Im "Werdenden" allerdings lasse sich diese Methode nicht abwenden; der Betrachter stehe hier selbst in dem Zusammenhang, den er analysieren solle. Er könne lediglich die "Wellenlinien" sich bekämpfender Absichten feststellen. "Und in einer dieser Willensrichtungen stehen wir selbst und unser Denkstandort und können deshalb notwendigerweise nur mit einer Partialität und Perspektivität behaftet, das Werdende und, sofern dies für die Erfaßbarkeit des Vergangenen konstitutiv ist, auch das Vergangene sehen." (1925, S. 231)

Damit ist die Hoffnung auf eine "Wahrheit an sich" aufgegeben. MANNHEIM meint, daß man hieran auch nur glauben könne, solange man nicht sehe, daß jede Epoche, jeder historische Standort keineswegs nur Teile eines als einheitlich aufgefaßten Wahrheitssystems realisiere (wie SCHELER meinte), sondern daß man stets aus umfassenderen und wieder anderen Zentren heraus denke. Allenfalls könne man noch glauben (und MANNHEIM bezeichnet dies als seine "Gegenutopie"), daß jede Epoche oder jede Zeit alle zuvor liegenden Spannungen des "Geschichtswerdens und -denkens" in sich aufgehoben habe. Im übrigen sei zu hoffen, daß es irgendwann einmal gelänge, ein "Systematisierungszentrum" zu finden, "das die Totalsynthese des bisher Gewordenen ermöglicht". Vorwegnehmen könne man dieses aber nicht, weil "das Sein, das für diese Synthese Voraussetzung ist, noch gar nicht geworden ist". Für seine Utopie nimmt MANNHEIM gegen SCHELER mehr Adäquatheit in Anspruch, weil sie versuche, sich an der faktischen Struktur des historischen Denkens zu orientieren. Während MANNHEIM voraussetzt, "daß Gottes Auge auf dem Prozeß ruht" (daß also der Prozeß nicht sinnwidrig sei), setzt SCHELER voraus, "... mit Gottes Auge selbst die Welt zu sehen" (1925, S. 232).

Dieser Lösungsversuch der Problematik "wahren" Denkens und Wissens war eine Herausforderung für die sich als marxistisch verstehenden Teilnehmer an der wissenssoziologischen Debatte: für MARCUSE, LEWALTER, HORKHEIMER u.a. Nach dem Erscheinen des schnell bekannt gewordenen Werkes "Ideologie und Utopie" konnte kein Wissenssoziologe mehr an MANNHEIMs Argumentation vorbeidebattieren. "Ist mit MANNHEIMs Werk am Problem der Ideologie und ihrer Kritik auch das Problem der Möglichkeit oder Grenze eines an MARX sich orientierenden Geistverständnisses aufgeworfen, so kann es mit einigem Verständnis auf Überzeugungskraft fortan nur behandelt werden, wenn sich die Argumentation der Höhe von Mannheims konsequentem Historismus zumindest stellt und diesen noch reflektiert." (LIEBER 1974, S. 41)

Am meisten irritierte die marxistischen Soziologen die Veränderung des Interessenbegriffes durch MANNHEIM. Die prinzipielle Parteilichkeit MARX', eine bestimmte Klasse als ökonomisch auf der Höhe der Zeitläufe zu bestimmen und ihr damit die historische Aufgabe des gesellschaftlichen und intellektuellen Fortschritts zuzuweisen, geht bei MANN-HEIM verloren: nicht nur ökonomische Interessen, die alle anderen in letzter Instanz bestimmen, sind historisch-klassen-mäßig bedingt, sondern alle Denkweisen: politische, nationale, rechtliche und ideelle, ja die Bewußtseinsstruktur selbst ist historischen Bedingungen unterworfen und damit prinzi-piell relativ. So stehen "wertneutral" die ideologischen und/oder philosophischen Gedanken von beispielsweise kon-servativen Landjunkern und proletarischen Denkern nebenein-ander; ohne daß es ein wesentliches Kriterium (in der Gegen-wart!) gäbe, das "richtiges" von "falschem" Denken zu unterscheiden erlaubte. MANNHEIM versucht, diesen Relati-vismus zu überwinden, indem er die Kategorie der "Entspre-chung" einführt. Falsch sind dann Inhalte des Denkens, die einem gegebenen sozialen Sein nicht entsprechen. Damit ist der historizistische und soziologistische Standpunkt auf eine vorläufige Spitze getrieben, und es fehlte nicht an Versuchen, ein Stück der verlorenen Sicherheit gegen MANNHEIM zu verteidigen und zu retten.

4. Herbert MARCUSE

Neben anderen setzte sich auch der junge MARCUSE mit diesen Gedanken auseinander; sein Hauptargument lautete, "daß sich alle Aussagen Mannheims, so sehr sie im einzelnen als 'soziologische Interpretation' richtig sein mochten, über-haupt nicht in der Dimension bewegen, in der über Wahrheit und Geltung einer geschichtlichen Theorie, d.h. einer Theorie vom geschichtlichen Sein, entschieden werden kann" (1929, S. 383). Dies deshalb nicht, weil die konkrete historische Bedingtheit einer Theorie oder eines bestimmten Wissens noch nicht das Mindeste über deren Wahrheit und Geltung aussage, "wenn nicht das, daß Wahrheit und Geltung in der Sphäre des geschichtlichen Seins eine solche Bedingtheit geradezu fordern, um nicht von vornherein unwahr und ungültig zu sein" (1929, S. 383). MARCUSE bezeichnet es als eines der größten Verdienste MANNHEIMs, den Blick auf das Problem eines nicht undifferenziert zu übernehmenden Wahrheitsbegriffs gelenkt zu haben, der mit den Vorstellungen einer "reinen Wissenschaft als idealem allgemeingültigem zeitlosen System" aufräume. Seiner Auffassung nach komme man mit dem traditionellen Wahrheitsbegriff nicht weiter. Es gelte sich auf die Geschichtlichkeit des Gegenstandes zu besinnen.

Zweifellos - auch wenn diese Verwandtschaft häufig nicht gewußt oder nicht anerkannt wird - zeigt sich hier die Nähe zur derzeit neu auflebenden wissenschaftssoziologischen Debatte. Was an KUHN gefeiert wird, ist keineswegs so neu, wie es auf den ersten Blick scheinen mag. Es ist die alte wissenssoziologische Diskussion, die den Blick für die Geschichtlichkeit von Wahrheit und Wissen, damit auch von Wahrheit der Wissenschaft allererst geschärft hat.(15)

Indem MARCUSE versucht, immanent die Argumentation MANNHEIMs und dessen Ringen um die Wahrheitsproblematik nachzuvollziehen und die Relevanz der Entsprechung von Denken und Seinsstufen herauszustellen, werden allerdings die Probleme nicht kleiner, sondern eher größer: die beiden Ebenen, das "konkrete Sein" (MANNHEIM) und das "Bewußtsein" reichen nicht aus, es zu lösen. Eine dritte Ebene, auf die das geschichtliche Sein zurückgeführt wird, muß zusätzlich in die Analyse mit hineingenommen werden (MARCUSE 1929, S. 384ff.). MARCUSE kritisiert zu Recht, daß die "soziologische Methode Mannheims sozusagen plötzlich vor der "Destruktion der Wirklichkeit auf die Geschichtlichkeit" halt mache. Sie sei nichts letztes, sondern die Wahrheitsproblematik müsse noch weiter rückverlegt werden (1929, S. 386).

Diese Rückführung oder "Destruktion" des geschichtlichen Seins versucht MARCUSE aufzuzeigen, indem er die "Seinsstufen" (Feudalismus, Frühkapitalismus, Hochkapitalismus etc.) nach MARX entwickelt, dynamisiert, sie auflöst in viele kleine Untergliederungen, die von den Subjekten, deren Bewußtseinsentsprechung analysiert werden soll, erst geschaffen werden: "Eine geschichtliche Situation ist nur in steter Veränderung und Vieldeutigkeit, als geschichtliche geschieht sie in stets aktueller Konkretion, und zwar so, daß das Bewußtsein, das ihr nach Mannheim 'entsprechen' oder angemessen sein soll, sie selbst gerade in dem allererst geschehen läßt, was ihre aktuelle Konkretion ausmacht, was sie als jeweilige gegebene Seinsstufe auszeichnet!" (Ebd.)

So kann eine gegebene Seinsstufe nicht als letzte Instanz für "wahr" oder "falsch" bzw. als Boden für eine Wahrheitsentscheidung gelten. Denn eine Seinsstufe im MANNHEIMschen Sinne kann nach MARCUSE selbst noch "wahr" oder "falsch" sein.

MARCUSE versucht einen Ausweg aus dem Dilemma zu finden, indem er zunächst darauf hinweist, daß allein die Tatsache der dauernden Wertungen von Theorien und Gesellschaftsordnungen ein Hinweis darauf sei, daß da überhaupt etwas gewertet werden könne, das heißt auch: "wahr" oder "falsch" sein könne, daß also die bloße Faktizität der Existenz einer Wert- und Gesellschaftsordnung allein noch keineswegs ausreiche, etwa deren Wahrheit auszuweisen. Er schlägt deshalb vor, die Wahrheit oder Falschheit von Lebensordnungen, Formen des Zusammenlebens, kurz: Lebensqualitäten (16) zum letzten Maßstab einer "Seinsstufe" und des diesem entsprechenden Bewußtseins zu machen. Als Beispiel führt er "die evidente Höherwertigkeit der sozialistischen Lebensordnung gegenüber der kapitalistischen" (1929, S. 392) an.

Letzten Endes kann MARCUSE - dies ist ihm auch bewußt - die "rätselhafte Dimension" (1929, S. 393) des der Ideologie Transzendenten nicht angeben. Zwar macht "weder ... die jeweilige geschichtliche Entwicklung als lückenlose Kausalreihe solcher Faktizitäten die volle Wirklichkeit des Geschehens aus, sondern diese Faktizitäten konstituieren sich selbst erst in einer Wirklichkeit, deren Grundstrukturen allen faktischen Verwirklichungen in der Geschichte zugrunde liegen", und: "Alle geschichtlichen Situationen sind als faktische Verwirklichungen nur geschichtliche Abwandlungen solcher Grundstrukturen, die in jeder Lebensordnung auf verschiedene Weise realisiert werden." (Ebd.) Aber die "Grundstrukturen" und "Lebensordnungen", die in letzter Instanz über "wahr" und "falsch" entscheiden, bleiben vage und unklar. MARCUSE kann lediglich die Hoffnung formulieren, daß vielleicht irgendwann einmal eine Antwort auf die von MANNHEIM gestellten Fragen gefunden werden könnte.

Die nicht näher bezeichneten "anthropologischen Grundkonstanten" (wie SCHELER sie wohl im Auge hat) als letztes Element der Wahrheitsfindung menschlicher Geschichte werden später als "evolutionäre" analysiert. Wie noch gezeigt werden soll, ist die Evolution von Natur, Geschichte, Mensch und Wissen (bzw. Wissenschaft) wohl die gesuchte "Grundstruktur", der auch alles Wissen seine spezifische Ausformung verdankt.

5. Zusammenfassung

Bei Durchsicht der wissenssoziologischen Literatur kann man nicht sagen, daß die Absicht der Wissenssoziologen, eine eigene akademische Disziplin zu etablieren, die die Probleme des "Seins" und "Bewußtseins", der "Standort-gebundenheit", des Wissens und Denkens und des ideologi-schen Gehaltes "geistiger Gebilde" lösen sollte, bereits verwirklicht worden sei. Auch geschah dies keinesfalls "wertneutral". Die Wissenssoziologie (für oder gegen MARX, COMTE und Max WEBER formuliert) blieb eine überwiegend philosophische Debatte, dem deutschen Idealismus und Neo-marxismus verpflichtet. Deutsche philosophische Kultur und Tradition charakterisierten ihre Inhalte, so daß zu erwarten war, daß sie über den deutschsprachigen Raum hinaus zumindest schwer verständlich bzw. nachvollziehbar bleiben würde. Die sozioökonomische und politische Situation der zwanziger Jahre in Deutschland hat sich in der wissens-soziologischen (skeptizistischen, fatalistischen) Theorie niedergeschlagen. Bisher ist die Wissenssoziologie allerdings noch nicht wissens- oder wissenschaftssoziologisch untersucht worden: ein sicher lohnendes und aufschlußreiches Unterfan-gen.

Die meisten Wissenssoziologen bezweifeln den Fortschritt menschlichen Wissens. Eine skeptizistische Grundhaltung teilen alle, mögen die unterschiedlichen Positionen hierüber zunächst auch hinwegtäuschen. Die Erklärung von Form und Inhalt des Wissens aus externalen, das heißt hier sozialen Faktoren wird die Regel. Diese ursprünglich marxistische Vorgehensweise geht so in die gesamte soziologische Denk-weise ein.

Bezüglich des Einflusses der Wissenssoziologie auf eine sich heute als evolutionär verstehende Theorie der Wissen-schaftsentwicklung läßt sich weniger Eindeutiges formulieren. Allenfalls bei SCHELER lassen sich theoretische Elemente finden, die - wenngleich verändert - in der heutigen Wissen-schaftssoziologie eine gewisse Rolle spielen. Sein Konzept der "Realfaktoren", die selektiv auf die Idealfaktoren einwir-ken, die Annahme anthropologischer Grundkonstanten, die die unüberschreitbare Grenze aller Ideen und allen Wissens festlegen, taucht in veränderter Form z.B. bei TOULMIN wieder auf. Die allgemeinen Fragestellungen der Wissenssoziologen erleben aber in der "New Philosophy of Science" eine Renaissance. Damit ist auch - implizit und/ oder explizit - der Anschluß an die ältere wissenssoziologische Debatte gewonnen: denn diese konnte nie zu Ende geführt werden. Ihre Vertreter emigrierten nach England und den USA. Dort entwickelte sich unter dem Einfluß angelsächsischer Philosophie und Sozialwissenschaft und einer unterschiedlichen sozioökonomischen Situation jener Zweig der Soziologie, der sich zunächst als funktionalistische Wissenschaftssoziologie etablierte. Sie erreichte – wenn auch unter Verlust ihrer theoretischen Spannweite – vor allem eine Zielsetzung: die Öffnung für die Empirie.

Kapitel 3
Entwurf einer evolutionären
Wissenschaftssoziologie

"Nicht alle Individuen derselben
Art sind einander gleich. Aus
einem Eigelege, z.B. der Riesen-
schildkröte, werden einige Tiere
schlüpfen, die abhängig von ihrer
Erbveranlagung längere Hälse haben als andere. In Dürrezeiten
können sie Blätter erreichen und
dadurch überleben. Ihre kurzhal-
sigen Geschwister aber verhun-
gern. So werden diejenigen, die
an ihre Umwelt am besten angepaßt sind, ausgelesen und vermö-
gen ihre Eigenschaften auf ihre
Nachkommen zu übertragen. Nach
einer Vielzahl von Generationen
werden die Schildkröten auf trok-
kenen Inseln längere Hälse besitzen als die Bewohner feuchterer
Inseln. So entspringt eine Art
aus einer anderen."

David ATTENBOROUGH

Unter dem Einfluß der Auswanderung in die USA und unter
den dortigen Bedingungen einer unterschiedlichen Kultur
und historischen Situation wurden von den deutschen Sozial-
philosophen und Soziologen allmählich die erkenntnistheoretischen, geschichtsphilosophischen, vor allem marxistischen,
dem Wahrheitsproblem und der Ideologiekritik deutscher
philosophischer Tradition verpflichteten Positionen in der
Wissenssoziologie ausgeklammert zugunsten einer Verengung
der Fragestellung einerseits (Wissenschaftsentwicklung und

Wissenschaftsorganisation) und der Zunahme empirischer Erforschbarkeit andererseits (MERTON 1973, STORER 1972). Was von den einen als "klägliches Überbleibsel" bezeichnet wird (WEINGART 1976), werten andere Theoretiker als sinnvollen Schritt in Richtung Pragmatismus und empirischer Untersuchbarkeit (WOLFF 1967).

Beide Einschätzungen berücksichtigen vielleicht zu wenig die spezifischen historischen und sozialen Verhältnisse, denen die deutsche Wissenssoziologie einerseits, die amerikanische (vorwiegend funktionalistische) Wissenschaftssoziologie andererseits ihre Ausprägung verdankt. Beide Richtungen der theoretischen Annäherung an das Problem "Wissen" und "Gesellschaft" dürften weniger gegeneinander auszuspielen sein, als sich vielmehr in einem als dialektisch zu bezeichnenden wissenschaftshistorischen Prozeß komplementär zueinander verhalten. Zu dieser Einschätzung liefert die neuere Entwicklung in Richtung einer Synthesis die Berechtigung. Drittens beinhalten beide Forschungswege spezifische Vor- und Nachteile, die tatsächlich erst in einer Synthese zu kombinieren bzw. zu eliminieren sein werden. Es braucht nicht eigens betont zu werden, wo die spezifischen Vor- und Nachteile der deutschen Wissenssoziologie und die der amerikanischen Wissenschaftssoziologie zu suchen sind: ebenso fruchtlos, wie spekulative Theorien eines möglichen, aber nicht empirisch nachzuweisenden Zusammenhangs zwischen Wissen und Gesellschaft zu entwerfen, ist es, eine flache und theoriearme empirische Fragestellung an gesellschaftliche Verhältnisse zu richten, die eng begrenzte Bereiche zwar erfaßt, deren gesamtgesellschaftliche Relevanz unter Umständen aber weder untersucht noch hinterfragt wird und deren Ergebnisse häufig eine "bewußtlose", weil theorielose Abbildung eines Oberflächenphänomens darstellen (vgl. auch BÜHL 1974).

Auf die Entwicklung der amerikanischen Wissenschaftssoziologie kann hier nicht eingegangen werden; der Hinweis auf den Überblick bei WOLFF (1967) mag genügen. Für die vorliegende Diskussion ist erst die Aufnahme wissenssoziologischer Fragestellungen in die Wissenschaftssoziologie neueren Datums wieder relevant, weil nicht die Details der funktionalistischen und empiristischen Wissenschaftssoziologie interessieren, sondern der neuere Versuch, alte, fast schon vergessene Fragestellungen der deutschen Wissenssoziologie mit in die Analyse der Wissenschaftsentwicklung hineinzunehmen (vgl. auch WEINGART 1976). Diesen Versuch – eher implizit als explizit – haben vor allem die Teilnehmer der Debatte um die "New Philosophy of Science" unternommen.

1. Evolution und Revolution: die Auseinandersetzungen zwischen den Angehörigen der "New Philosophy of Science"

Unter dem Terminus "New Philosophy of Science" werden die Diskussionen und Ergebnisse zusammengefaßt, welche seit etwa 1962 (dem Jahr der Veröffentlichung von KUHNs "The Structure of Scientific Revolutions") um die Entwicklung, den Fortschritt und das Wachstum von Wissenschaft entstanden sind. Mit dieser Debatte beginnt der "Eintritt der Wissenschaftstheorie in die Geschichte" (HALFMANN 1979); dies ist auch ihr gemeinsamer Nenner mit der Wissenssoziologie. Zunächst verläuft diese Debatte zumindest nicht explizit unter dem Aspekt der Wirkung sozialer Faktoren auf die Entwicklung von Wissenschaft; im weiteren Verlauf aber treten diese immer mehr in den Vordergrund. So werden langsam die Grenzen der funktionalistischen Wissenschaftssoziologie einerseits und die der rationalistischen Wissenschaftstheorie andererseits überschritten zugunsten eines neuen theoretischen Ansatzes. In ihm spielen evolutionstheoretische Vorstellungen bezüglich der Entwicklung von Wissenschaft eine zentrale Rolle.

In den folgenden Abschnitten sollen die Positionen der Hauptvertreter der New Philosophy of Science: POPPERs, T.S. KUHNs, LAKATOS', TOULMINs und FEYERABENDs kurz dargestellt werden. Sie dienen als Ausgangspunkt für den vorliegenden Entwurf einer evolutionären Wissenschaftssoziologie (vgl. dazu auch LAKATOS/MUSGRAVE 1974).

1.1. Karl R. POPPER

Wahrscheinlich kann POPPER als der "Erfinder" des Gedankens gelten, der Wissenschaftsprozeß entwickle sich evolutionär.(17) Bereits in seinem frühen programmatischen Werk "Logik der Forschung" (1935) schreibt er anläßlich seiner Auseinandersetzung mit der Wiener Schule des Logischen Empirismus, die Auszeichnung einer Theorie erfolge "nicht durch eine Begründung der Sätze dieser Theorie, nicht durch logische Zurückführung auf die Erfahrung: jene Theorie ist bevorzugt, die sich im Wettbewerb, in der Auslese der Theorien am besten behauptet, die am strengsten überprüft werden kann und den bisherigen strengen Überprüfungen auch standgehalten hat" (POPPER 1976, S. 73). Gegen die Logischen Empiristen wendet er ein, daß nicht die Verifikation einer Theorie deren Gültigkeit beweise, sondern die gescheiterte Falsifikation, d.h. der unermüdliche, aber vergebliche Versuch, eine einmal aufgestellte Theorie zu widerlegen.(18) So bestreitet POPPER auch die bis dahin gängige Auffassung der Naturwissenschaftler, sie gewännen ihre Theorien auf induktivem Wege: sein Vorschlag zur Lösung des sogenannten Induktionsproblems, das sich seit HUME in aller Schärfe stellt, besteht in der strengen Trennung zwischen der Entstehung einer Theorie und der Nachprüfung derselben. Während es für die Entstehung einer Theorie nach POPPER keine logische, rational nachzuvollziehende Methode gibt, ist dies für die Überprüfung der Theorie sehr wohl der Fall. Sie ist nach POPPER - im Gegensatz zum Entstehungsmodus der Theorie, für den die Psychologen zuständig seien - immer dieselbe: "Aus der vorläufig unbegründeten Antizipation, dem Einfall, der Hypothese, dem theoretischen System, werden auf logisch-deduktivem Wege Folgerungen abgeleitet; diese werden untereinander und mit anderen Sätzen verglichen, indem man feststellt, welche logischen Beziehungen (z.B. Äquivalenz, Ableitbarkeit, Vereinbarkeit, Widerspruch) zwischen ihnen bestehen." (POPPER 1976, S. 7)

So ist die Entstehung der Theorie nicht-rational, die Begründung oder Überprüfung einer Theorie jedoch rational (vgl. auch STEGMÜLLER 1975). Anders ausgedrückt: Wissenschaft ist für POPPER die Methode der "kühnen Vermutungen" (die anderen als logischen Gesetzen unterworfen sind) und der "strengen Überprüfung" (deren Bereich die eigentliche Erkenntnistheorie abzudecken hat). Der erste Schritt wissenschaftlicher Tätigkeit, das Aufstellen von Theorien, so POPPER, enthalte ein "irrationales Element", vielleicht eine Art "schöpferischer Intuition", die im einzelnen schwer nachprüfbar sei (POPPER 1976, S. 7). Der zweite Schritt sei aber der Rationalität unterworfen.

Wesentlich deutlicher noch wird POPPERs Auffassung von der Entwicklung des Wissenschaftsprozesses in seinen späteren Werken. Im Studium des Wachstums unseres Wissens, insbesondere der Wissenschaft, sieht er die eigentliche Aufgabe des Philosophen; jedenfalls diejenige, die geeignet ist, diese anhand von Problemen statt anhand des "Streites über Wörter" zu neuen Erkenntnissen fortschreiten zu lassen. In seinem Buch "Objektive Erkenntnis" (1974b) schreibt er, indem er die evolutionäre Komponente des Wissenschaftswachstums deutlicher betont: "... der Erkenntnisfortschritt (ist) das Ergebnis eines Vorganges ..., der dem sehr ähnlich ist, was Darwin 'natürliche Auslese' nannte; es gibt also eine natürliche Auslese von Hypothesen: unsere Erkenntnis besteht zu jedem Zeitpunkt aus denjenigen Hypothesen, die ihre (relative) Tüchtigkeit dadurch gezeigt haben, daß sie bis dahin in ihrem Existenzkampf überlebt haben, einen Konkurrenzkampf, der die untüchtigen Hypothesen ausmerzt" (POPPER 1974a, S. 288).

Die hier angeführte Textstelle könnte Mißverständnisse wecken: POPPER geht es nicht um die Auslese im Sinne der Wissenschaft externer, natürlicher und/oder quasi natürlicher, gesellschaftlicher und/oder psychischer Faktoren, sondern seine "natürliche Auslese" bezieht sich auf die streng rationale Überprüfung der einmal aufgestellten Theorien und Hypothesen mittels der Kritik; gerade aus dieser streng logischen und kritisch-rationalen Überprüfung der Theorien ergibt sich nach POPPER erst der Wissenschaftsfortschritt; die Beeinflussung der Wissenschaft durch externale Faktoren einschließlich des Faktors "Wissenschaftsgemeinschaft", wie KUHN und andere sie entwickelt haben (KUHN 1978; vgl. auch Abschnitt 3.1.2), lehnt POPPER entschieden als dem Irrationalismus und dem Psychologismus alle Türen und Tore öffnend ab.

Die "Ausmerzung" falscher Hypothesen durch Kritik hat manchen evolutionären Vorteil: zwar wird einerseits der "Existenzkampf" der Theorien durch die Kritik erschwert, andererseits birgt sie aber Positives: "Während ... das tierische und das vorwissenschaftliche Wissen hauptsächlich dadurch wächst, daß diejenigen, die untüchtige Hypothesen haben, selbst ausgemerzt werden, läßt die wissenschaftliche Kritik oft unsere Theorien an unserer Stelle sterben; sie merzt dann unsere falschen Vorstellungen aus, ehe wir selbst ihretwegen ausgemerzt werden." (POPPER 1974a, S. 289)

POPPER ist weiter der Auffassung, daß wir mit gewissen angeborenen Hypothesen ausgestattet sind, mit denen wir die Welt anschauen; damit widerspricht er den Sensualisten und Empiristen, daß "etwas in unsere Sinne erst hineinkommen" müsse, damit wir Erfahrungen machen können; nicht zufällig beruft sich POPPER denn auch immer wieder auf KANT, wenn er dessen Lösung des Apriori auch nicht akzeptiert (1974a, S. 286). "Ich behaupte: jedes Tier wird mit Erwartungen oder Vorwegnahmen geboren, die man als Hypothesen formulieren könnte, als eine Art hypothetischen Wissens. Und ich behaupte, daß wir in diesem Sinne ein gewisses angeborenes Wissen haben, mit dem wir anfangen können, auch wenn es vielleicht ganz unzuverlässig ist. Dieses angeborene Wissen, diese angeborenen Erwartungen schaffen, wenn sie enttäuscht werden, unsere ersten Probleme; der sich ergebende Erkenntnisfortschritt läßt sich demnach so beschreiben, daß er durchweg aus Berichtigungen und Abänderungen vorhandenen Wissens besteht." (POPPER 1974a, S. 286; vgl. zu den "angeborenen Hypothesen" auch Abschnitt 3.2)

So entwickelt sich nach POPPER der Erkenntnisfortschritt im Prinzip stets gleichartig: "Von der Amöbe bis Einstein ist der Erkenntnisfortschritt immer derselbe: wir versuchen, unsere Probleme zu lösen und durch Auslese zu einigermaßen brauchbaren vorläufigen Lösungen zu kommen." (1974a, S. 289) Dennoch bestehe ein Unterschied zwischen der natürlichen evolutionären Entwicklung und der Entwicklung des Erkenntnisfortschritts: während erstere einen gemeinsamen Stamm bzw. eine gemeinsame Wurzel besitze und sich in immer differenziertere Äste verzweige, sei der "Baum der Erkenntnis" von umgekehrter Struktur: er zeige eine "Tendenz zu wachsender Integration in Richtung auf einheitliche Theorien" - jedenfalls bezüglich der sogenannten Grundlagenforschung (1974a, S. 289f.).

POPPER warnt vor der Auffassung, unser Erkenntnisfortschritt diene nur dem "Überleben"; diese Formel sei zu einfach. Die Probleme, deren Lösung anstehe, seien vielmehr dem reinen Wahrheitsproblem verpflichtet, wenn erst die praktischen Probleme in theoretische überführt worden seien und damit "die Kritik unter der regulativen Idee der Wahrheit oder der Annäherung an die Wahrheit, nicht der unseres Überlebens" stehe (1974a, S. 29).

Bei näherer Überprüfung wird sich zeigen, daß die Vorstellung, eine Theorie müsse "wahr" sein und die Forschung und Wissenschaft dienten unserem "Überleben", nicht in Widerspruch zueinander stehen müssen: im Gegenteil könnte das Regulativ der (Annäherung an) Wahrheit (als Übereinstimmung von Aussage und Tatsache) ein uns angeborenes Regulativ sein, das erst für unser "Überleben" sorgt.

1.2. Thomas S. KUHN

Mit KUHN (1962) beginnt eine wissenschaftshistorische, -philosophische und -soziologische Debatte, die als Anschluß und Weiterführung der wissenssoziologischen Diskussion der zwanziger und frühen dreißiger Jahre in Deutschland verstanden werden kann.(19) Mit ihr gewinnen auch im engeren Sinne evolutionstheoretische Überlegungen im Rahmen der Wissenschaftsphilosophie und -soziologie festere Konturen und vor allem größere Breitenwirkung.

Die Wissenschaftsentwicklungstheorie T.S. KUHNs wird hier im wesentlichen als bekannt vorausgesetzt (KUHN 1970, 1974, 1977, 1978). In vorliegendem Zusammenhang soll lediglich sein Beitrag zu einer "evolutionären Wissenschaftssoziologie" als besonders relevant referiert werden.

KUHN ist aufgrund seiner historischen Studien zur Entwicklung der Naturwissenschaften zu dem Ergebnis gekommen, daß es Zeiten "normaler Wissenschaft" gebe, die dadurch charakterisiert seien, daß ein Paradigma die etablierte Wissenschaft, ihre Methodologie, ihre Forschungsvorhaben und Ergebnisse beherrsche. Hervorgerufen durch "Anomalien", werde das alte Paradigma in Krisenzeiten abgelöst und in einem "revolutionären" Prozeß durch ein neues Paradigma ersetzt. Dieses bestimme in der Folgezeit wieder die Wissenschaft (KUHN 1978, S. 65ff.).

Unter "Paradigma" versteht KUHN allgemein anerkannte wissenschaftliche Leistungen, die für eine gewisse Zeit einer Gemeinschaft von Fachleuten maßgebende Probleme und Lösungen liefern (1978, S. 57ff.). In Anbetracht der Kritik an seinem eher unklaren und vieldeutig verwendeten Begriff des Paradigmas (vgl. dazu MASTERMANN 1974) stellt er in seinem "Postskriptum" von 1969 (KUHN 1978) zwei unterschiedliche Hauptbedeutungen von Paradigma heraus: "Einerseits steht er (der Begriff, S.T.) für die ganze Konstellation von Meinungen, Werten und Techniken usw., die von den Mitgliedern einer gegebenen Gemeinschaft geteilt werden. Andererseits bezeichnet er ein Element in dieser Konstellation, die konkreten Problemlösungen, die als Modelle oder Beispiele gebraucht, explizite Regeln als eine Basis für die Lösung der übrigen Probleme der 'normalen Wissenschaft' ersetzen können." (KUHN 1978, S. 186) Die erste Bedeutung bezeichnet er nun als die "soziologische", die "exemplarischen" Leistungen erhalten keinen neuen Namen.

KUHN nimmt evolutionstheoretische und wissenssoziologische Fragestellungen insofern auf, als er die Grundlagen des Logischen Empirismus und des Kritischen Rationalismus verläßt und eine wissenschaftstheoretische Position bezieht, die ihm erlaubt, die Analyse der Genese von Ideen und deren Wirksamkeit in der Historie nicht als nicht zum Gegenstand wissenschaftlicher Rekonstruktion von Wissenschaft gehörig auszuklammern, sondern sie zentral mit hineinzunehmen. Er erklärt die wissenschaftliche Entwicklung und die Veränderung der Paradigmata "von außen". Seiner Auffassung nach gibt es keine "inneren" Gründe, die logisch eine Veränderung des Paradigmas bewirken können. Verschiedene

Paradigmen seien nicht nur inkommensurabel, sondern ihre revolutionäre Ablösung sei auch der Normalzustand einer reifen Wissenschaft. "Die deutlichsten Beispiele für wissenschaftliche Revolutionen sind jene berühmten Episoden der wissenschaftlichen Entwicklung, die auch früher oft als Revolutionen bezeichnet worden sind ... (wir) werden ... uns wiederholt mit den wichtigsten Wendepunkten in der wissenschaftlichen Entwicklung, die mit den Namen Kopernikus, Newton, Lavoisier und Einstein verbunden sind, beschäftigen. Sie zeigen deutlicher als die meisten anderen Episoden, wenigstens in der Geschichte der Physik, worum es bei allen wissenschaftlichen Revolutionen geht. Jede von ihnen forderte von der Gemeinschaft, eine altehrwürdige wissenschaftliche Theorie zugunsten einer anderen, nicht mit ihr zu vereinbarenden, zurückzuweisen. Jede brachte eine Verschiebung der für die wissenschaftliche Untersuchung verfügbaren Probleme und der Maßstäbe mit sich, nach denen die Fachwissenschaft entschied, was als zulässiges Problem oder als legitime Problemlösung gelten sollte. Und jede wandelte das wissenschaftliche Denken in einer Weise um, die wir letztlich als eine Umgestaltung der Welt, in welcher wissenschaftliche Arbeit getan wurde, beschreiben müssen. Derartige Änderungen sind, zusammen mit den Kontroversen, die sie fast immer begleiten, die bestimmenden Charakteristika wissenschaftlicher Revolutionen." (KUHN 1978, S. 20)

Ort der Umgestaltung ist vor allem die wissenschaftliche Gemeinschaft. Damit gewinnen soziologische Gesichtspunkte in der Analyse wissenschaftlichen Wandels und Wachstums zentrale Bedeutung; allerdings in Form "irrationalen", d.h. nicht logisch verursachten Wandels wissenschaftlicher Auffassungen. Bei KUHN verläuft der Prozeß des Wissenschaftswandels nicht linear, aber auch nicht zyklisch: er ist evolutionär, aber in dem Sinne, daß KUHN verschiedene Formen wissenschaftlicher Paradigmata "auftauchen" und "vergehen" sieht. Von einem gemeinsamen Ursprung ausgehend, verzweige und differenziere sich der "Baum der Erkenntnis" immer mehr: "For me therefore, scientific development is like biological undirectional and irreversible." (1970, S. 264)

Damit ist auch die Annäherung wissenschaftlichen Wissens an Wahrheit bezweifelt. Als Beispiel für die Unwahrscheinlichkeit der Wahrheitsannäherung von Wissenschaft nennt KUHN die größere Nähe der EINSTEINschen Theorie zur ARISTOTELischen, die beide zur NEWTONschen in Distanz stünden (1978). In der Ablehnung des den Wissenschaftlern gemeinsamen methodologischen procedere und in der Annahme, die

Wissenschaft beruhe auf gemeinsamen Überzeugungen und sozialen Netzwerken der Wissenschaftler, trifft sich KUHN mit vielen neueren Wissenschaftssoziologen. Dennoch muß gesehen werden, daß KUHN primär die kognitive Institutionalisierung in den historischen Blick nimmt, nicht die institutionalisierten Handlungsmuster von Wissenschaftlern und/oder die sozialen Strukturen wissenschaftlicher Gemeinschaften. Für ihn ist die Etablierung von gemeinsam geteilten Überzeugungen, Normen und Wertmustern das weitaus interessantere Phänomen (vgl. auch HALFMANN 1979, S. 250). Hier nähert sich KUHN besonders der älteren deutschen Wissenssoziologie.(20)

Im Gegensatz zur älteren deutschen Wissenssoziologie kommt der Wandel wissenschaftlicher Auffassungen bei KUHN relativ zufällig zustande: durch "gestalt switch", "Konversionen" und "Überredungen", die allesamt gerade die irrationalen Elemente enthalten, die POPPER als "psychologische" Faktoren beschrieben hat und aus der wissenschaftstheoretischen Diskussion heraushalten wollte, indem er sie der Wissenschaftspsychologie überantwortete (vgl. oben).

Beide Wissenschaftler nehmen auf der Diskussionsskala der New Philosophy of Science eine extreme Position ein: während POPPER jede Art historischer und sozialer Einflußfaktoren aus dem analytischen Konzept des rational fortschreitenden Wissenschaftsprozesses eliminieren möchte (und damit das Problem unbearbeitet läßt, daß Personen, notwendig in historisch gegebenen und individuell spezifischen Denkmustern befangen, die Wissenschaft vorantreiben), meint KUHN, den Gedanken an rationales Wissenschaftswachstum und rationalen Wissenschaftsfortschritt, gar an Wahrheitsannäherung wissenschaftlichen Wissens ganz aufgeben zu müssen.

HALFMANN nennt POPPERs evolutionären Ansatz "rationalistischen Wissenschaftsdarwinismus", KUHNs Theorie "naiven Darwinismus" (1979, S. 251 u. 265). Während KUHN POPPERs Theorie das Vertrauen entzöge, weil diese ein teleologisches Moment enthalte, über dessen Gültigkeit nichts bekannt sei, sei seine eigene deshalb naiv, weil er den Prozeß der Entwicklung von Wissenschaft als ungerichtete Verschiebung von Problemlösungen sehe (1979, S. 265). Im übrigen stelle KUHNs Theorie diskussionsgeschichtlich die erste Preisgabe des rationalistischen Weltbildes der Wissenschaftsphilosophie zugunsten eines nichtrationalistischen Konzeptes dar (ebd.).

Diese Auffassung läßt sich kaum halten: oben konnte gezeigt werden, daß in den theoretischen Konzepten der älteren Wissenssoziologie, vor allem in der Formulierung

Max SCHELERs, aber auch Karl MANNHEIMs, nicht-rationale Faktoren des Wissens in einer gegebenen historischen Epoche eine große, wenn nicht die entscheidende Rolle spielen.

KUHN interpretiert evolutionäre Prozesse einseitig: in der Evolution gibt es gerichtete Prozesse. Die evolutionäre Entwicklung ist weder einfach "zufällig" noch einfach "irrational". Insofern kann die KUHNsche Evolutionstheorie zwar als naiv, aber nicht als darwinistisch bezeichnet werden. Wissenschaftswachstum, -wandel und -fortschritt verweist somit auf andere Rationalitätsressourcen, als sie "reine" Forschungslogik und "irrationale" soziale Komponenten darstellen. Solche Rationalitätsressourcen zu finden, haben sich weitere Vertreter der "New Philosophy of Science" bemüht.

1.3. Paul FEYERABEND

Den Thesen KUHNs haben POPPER und LAKATOS, FEYER-ABEND und TOULMIN widersprochen. Sie faßten sie aber als Anregung auf und variierten sie.

FEYERABEND nimmt eine extreme, vielleicht auch die überraschendste und humorvollste Position ein, indem er für eine "anarchistische Erkenntnistheorie" plädiert (1976). Seiner Auffassung nach entwickelt jede Epoche in der Historie ihre eigene Vorstellung von Rationalität, nach der sie ihr Wissen beurteile (1972, S. 150ff.). Nachdem er ausführlich gegen eine Theorie des wissenschaftlichen Rationalismus polemisiert hat, weil diese weder der faktischen Entwicklung menschlichen Wissens entspreche noch auch jemals die Ratio allein irgendeinen Forscher angeleitet bzw. sich kein einziger Wissenschaftler an die methodologischen Regeln der Wissen-schaftstheoretiker gehalten habe, sieht er die Gründe für den dennoch konstatierten Fortschritt von Wissen in dem, was HALFMANN die "List der Vernunft" nennt (HALFMANN 1979, S. 299 und 261). Für FEYERABEND sind sowohl die Vorformen wissenschaftlichen Wissens nicht einfach falsch; ebensowenig müsse die "demokratische Kritik", d.h. die Kritik der Nicht-Fachleute an der Wissenschaft, notwendig in die Irre gehen. Im Gegensatz zu den strengen methodologi-schen Beurteilungskriterien POPPERs, deren Hüter die Wissenschaftler selbst seien, gesteht FEYERABEND der Menschheit als ganzer - ohne diese Behauptung allerdings im einzelnen zu explizieren - eine eigene Weisheit zu, die nicht wegen, sondern trotz der Vorschriften der Methodologen sich durchgesetzt und dafür gesorgt habe, daß diese immer mehr Wissen über die Welt ansammeln konnte.

Deshalb sei es wichtig, so FEYERABENDs Argumentation, daß nicht vorab Einschränkungen für die Entwicklung wissenschaftlicher Theorien aufgestellt würden. Von der Position methodologischer Vorschriften und wissenschaftlicher Rationalität aus könne nicht gesagt werden, ob sich eine Theorie in der Zukunft bewähre oder ob sie dies nicht könne; denn es sei "in der reichen und komplexen Umgebung der Geschichte der Natur wie auch der Gesellschaft und nicht in den luftleeren Stuben der Methodologen, daß die Wissenschaft sich zu bewähren" habe (1972, S. 168). Sei aber der Ort der Bewährung die Gesellschaft, so könnten wissenschaftliche Rationalitätsstandards allein nicht die Kriterien liefern, wie ein wissenschaftliches Forschungsprogramm zu verfahren habe. Dies könne konsequenterweise nur heißen, daß eine "anarchistische Erkenntnistheorie" sich durchsetzen müsse, d.h. jede Methode prinzipiell erlaubt sein müsse; die frühe Einengung durch ein Prokrustesbett sei schädlich, die Methode des "Mach was Du willst" ("Anything goes") solle die wissenschaftliche Forschung regieren (1976, S. 35ff.). Um aber das (auch von ihm für wichtig gehaltene) wissenschaftliche Wachstum nicht zu gefährden, lautet sein Vorschlag, die vielfältigen Voraussetzungen wissenschaftlicher Forschung ständig zu überprüfen: "... jede methodologische Regel ist mit kosmologischen Annahmen verbunden, so daß man mit der Anwendung der Regel die Annahmen als richtig voraussetzt. Der naive Falsifikationismus setzt voraus, die Naturgesetze lägen zutage und seien nicht unter erheblichen Störungen verborgen. Der Empirismus setzt voraus, die Sinneserfahrung sei ein besseres Abbild der Welt als das reine Denken. Die Hochschätzung der Argumentation setzt voraus, die Kunstprodukte der Vernunft führten zu besseren Ergebnissen als das freie Spiel unserer Gefühle. Solche Voraussetzungen können höchst einleuchtend und sogar wahr sein. Aber man sollte sie doch gelegentlich nachprüfen." (1976, S. 392/93)

Damit stellt FEYERABEND sich zwar als Kritiker des reinen und des logischen Empirismus, des Kritischen Rationalismus und dessen Weiterentwicklung durch LAKATOS dar; aber er stellt sich damit auch in die lange Reihe derjenigen Wissenschaftstheoretiker, die jede mögliche Fehlerquelle, sei sie ideologischer, philosophischer, psychologischer oder methodologischer Natur, so streng wie möglich auszuschließen versuchen. So wird sein Plädoyer für eine anarchistische Erkenntnistheorie letzten Endes zu einer Anweisung noch strengerer und gründlicherer Überprüfung der Voraussetzungen aller Forschungsprogramme und wissenschaftlicher Tätigkeiten; gleichzeitig aber auch zu einer Vertrauensbezeugung gegenüber der menschlichen Fähigkeit, objektives Wissen zu erlangen und - jenseits unvermeidlicher Fehlerquellen - zu einem Vertrauensvotum für die der Welt und dem Menschen innewohnende "List der Vernunft".

Evolution bedeutet bei FEYERABEND über die vielfältigen Fehlerquellen hinweg eine Zunahme gesicherten Wissens gemäß einem Gesetz, das uns noch unbekannt ist. Ebensowenig wie KUHN kann er angeben, was denn diese "Rationalitätsressource" oder "List der Vernunft" inhaltlich ausmacht. Wenn sie nicht methodologisch vorgeplant oder entworfen werden kann, sondern eher im "freien Spiel der Kräfte" zu liegen scheint, muß sie konsequenterweise außerhalb der Methodologie zu finden sein und sich dem rationalen Zugriff des Wissenschaftlers letzten Endes entziehen.

1.4. Imre LAKATOS

LAKATOS befaßt sich vor allem mit dem Problem, wie die POPPERsche Theorie des rationalen Wachstums von Wissenschaft aufrecht zu erhalten sei, wenn man die Theorien KUHNs ernst nehme, d.h. wie die Übergänge von einem Paradigma zum anderen rational zu rekonstruieren seien. Zu diesem Zweck entwickelt er seine Theorie der "wissenschaftlichen Forschungsprogramme", die die ursprüngliche POPPERsche "Logik der Forschung" etwas weiter faßt (vgl. dazu auch MÜNCH 1979). Was dabei entsteht, ist eine Verknüpfung der POPPERschen mit der KUHNschen Theorie: weder reicht "die Logik der Forschung" allein noch die "Verifikation" noch die "Falsifikation" zur Überprüfung von Theorien aus. Unter Beibehaltung sowohl der Vorstellung, die Wissenschaft entwickle sich fortschrittlich als auch derjenigen, die Wissenschaft brauche gegenüber anderen Systemen ein eigenes Abgrenzungskriterium, das ihre Diffusion mit anderen Systemen verhindere und sie daher sowohl überlebensfähig mache wie auch ihren Inhalt erst rechtfertige (vgl. dazu auch MÜNCH 1979), bedarf nach LAKATOS die empirische Basis von Theorien einer Neufestsetzung. Diese geschehe wesentlich durch "konventionalistische" Verfahren, die von Wissenschaftlergemeinschaften entworfen würden. Mittels "positiver" und "negativer" Heuristik einzelner Forschungsprogramme sei es dem Wissenschaftler möglich, auf rationale Weise Widersprüche innerhalb von Theorien abwartend zu verteidigen oder auch experimentelle Ergebnisse als noch "nicht zuverlässig" zu qualifizieren (1974a, S. 170).

Sein Plädoyer gilt dem in der POPPERschen Theorie bereits implizierten "raffinierten methodologischen Falsifikationismus" (1974a, S. 113ff.). Zwar gibt er KUHN recht, wenn er sich gegen einen "naiven Falsifikationismus" wende – nicht aber, wenn er jede Art von Falsifikationismus ablehne: "... KUHN übersah POPPERs raffinierten Falsifikationismus und das Forschungsprogramm, das er in Gang setzte. POPPER hat das Zentralproblem der klassischen Rationalität, das alte Problem der Begründung, durch das neue Problem des kritisch-fehlbaren Wachstums ersetzt und hat begonnen, objektive Maßstäbe für dieses Wachstum zu entwickeln." (1974a, S. 172)

Den Hauptunterschied zwischen der POPPERschen Position und seiner eigenen sieht LAKATOS darin, daß die Kritik "nicht so schnell tötet und nicht so schnell töten darf, wie POPPER es sich vorgestellt hat. Rein negative, destruktive Kritik, wie z.B. 'Widerlegung' oder Nachweis einer Inkonsistenz, eliminiert ein Programm noch nicht. Die Kritik eines Programmes ist ein langer und oft frustrierender Prozeß, und man muß knospende Programme mit Geduld und Nachsicht behandeln." (1974a, S. 173)

Die Reduktion der Wissenschaftsentwicklung auf Wissenschaftspsychologie lehnt LAKATOS ebenfalls ab. Auch wenn (in der Nachfolge KUHNs) nicht mehr die individuelle Wissenschaftlerpersönlichkeit im Zentrum des Interesses stehe, sondern eher die mit sozialpsychologischem Instrumentarium zu untersuchende Wissenschaftliche Gemeinschaft, habe sich an dem Grundfaktum psychologischer Erklärung kaum etwas geändert; die Enttäuschung an der Unmöglichkeit, wissenschaftliche Theorien zu rechtfertigen, habe bei vielen Wissenschaftlern dazu geführt, jede Rationalität im Verlauf der Wissenschaftsentwicklung zu leugnen.(21) "Individualpsychologie wird nur durch Sozialpsychologie ersetzt; die Nachahmung der großen Wissenschaftler weicht der Unterwerfung unter die kollektive Weisheit der Gruppe." (1974a, S. 172) LAKATOS erkennt KUHNs Verdienste um die Wissenschaftspsychologie an, betont aber, daß die Wissenschaftspsychologie keineswegs autonom sein könne: das Wissenschaftswachstum finde letzten Endes in POPPERs "Dritter Welt" statt; die Welt des artikulierten Wissens sei unabhängig von den forschenden und wissenden Subjekten.(22)

Ferner beschreibe POPPER das Wissenschaftswachstum, KUHN hingegen den Wandel der Wissenschaften: "Aber das Spiegelbild der "dritten Welt" im Geist des individuellen – und selbst des "normalen" – Wissenschaftlers ist gewöhnlich eine Karikatur des Originals; und eine Beschreibung dieser

Karikatur, ohne Beziehung auf das Original in der dritten Welt, kann leicht zur Karikatur einer Karikatur werden. Man kann die Geschichte der Wissenschaft nicht verstehen, wenn man die Wechselwirkung der drei Welten nicht in Betracht zieht" (1974a, S. 174).

Wenn die Rationalität wissenschaftlichen Wachstums so zumindest durch die rationale Rekonstruktion der Forschungsprogramme gerettet scheint, bleiben doch viele Fragen offen: warum ist es bisher nicht gelungen, die "Rationalitätsressourcen" aufzuspüren, die den Widerspruch zwischen POPPER und KUHN möglicherweise als Scheinwiderspruch enthüllen? Warum wird in der Wissenschaftstheorie und -philosophie, -soziologie und -psychologie ständig von einander ausschliessenden Faktoren des Wissenschaftswachstums ausgegangen? Von der Polarisierung: entweder Psychologie oder Rationalität (wobei "Psychologie gleich Irrationalität" gesetzt, nicht bewiesen wird), Rationalität oder Soziologie usw.? Daß die Rationalität psychischer und sozialer Faktoren noch wenig bekannt ist, heißt nicht, daß sie nicht vorhanden ist. Das gerade hat LAKATOS gezeigt.

Bevor versucht wird, einige dieser Widersprüche zu klären und die hier aufgeworfenen Fragen zu beantworten, referiere ich kurz die Theorie TOULMINs, die ansatzweise Lösungen dieser Probleme enthält.

1.5. Stephen TOULMIN

Wie LAKATOS versucht auch TOULMIN, die Rationalität wissenschaftlichen Wachstums zu "retten"; er versucht den Besonderheiten historischer Wandlungsprozesse von Wissenschaft insofern gerecht zu werden, als er soziologische und psychologische Faktoren innerhalb der Wandlungsprozesse anerkennt und sie nicht gegen wissenschaftstheoretische Rationalitätsstandards ausspielt (1968, 1971, 1972, 1974a, 1974b, 1978).

Vor allen anderen hat TOULMIN evolutionstheoretische Aspekte der Wissenschaftsentwicklungstheorie dargelegt. Sie eröffnen prinzipiell neue Perspektiven - auch gegenüber den älteren sozialdarwinistischen Vorstellungen - und zeigen Wege zur Lösung der Debatte um "innen" und "außen" (externalen und internalen Erklärungen von Wissenschaftswandel und -wachstum), "Evolution" und "Revolution", "Historie" und "Rationalität". Dabei widerspricht er scharf KUHNs Theorie des "revolutionären" Wandels von Paradigmen.(23)

Zwar gesteht er KUHN zu, daß man durch dessen Hervorhebung des "revolutionären" Charakters mancher Veränderung der wissenschaftlichen Theorien "zum ersten Mal gezwungen worden sei, die volle Tiefe jener begrifflichen Umformungen ins Auge zu fassen, die zeitweise die historische Entwicklung der wissenschaftlichen Ideen gekennzeichnet habe" (1974a, S. 39); aber die KUHNsche These, die wissenschaftliche Entwicklung alterniere zwischen "Normalwissenschaft" und "revolutionärem Wandel", nennt er "provisorisch" (1974a, S. 40). In diesem Zusammenhang weist er darauf hin, daß auch die Historiker von der Vorstellung abgekommen seien, der Begriff "Revolution" erkläre irgend etwas, sei mehr als ein Etikett. Obwohl nicht abzustreiten sei, daß es erhebliche Diskontinuitäten innerhalb der wissenschaftlichen Entwicklung gebe, seien diese jedoch nicht absolut, sondern Teil eines in einem größeren Zusammenhang stehenden evolutionär sich entfaltenden Prozesses (1978). TOULMIN zeigt auf, daß KUHN sich den Wandel eines Paradigmas wie folgt vorzustellen scheine: "Einstein hat mich so überredet ...", oder: "Ich weiß auch selber nicht, wieso, aber ich habe mich verändert." (1974a, S. 43) Man könne empirisch nachweisen, daß Mehrheiten von Physikern den Wandel der NEWTONschen zur EINSTEINschen Denkweise eindeutig rational nachvollzogen hätten. "Denn das Ersetzen eines Systems von Begriffen durch ein anderes System ist ein Vorgang, der seinerseits auch gute Gründe hat, auch wenn diese besonderen Gründe sich nicht in noch breitere Begriffe oder in noch allgemeinere Axiome formalisieren lassen." Dies deshalb, weil die geteilten Voraussetzungen der Wissenschaftler weder Dogmen (wovon KUHN 1974 selber schon in seinem neueren Beitrag abgerückt ist) noch auch ein "gemeinsamer Stock von Prinzipien und Axiomen" seien, sondern "eher eine Menge von 'Auswahlprozeduren' und 'Auswahlregeln'", und diese seien nicht so sehr "wissenschaftliche Prinzipien" als eher "konstitutive Prinzipien der Wissenschaft" (1974a, S. 44).

Damit steht TOULMIN der Position POPPERs und LAKATOS' näher als der KUHNs. Seine Gegenthese (die sowohl von seiten der Biologie als auch der Geschichtswissenschaft bestätigt zu werden scheint) lautet, daß die "Revolutionen zu einer bloßen 'Variationseinheit' im Prozeß der wissenschaftlichen Veränderungen selbst" werden (ebd.).

Den Weg in Richtung auf eine neue, adäquatere Theorie stellt sich TOULMIN (unter Beibehaltung der POPPERschen Forderung, auf keinen Fall logische Kriterien für die Bewertung von Theorien mit Verallgemeinerungen über die aktuelle

Praxis der Wissenschaftler gleichzusetzen) so vor, daß diese "auf die Ergebnisse von neuen empirischen Untersuchungen über die aktuelle Entwicklung und das Wachstum der Wissenschaft gebaut sein" ... "und infolgedessen ... die Logik der Wissenschaft unmittelbar mit ihrer Soziologie und Psychologie" verbunden werden soll (1974a, S. 45). Die "Zweideutigkeiten" in der Debatte zwischen POPPER und KUHN könnten vermieden werden, wenn herausgestellt würde, daß "die Wissenschaftsphilosophie sich vor allem dafür interessiert, welche Art von Überlegungen über die Auswahl der neuen Varianten entscheiden sollten, während die Soziologie und die Psychologie der Wissenschaft sich mit jenen Überlegungen beschäftigt, die in Wirklichkeit bei der Wahl entscheidend waren" (1974a, S. 46).

TOULMIN meint (unter Beibehaltung der Erklärung wissenschaftlicher Entwicklung aus "externen Faktoren", die ihn mit KUHN und anderen externalistisch orientierten Wissenschaftssoziologen verbindet), daß wissenschaftlicher Wandel evolutionären Selektions- und Variationsprozessen unterworfen sei. Sie seien das Ergebnis der notwendigen Konkurrenz verschiedener Theorien, die sehr wohl nebeneinander existieren könnten. Jede Theorie, oder besser: jedes begriffliche System, ist nach TOULMINs Auffassung nicht ganz in der Lage, die anstehenden Probleme bzw. die Zielsetzung des "Rätsellösens" vollkommen zu erreichen. Neben den etablierten Erklärungsweisen existierten bestimmte begriffliche Varianten (konzeptionelle Varianten), die eingegliedert werden könnten in das etablierte Repertoire. Der Wandel wissenschaftlicher Entwicklung komme dadurch zustande, daß bestimmte Varianten in das etablierte Set der Begriffe und Erklärungen eingegliedert würden, wobei die Kriterien dieser Eingliederung sich von wissenschaftlicher Disziplin zu Disziplin sowie von historischer Epoche zu Epoche unterschieden.

Explizit zeigt TOULMIN die Parallele auf, die sich für ihn zwischen der Wissenschaftsentwicklung und der Entwicklung der Arten nach DARWIN ergibt: "Bei der Entwicklung wissenschaftlicher Ideen ebenso wie bei der Entwicklung der Arten ergeben sich die Veränderungen aus einer selektiven Fortpflanzung der Varianten ... Zu jeder Variante, die akzeptiert wird, gibt es eine Vielzahl anderer, die als unbefriedigend verworfen werden. Also kann man die Frage, 'was gibt einer wissenschaftlichen Idee ihre Qualität und wodurch ist sie in der Lage, ihre Konkurrenz aus dem Felde zu schlagen?' auf die kurze darwinistische Formel bringen: 'wodurch ist sie im Evolutionsprozeß konkurrenzfähig?'." (1968, S. 132)

TOULMIN scheut sich nicht, die Parallelität zwischen der Entwicklung der Arten und der Wissenschaft noch weiter zu verfolgen. So sagt er, es sei aus der Biologie bekannt, daß "eine Variation, die für eine Spezies in einer bestimmten Umwelt von Vorteil ist, bei einer anderen Spezies überhaupt nicht zum Vorteil ausschlagen würde, vielleicht nicht einmal bei derselben Spezies in einer anderen Umwelt. Auch bei der Wissenschaft können bestimmte theoretische Prozeduren für den Umgang mit einer Gruppe von Problemen geeignet sein und sich dennoch auf einem anderen Gebiet oder in einer anderen Situation als ein Hemmnis für den Fortschritt erweisen." Und weiter: "Biologische Arten überleben und entwickeln sich nicht, indem sie einer einzigen Umweltanforderung entsprechen, sondern weil sie allein - unter den zahlreichen Varianten früherer Formen - den vielfältigen Anforderungen ihrer Umwelt erfolgreich begegnet sind." (1968, S. 132) (24)

Besonders intensiv setzt sich TOULMIN in seinem Werk "Human Understanding" mit einem darwinistischen Konzept einer Theorie der Wissenschaftsentwicklung auseinander (1978). Seine erste These lautet hier, daß der Begriff "Evolution" in der Geschichte der Wissenschaften bisher meist falsch verstanden worden sei. Zu den Fehlinterpreten dieses Begriffs zählt TOULMIN auch KUHN (1978, S. 376). Aber bereits lange vor ihm habe es eine Tradition "evolutionären" Denkens in den Geschichtswissenschaften und der Soziologie gegeben, die er als "vorsehungsorientiert" beschreibt. Diese Tradition habe aber weniger mit DARWIN als vielmehr mit LAMARCK, HEGEL und MARX zu tun: so sei auch SPENCER korrekter als Soziallamarckist denn als Sozialdarwinist zu bezeichnen (1978, S. 376). Das Problem der evolutionstheoretischen Ideen des 19. Jahrhunderts sei gewesen, daß sie allesamt von der Vorstellung eines gerichteten, zu einem Ziel hinführenden, allumfassenden Geschichtsprozesses ausgegangen seien; der Darwinismus habe aber mit solchen Vorstellungen nichts zu tun. Die Theorie DARWINs habe im Gegenteil mit den "vorsehungsorientierten" Vorstellungen früheren evolutionären Denkens gründlich aufgeräumt. Dennoch bestehe diese teleologische Sichtweise evolutionärer Entwicklung bis heute fort und jeder, der den Versuch mache, eine "Naturgeschichte der Ideenauslese" zu entwerfen, müsse zeigen, wie er die Fallgruben der älteren Formen des "Evolutionismus" zu vermeiden gedenke (1978, S. 374). Die sozialdarwinistischen Theorien seien vor allem auch deshalb in Mißkredit geraten, weil sie auf die Beurteilung "primitiver" Völker angewandt worden seien. Die darwinisti-

sche Theorie setze aber im Gegensatz zu diesen "vorsehungsorientierten" Vorstellungen keine innere Gesetzmäßigkeit
der Geschichte, voraussehbare Entwicklung derselben oder
einen steten, linearen Fortschritt voraus; die Geschichte
und die Evolution seien kein allumfassender Prozeß kosmischen
Ausmaßes, der sich irreversibel nach "oben" und "vorne"
bewege, sondern lediglich eine Möglichkeit, Geschichtspro-
zesse zu erklären, ohne in die Fehler einer statischen,
unhistorischen, systemtheoretischen Erklärung auf der
einen Seite, in "evolutionistische" Doktrinen einer sich
selbst auf ein Ziel zu bewegenden Geschichte auf der anderen
Seite zu verfallen (ebd.).

TOULMIN zeigt, was er unter einer an DARWIN orientierten Theorie der Ideen- und Wissenschaftsentwicklung versteht: DARWINs Theorie sei "populationsorientiert", d.h.
ihre zentrale Aussage sei, daß die verschiedenen Arten
auf der Selektion von Varianten zum Fortbestand beruhten;
jene Arten pflanzten sich fort, die am besten an ihre Umgebung angepaßt seien. Für den Wandel der Wissenschaft
besage der Ausdruck "evolutionär" nichts anderes: "Wenn
wir den Ideenwandel "evolutionär" nennen, so bedeutet
das im Gegensatz zur Darstellung KUHNs (25) lediglich,
daß die Veränderungen von einem Zeitabschnitt zum nächsten
auf der Auswahl von Ideenvarianten zum Fortbestand beru-
hen. Es bedeutet keineswegs, daß die 'evolutionären' Veränderungen unserer Ideen irgendeine eindeutige langfristige
Richtung aufwiesen - und noch weniger, daß sie sich einem
größeren kosmischen Zweck einordneten" (1978, S. 378).

So schlägt er vor, die Entwicklung der Wissenschaften
unter dem Aspekt ihrer "Anpassung" an lokale Probleme
zu untersuchen. Was eine Theorie konkurrenzfähig mache,
sei ihre geglückte Anpassung. Weder könne man aber die
Entwicklung der Ideen, Geschichte (Institutionen) voraussagen, noch könne man ihr ein einheitliches Ziel unterstellen.
Im historischen Nachvollzug sähen zahlreiche Entwicklungen
"gerichtet", "konsequent" oder "notwendig" aus, aber dies
sei keine Eigenschaft, die den Dingen selbst, sondern lediglich unserem Denken zukäme. "... der wirkliche Ablauf
gesellschaftlicher und politischer Ereignisse führt zu immer
neuen Konstellationen von Umständen und Problemen, die
sich im einzelnen niemals aufgrund der bisherigen Ereignisse
voraussagen lassen. Daher erweist sich die 'Vernünftigkeit'
gesellschaftlicher und politischer Verfahrensweisen ebenso
an ihrer Fähigkeit, mit unvorhersehbaren Problemen fertig
zu werden, wie mit Problemen, die schon im Bisherigen
'enthalten' waren" (1978, S. 386f.).

TOULMIN hat mit seinen Arbeiten ein Konzept vorgelegt, das in mancher Hinsicht Grundlage für ein noch zu entwickelndes, empirisch zu überprüfendes Forschungsprogramm bietet. Im Gegensatz zu KUHN ist sein theoretischer Ansatz nicht geeignet, dogmatisch festgelegte "Geschichtsgesetze" an die empirische Wirklichkeit anzulegen; er gibt lediglich Leitlinien an, wie das Studium der Wissenschaftsentwicklung verfahren könnte; wichtigster Aspekt ist dabei die Untersuchung von Wissenschaftsentwicklungen nach ihrer "Anpassung" im DARWINschen Sinne. Weiter versucht TOULMIN - ohne die POPPERsche Intention der Vermeidung psychologistischer Erklärungen von Wissenschaftswachstum und -fortschritt zu verletzen - die Berechtigung der Erklärung von Wissenschaftsentwicklungsprozessen sowohl von "innen" (also forschungslogisch) als auch von "außen" (also historisch, soziologisch und psychologisch) klar herauszustellen. Er weist beiden Erklärungsansätzen eine unterschiedliche Funktion zu: der forschungslogischen eine "normative", der soziologischen und psychologischen eine "tatsächliche". Damit werden tendenziell manche Punkte der Auseinandersetzung zwischen POPPER und KUHN geklärt. TOULMIN bettet seine Theorie der Wissenschaftsentwicklung in einen umfassenderen theoretischen Rahmen, den der Evolutionstheorie. Wissenschaft als Wissenschaftsobjekt verliert damit den Charakter des bestaunten Einzelphänomens, das, abgehoben von den sonstigen menschlichen Tätigkeiten, die Domäne von Philosophie und Wissenschaftstheorie zu sein hat. Ferner können die in der älteren deutschen Wissenssoziologie gestellten, aber nicht beantworteten Fragen auf dieser Basis möglicherweise einer besseren Lösung zugeführt werden. Freilich bleiben wesentliche Fragen offen: es fehlen Operationalisierungen der Begriffe "Fortschritt", "Abstammung", "Variation" und "Selektion". Selbst eine nur vorläufige Bestimmung dieser Begriffe könnte aber schon erheblich weiterführen. Damit in Zusammenhang müßte gesagt werden, was die "Evolution von Wissenschaft" - über die Prozesse der "Variation" und "Selektion" hinaus - tatsächlich bestimmt; es genügt noch nicht, zu konstatieren, daß in "jedem Stadium (der Wissenschaftsentwicklung, S.T.) ein Pool von wetteifernden Varianten (zirkuliert) und in jeder Generation ... ein Selektionsprozeß am Werk (ist), durch den bestimmte dieser Varianten akzeptiert und der betreffenden Wissenschaft einverleibt werden, um an die nächste Generation von Forschern als integrales Element der Tradition weitergegeben zu werden" (1974b, S. 265). Wichtig wäre zu sagen, wie "Variationen" zustandekommen, wie Selektionsprozesse tatsächlich verlaufen. Auch wenn die zunehmende Professionalisierung wissenschaftlicher Tätigkeit dazu geführt hat, daß die Norm der "Vernunft" qua Sozialisation dafür garantiert, daß Wissenschaftler im Durchschnitt primär rational, nicht irrational handeln, sie also als Berufsstand kaum in der Lage sind, etwa "Konversionen" rationalen Beurteilungskriterien vorzuziehen, so daß damit in gewissem Ausmaß die Vernunft selektiver Prozesse garantiert scheint, ist das Verhältnis von Rationalität zu Irrationalität im Wissenschaftsentwicklungsprozeß damit noch nicht ausreichend beschrieben. Hier helfen nur empirische Untersuchungen weiter. Das Zustandekommen von Variationen erklärt TOULMIN nicht; die Selektion geschieht nach der Tradition wissenschaftlicher Gemeinschaften. Dazu meint HALFMANN, daß TOULMIN mit dieser Auffassung zwar "Kontinuität mit der Tradition erklären (kann) ... aber nicht, wie Tradition in Richtung auf Fortschritt verändert wird" (1979, S. 265). Bei TOULMIN fehlt außerdem - diesmal im Gewand des Mangels an inhaltlicher Bestimmung des äußerst wichtigen Variationsbegriffs - eine Festsetzung oder Bestimmung dessen, was überhaupt evolutionärer Fortschritt von Wissenschaftswachstum sein könnte; auch er kann nicht die Rationalitätsstandards angeben, "die allgemeiner sind als die für das jeweilige Konzept geltenden" (ebd.); nach FEYERABEND (1972) ist dies in der bisherigen Diskussion der New Philosophy of Science überhaupt noch nicht gelungen. Zwar meint TOULMIN, daß die innere Entwicklung der Wissenschaft nach ausschließlich rationalen Faktoren, die Richtung der Wandlungsprozesse von Wissenschaft aber nach einer Mischung von inneren und äußeren Faktoren vonstatten gehe (1967, S. 88), er gibt aber die äußeren Faktoren dieses Richtungswandels nicht inhaltlich an; somit bleibt - ebenso wie bei KUHN, LAKATOS und FEYERABEND - die inhaltliche Bestimmung des Steuerungsmomentes von Wissenschaftswachstum und Wissenschaftsentwicklung auch bei ihm unklar. Auch fehlt eine Bestimmung dessen, was als Antrieb zur Variations- und Selektionstätigkeit fungieren könnte. Ohne diese Bestimmung ist es nicht einmal möglich zu sagen, warum Wissenschaft sich überhaupt weiterentwickelt und anwächst.

Offenkundig ist damit die Diskussion zwischen den Angehörigen der New Philosophy of Science an einem Punkt festgefahren, an dem es kaum eine noch "raffiniertere" Lösungsmöglichkeit der aufgeworfenen Problemlage geben kann; nur neue Gesichtspunkte können aus dieser Sackgasse herausführen.

1.6. Zusammenfassung

Es wurde gezeigt, daß die Teilnehmer der Debatte um die "New Philosophy of Science" überraschenderweise einige der alten Problemstellungen, wie sie für die deutsche Wissenssoziologie der zwanziger Jahre typisch sind, neu aufgenommen haben. Dabei sind die theoretischen Positionen - bei weitgehender Übereinstimmung, wenn auch unterschiedlicher Bewertung des Faktums, daß "externe", d.h. soziale, historische und psychologische Faktoren bei der Entwicklung der Wissenschaft eine erhebliche Rolle spielen - sehr unterschiedlich.

POPPER entwickelt - an der Rationalität des Wissenschaftswachstums festhaltend - seine Theorie des "fehlbaren Wachstums" weiter. KUHN hat zunächst die "Irrationalität" wissenschaftlicher Entwicklung für die Naturwissenschaften postuliert; später macht er hiervon einige Abstriche, bleibt aber prinzipiell bei seiner Theorie des "revolutionären", "gerichteten" und "irreversibel" verlaufenden Wissenschaftswandels.

FEYERABEND billigt der Gattung Mensch als ganzer jene "List der Vernunft" zu, die dafür sorge, daß Wissenschaft - nach noch unbekannten Gesetzen - sich in Richtung wahren Wissens weiterentwickle. LAKATOS ist der Auffassung, nicht der Wissenschaftsentwicklungsprozeß als solcher verlaufe rational, sondern nur die rationale Rekonstruktion von Forschungsprogrammen sei möglich. TOULMIN hält die "innere" Entwicklung der Wissenschaft für eine rational, die "äußere" für eine sozial und historisch bestimmte, die nach den evolutionären Gesetzmäßigkeiten des Konkurrenzkampfes funktionierten. Dabei löst er die Selbstverständlichkeiten der älteren sozialdarwinistischen Theorien konsequent auf.

Alle referierten Positionen mit Ausnahme der TOULMINs stellen "Rationalität" und "soziale Faktoren" polar einander gegenüber, zuweilen gar als sich ausschließende Komponenten der Wissenschaftsentwicklung. Als Ausweg bleibt dann der Verweis auf die Fachdisziplin: während der Wissenschaftstheorie der normativ bestimmte Bereich der Sollvorstellungen wissenschaftlichen Forschens zugewiesen wird, sei die Soziologie (Geschichtswissenschaft, Psychologie) für die Untersuchung des tatsächlichen Verlaufs zuständig. Was fehlt, ist ein übergreifendes theoretisches Konzept, das nicht etwa die Grenzen zwischen den Disziplinen verwischt, sondern ermöglicht, die Rationalität des Wissenschaftswachstums in dessen soziale Bedingungen zu integrieren. Das "Anpassungskonzept" TOULMINs bietet dazu erste Anregungen.

2. Exkurs: biologische und biopsychologische Grundlagen der Erkenntnis

Im folgenden Abschnitt versuche ich, durch Hereinnahme von Forschungsergebnissen und Hypothesen anderer Disziplinen, nämlich der Biologie und der Psychologie, einige der oben diskutierten Schwierigkeiten bezüglich der "Rationalitätsressourcen" zu überwinden, die die Entwicklung der Wissenschaften möglicherweise bestimmen.

2.1. Rupert RIEDL

In jüngster Zeit werden von naturwissenschaftlicher Seite einige der zentralen Thesen der POPPERschen und der TOULMINschen Theorie aufgegriffen und bestätigt. Dies gilt z.B. für den Beitrag des Biologen RIEDL (1980) sowie mittelbar auch für die Darstellung biopsychologischer Forschungsergebnisse durch HOLZKAMP-OSTERKAMP (1975, 1976).

RIEDLs Beitrag ist in unserem Zusammenhang deshalb interessant, weil er nach den biologischen Wurzeln von Wissen und Erkenntnis sucht. Seine Hypothese lautet, daß beide nicht erst mit den Menschen auf die Welt gekommen seien, sondern der gesamten Evolution innewohnen: "Unsere Betrachtung des stammesgeschichtlichen Werdens der Organismen erfolgt unter dem Gesichtspunkt, daß jeder erfolgreiche Schritt der Anpassung einem Zuwachs an Information über jenes Milieu entspricht, das für sie von Bedeutung ist. Wir beschreiben die Evolution als einen erkenntnisgewinnenden Prozeß." (RIEDL 1980, S. 7) Dabei versteht RIEDL "Erkenntnis" nicht in wissenschaftstheoretischer Definition, sondern es geht ihm um die Beschreibung des Zuwachses an "Wissen" in dem Maße, wie "lebende Systeme durch ihr allmähliches Entsprechen dieser Welt Gesetzlichkeit extrahieren". Die Grundlagen der Vernunft müssen damit nicht mehr aus den ihr immanenten eigenen Prinzipien gewonnen werden – eine der Hauptschwierigkeiten der philosophischen Diskussion der letzten Jahrhunderte –, sondern werden durch einen Blick auf die vergleichende stammesgeschichtliche Erforschung aller Erkenntnisphänomene prinzipiell der Biologie geöffnet. Damit scheint eine Einsicht gewonnen, um welche es in der vorliegenden Arbeit geht: Die Kriterien der außerhalb der methodologischen Vorschriften der Wissenschaftstheorie liegenden "Rationalitätsressourcen", die bisher von der New Philosophy of Science innerhalb ihres eigenen

Forschungsfeldes nicht gefunden werden konnten, sind unserer Auffassung nach aus den Gesetzmäßigkeiten der evolutionären Entwicklung zu beziehen. "Evolution" kann verstanden werden auch als die stammesgeschichtliche Entwicklung der Erkenntnis und des Wissens. Auch Wissenschaft ist damit Teil dieser Entwicklung, nichts anderes als ein lebendiger "erkenntnisgewinnender" Prozeß, der - weil primär der "Wahrheit" verpflichtet - dem menschlichen Überleben dient und damit inhaltlich bestimmt werden kann. Dies soll im folgenden näher ausgeführt werden.

RIEDL zeigt, daß sich seit Jahrmillionen die Entwicklung lebendiger Systeme nach den Gesetzen einer objektiven Welt richtet - richten mußte, da sonst das Überleben nicht möglich gewesen wäre. Warum das Auge "sonnenhaft" sei, der Delphin die Gesetze der Hydrodynamik abbilde, das Ohr die Gesetze des Schalls, kurz: die Evolution vernünftiger Weltbilder seit Jahrmillionen "Ordnung extrahiere" (1980, S. 27), finde seine Begründung in dem, was (nach BRUNSWIK) als "ratiomorpher Apparat" bezeichnet werden könne (1980, S. 24); dieser besitze "vorbewußte Urteile" über die Welt, welche, über Versuch und Irrtum und Erfahrung vermittelt, für die Orientierung in der Welt, in der wir leben, gesorgt haben und immer noch sorgen. Der Terminus "ratiomorpher Apparat" bezeichnet dabei offenbar die biologische Grundlage des KANTschen Apriori der Vernunft.

Nach RIEDL besteht aber ein Unterschied zwischen dem sogenannten "ratiomorphen Apparat" und der Vernunft: während wir den ersten mit den höheren Tieren teilten, zeichne die Vernunft den Menschen vor allen anderen Lebewesen aus. Die Vernunft werde allerdings meist überschätzt, da nur sie unserem reflexiven Bewußtsein zugänglich sei. In dieser Hinsicht stimmt RIEDL (1980, S. 8) auch FREUD zu. Seit Jahrtausenden habe die Vernunft wegen der ihr eigentümlichen Struktur versucht, ihre Begründung aus sich selbst zu finden. Insofern sie "vergessen" habe, woher sie stamme, was ihre evolutionäre Grundlage darstelle, gerate sie in die von RIEDL ausführlich beschriebenen Dilemmata.

RIEDL macht plausibel, daß die Vernunft - wie alles Lebendige - eine spezielle Ausformung des ratiomorphen Apparates sei. Eine lange Entwicklung sei notwendig gewesen, den Schritt von der "ersten Lernphase" über die "zweite" bis zum derzeit erreichten Stand der evolutionären Entwicklung zu tun. Das lernende Einzeltier zeichne sich dadurch aus, daß die bisher "geschlossenen" Programme geöffnet würden: "Das Lerntempo wird um sieben bis neun Größenordnungen von einer Jahrmillion auf Tage und Stunden beschleunigt; die Kontrolle aber entsprechend reduziert." (1980, S. 28) Individuell Gelerntes könne aber noch nicht kollektiv tradiert werden. Dies geschehe erst in der "zweiten Lernphase", an der Schwelle zum Menschen, mit dem Erwerb der Sprache, der Werkzeugherstellung, den Vorteilen der Sozietät. Das lernende Einzeltier zahle bei negativem Verlauf eines Versuchsverhaltens oft mit dem Leben. Später "sterben nur noch die Hypothesen", wie POPPER sagt (vgl. S. 58 dieses Buches).

Das Problem der zweiten Lernphase entstehe wiederum aus der Beziehung zwischen Lerngeschwindigkeit und Kontrolle. Das menschliche Gehirn habe die Fähigkeit, geradezu unbegrenzt Phantasien und Ideologien, "Spinnereien" und "Dummheiten" zu produzieren. Dies bringe keinen Schaden, wenn die Kontrollen funktionierten: es sei aber so, daß nicht nur die Kontrollen zurückgefallen seien "gegenüber dem Tempo, in welchem der Zufallsgenerator der Phantasie fortgesetzt Neues schafft. Wir Menschen machen sogar die Kontrollen zurecht, damit sie unsere Phantasien bestätigen. Wir produzieren jeweils ein Milieu sozialer Selbstverständlichkeiten und Tabus, um in ihnen beliebige Blüten des Aberglaubens ungestraft wuchern zu lassen."(26) Auf diese menschlichen Fähigkeiten führt RIEDL u.a. auch die Schwierigkeiten der Philosophie zurück. "Er (der Mensch, S.T.) trennt Geist und Materie, um aus Geist Maschinen und aus Materie Geister zu machen. Er mißtraut dem, was er nicht erkennen kann. Er zweifelt an der Realität der Welt und richtet sie gleichzeitig zugrunde. Das ist das Unvernünftige an der Vernunft." (1980, S. 29)

Als Ausweg schlägt RIEDL vor, vom "Leben", das sich schon länger als unsere evolutionär noch nicht sehr alte Vernunft bewährt habe, zu lernen. Das Leben aber sei, wie auch Donald CAMPBELL betont habe, ein "hypothetischer Realist". Darunter versteht RIEDL, daß das Leben nicht mit zwingenden Schlüssen operiere, sondern mit Wahrscheinlichkeiten. "Der hypothetische Rationalismus nimmt an, daß es eine reale Welt gibt, daß sie gewisse Strukturen hat, und daß diese Strukturen teilweise erkennbar sind." (1980, S. 31) (27) Nach RIEDL enthält der hypothetische Realismus das Prinzip der Evolution insofern, als er die Methode der Verbesserung in sich trägt, das Prinzip der Selbstorganisation. Lernen von hypothetisch realer Ordnung der Welt heiße, "Lebensprobleme mit dem Ziel einer Optimierung der Lebensbedingungen" zu bewältigen. Das Ziel sei, Lebensprobleme prognostizieren zu können. Auch dies sei ein Prinzip des Lebendigen; das Lebendige brauche ein lückenloses Vorausklären, um in seiner Umwelt überleben zu können. Es sei der ratiomorphe Apparat, der ein Bündel von Voraus-Urteilen bereitstelle, die uns so lange überleben ließen, wie die Grenzen des Erfahrungshintergrundes, auf dem er entstanden sei, nicht überschritten würden. Jenseits dieser Grenzen aber müsse die Ratio einspringen. Es habe den Anschein, daß diese den Weg der Evolution wiederholen müsse: über Versuch und Irrtum, über Erfahrungslernen und Verwerfung von Hypothesen zu Ergebnissen zu kommen, die ein relativ adäquater Spiegel der Welt seien (1980, S. 37).

RIEDL kommt zu dem Schluß, daß die Ratio, die den Menschen die Zivilisation gebracht habe, sowohl dann unfähig sei, wenn sie sich von ihrer lebendigen Grundlage und ihrer Herkunft, nämlich dem "ratiomorphen Apparat", entferne, wie auch dann, wenn sie - in Umwelten, die die Erkenntnisfähigkeit des "ratiomorphen Apparates" oder des "gesunden Hausverstandes" überforderten - in diesem etwa aufgehe.(28) Nachdem er im einzelnen ausführt, wie sich die Probleme der Induktion, der "Hypothese vom anscheinend Wahren" (1980, vor allem S. 83ff.), der des "Vergleichbaren" (S. 128ff.), der "Ursache" und des "Zweckvollen" biologisch entwickelt, d.h. wie sich die übliche "Verrechnungsart" des menschlichen Hirns entfaltet habe, zeigt er an einem Modell die Evolution menschlichen Lernens, insbesondere das Verhältnis zwischen menschlicher Erwartung und Erfahrung auf: "Die Evolution dieses Algorithmus besteht nun darin, daß Lernschichte auf Lernschichte aufbaut und das Funktionieren der einen die Voraussetzung zur Bildung der Folgeschichte ist. Dabei wird das Prinzip des Algorithmus unter Anleitung der Vorausgeschichte kopiert und lediglich die Mittel, die Funktionen seiner Teile, werden verfeinert." (1980, S. 177) So lasse sich die Lerngeschichte des Algorithmus von der präzellulären bis zur kulturellen Stufe verfolgen (Abb. 1).

Im vorliegenden Zusammenhang interessieren vor allem die beiden obersten Lernschichten: die Stufe des Rationalen und des Kulturellen. Es handelt sich um ein von RIEDL konstruiertes Modell, dessen Wert sich noch herausstellen muß. Was dieses Modell illustriert, sind die engen Verknüpfungen, die zwischen den (innerhalb der wissenschaftstheoretischen Diskussion als "verunreinigende Faktoren" behandelten) Bereichen der "Weltbilder", "Weltanschauungen", "Selbstverständlichkeiten als Entscheidungshilfen" etc. und den Erfahrungs- und Lerninhalten bzw. den Erkenntnissen

Abb. 1: Die Evolution des Lern-Algorithmus nach RIEDL

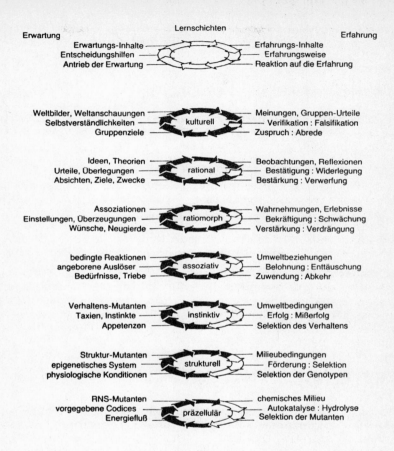

Die Evolutionen des Lern-Algorithmus. Links sind die drei auf die Erwartung, rechts die auf die Erfahrung bezogenen Teile angeschrieben. Die beiden Pfeile in der Mittelachse stehen jeweils für jene Information, die der lernenden Individualität von außen (oberer Pfeil) und von innen verfügbar wird. Die endogenen (in das lernende System aufgenommenen) Anteile sind schwarz ausgewiesen. Man beachte ihre Zunahme im Evolutionsprozeß (Aus RIEDL 1980, S. 177).

bestehen. Die linke und die rechte Seite der Abbildung werden nicht als getrennte Bereiche, sondern als in engster Verflechtung zueinander sich befindende, sich gegenseitig notwendig bedingende Momente gesehen.

Damit ist eine (vorläufige) Position gewonnen, die es erlaubt,

1. die Wissenschaftssoziologie auf solidere, evolutionäre Fundamente zu stellen;
2. die "verunreinigenden" Momente des Sozialen, die angeblich die wissenschaftlichen Ergebnisse der "reinen" Forschungstätigkeit trüben, geradezu als Bedingungsmomente für deren Entstehung auszuweisen, sie in ihren selbstverständlichen Funktionen wahrzunehmen und potentiell einer empirischen Untersuchung zuzuführen;
3. die außerhalb der Wissenschaftstheorie liegenden Rationalitätsressourcen zu bestimmen, von denen FEYERABEND behauptet, daß sie innerhalb der New Philosophy of Science nicht gefunden worden seien: die Ratio des Menschen ist auf den ratiomorphen Apparat und dieser wiederum bis in präzelluläre Vorstadien zurückzuverfolgen.

Die Wissenschaftsentwicklung ist also auf die gleichen Gesetzmäßigkeiten hin zu überprüfen, wie sie für die übrige evolutionäre Entwicklung auch gelten. Die aus der biologischen Evolutionstheorie entliehenen Begriffe bedürfen allerdings einer fachspezifischen, hier: soziologischen Operationalisierung.

2.2. Ute HOLZKAMP-OSTERKAMP

Auch von anderen Wissenschaftlern werden die oberen Ausführungen ergänzende Vermutungen aufgestellt. So sagt z.B. HOLZKAMP-OSTERKAMP (1976), daß sogenannte "produktive Bedürfnisse", die die Funktion der umfassenden Lebenssicherung beinhalten, dem Menschen angeboren seien. Während RIEDL mehr die kollektive Seite der Erkenntnisentwicklung in den Blick nimmt, enthält die Sichtweise HOLZKAMP-OSTERKAMPs die individuelle Seite wissenschaftlicher Tätigkeit: "Wie auf tierischem Niveau dem System des verselbständigten Bedarfs nach Umweltkontrolle einschließlich sozialer Beziehungen das System der inhaltlichen, auf aktuellen Mangel- und Spannungserscheinungen beruhende Bedarfszustände gegenübersteht, so müssen wir ... auch auf menschlichem Niveau von zwei Bedürfnissystemen ausgehen, die sich auf der Grundlage biologischer Entwicklungspotenzen herausgebildet haben." (HOLZKAMP-OSTERKAMP 1976, S. 23)

Auf der einen Seite stünden die Bedürfnisse, die die emotionale Grundlage für Kontrolle der Lebensbedingungen, d.h. - für die Tendenzen zur Teilhabe an gesellschaftlicher Realitätskontrolle und kooperativer Integration bildeten. Dieses Bedürfnissystem bezeichnet HOLZKAMP-OSTERKAMP als das der "produktiven Bedürfnisse". Diese seien auf den Erwerb der Kontrolle über die relevanten Lebensbedingungen gerichtet und umfaßten alle Tendenzen zur Ausdehnung bestehender Umweltbeziehungen, einschließlich der sozialen Beziehungen. Auf der anderen Seite stünden jene Bedürfnisse, in denen sich die individuellen Mangel- und Spannungszustände selbst ausdrücken. Diese Art von Bedürfnissen werden von ihr als "sinnlich-vitale Bedürfnisse" bezeichnet.

Das Neue an dieser Konzeption ist die Ableitung produktiven Tuns des Menschen aus dessen phylogenetischer Gewordenheit. HOLZKAMP-OSTERKAMP betont, daß es völlig unerklärlich bliebe, wieso der Mensch seine Lebensbedingungen habe selbst schaffen können, wenn man lediglich auf die prinzipielle Gesellschaftsfähigkeit des Menschen hinweise: "Der Mensch muß seiner Natur nach auch die Bereitschaft, d.h. das in emotionalen Wertungen begründete Bedürfnis zur Vergesellschaftung haben, was zwingend eine phylogenetisch gewordene Bedürfnisgrundlage nicht nur für Aktivitäten zur Reduzierung individueller Mangel- und Spannungszustände (womit hier z.B. sexuelle Spannungen, Hunger und Durst, Reduzierung von Kälte- und Wärmegefühlen gemeint sind, S.T.), sondern auch für seine produktiven Beiträge zur gesellschaftlichen Lebenssicherung voraussetzt." (HOLZKAMP-OSTERKAMP 1976, S. 21).

HOLZKAMP-OSTERKAMP hat gezeigt, daß es sich hier nicht um eine gut gemeinte Behauptung handelt, sondern um die Ergebnisse einer gründlichen Untersuchung der Bedarfssysteme schon der höheren Tierarten, insbesondere aufweisbar im Tier-Mensch-Übergangsfeld. "Der Schlüssel zur Klärung ... liegt in der ... abgeleiteten phylogenetisch gewordenen 'Verdoppelung' der 'Bedarfssysteme' auf höchstem tierischen Niveau, also der Verselbständigung der Bedarfsgrundlage für das Neugier- und Explorationsverhalten und für die eng damit zusammenhängenden sozialen, auf Einbeziehung in die Sozietät gerichteten Aktivitäten, die wir als 'Bedarf nach Umweltkontrolle' und nach 'sozialem Kontakt' ... umschrieben haben und die den jeweils 'inhaltlichen', direkt auf Reduzierung von Gewebedefiziten und anderen aktuellen Spannungen (etwa sexueller Art) bezogenen Bedarfszuständen gegenüberstehen." (1976, S. 20) (29)

Auch wenn HOLZKAMP-OSTERKAMP die wissenschaftliche Tätigkeit des Menschen nicht von den "produktiven Bedürfnissen" ableitet, so liegt doch der Schluß zwingend nahe: der phänomenologisch so beschriebene "Drang" nach Erforschung der Natur und der Umwelt, der Erforschung seiner Selbst und der Gesetze seines Denkens ist in dem Konzept der "produktiven Bedürfnisse" prinzipiell enthalten. Als biologisch-psychologische Grundlage aller Wissenschaft ist diese Konzeption außerordentlich wichtig: auf höherem Niveau der Wissenschaftsforschung, der Analyse ihrer institutionellen, organisatorischen und intellektuellen Gesetzmäßigkeiten und deren Verselbständigung ist die Verknüpfung mit dem natürlichen Ursprung nicht mehr sichtbar und geht daher leicht in einer idealistischen Betrachtungsweise verloren. Es kann aber nicht oft genug betont werden, daß Wissenschaft das Resultat lebendiger menschlicher Praxis ist, nicht eines irgendwie in einem gesellschaftlichen Freiraum schwebenden ungebundenen Denkens; daß diese Praxis nicht nur auf einer langen phylogenetischen Geschichte beruht, deren innere Gesetzmäßigkeiten berücksichtigt werden müssen, sondern auch unserem Überleben gedient hat.

Die von HOLZKAMP-OSTERKAMP herausgeschälten zwei "Funktionskreise" oder "Bedürfniskomplexe" sind nicht einfach nebeneinander geordnet, sondern die produktiven Bedürfnisse schließen die sinnlich-vitalen insofern in sich ein, als sie bewußt "Vorsorge für die sinnlich-vitale Bedürfnisbefriedigung auf dem jeweils angeeigneten gesellschaftlichen Niveau" (1976, S. 35) tragen. Anders formuliert: die "produktiven Bedürfnisse", aus dem "Funktionskreis der Lebenssicherung" stammend, sind der phylogenetisch gewordene Garant dafür, daß der Mensch nicht "von der Hand in den Mund" leben muß, sondern durch die Bereitstellung von Techniken zum Nahrungsmittelerwerb die notwendige Bedürfnisbefriedigung auf dem jeweils historisch und gesellschaftlich erreichten Niveau der Produktivität sichert. Die dafür vorausgesetzte und darauf beruhende Erforschung der Umwelt (als "verselbständigte Neugier- und Explorationsaktivität"), die die Erweiterung des Lebensraumes und die Vergrößerung der Umweltkontrolle in sich einschließt, ist die Wurzel aller Wissenschaft.

Die psychologischen (oder biopsychologischen) Ausführungen HOLZKAMP-OSTERKAMPs ergänzen die neueren Arbeiten RIEDLs (1978, 1980, 1982) und anderer Biologen und Neurophysiologen (z.B. ECCLES 1966, 1975 a, b). Obwohl die genannten Autoren sich auf verschiedene theoretische Vorläufer (30) berufen und sich auch wissenschaftstheoretisch in konträre Positionen einordnen (31), sind ihre Ergebnisse fast identisch. So sagt RIEDL: "Antrieb ist der Suchmechanismus der kreativen Evolution. Wir kennen ihn von der Mutation über die Assoziationen bis zu den endogenen Suchmechanismen, die selbst wieder, nach LORENZ, HASSENSTEIN und EIBL-EIBESFELDT, von der bloßen Bewegung über Unruhe und Appetenzen bis zum Spiel, zum explorativen Verhalten und bis zur Forschung führen. Reflexiv reicht er von der Angst zur Hoffnung, neutral heißt er Neugierde, in den Formen von Erwartung, Voraussicht, Idee und Hypothese." (1980, S. 67f.)

Und während HOLZKAMP-OSTERKAMP zeigt, daß der Funktionskreis der Fortpflanzung in sich selbst immer wieder zurückläuft und keine weitere Ausdehnung und/oder Funktionserweiterung enthält, der Funktionskreis der Lebenssicherung jedoch prinzipiell als unbegrenzt gedacht werden muß, formuliert RIEDL, daß zu den Postulaten einer evolutionären Theorie der Erkenntnis die Ansicht zähle, daß "unser bewußtes Erkenntnisvermögen der jüngste Überbau ist über einem Kontinuum von Erkenntnisprozessen, das so alt ist wie das Leben auf diesem Planeten; daß es ferner als die jüngste Schichte der erkenntnisgewinnenden Prozesse noch die geringste Prüfung und Läuterung an der realen Welt erfahren hat; daß diese Vernunft ob der raschen Zunahme des Erfaßbaren und Reflektierbaren zusammen mit einem nicht minder beschleunigten Wandel der Bedingungen von Prüfung und Selektion Schwierigkeiten grundsätzlicher Art begegnen muß" (32); aber daß mit dieser Fähigkeit des Menschen, "... Schicht auf Schicht, mit der Entwicklung von Reizleitung, Nervensystem, Gehirn, Feinsinnesorganen und Großhirn" ... auch die Möglichkeit verbunden sei, "immer umfassendere Erbprogramme" zu schaffen, die immer noch weitere "Ausschnitte dieser Welt extrahieren, speichern und zweckvoll wiedergeben" (1980, S. 27).

Für eine evolutionäre Wissenschaftssoziologie ergibt sich aus dem hier Gesagten, daß die sogenannten externen Gründe für die Wissenschaftsentwicklung nicht nur nicht vernachlässigt werden dürfen, sondern - neu interpretiert - ins Zentrum der Wissenschaftsforschung zu stellen sind. Genau genommen ist der Unterschied zwischen "extern" und "intern" in einer evolutionären Sichtweise der Wissenschaftsentwicklung aufgehoben: es kann keine "interne" Entwicklung ohne "externe" (soziale, im Sinne RIEDLs und TOULMINs "angepaßte", "Gesetzmäßigkeiten der Welt extrahierende") Entwicklung von Wissenschaft geben. Die Kontroverse zwischen POPPER und KUHN (als extreme Opponenten innerhalb der "New Philosophy of Science") lassen sich in einem erweiterten Konzept evolutionärer Wissenschaftsentwicklung klären; freilich bleiben die Erfordernisse wissenschaftstheoretischer Vorschriften verschieden von denen der Soziologie: aber sie können (im Hinblick auf Wissenschaftsentwicklung) als sich prinzipiell ergänzende, nicht als einander ausschließende oder gar störende Disziplinen verstanden werden.

2.3. Zusammenfassung

In der Wissenssoziologie der zwanziger und frühen dreißiger Jahre wurden die Fragen nach dem Zusammenhang von "Wissen" und "Gesellschaft", "Bewußtsein" und "Sein", "Idealfaktoren" und "Realfaktoren" zwar gestellt, blieben aber weitgehend unbeantwortet, zumindest im Sinne einer empirischen Überprüfung der aufgestellten Theoreme.

Die "New Philosophy of Science" stellt zahlreiche Fragen der älteren Wissenssoziologie neu, entwickelt Theorien von Wissenschaftsfortschritt und -wachstum und konzediert der Wissenschaftsentwicklung insgesamt einen erheblichen Anteil an "sozialen Faktoren", deren Vorhandensein aber meist eher als "störend" denn als Bedingung von Wissenschaftsentwicklung interpretiert wird. Die Diskussion scheint an einem Punkt festgefahren, an dem die "Rationalitätsressourcen" wissenschaftlichen Wachstums und Fortschrittes aus der Wissenschaftstheorie selbst nicht begründet werden können.

Um ein Konzept zu finden, das erlaubt, die "internen" mit den "externen" Bedingungsfaktoren wissenschaftlicher Entwicklung zu verknüpfen, wurde ein Exkurs in die Biologie (RIEDL) und Motivationspsychologie (HOLZKAMP-OSTERKAMP) unternommen.

RIEDL zeigt, daß die menschliche Ratio (als vorläufig jüngste Errungenschaft evolutionärer Entwicklung) auf dem Fundament eines "ratiomorphen Apparates" ruht, der bereits den höheren Tierarten eigen ist. Für ihn ist (mit Konrad LORENZ) "Leben selbst ein erkenntnisgewinnender Prozeß". Für HOLZKAMP-OSTERKAMP sorgt die "verselbständigte Neugier- und Explorationsaktivität", dem individuellen Menschen angeboren, dem "Funktionskreis der Lebenssicherung" zugehörig, für die Erweiterung seines Wissens- und Spielraumes.

Daraus wird in der vorliegenden Arbeit die Konsequenz gezogen, die wissenschaftliche Tätigkeit des Menschen, ihre Entwicklung, ihren Wandel und ihren Fortschritt, in einem allgemeinen evolutionären Konzept zu interpretieren, das (mit POPPER) "objektive Erkenntnis" gewinnt und als Teil eines insgesamt in der Welt verlaufenden "Anpassungsprozesses" verstanden wird. Unter "Anpassung" wird mit RIEDL "Ordnung extrahieren" verstanden. "Ordnung aus der Welt extrahieren" heißt nichts anderes als - auf menschlichem Niveau - Gesetze über die Welt zu formulieren, die wahr sind, d.h. Übereinstimmung mit dem Gegenstand aufweisen. Dazu reicht der "ratiomorphe Apparat" nicht immer aus. Wissenschaft - der Ratio und der Rationalität verpflichtet - setzt den Gang der Evolution fort über die Formulierung von Sätzen, die richtig, aber auch falsch sein können und die daher streng überprüft werden müssen. Strenge Rationalitätsstandards müssen also gewährleistet sein; diese sind jedoch nichts anderes als die auf menschlichem Niveau gefundene Form der Selektion von Varianten.

3. Soziologische Bedingungen evolutionärer Wissenschaftsentwicklung: die Institutionalisierung von Variations- und Selektionsprozessen

Als Ergebnis der bisherigen Diskussion läßt sich festhalten, daß die Entwicklung von Wissenschaft nach den Gesetzmäßigkeiten der Evolution zu untersuchen ist, d.h. nach dem von DARWIN formulierten Prinzip der "Anpassung". "Anpassung", auf Wissenschaftsentwicklung bezogen, meint die selektive Fortpflanzung von "Ideenpopulationen" im Hinblick auf die Anforderungen einer bestimmten Umwelt. Damit sind von vornherein als "fixen" Skalen der Angepaßtheit abgelehnt: nur an einem spezifischen Gegenstand in einer spezifischen Umwelt kann eine Idee oder eine Wissenschaftsdisziplin auf ihre Angepaßtheit hin untersucht werden.

Das Konzept der Untersuchung von Wissenschaftsentwicklungsprozessen nach ihrer "Anpassung" kann möglicherweise einige der alten Fragen der Wissenssoziologie lösen: die Vermittlung von "Wissen" und "sozialen Faktoren" (wie immer terminologisch gefaßt) ist damit tendenziell gelungen. Denn "Anpassung" im DARWINschen, POPPERschen und TOULMINschen Sinne interpretiert die Ideenentwicklung als Teil des gesamten Prozesses, den Menschen zur Durchsetzung in ihren spezifischen Umwelten durchlaufen.

Damit verlieren Wissenschaftsentwicklungsprozesse den Charakter des unabhängig sich entfaltenden "Geistes" zugunsten einer Sichtweise, die dem "Überleben" des Menschen als Gattung, der Spezifik des menschlichen Überlebens, nämlich kognitiv "Ordnung der Welt zu extrahieren", verpflichtet ist (vgl. oben). In dieser Sichtweise sind die sozialen ebenso wie die kognitiven und biologischen Komponenten der Entwicklung enthalten, allerdings nicht mehr als sich polar gegenüberstehende Konzepte, deren "Vermittlung" erst von außen geleistet werden muß, sondern als integrale Bestandteile desselben Entwicklungsprogramms.

Die Behauptung, Wissenschaft entwickle sich evolutionär, sie könne auf ihre "Anpassung" hin untersucht werden, die in Analogie zu den Variations- und Selektionsmechanismen biologischer Evolutionsprozesse verlaufe, verlangt nach der Benennung derjenigen gesellschaftlichen Organisationen und Institutionen, in denen sich diese Prozesse abspielen.

Meines Wissens sind innerhalb der Wissenschaftssoziologie die institutionellen Bedingungen von Wissenschaft noch nicht unter diesem Aspekt analysiert worden.(33) Daher sollen in den folgenden Abschnitten die allgemeinen institutionellen Voraussetzungen wissenschaftlicher Tätigkeit daraufhin untersucht werden, ob sie in entsprechenden "Mengen" Theorievarianten hervorzubringen in der Lage sind und ob in ihnen die Selektion der hervorgebrachten Varianten stattfindet bzw. möglich ist.

3.1. Die "wissenschaftliche Gemeinschaft" als Ort der Entstehung von Theorievarianten und Theorieselektion

Erster und wichtigster "soziologischer Ort" der Entstehung von Theorievarianten ist die wissenschaftliche Gemeinschaft.(34) Sicherlich gibt es Ausnahmen: so können Theorien auch in einzelnen Wissenschaftlern heranreifen, ohne die befruchtende und kontrollierende Instanz einer wissenschaftlichen Gemeinschaft (35); diese Ausnahmen bestätigen aber nur die Regel.

Unter "wissenschaftlicher Gemeinschaft" versteht BÜHL den "Personenverband der an einem (abgrenzbaren) wissenschaftlichen Projekt aktiv beteiligten und miteinander (in einer gewissen Regelmäßigkeit) interagierenden Wissenschaftler" (1974, S. 74). Kritisch merkt er an, daß bisher noch wenig über wissenschaftliche Gemeinschaften bekannt sei, obgleich die Soziologie sich seit längerem mit dieser Thematik befasse. Es fehle vor allem an empirischen Untersuchungen:

die Studie von MULLINS (1973) oder die wenigen elaborierten Hinweise in der Literatur (vgl. z.B. DUBIEL 1978) könnten kaum ausreichenden Aufschluß geben.

Die noch weitgehende Unkenntnis des tatsächlichen Einflusses wissenschaftlicher Gemeinschaften auf den Forschungsverlauf und die Ergebnisse wissenschaftlichen Wissens betrifft sowohl die "Form" als auch den "Inhalt" wissenschaftlicher Gemeinschaften. Mit "Form" sind hier jene Modelle wissenschaftlicher Gemeinschaften gemeint, welche von BÜHL nach jeweils einem im Vordergrund stehenden Kriterium systematisiert wurden. BÜHL unterscheidet das "anarchistische" Modell einer Wissenschaftsgemeinschaft, das von der "soziologisch unbedarften Sicht" sozial unorganisierter, "reiner Bewußtseinsobjekte" ausgehe (1974, S. 75f.), das "Marktmodell" (vgl. auch POLANYI 1962 und STORER 1966), das "Geschenkaustauschmodell" (vgl. auch HAGSTRÖM 1965) und das "funktionale" Modell einer Wissenschaftsgemeinschaft. Letzteres repräsentiere, so BÜHL, besonders seit es sich von MERTONs früher Annahme des Funktionierens von Interaktionsprozessen nach dem Modell "organischer Solidarität" (DURKHEIM) gelöst habe, die für die Wissenschaftsentwicklungsprozesse typischen Beziehungen noch am besten (1974, S. 82).

Mit "Inhalt" sind hier sowohl "Funktionen" als auch "Normen" und "Werte" gemeint; beide Bereiche sind über eine abstrakte Benennung hinaus bisher kaum entwickelt worden.(36) Zum "Inhalt" wissenschaftlicher Gemeinschaften gehört auch die Kommunikationsstruktur der beteiligten Wissenschaftler (MULLINS 1974), die nach der hier vertretenen These eine zentrale Rolle für die Prozesse der "Variation" und "Selektion" von Theorien spielen (vgl. Kapitel 3.3.3 in diesem Buch).

Wissenschaftliche Gemeinschaften können, aber müssen nicht an einem Ort interagieren; sie sind keine "Lebensgemeinschaften, sondern ein Zusammenhang von Interaktionspartnern, die einerseits nur über ein wissenschaftliches Problem, das einen kleinen Ausschnitt aus der Lebenswelt repräsentiert, oder lebensweltlich sogar irrelevant ist, miteinander agieren und die andererseits Zeit und Raum übergreifende, keineswegs an face-to-face-relations gebundene Gemeinschaften bilden" (BÜHL 1974, S. 75). Damit kann eine wissenschaftliche Gemeinschaft auch nicht nach dem Modell einer Kleingruppe analysiert werden. Zumindest dürfte dies nur in Ausnahmefällen sinnvoll sein: "... die scheinbar unabhängig voneinander und sogar in der Isolation arbeitenden Wissenschaftler sind über einen gemeinsamen

Wissensbestand, über vorherrschende Arbeitsprozeduren und Kultur aneinander gebunden" (1974, S. 82). Heute bestimmen weder lokale noch nationale Grenzen die Austauschprozesse von Wissenschaft; sie tun dies tendenziell immer weniger.(37)

Die so definierte wissenschaftliche Gemeinschaft weist - darin herrscht weitgehende Übereinstimmung innerhalb der Wissenschaftssoziologie - bestimmte Normen und Werte auf, nach denen sie funktioniert. BÜHL nennt (mit MERTON 1962, STORER 1972 und BARBER 1962) vier konstitutive Normen einer wissenschaftlichen Gemeinschaft: "Universalismus", "organisierter Skeptizismus", "Kommunalismus" sowie "Uneigennützigkeit" bzw. "Desinteressiertheit".(38) Zu diesen konstitutiven Normen zählt BÜHL Funktionen, die das innere System der Wissenschaft charakterisieren: "Wissensproduktion", "Paradigmenbildung", "Kompetenzabsicherung", "Identitäts- und Wirklichkeitsabsicherung" sowie "Austausch und Reputation" (vgl. dazu ausführlich BÜHL 1974, S. 65ff.). In ähnlicher Weise bezeichnet WEINGART als zentrale Funktionen wissenschaftlicher Institutionen "Identifikation", "Sanktionierung" und "Kommunikation" (1976, S. 58ff.).

Diese Funktionsbezeichnungen stammen aus der strukturfunktionalen Sicht wissenschaftlicher Entwicklung. Dabei fällt auf, daß nur diejenigen Funktionen einer wissenschaftlichen Gemeinschaft benannt werden, die auf die entstehende Theorie und/oder den innerhalb einer wissenschaftlichen Gemeinschaft gebundenen Wissenschaftler positiv, d.h. verstärkend, durchsetzend, kräftigend usw. wirken. Diese Einseitigkeit, hervorgerufen durch die struktur-funktionale Betrachtungsweise, wird sofort evident, wenn man die wissenschaftliche Gemeinschaft unter evolutionstheoretischem Blickwinkel betrachtet: die genannten Funktionen lassen nämlich keinen Raum für Selektionsfaktoren, die ja gerade nicht nur fördern, verstärken, kräftigen etc., sondern auch "eliminieren", "ausmerzen" oder "sterben lassen". POPPERs "Hypothesentod" (analog dem Sterben mangelhaft angepaßter Individuen im Tierreich) (39), von ihm primär wissenschaftstheoretisch gemeint, ist soziologisch hier anzusiedeln. So bedarf unter evolutionstheoretischem Aspekt die wissenschaftliche Gemeinschaft einer zusätzlichen Funktionszuweisung, ohne daß die älteren (struktur-funktionalen und/oder systemtheoretischen) (40) Bestimmungen als falsch bezeichnet werden müßten.

Der hier vertretene und im folgenden ausgeführte Vorschlag lautet, die wissenschaftliche Gemeinschaft als ersten und wichtigsten "soziologischen Ort" der Entstehung von "Theorievarianten", zugleich aber auch als das Gremium, in dem die erste Selektion der Theorievarianten stattfindet, zu bezeichnen. Wie Theorievarianten idealtypisch entstehen und wie erste Selektionsprozesse ablaufen, soll im folgenden näher erläutert werden.

Wissenschaftliche Gemeinschaften bestehen aus Wissenschaftlerpersönlichkeiten, von denen jede eine vielleicht ähnliche, in Nuancen aber unterschiedliche wissenschaftliche Sozialisation auf dem Boden einer unterschiedlichen sozialen Herkunft, Erziehung und Biographie durchlaufen hat. Betrachtet man diesen trivialen Tatbestand unter evolutionstheoretischem Blickwinkel im Hinblick auf Wissenschaftsentwicklung, so läßt er sich geradezu als eine der Voraussetzungen für die Entstehung von Theorievarianten bezeichnen.

In der Natur (der biologischen Evolution) kommen bekanntlich individuelle Variationen sowohl durch äußere wie auch durch innere Faktoren zustande: Veränderungen, die durch zufälligen inneren Wandel entstehen, werden als Mutationen bezeichnet; die durch zweigeschlechtliche Vereinigung systematisch entstehenden Variationen als Rekombination; während die ersten unsystematisch und zufallsverteilt auftreten, lassen sich die zweiten tendenziell berechnen. Veränderungen durch äußere Faktoren schließlich kommen durch Modifikation aufgrund der Anpassung an veränderte Umweltverhältnisse zustande.

Legt man dieses theoretische Modell (DARWINs Theorie biologischer Evolution) an Wissenschaftsentwicklungsprozesse, so läßt sich zeigen, daß diese teilweise in Analogie zu den natürlichen Entwicklungsprozessen verlaufen, teilweise aber (aufgrund noch viel größerer Kombinationsmöglichkeiten) weit über diese hinausreichen.

Beispiele für "Mutationen" im Wissenschaftsentwicklungsprozeß wären die spontanen Einfälle, "plötzlichen Eingebungen", die zuweilen in wissenschaftlich arbeitenden Teams in Form des sogenannten "BRAIN-STORMING" systematisiert werden. "Rekombinationen" aufgrund der Vereinigung und/oder Synthetisierung von zwei oder mehreren Ideengebilden sind in der Wissenschaft geradezu selbstverständlich; Wissenschaftlergehirne produzieren ununterbrochen Neukombinationen aus bereits Bekanntem. Schon auf diese Weise entstehen in der Wissenschaft unterschiedliche Theorievarianten. Aber auch "Modifikationen" aufgrund von Anpassung an eine bestimmte Umgebung sind in der Wissenschaftsentwicklung bekannt: oben wurde gesagt, daß sich z.B. die deutsche Wissenssoziologie in den USA auf dem Boden empiristischer und pragmatistischer Philosophie völlig verändert und ein neues Gesicht gewonnen hat. Viele Prognosen, von Wissenschaftlern formuliert, u.U. zunächst auch in wissenschaftlichen Gemeinschaften akzeptiert, kommen der Wahrheit nicht näher als dem Zufall, nach denen sich die Mutationen in der biologischen Natur verteilen; dennoch können sie sich später als "wahr" erweisen. Theorievarianten entstehen aber noch auf weit vielfältigere Weise: nämlich durch die (prinzipiell unbegrenzte) Kombination der genannten individuellen (psychischen und/oder auch "hirnstrukturellen") mit gesellschaftlich-kulturellen Faktoren. Die Kombination kann man sich auch vorstellen als eine zwischen subjektiven ("die Gesellschaft im Wissenschaftler"; vgl. dazu BÜHL 1974) und objektiven Faktoren (die historisch-gesellschaftlichen und wissenschaftlichen Voraussetzungen der Zeit). Diese allgemeine Benennung läßt sich spezifizieren: "objektive" Faktoren wären z.B. "gesellschaftliche Probleme" (41), die zur wissenschaftlichen Verwendung erst definiert werden müßten; diese Problemdefinitionen finden ebenfalls in der wissenschaftlichen Gemeinschaft statt.(42)

Innerhalb der wissenschaftlichen Gemeinschaft gibt es aber verschiedene Arten der subjektiven Begegnung mit der gesellschaftlichen Problemdefinition. Aus dieser unterschiedlichen Problemrezeption ergeben sich wiederum verschiedene Möglichkeiten der Formulierung von Theorievarianten. Die Kombinationen, die so entstehen, sind prinzipiell unbegrenzt. Insgesamt stellen sie das dar, was POPPER die "kühnen Vermutungen" nennt, aber als nicht zur Wissenschaftstheorie gehörig aus allen weiteren Erörterungen ausklammert. Für den Wissenschaftssoziologen sind diese Prozesse hingegen von großem Interesse.

Kurz: Theorievarianten kommen vor allem dadurch zustande, daß gegebene gesellschaftliche Bedingungen (Probleme, Problemstellungen) als intellektuelle Probleme perzipiert, durch die Köpfe individueller Wissenschaftlerpersönlichkeiten (deren Individualität selbst wieder teilweise gesellschaftlich bzw. sozial zu relativieren bzw. zu bestimmen sein wird) gefiltert und in "Theorieform" schriftlich oder mündlich geäußert werden. So erfahren die objektiven (wissenschaftlichen und gesellschaftlichen) Probleme eine individuell variationsreiche subjektive Manifestation, die über eine theoretische Verarbeitung als Hypothese oder Theorie an die wissenschaftliche Gemeinschaft zurückgegeben wird.

Prinzipiell ist jeder "Einfall", jede Spielerei, auch jede "Spinnerei" zunächst einmal zulässig; als "Theorievarianten" sind sie alle berechtigt und sogar notwendig. Ihre Bewährung unterliegt jedoch anderen Kriterien: denen der strengen Auswahl, in Analogie zu den Vorgängen zu verstehen, die DARWIN für die natürlichen Organismen beschrieben hat.

Die erste Selektion entstandener Theorievarianten findet in der wissenschaftlichen Gemeinschaft statt. Dies kann auf ganz informellem Weg geschehen: so "sterben" sicher viele Hypothesen schon während eines Gedankenaustausches von Wissenschaftlern beim Mittag- oder Abendessen; laufend werden Einfälle, Hypothesen und Theorien von Wissenschaftlern produziert, die auf informellem Weg auch völlig ungesichert mitgeteilt werden können; bezeichnet ein Kollege einen solchen mitgeteilten Einfall als "Spinnerei" oder "Unsinn", oder kann er mittels einer genaueren Kenntnis des Gegenstandes auf logische oder sonstige Fehler aufmerksam machen, so ist das Ende der gerade das Licht der Welt erblickenden Theorievariante schon da. Ebenso ist es aber auch möglich, daß diese Theorievariante durch Hinweise von Kollegen ergänzt, bestärkt und gefördert wird und damit eine erste Weiterentwicklung erfährt.

Idealtypisch geschieht die erste Selektion innerhalb einer wissenschaftlichen Gemeinschaft nach dem Kriterium der "Wahrheit", für die in der Wissenschaftstheorie entsprechende (und historisch veränderliche) Standards formuliert werden.(43) Hinzu treten soziale Faktoren, die à la longue wahrscheinlich unwichtig, kurzfristig jedoch das Bild der Theorieselektion bestimmen und die Selektion nach dem Wahrheitskriterium erheblich verzerren können, wie Macht, Rivalität, Neid, Eifersucht und Faktoren wie z.B. die Berücksichtigung der gesellschaftlichen Opportunität bestimmter Theorien.(44)

Die sozialen Faktoren selektiver Prozesse sind historischen, nationalen, lokalen und individuellen Schwankungen unterworfen. Sie müssen daher für den Einzelfall wissenschaftlicher Entwicklung immer empirisch bestimmt werden. Generell können sie unter dem "Anpassungs"konzept theoretisch subsumiert und empirisch überprüft werden: die gegebenen gesellschaftlichen Verhältnisse sind es, die die Anpassungsstruktur im einzelnen bestimmen.

Die sozialen Selektionskriterien - so wenig sie dem Wissenschaftstheoretiker gefallen mögen - beziehen aus diesen ihre Standards. Die den historischen, nationalen und lokalen Bedingungen am besten angepaßte Theorie wird sich am ehesten durchsetzen, den (nach TOULMIN skizzierten) Konkurrenzkampf zwischen den Theorien am besten bestehen.

Das "inhaltliche" Kriterium der "Wahrheit" einer Theorie wird deshalb nicht ungültig; es wird lediglich relativiert, insofern es "soziale Kämpfe" um wissenschaftliche Wahrheit gibt, und letztere nie von vornherein feststeht. Da das Wissenschaftssystem nicht geschlossen, sondern zu anderen sozialen Systemen offen ist, dringen ständig Auffassungen, Meinungen, Beurteilungen etc. auch von weniger kompetenten, sozial aber mächtigen Interessengruppierungen in die Selektionsprozesse ein.(45)

Diese Faktoren sind unter keinen gesellschaftlichen Bedingungen auszuschließen: es gibt kein gesellschaftliches System, das diese Einflüsse auf wissenschaftliche Entwicklung nicht ausübte; wie oben dargelegt, sind sie (unter evolutionstheoretischem Aspekt) sogar eine konstitutive Bedingung für die Entstehung von Theorievarianten.(46) Damit müssen die sozialen Bedingungen wissenschaftlichen Wachstums nicht als "Störfaktoren", sondern als konstitutive Bedingungen von Wissenschaftsentwicklungen interpretiert werden. Schon deshalb, weil die formulierten Theorien (naturwissenschaftliche ebenso wie sozialwissenschaftliche) sich in der Gesellschaft und nicht, wie FEYERABEND formuliert, "in den luftleeren Stuben der Methodologien" bewähren müssen. Sie können sich also nur als "angepaßte" Theorien entwickeln bzw. ist "Anpassung" das konstitutive Element aller Wissenschaft. Daß dieser Prozeß zahlreiche Fehlerquellen enthält, wurde bereits gesagt.

Eine Theorievariante, die sich innerhalb einer gegebenen wissenschaftlichen Gemeinschaft erfolgreich durchgesetzt hat, muß sich in der Folge weiterer selektiven Prozessen stellen; idealiter hat sie sich erst (auch dann immer nur "vorläufig") durchgesetzt, wenn sie die Stufe der Akademisierung und institutionalisierten Tradierung erreicht hat und damit Teil des gesamten "Wissensschatzes" wird, den eine historisch gegebene Kultur als den ihr eigenen bezeichnet.

3.2. Zur Hierarchie wissenschaftlicher Institutionen und kognitiver Orientierungskomplexe; ihr Stellenwert für die Selektion von Theorievarianten

Bisher wurde die wissenschaftliche Gemeinschaft als "soziologischer Ort" der Entstehung von Theorievarianten und als Instanz für die erste Selektion dieser Varianten dargestellt. Es wurde aber noch nichts über die das Wissenschaftssystem konstituierenden Institutionen ausgesagt, die teilweise wissenschaftliche Gemeinschaften umfassen, teilweise von diesen umfaßt werden. Wissenschaftliche Gemeinschaften sind zwar Institutionen, aber keine dauerhaften; da sie um ein "wissenschaftliches Projekt" zentriert sind, haben sie so lange Bestand, wie dieses Projekt es erfordert; sie hören zu existieren auf, sobald das in Frage stehende Projekt abgeschlossen ist oder in ein anderes Wissenschaftsprojekt übergeht. Realiter werden also die Grenzen einer wissenschaftlichen Gemeinschaft sowie ihre Übergänge immer fließend sein.

Andere wissenschaftliche Institutionen, wie große wissenschaftliche Gesellschaften, Akademien, Universitäten, Fakultäten, Fachbereiche usw. haben eine formale Struktur und in der Regel einen längeren historischen Bestand; als Institution überdauern sie die Entstehung und das Verschwinden von Theorievarianten, deren Selektion sie leisten.

Beeinflußt von KUHNs Thesen (1978) zum Wandel wissenschaftlicher Paradigmen hat WEINGART versucht, diese wissenschaftlichen Institutionen zuzuordnen. Statt des von ihm als vieldeutig und unklar eingeschätzten Begriffes des Paradigma bevorzugt er den Terminus "kognitive Orientierungskomplexe" (1976, S. 41).

WEINGARTs Ansatz geht programmatisch sowohl von der "strategischen Institutionalisierung bestimmter Ideen" wie von der "Annahme des Argumentationszusammenhangs als organisierendes und das heißt konstituierendes Prinzip wissenschaftlicher Fachgemeinschaften aus; er enthält damit die Überzeugung vom "Primat kognitiver Strukturen", die zugleich "den Charakter von sozial wirksamen Orientierungskomplexen" annähmen und die spezifischen Fachgemeinschaften als soziale Gebilde erst erforderlich machten (1976, S. 40).

Das In-Beziehung-Setzen von kognitiven Orientierungskomplexen zu sozialen Strukturen stellt WEINGART sich folgerichtig als "Weg der kognitiven Strukturen zur Institutionalisierung" vor, wenngleich er an anderer Stelle seines Aufsatzes die völlige Determiniertheit sozialer Wissenschaftsinstitutionen durch kognitive Orientierungskomplexe wieder etwas relativiert (1976, S. 60ff.).

Selbst wenn man diese Prioritätensetzung für einseitig oder für nur eingeschränkt gültig hält (z.B. für neu entstehende Wissenschaftsdisziplinen, deren Repräsentanten die Chance einer institutionellen Lücke zur Schaffung einer der Theorie entsprechenden Institution wahrnehmen) (47), kann man die nun folgende Systematisierung, die im Prinzip von der WEINGARTschen Prioritätensetzung unabhängig ist, mitvollziehen bzw. in das vorliegende Konzept integrieren: zu heuristischen Zwecken stellt WEINGART eine Skala von 5 zu 4 Stufen auf, die die Zuordnung kognitiver Orientierungskomplexe zu den ihnen entsprechenden Institutionen abbilden.(48) Die "kognitiven Orientierungskomplexe" bringen im Hinblick auf ihren Geltungsbereich, ihre Ausgedehntheit und ihren Umfang in der beschriebenen Reihenfolge eine bestimmte Rangordnung zum Ausdruck und verweisen auf eine unterschiedliche Abfolge ihres Wandels.

1. Die allgemeinste Ebene "kognitiver Orientierungskomplexe" stellen die allgemeinsten wissenschaftlichen Werte dar, wie z.B. "die Überzeugung einer grundsätzlichen Ordnung der Natur, die verstanden werden kann" oder "der Glaube an einen kumulativen Wissensfortschritt" (WEINGART 1976, S. 47). Solche Werte sind nur in sehr großen Intervallen historischem Wandel unterworfen. WEINGART läßt die Frage offen, ob sie von allen Wissenschaftlern einer gegebenen Zeit geteilt werden; er weist in diesem Zusammenhang auf die unterschiedlichen Theoriebegriffe in den Natur- und Sozialwissenschaften wie den empirischen und den hermeneutischen, den funktionalen und den kausalen Theoriebegriff hin.

2. Die "metaphysischen Paradigmata" stellen die zweite Ebene "kognitiver Orientierungskomplexe" dar, worunter "eine ganze Weltanschauung" oder "ein organisierendes Prinzip, das die Wahrnehmung selbst bestimmt" (1976, S. 47), verstanden wird. Diese Orientierungskomplexe seien "vortheoretisch" und bezüglich ihrer Geltung schwer zu bestimmen. WEINGART ist der Auffassung, daß diese metaphysischen Paradigmata bei KUHN gemeint seien, wenn dieser von "Revolutionen" spreche. Sie wandelten sich nur in großen historischen Intervallen, wenn auch bereits in kleineren als die oben genannten.

3. Auf der dritten Ebene "kognitiver Orientierungskomplexe" siedelt WEINGART die "soziologischen Paradigmata" an, die ebenfalls noch vortheoretisch sind und (mit KUHN) "Gesetz, Theorie, Anwendung und Instrumentierung" umfassen. Sie gelten als Modelle, die "kohärenten Forschungstraditionen" entwachsen, wie in den Naturwissenschaften etwa die kopernikanische Astronomie gegenüber der ptolemäischen; auch hier, so WEINGART, sei die Abgrenzung schwierig, obgleich bereits eindeutige Vorschriften für Problemlösungen gültig und Forschungsschwerpunkte gesetzt seien; außerdem seien diese Paradigmata durch ihre gruppenkonstituierende Kraft definiert. Der Wandel erfolge in großen historischen Intervallen, wenn auch rascher als auf der zweiten Ebene. Im Falle

ihres Wandels berührten oder störten sie weniger das Gesamtsystems der Wissenschaft als die beiden zuvor genannten "kognitiven Orientierungskomplexe".

4. Auf einer noch konkreteren Ebene kognitiver Orientierung ist das (nach MASTERMAN) sogenannte "Artefact-Paradigma" angesiedelt; gemeint ist hier, daß ein Gegenstand "in spezifischer Weise gesehen sowie, in spezifischer Weise, untersucht wird" (WEINGART 1976, S. 49; MASTERMAN 1974, S. 65). Es befinde sich auf einer niedrigeren Ebene als 3 und sei auch schnellerem Wandel unterworfen.

5. Auf der untersten Ebene seien die sogenannten "conceptual schemes" anzusiedeln, die in ihrem Geltungsbereich auf einzelne Problemlösungsversuche beschränkt seien und nur im Falle eines Erfolges zum Bestandteil der "klassischen Werke" würden. Ihr Wandel vollziehe sich in recht kurzen Abständen, wobei die Konsequenzen auf die unmittelbar mit dieser Disziplin befaßten Wissenschaftler beschränkt blieben. Soziologisch sei die unterste Ebene wahrscheinlich die interessanteste.

In Parallelität zu der Rangfolge kognitiver Orientierungskomplexe entwickelt WEINGART eine soziale Hierarchie, die auf inhaltlicher Ebene mit der ersten in engster Beziehung stehe. Dabei knüpft er an den Gedanken von KUHN an, wonach ein Paradigma den jeweiligen spezialisierten Kommunikationszusammenhang und damit die "Community" als soziale Gruppe erst konstituiere. WEINGART unterscheidet dabei folgende Ebenen:

1. Die umfassendste und allgemeinste Organisationsform der Wissenschaft sei ihrem Geltungsbereich gemäß keine einheitliche Institution, sondern ein "Komplex von Institutionen, in denen Wissenschaft in ihrer Gesamtheit repräsentiert werde: Stiftungen, Akademien, Universitäten und die großen, umfassenden Gesellschaften" (1976, S. 52f.). Hier würden über die Grenzen der unterschiedlichen Disziplinen hinweg die "übergreifenden Werte und Prinzipien" artikuliert und gegenüber der übrigen Gesellschaft repräsentiert.

2. Auf einer etwas eingeschränkteren Ebene befänden sich die Organisationen von Disziplinen, Fakultäten in Hochschulen, Forschungsinstituten, Abteilungen oder Klassen in Akademien, vor allem auch disziplinäre wissenschaftliche Gesellschaften (1976, S. 54).

Von diesen Gesellschaften würden in der Regel Publikations- und Kommunikationsfunktionen wahrgenommen, aber auch sog. standespolitische Aufgaben wie Prüfungsordnungen oder Formulierungen von Anforderungen an die Profession.

3. Auf einer noch niedrigeren Ebene fänden sich Institutionalisierungsformen von Spezialgebieten. Sie wandelten sich erheblich schneller als die ganzer Disziplinen, obgleich die Abgrenzung schwierig sei (1976, S. 55).

4. Unterhalb der Ebene der Spezialgebiete siedelt WEINGART die Forschungs- und Problembereiche ("research" und "problem areas") an. Kennzeichen dieser Problembereiche und ihrer Institutionalisierung sei, daß sie weniger formale Elemente bzw. einen geringeren Grad an Institutionalisierung aufwiesen als z.B. Disziplinen oder Spezialdisziplinen. Die Problembereiche und die mit ihnen befaßten (unter Umständen ad hoc gebildeten) Organisationen seien damit auch schnellerem Wandel unterworfen.

Bereits an der Anzahl der aufgelisteten "kognitiven Orientierungskomplexe" und der Institutionen (5 zu 4) ist ablesbar, daß beide nicht eindeutig aufeinander bezogen sind. WEINGART betont, daß die Hierarchie wissenschaftlicher Organisationen gleichzeitig deren Entwicklungsprozeß darstelle. Die Entwicklung einer neuen Wissenschaft oder die Neuentdeckung eines Faktums verliefe dann sozusagen von 4 zu 1 bzw. von einer lockeren Forschungsgruppe über die Etablierung von Zeitschriften und die Rekrutierung von Studenten zu fest etablierten Plätzen innerhalb der anerkannten "grossen" wissenschaftlichen Organisationen wie z.B. den Universitäten.(49)

Diese Hierarchie "kognitiver Orientierungskomplexe" und wissenschaftlicher Institutionen kann nun zu heuristischen Zwecken auch als Indikator für die Durchsetzung einer Theorievariante behandelt werden: eine neue Theorie hätte sich demzufolge nach und nach den selektiven Anforderungen der genannten Institutionen und der ihnen adäquaten "kognitiven Orientierungskomplexe" zu stellen; verläuft der Weg einer neuen Theorie von 4 zu 1 erfolgreich, dann hat sie sich "vorläufig" durchgesetzt. Sie geht in die "Theorieklassik" ein, d.h. in den innerhalb der Kultur einer gegebenen Epoche als gesichert geltenden Wissenschaftsbestand.

In der hier dargestellten Form kann die Durchsetzung einer Theorievariante in den genannten kognitiven und institutionellen Hierarchien allerdings auch nicht mehr sein als ein Indikator: weder ist damit etwas über die Inhalte, nach denen die genannten Institutionen selegieren, noch über die Art und Weise der Selektion ausgesagt.

TOULMIN ist der Auffassung, daß nach den Traditionen wissenschaftlicher Gemeinschaften selegiert werde; diese Annahme wird hier geteilt, ohne daß feststünde, wie eine Tradition realiter aussieht. Das Prinzip der "Anpassung" setzt voraus, daß die Umstände jeweils verschiedene sind, an die sich eine Theorievariante anpassen muß, um sich durchzusetzen. Der Soziologe hätte demnach die je konkrete Norm- und Wertstruktur und die Besonderheiten der Sozialstruktur einer wissenschaftlichen Gemeinschaft herauszuarbeiten, wenn er wissen will, welche konkreten Selektionsfaktoren inhaltlich bei der Durchsetzung einer Theorie am Werk gewesen sind. So läßt sich festhalten, daß bisher empirisch noch weitgehend unüberprüfte gesellschaftliche Faktoren in die selektiven Verfahren des wissenschaftlichen Systems eingreifen, die kurzfristig das Bild wissenschaftlichen Wissens völlig verzerren können, indem als Wissenschaft benannt wird, was keine ist und als Nicht-Wissenschaft diffamiert wird, was später wissenschaftlichen Kriterien genügen kann. Nur so ist POPPERs Konzept des "fehlbaren Wachstums" soziologisch zu verstehen. Bisher fehlen aber empirische Untersuchungen, die eine wenigstens vorläufige Kenntnis solcher Faktoren vermitteln könnten.

Der Prozeß der Durchsetzung von Theorien, so lautet daher die vorläufige Annahme, verläuft von Stufe 4 bzw. 5 zu Stufe 1, d.h. von den "niedrigeren", spezialisierten institutionellen und kognitiven Zusammenhängen zu den "höheren" im Sinne von "allgemeineren" und größere Bereiche umfassenden Organisationen. Diese sind also Maßstab für die Durchsetzung einer neuen Theorievariante. Deren Selektion ist ein Kriterium für die Theoriebeurteilung, wenngleich nach dem hier vertretenen Konzept keine Garantie für die Ewigkeit. Denn es gibt de facto kein absolutes Ende des Selektionsprozesses, sondern dieser geschieht fortwährend. So sind zwar keine letzten Kriterien für die Beurteilung einer Theorie gewonnen, aber immerhin soziologische Kriterien für die Bewährung von Theorien genannt.

3.3. Die Kommunikationsstruktur wissenschaftlicher Gemeinschaften als Indikator für die Selektion von Theorievarianten auf den Ebenen "Kognition", "Institution" und "Kommunikation"

MULLINS (1973, 1974) hat in der Nachfolge PRICEs (1963) und KUHNs (1962, 1977, 1978) eine Theorie entwickelt, die sich mit der Entwicklung neuer Wissenschaftsdisziplinen befaßt. Er legte ein Modell wissenschaftlicher Entwicklung vor, das die Veränderung kommunikativer Strukturen innerhalb der Wissenschaft als Indikator sowohl für die Entstehung einer neuen Theorie als auch für deren Entwicklungsfortschritt behandelt. Die von ihm unterschiedenen vier "Stadien" kommunikativer Entwicklung sind:
1. normales Stadium ("normal")
2. Netzwerk ("network")
3. "Wolke" ("cluster")
4. Spezialität oder Disziplin ("specialty" or "discipline") (1973, S. 18).

Jedes dieser Stadien weist besondere soziale und intellektuelle Charakteristika auf. In jedem historischen Moment wissenschaftlicher Entwicklung lassen sich alle idealtypisch aufzeigbaren Stadien kommunikativer Entwicklung nachweisen: an verschiedenen Orten, in verschiedenen Disziplinen, innerhalb verschiedener Spezialitäten usw. können gleichzeitig "Netzwerke", "Cluster" und "Spezialitäten" entstehen. Zur Illustration des Gemeinten sei die Graphik von MULLINs übernommen (siehe S. 99).

Nach MULLINs wechselt das kommunikative Verhalten der Wissenschaftler im Verlauf eines wissenschaftlichen Lebens relativ häufig. Es geht ihm aber nicht darum, kommunikative Strukturen von Wissenschaft generell aufzuzeigen, sondern die Muster (pattern), in welchen diese sich von Zeit zu Zeit und im Verlauf der Entstehung von etwas Neuem typisch wandeln (1973, S. 19).

Während das "normale Stadium" wissenschaftlicher Entwicklung von relativ loser kommunikativer Aktivität charakterisiert sei, beginne sich von Zeit zu Zeit das Bild zu verändern: ein herausragendes intellektuelles Produkt bringe es fertig, mehrere Wissenschaftler um sich zu scharen. Diese seien keinesfalls notwendig Angehörige einer einzigen Disziplin. "The more frequent communication among a few persons, combines with the declining number of ties to scientists outside the circle of frequent communicators, creates a 'thickening' of the scientific communication network ... A second factor is the appearance of a few students and

Abb. 2: Idealtypische Kommunikationsstruktur in der Wissenschaft (nach MULLINS 1973, S. 19)

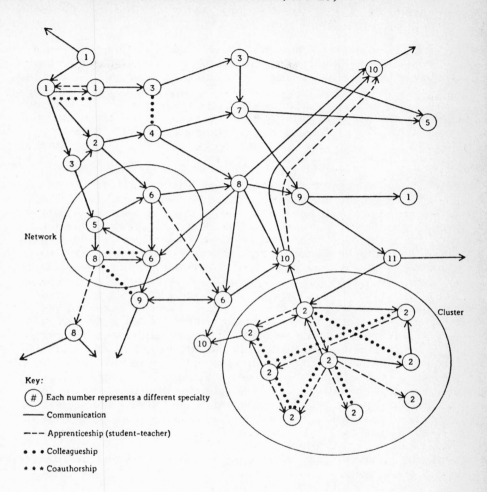

Key:
- (#) Each number represents a different specialty
- —— Communication
- — — — Apprenticeship (student-teacher)
- • • • Colleagueship
- * * * Coauthorship

the creation of student-teacher links. The general science communication structure as a whole is not affected by such local thickenings; indeed, they are seldom noticed by most active scientists. It is only those directly involved who are likely to notice that the thickening has developed." (1973, S. 22) Mit der Kommunikation verändere sich auch der intellektuelle Inhalt einer sich entwickelnden Theorie. Grenzen würden abgesteckt, Programme entworfen, das Zitationsverhalten verändere sich. Außerdem beginne ein gemeinsames Sich-in-Beziehung-Setzen zu geistigen "Vorvätern".(50)

Das Stadium des "cluster" sei von noch engerer Kommunikation gekennzeichnet. Um bestimmte Schlüsselfiguren scharten sich andere Wissenschaftler und Studenten. Auch in diesem Stadium veränderten sich die intellektuellen Aktivitäten: eine große Menge von Forschungsresultaten würden hervorgebracht und einige von diesen erwiesen sich als wissenschaftliche Resultate von hoher Qualität. Gleichzeitig beginne sich die neu entstandene Gruppe von der Elterndisziplin langsam zu lösen und gehe auf Distanz. Nun reagiere auch die Elterndisziplin: "This reaction establishes the group as either revolutionary or elitist." (1973, S. 22) Der Unterschied bestehe darin, daß eine elitäre Gruppe zur leitenden Gruppe in der Elterndisziplin werde, während eine revolutionäre Gruppe in Gegensatz zu ihrer Elterndisziplin trete und folgerichtig "eingekapselt", d.h. von der Gesamtdisziplin isoliert werde (1973, S. 24). MULLINS nennt mehrere Möglichkeiten der Weiterentwicklung für eine solche Gruppe: sie könne sterben, sie könne warten, bis die Angehörigen der Ursprungsdisziplin sich mangels Studenten nicht mehr rekrutieren könnten oder sie werde zur Ausgangsgruppe für eine neue Spezialität oder Disziplin. Angegriffen zu werden sei in einem solchen Fall ein Kriterium für Erfolg. Aus dem Bereich der Soziologie nennt MULLINS als Beispiel für diese Entwicklung die Gruppe der Ethnomethodologen.

Das letzte Stadium, das der "Specialty", beginne, wenn die erste Generation der ehemaligen Studenten ihrerseits erfolgreich geworden sei und sich in allen akademischen Bereichen ausbreite. Es entstünden Lehrinstitute, Zeitungen, Zeitschriften bzw. es beginne der gesamte Prozeß wissenschaftlicher Institutionalisierung. "Network" und "Cluster" könnten immer nur Durchgangsstadien wissenschaftlicher Entwicklung sein.

Jedes dieser Stadien, so MULLINS, weise bestimmte Gruppeneigenschaften auf. Diese systematisiert er in einer Tabelle, die im folgenden ebenfalls übernommen wird (siehe S. 101).

MULLINS' Konzept bezieht sich nur auf die Veränderungen innerhalb abgrenzbarer Wissenschaftsdisziplinen. Es befaßt sich nicht mit "wissenschaftlichen Weltanschauungen" oder "metaphysischen Paradigmata" wie das KUHNs oder WEINGARTs. Diese Eingrenzung bietet allerdings den Vorteil guter Überschaubarkeit.

Tab. 1: Gruppeneigenschaften in den verschiedenen Stadien der Gruppenentwicklung (nach MULLINS 1973):

Properties	Normal Stage	Network Stage	Cluster Stage	Specialty Stage
1. Intellectual leader(s)	Founding father(s)	Probable integration of concept, etc.	Should have highly productive student groups	May leave
2. Social organizational leader(s)	- *	Organizes training center	Arranges jobs, publications, meetings	Continues activities
3. Research and training center(s)	-	Develops where people are starting to work together; usually at a university	Generally one or two more; at least one becomes a strong training center	No specific center; research is diffuse
4. Intellectual successes	First written success appears roughly at end of stage	Attracts other scientists, students	Many successes leading to divergencies	No longer important as the group institutionalizes
5. Program statement(s)	-	Stated during this stage	Becomes a "central dogma", particularly for revolutionary groups	Work becomes routine
6. Secondary material	-	-	Appears here	Limited to consolidation
7. Critical material by group	Can appear here (revolutionary)	Can appear here (revolutionary)	Possibly can appear here also (revolutionary)	-
8. Critical material about group	-	-	Appears here (revolutionary)	Becomes routine
9. Text	-	-	-	Appears here
Group size	Indeterminant	(Informal relations) Up to 40	(More formal relations) (7-25 in actual cluster)	20-100 +

- * = nonapplicable at this stage.

Betrachtet man nun das MULLINSsche Modell unter evolutionstheoretischem Aspekt, dann können die unterschiedlichen aufeinanderfolgenden Stadien wissenschaftlicher Entwicklung auch als Indikatoren für die Selektion von Theorievarianten aufgefaßt werden. Sie sind dies für die Entstehung und die Anfänge der Durchsetzung einer Theorievariante.

Erst für die Darstellung der Durchsetzungsprozesse auf höheren kognitiven und institutionellen Ebenen, wie sie oben beschrieben wurden, genügt dieses Modell nicht mehr; es soll daher durch die oben diskutierten wissenschaftlichen Ansätze ergänzt werden.

Gemeinsam mit diesen ergeben die MULLINSschen Stadien der Kommunikation von Wissenschaftlern ein (wenn auch noch grobes) Raster für die Selektion von Theorievarianten auf den Stufen "Kognition", "Institution" und "Kommunikation", das in Abb. 4 schematisiert wird:

Mit dem "Stadium 0" ist idealtypisch der "durchschnittliche" Zustand der Wissenschaft bezeichnet; auf allen drei Ebenen geschieht das, was KUHN (1978) als "normale Wissenschaft" beschrieben hat. Auf der institutionellen Ebene erfüllen die bestehenden Institutionen ihre "normalen" Funktionen; auf der kommunikativen Ebene herrscht ebenfalls das "normale" kommunikative Verhalten zwischen den Wissenschaften, wie in Abb. 3 illustriert.

"Stadium 1" signalisiert eine Veränderung. Diese geschieht auf der untersten kognitiven Ebene der "conceptual schemes" und auf der untersten institutionellen Ebene der "research" und "problem areas". Ein Wissenschaftler (oder ein Wissenschaftlerteam) formuliert eine neue Theorievariante. Bildet sich ein "Netzwerk" anderer Wissenschaftler um diese Variante, dann hat diese bereits das erste Stadium ihrer Durchsetzung erreicht. Allerdings, so wurde oben ausgeführt, bleiben die meisten Theorievarianten bereits vor dem ersten Stadium auf der Strecke; sie "sterben" zuweilen schon beim Mittagessen ihrer Erfinder.

Das "Stadium 2" ist von weiterer "Verdichtung" der Kommunikation gekennzeichnet. Während sich in der biologischen Evolution erfolgreiche Arten dadurch ausweisen, daß sie sich vermehren, geschieht dies in der wissenschaftlichen Evolution durch die "Vermehrung" von Wissenschaftlern, die sich um eine Theorievariante scharen. Diese wird in "Stadium 2" präzisiert, weiterentwickelt und von Mehrheiten von Wissenschaftlern zu wissenschaftlichen Leistungen von hoher Qualität geführt. Erhält in diesem Stadium die neue Theorievariante die Anerkennung der "Elterndisziplin", so wird sie die führende Gruppe innerhalb der Disziplin

Tab. 2: Stadien der Selektion von Theorievarianten

Stadium	kognitive Ebene	institutionelle Ebene	kommunikative Ebene
0	alle "kognitiven Orientierungs-komplexe"	alle wissenschaft-lichen Institutionen	"normal"
1	conceptual schemes	Research problem areas	"network"
2	"	"	"cluster"
3	"	Institutionalisierung von Spezialgebieten	"speciality"
4	"Artefact Paradigma" "Eine spezifi-sche Art, den Gegenstand zu sehen u. zu untersuchen)	institutionelle Durch-setzung in Fakultäten, Forschungsinstituten, Organisationen ganzer Disziplinen nach der Theorie	"normal"
5	"Gesetz, Theorie, Anwendung	"	"
6	"metaphysi-sche Para-digmata"	institutionalisierter Bestandteil der Uni-versitäten u. Akademien Institutionalisierung von Lehre, Bildung, von Traditionen, Rekrutierung	"
0_1	wie oben	wie oben	wie oben

und entwickelt sich als solche weiter. Erhält sie sie nicht, so geht sie auf Distanz: die theoretischen Äußerungen bekommen nach MULLINS unter Umständen einen revolutionären und "dogmatischen" Charakter (vgl. oben, S. 100); eine "Einkapselung" und relative Isolierung vom Gesamtsystem der Diszplin kann die Folge sein.

Im "Stadium 2" können ferner alle die oben (vgl. S. 101) nach MULLINS aufgeführten "Gruppeneigenschaften" auftreten. Verliert die Theorievariante die anfängliche Attraktion für die Wissenschaftler, fallen diese wieder von ihr ab, dann "stirbt" die Theorievariante. Kann sie weitere Fachleute um sich scharen, so wird sie Stadium 3 erreichen.

Im "Stadium 3" ist die Theorievariante bereits über die Notwendigkeit der Bildung eines "cluster" von Anhängern hinausgewachsen; sie hat sich bis zur Entwicklung einer eigenen "Spezialität" durchgesetzt. Als solche wird sie (noch auf der kognitiven Ebene der "conceptual schemes") institutionalisiert; sie wird Bestandteil des allgemein anerkannten wissenschaftlichen Wissens; auf institutioneller Ebene wird sie an Universitäten gelehrt und von den großen wissenschaftlichen Akademien vertreten. Die Akademisierung schreitet voran; zahlreiche Schüler haben ihrerseits wieder Schüler; die "specialty" wird langsam zur "Theorieklassik", deren Geltung nicht bestritten wird. Sie gehört nun zum allgemein anerkannten Wissensbestand einer gegebenen Kultur.

Von diesem Stadium an hat eine Theorie es nicht mehr notwendig, besonders verteidigt zu werden; sie wird Teil des allgemeinen Wissens, und die Struktur der wissenschaftlichen Kommunikation entwickelt sich wieder in Richtung "normal". Realiter allerdings endet der Selektionsprozeß niemals. (So wurde selbst das Fallgesetz NEWTONs - als solches nicht mehr bestritten - durch die Forschungen EINSTEINs relativiert.)

Ob eine Theorievariante die Stadien 4, 5 und 6 erreicht, hängt nicht nur von ihrer Durchsetzungsfähigkeit, sondern auch von ihrer theoretischen Reichweite ab. Nicht alle Theorievarianten sind ihrem Aussagegehalt nach dazu geeignet, die übergeordneten kognitiven Ebenen überhaupt zu verändern. Um ein Beispiel zu nennen: GALILEIs Entdeckungen, als "Theorievariante" verstanden, haben sich bis zur höchsten kognitiven (und auch institutionellen) Ebene durchsetzen können; ihre Aussagen veränderten die gesamte "Weltanschauung" eines Zeitalters. Auf DARWINs oder EINSTEINs Entdeckungen folgte ebenfalls die Veränderung der gesamten Sicht der "Welt". Die Entdeckung der Glühbirne durch EDISON hingegen hatte zwar sehr weitreichende soziale Auswirkungen, aber keine weltanschaulichen. In den Sozialwissenschaften verhält es sich ebenso: die "Anatomie der bürgerlichen Gesellschaft", von MARX und ENGELS analysiert, veränderte das Selbstverständnis der Menschen im 19. und 20. Jahrhundert auf höchster kognitiver, institutioneller und gesellschaftlich-sozialer Ebene.(51) Auch die Formulierung der Psychoanalyse durch FREUD veränderte die Sichtweise des Menschen von sich selbst; die Konzeptualisierung der "Social System"-Theorie durch PARSONS hingegen hatte zwar große theoretische Bedeutung für die Soziologie, aber keine weltanschaulichen Konsequenzen für ganze historische Epochen.

Zusammenfassend läßt sich also sagen, daß (je nach theoretischer Reichweite einer "Theorievariante") die "Durchsetzung entweder auf Ebene 3 beendet sein kann oder aber die Theorie weiteren Selektionen ausgesetzt ist. Im "Stadium 4" hat sich eine Theorievariante so weit durchsetzen können, daß sie auf der kognitiven Ebene generell die Art und Weise bestimmt, wie ein in Frage stehender Gegenstand gesehen wird. Dementsprechend werden nach den Erkenntnissen der "specialty" (die dann bald keine mehr ist) ganze institutionelle Bereiche in Forschung und Lehre organisiert.

Im "Stadium 5" hat eine Theorie das Stadium der "anerkannten wissenschaftlichen Leistungen" erreicht. Sie sind, einmal etabliert, die "Ahnen" weiterer Abkömmlinge von Problemen bzw. werden als "Muster" von Problemlösungen auch auf andere Problembereiche als die ursprünglichen übertragen. WEINGART nennt als Beispiel für die Ablösung dieser Art von Theorien die kopernikanische Astronomie gegenüber der ptolemäischen, oder auch die "Wellen-Optik" gegenüber der "Korpuskular-Optik" (WEINGART 1976, S. 48).(52) Die institutionelle Ebene in Stadium 5 unterscheidet sich nicht in wesentlichen Punkten von der des Stadiums 4; die "Handlungsanweisungen" an die Wissenschaftler sind allenfalls noch klarer definiert bzw. die Problemlösungsmöglichkeiten stärker vorstrukturiert und institutionalisiert.

Im "Stadium 6" erreicht eine Theorievariante auf der kognitiven Ebene die Stufe der "metaphysischen Paradigmata" mit allen oben genannten institutionellen Konsequenzen. Diese können lange als solche existieren und sind, so wurde bereits ausgeführt, nur in großen historischen Intervallen einem Wandel unterworfen. Die wissenschaftliche Kommunikationsstruktur hat längst wieder den "normalen" Zustand erreicht, d.h. daß sie in Relation zu den vorherigen Stadien weniger "Dichte" zeigt.

Der idealtypische Verlauf der Durchsetzung von Theorievarianten endet im Stadium 0: es herrscht auf allen Ebenen der "normale", d.h. der unangefochtene und "ruhige" Zustand des Wissenschaftssystems, der allerdings jetzt ein veränderter ist.

Bedingungen für das "Vorrücken" einer Theorievariante sind zum einen die formalen methodologischen Kriterien der Wahrheitsfeststellung, zum anderen zahlreiche soziale

Faktoren, die definitionsgemäß in den Standards wissenschaftlicher Tätigkeit enthalten sind (vgl. oben zu den "Werten" und "Normen" der Wissenschaft), sowie schließlich weitere vielfältige, jeweils im Einzelfall empirisch zu untersuchende informelle Kriterien wie Machtfaktoren, Rivalität zwischen Wissenschaftlern, finanzielle Fragen, politische Opportunität etc., die idealiter nichts im Wissenschaftssystem zu suchen haben, realiter aber häufig das Bild der Selektion von Theorien - wenn auch eher kurzfristig - bestimmen. Alle genannten Faktoren sind subsumierbar unter dem "Anpassungs"konzept.

Die oben vielleicht in ihrer Schematik als stetes Fortschrittsmodell mißzuverstehende Zusammenstellung der aufeinanderfolgenden Selektionsstadien sollte nicht darüber hinwegtäuschen, daß realiter die Entwicklung diskontinuierlich verläuft. Auch die Evolution, als Gesamtprozeß gesehen, verläuft keineswegs in linearem Fortschritt auf ein einmal gesetztes oder auch nur nachvollziehbares Ziel hin, sondern sie verläuft in Sprüngen, die die Mehrheit der aufgetretenen Varianten hinter sich läßt. Ex post gesehen sind die überlebenden Varianten von höchst unterschiedlichem "Gesicht" oder einer unterschiedlichen "Gestalt" im Vergleich mit früheren; aber das liegt nicht an der Dramatik der Veränderung selbst (wie KUHN meint), sondern an der Tatsache, daß Varianten in neuer Umgebung und neuer Problemlage eben anders geraten.

3.4. Zusammenfassung: Thesen und Modelle zur evolutionären Wissenschaftsentwicklung

Ausgangsfrage dieser Arbeit war, wieso von den vielen psychotherapeutischen Schulen des 19. und beginnenden 20. Jhdts. sich ausgerechnet die Psychoanalyse weltweit durchgesetzt hat. Abgelehnt wurde die zwar naheliegende, aber zu einfache Antwort: "aufgrund ihrer Qualität". Gesucht wurde nach einem wissenschaftssoziologischen Ansatz, in dessen Rahmen eine gründliche Analyse und Beantwortung der Frage stattfinden könnte.

Der theoretische Teil begann mit der Diskussion über die Wissenschaftlichkeit bzw. Nicht-Wissenschaftlichkeit der Psychoanalyse. Die Entscheidung fiel für die Einordnung der Psychoanalyse in die Wissenschaften, obwohl vorläufig nicht alle ihre Aussagen empirisch überprüft werden können und die Psychoanalyse sich teilweise theoretisch selbst immunisiert.

106

Der Beginn soziologischer Untersuchungen zu den gesellschaftlichen Ursachen von Wissen (und Wissenschaft) liegt in den zwanziger Jahren in Deutschland. Eine für die Wissenssoziologie repräsentative Auswahl von Problemlösungen zu diesem Thema wurde kurz referiert; damals wurde die wissenssoziologische Diskussion aus politischen Gründen (Flucht der führenden Theoretiker vor dem Naziregime in die angelsächsischen Länder) unterbrochen. Lange Zeit wurden die Fragen der deutschen Wissenssoziologen als "philosophisch" und nicht zum Gegenstand einer speziellen Einzeldisziplin Soziologie gehörig "vergessen", während sich in den USA auf pragmatischem und empiristischem Boden der neue Zweig der funktionalistischen Wissenschaftssoziologie entwickelte. Erst von (zumeist naturwissenschaftlich orientierten) Wissenschaftsphilosophen und -theoretikern, die aufgrund ihrer Studien zu dem Ergebnis kamen, daß soziale Faktoren im Verlauf der Entwicklung einer Wissenschaft oder Wissenschaftsdisziplin nicht nur nicht unwichtig, sondern sogar von zentraler Bedeutung seien, wurde tendenziell die Grenze zwischen funktionalistischer Wissenschaftssoziologie einerseits und Wissenschaftstheorie andererseits zugunsten einer Wiederaufnahme der alten wissenssoziologischen Fragestellungen aufgehoben. Erneut ging es - in der "New Philosophy of Science" - um die Frage, wie die die "reinen" wissenschaftstheoretischen Standards "verunreinigenden" sozialen Faktoren zu eliminieren oder wenigstens zu neutralisieren seien, wie das "reine" Wissen gegenüber den häufig als "chaotisch" und nicht in den intellektuellen Griff zu bekommenden sozialen, ökonomischen, politischen etc. Faktoren zu "retten" sei; Protagonisten dieser Diskussion sind vor allem POPPER, LAKATOS, TOULMIN, KUHN und FEYERABEND. Ihre unterschiedlichen Auffassungen haben mindestens gemeinsam, daß sie in der Wissenschaftsentwicklung evolutionäre Muster sehen. Im Verlauf der Rezeption der Repräsentanten der "New Philosophy of Science" näherten sich in letzter Zeit auch einige Wissenschaftssoziologen schrittweise einer biosoziologischen oder soziobiologischen Auffassung ihres Gegenstands; bestätigt von den Biologen selbst, wird heute kaum von einem der führenden Wissenschaftsentwicklungstheoretiker bestritten, daß die Wissenschaftsentwicklung evolutionäre Muster aufweist. Wie allerdings im einzelnen diese Prozesse aussehen, wie eine Operationalisierung der aus der Evolution übernommenen Begriffe in die Soziologie auszusehen habe, darüber gibt es bisher weder eine genaue Vorstellung noch empirische Untersuchungen, die wenigstens eine vorläufige vermitteln könnten.

In einem Exkurs wurde die neuere biologische und motivationspsychologische Auffassung zur "biologischen Grundlage der Erkenntnis" referiert; die in der "New Philosophy of Science" nicht gefundenen Rationalitätsressourcen, die außerhalb der Wissenschaftstheorie zu suchen sind, wurden benannt: die Verknüpfung von wissenschaftstheoretischen mit sozialen Faktoren ist über die Einsicht in die Tatsache möglich, Leben selbst sei ein erkenntnisgewinnender Prozeß.

Im Anschluß hieran wurde mit Hilfe älterer und neuerer wissenschaftssoziologischer Ansätze eine vorläufige Übersetzung der evolutionstheoretischen Termini "Variation" und "Selektion", "Anpassung", "Durchsetzung" und "Überleben" ins Soziale versucht. Als "soziologischer Ort" der Entstehung von "Theorievarianten" wurde die wissenschaftliche Gemeinschaft genannt; als "Selektionsfaktoren" die Institutionen des Wissenschaftssystems bis zur "höchsten" Stufe der Akademisierung; auf den Ebenen "Kognition", "Institution" und "Kommunikation" läßt sich jeweils untersuchen, ob eine neue "Theorievariante" sich bereits durchgesetzt hat oder ob sie in frühem Stadium den "Hypothesentod" gestorben ist. Dabei lautet die Annahme, daß die allermeisten Varianten "sterben", die wenigsten sich auf Stufe 1, noch weniger auf Stufe 2, 3 usw. durchsetzen können. Dies entspricht durchaus der biologischen Evolution, in der nur die wenigsten Varianten überleben.

Gegenüber der älteren sozialdarwinistischen Diskussion des 19. Jhdts. sind die teleologischen und unilinearen Fortschrittsmodelle aufgegeben worden zugunsten der Einsicht, daß es kein "Ziel" und kein "Ende" der wissenschaftlichen Evolution gibt; auch die SPENCERschen organizistischen Vorstellungen sind aus der Diskussion eliminiert worden. Geblieben ist die Absicht, schrittweise ein Instrumentarium für die Analyse von Fakten zu entwickeln, die zum Beispiel besagen, daß sich die Entwicklung von Wissenschaft nach denselben Wachstumskurven entfaltet wie die Population von Mikroben in einem Organismus (TOULMIN); und daß diese Tatsache ein kräftiger Hinweis auf das sei, was TOULMIN mit "Wissenschaft als natürliches Phänomen" bezeichnet hat. Da unser Gehirn nicht "gemacht" ist, um Wirklichkeit objektiv abzubilden, sondern um sich in der Umwelt zurechtzufinden (DITFURTH 1979), ist es immerhin erstaunlich, daß die Menschheit langsam an die Grenze kommt, wo POPPERs "objektive Erkenntnis" zur Möglichkeit wird (RIEDL 1980).

Zum Abschluß des theoretischen Teils folgen nun zusammenfassende Thesen und Modelle zur Wissenschaftsentwicklung.

1. Die Wissenschaften entwickeln sich evolutionär. Diese Behauptung enthält die folgenden Implikate:

   a) Wissenschaft entwickelt sich rational auf der Grundlage des sogenannten "ratiomorphen Apparates" (BRUNSWIK, RIEDL); dieser garantiert ihre Gebundenheit an die gesamte Evolution des Menschen als "Art" (DARWIN).

   b) Was sich individuell als "Drang nach Welterklärung" manifestiert, beruht auf einem angeborenen Bündel "produktiver Bedürfnisse" (HOLZKAMP-OSTERKAMP), der Funktion der Lebenssicherung zugehörig, das seine Existenz auf der Grundlage eines bereits im Tierreich existierenden, beim Menschen jedoch sich tendenziell verselbständigenden Neugier- und Explorationsverhaltens entwickelt hat (K. LORENZ, HOLZKAMP-OSTERKAMP, RIEDL).

   c) Die biologischen und psychologischen Grundlagen der wissenschaftlichen Tätigkeit charakterisieren zum Teil deren Stil; daher sollte zwar zu analytischen Zwecken, nicht aber tatsächlich von der "natürlichen Grundlage" aller Forschung und Wissenschaft abstrahiert werden. Der (ideengeschichtlich nachweisbaren) Abstraktion von der Natur verdanken wir jahrtausende-alten wissenschaftlichen Irrtum (RIEDL).

   d) Die evolutionäre Entwicklung von Wissenschaft ist nicht zielgerichtet (POPPER, LAKATOS), nicht unilinear, nicht voraussehbar (POPPER, TOULMIN, KUHN, FEYERABEND, LAKATOS); insofern sind zwar "rationale Rekonstruktionen" (LAKATOS) von Wissenschaftswachstum möglich, nicht aber Prognosen über "Ziel" und "Ende" der Wissenschaft.

   e) Die evolutionäre Entwicklung von Wissenschaft ist theoretisch nach dem Anpassungskonzept zu untersuchen (TOULMIN). Ebenso wie die Anpassung in der Biologie (RIEDL) bedeutet "Anpassung", wissenschaftssoziologisch interpretiert, einen Zuwachs an Information über jenes Milieu, das für sie von Bedeutung ist. Damit ist die polare Gegenüberstellung von "Wahrheit" und "sozialen Faktoren" tendenziell überwunden. Denn die "Information" muß (nach den von der Wissenschaftstheorie formulierten Standards) "wahr" sein; das "Milieu" ist die natürliche und/oder gesellschaftliche Umwelt des Menschen. Im Unterschied zu dem Informationszuwachs niedrigerer Organismen ist jedoch die wissenschaftliche Forschung subjektiv sinngesteuert und reflexiv auf sich selbst bezogen.

f) Die Evolution von Wissenschaft schließt mögliche Revolutionen ein: in einem oder in mehreren Wissenschaftszweigen, auf unterschiedlichen Ebenen und in unterschiedlichen historischen Epochen kann es wissenschaftliche "Revolutionen" geben, die das gesamte Denken der wissenschaftlichen (und der nicht-wissenschaftlichen) Welt umwälzen; aber sie sind nicht die Regel (wie KUHN meint), sondern nur ein Sonderfall der Evolution (TOULMIN).

2. Der evolutionär sich entfaltende Wissenschaftsprozeß folgt den allgemeinen Mechanismen der Variation und Selektion (TOULMIN); der "Baum der Erkenntnis" wächst dabei umgekehrt wie ein natürlicher Baum: aus vielen unterschiedlichen Zweigen mündet er in einen Strom der Erkenntnis (POPPER).

Die Behauptung, die Wissenschaftsentwicklung entfalte sich nach den Mechanismen der Variation und Selektion, enthält die folgenden Implikate:

a) In der Natur kommen individuelle Variationen durch äußere und innere Faktoren zustande: innere durch Mutation und Rekombination (aufgrund der zweigeschlechtlichen Fortpflanzung), äußere durch Modifikation aufgrund von Umweltverhältnissen (DARWIN).

Die Wissenschaftsentwicklung verläuft nach Mechanismen, die in direkter Analogie zu den natürlichen zu verstehen sind, geht aber an prinzipiellen Entfaltungsmöglichkeiten weit über diese hinaus: so sind viele Entdeckungen der Wissenschaftler "Einfälle", spontane "Eingebungen", dem Zufall zu verdanken - in Analogie zu den Mutationen; Rekombinationen (aufgrund der Vereinigung und/oder Synthese von zwei oder mehreren unterschiedlichen Ideengebilden) sind in der Wissenschaft geradezu selbstverständlich; bereits auf diese Weise entstehen verschiedene Theorievarianten. Modifikationen aufgrund von Umweltveränderungen sind ebenso selbstverständlich; oben wurde angedeutet, daß z.B. die deutsche Wissenssoziologie sich (auf pragmatischem und empiristischem Boden) in den USA völlig veränderte und ein neues Gesicht gewann.

b) Im Wissenschaftsprozeß entstehen Theorievarianten aber noch auf weit vielfältigere Weise: nämlich durch eine Kombination von gesellschaftlichen mit individuellen psychischen und "hirnstrukturellen" Faktoren. Damit

kann der Begriff der Variation für die Wissenschaftssoziologie näher bestimmt sowie gleichzeitig eine Erklärung für die prinzipiell unbegrenzte Zahl möglicher
Theorievarianten gegeben werden. Zunächst ist zu
unterscheiden nach der objektiven und der subjektiven
Herkunft der Elemente der Varianten. Objektiv heißt
hier: die gesellschaftlichen (geistigen und materiellen)
Voraussetzungen der Zeit; subjektiv meint "die Gesellschaft im Wissenschaftler" (BÜHL) bzw. die individuelle
Rezeption objektiv gegebener wissenschaftlich zu
formulierender gesellschaftlicher Problemstellungen.
Die Kombinationsmöglichkeiten von objektiven mit
subjektiven Variationselementen sind prinzipiell unbegrenzt.

c) Im einzelnen kommen Theorievarianten durch die Kombination folgender Faktoren zustande:
- objektives gesellschaftliches Problem,
- gesellschaftliche Problemdefinition (intellektuelles
  Problem),
- Art der subjektiven Begegnung mit der gesellschaftlichen Problemdefinition,
- Rezeption der Problemdefinition:
  aufgrund der "individuellen Erfahrung" mit dem
  Problem;
  aufgrund der Zugehörigkeit zu einer wissenschaftlichen Gemeinschaft oder auch Nicht-Zugehörigkeit
  zu einer solchen;
  aufgrund der Problemdefinition der "eigenen" wissenschaftlichen Gemeinschaft (die nicht identisch sein
  muß mit Problemdefinitionen anderer wissenschaftlicher
  Gemeinschaften und/oder der "Öffentlichkeit"),
- individuelle Begabungen,
- psychische Strukturen,
- soziale Herkunft und wissenschaftliche Sozialisation,
- biographische Erfahrungen.
Kurz: Theorievarianten kommen dadurch zustande,
daß gegebene gesellschaftliche Bedingungen (Probleme,
Problemvorstellungen) durch die Köpfe der Individuen,
die entsprechend den oben genannten Voraussetzungen sehr verschieden sind, gefiltert werden. Die
objektiven Probleme der Gesellschaft (und der Natur)
erfahren so eine individuell variationsreiche subjektive
Manifestation. So kann durch die Unterschiedlichkeit
der Wissenschaftlersubjekte dasselbe Problem in unendli-
cher Vielfalt rezipiert und definiert werden; entsprechend prinzipiell unendlich sind auch die Möglichkeiten

theoretischer Antworten, die an die Gesellschaft "zurückgegeben" werden.

d) Ferner kann die Entstehung von Theorievarianten auch als jener erste Schritt wissenschaftlicher Tätigkeit bezeichnet werden, der von POPPER mit dem Ausdruck "kühne Vermutungen" belegt wurde.

e) Die auf die "kühnen Vermutungen" folgende "strenge Überprüfung" (POPPER) findet in Form der Selektion nach dem Kriterium der "Wahrheit" statt. "Soziologischer Ort" für die Selektion von Theorievarianten sind die Institutionen des Wissenschaftssystems von der Ebene der "Problembereiche" bis zu den großen, nur langsamem historischen Wandel unterworfenen Institutionen wie Universitäten, Akademien und große wissenschaftliche Gesellschaften.

f) Wie immer "Wahrheit" wissenschaftstheoretisch bestimmt wird: ohne dieses "Austauschmedium der Wissenschaft" (LUHMANN) ist überhaupt keine Selektion von Theorievarianten möglich; um die "Wahrheitsfindung" entzünden sich aber häufig heftige soziale Kämpfe.

g) In der Natur setzt sich diejenige Art am besten durch, die am besten an ihr Milieu angepaßt ist. Dasselbe gilt für die Theorievarianten: diejenige setzt sich durch, bzw. besteht den Konkurrenzkampf zwischen den unterschiedlichen Theorievarianten am besten, die an ihr "Milieu" am besten angepaßt ist.

h) "Anpassung" in der Wissenschaftssoziologie bedeutet Zuwachs an Information über das Milieu, das für die Theorievariante von Bedeutung ist. Damit sind die Inhalte der Anpassung historisch, national, lokal etc. außerordentlich variabel; sie lassen sich nicht vorab bestimmen. Der Informationszuwachs muß aber (nach den ebenfalls historisch variablen) wissenschaftstheoretischen Standards stattfinden; "Wahrheit" ist das spezifisch menschliche Regulativ, unter dem die Beurteilung des wissenschaftlichen Informationszuwachses steht.

i) Während sich in der Natur die angepaßten Arten dadurch beweisen, daß sie sich fortpflanzen und vermehren, beweisen sich wissenschaftliche Theorien als durchsetzungsfähig, wenn sie Mehrheiten von Fachkollegen um sich scharen können; Theorievarianten, die diese Fähigkeit, Fachkollegen um sich zu scharen, nicht haben oder nach anfänglichem Erfolg wieder verlieren, sterben den "Hypothesentod".

j) Theorievarianten kommen also zwar relativ leicht und in ununterbrochenem Fluß kreativer Tätigkeit zustande; die meisten "sterben" aber schnell ab, weil sie die Selektion der informellen Diskussion oder der institutionalisierten Organisationen des Wissenschaftssystems nicht bestehen; theoretische "Irrläufer" werden so frühzeitig eliminiert, aber auch einfach "untüchtige" Theorien können sich langfristig nicht durchsetzen. In die "Theorieklassik" gehen diejenigen Varianten ein, die alle Selektionen erfolgreich bestanden haben; zur "Theorieklassik" gehört jener Bestand des Wissens, der vorläufig (keineswegs garantiert für immer) den Kriterien der "Wahrheit" standgehalten hat, aber dennoch ständig weiteren Veränderungen unterworfen ist: ununterbrochen werden neue Theorievarianten produziert und in das bestehende Wissen integriert, sterben alte ab.

3. Variations- und Selektionsprozesse gehorchen nicht irgendwelchen nicht überprüfbaren Gesetzen, sondern lassen sich prinzipiell empirisch untersuchen. Sie sind institutionalisiert und funktionieren damit wie andere soziale Institutionen auch. Im einzelnen heißt dies:

a) Problemdefinitionen (d.h. die "Übersetzung" eines sozialen in ein intellektuelles Problem) haben ihren "soziologischen Ort" nicht immer, aber meistens innerhalb einer wissenschaftlichen Gemeinschaft. Verschiedene wissenschaftliche Gemeinschaften verschiedener Einzeldisziplinen können ein "gesellschaftliches Problem" sehr unterschiedlich definieren; so werden gleichzeitig unterschiedliche Aspekte desselben Problems erfaßt; damit ist gewährleistet, daß möglichst wenig relevante Aspekte unter den Tisch fallen (auch dies ist ein Aspekt des Beitrags zum Reichtum der Theorievarianten).(52a)

b) Bevor wissenschaftliche Gemeinschaften ein gesellschaftliches Problem aufgreifen und definieren, werden, insbesondere im sozialen Bereich, häufig auch Problemdefinitionen von seiten einer mehr oder weniger interessierten und informierten Öffentlichkeit gegeben. Diese Problemdefinitionen können durchaus auf die wissenschaftlichen Problemdefinitionen Einfluß haben.

c) Wissenschaftler definieren ein "gesellschaftliches Problem" nicht einfach in eigener Regie, sondern gewöhnlich nimmt ihnen dies das herrschende Paradigma ab, d.h. es gibt bestimmte Regeln, nach denen ein Problem wissenschaftlich bearbeitet wird und Techniken, nach denen die wissenschaftliche Forschung zu verfahren hat. So sind zwar wissenschaftliche Neuentdeckungen oft das Ergebnis von Teamwork und gemeinsamer Arbeit, Forschung und Diskussionen auf der Grundlage eines herrschenden Paradigmas, sie sind aber dennoch auch an die individuelle Leistung eines Einzelnen gebunden. Denn auf der Grundlage der vorgeschriebenen Regeln und des herrschenden Paradigmas wächst die individuelle Leistung, die damit zum Variationsreichtum beiträgt; hierfür sorgt nicht nur die Norm wissenschaftlicher Originalität, sondern auch die hohe Reputation, die eine gelungene Eigenleistung einem Wissenschaftler einbringt; nur so wird die von MERTON (1962) beschriebene "Eponymie", d.h. die Benennung einer Entdeckung nach ihrem Entdecker, möglich. Hiermit eng verknüpft sind die Funktionen der "Identitäts- und Wirklichkeitsabsicherung" sowie der "Kompetenzabsicherung", die BÜHL als Funktionen des "inneren Systems der Wissenschaft" beschrieben hat.

d) Trotz des hohen Wertes, den die Eigenleistung im Bereich des Wissenschaftssystems besitzt, gilt, daß ihre Originalität vielleicht nicht restlos, aber doch in großen Teilen sozial erklärt werden kann. Kernstücke dieser Erklärung sind die wissenschaftliche Tradition (als Teil des "Milieus", in dem eine Theorievariante entsteht) und die wissenschaftliche Sozialisation, die die Aneignung der Tradition bezeichnet. Weitere Elemente sind (wie oben dargelegt) die individuellen Erfahrungen, biographischen Erlebnisse (z.B. mit dem "Problem"), die Nähe oder Ferne zum herrschenden Paradigma (auf allen Ebenen) sowie der Grad der Identifikation mit der Wissenschaftsgemeinschaft.

4. Die Selektion der einmal entstandenen und dann in jeder Generation zirkulierenden Theorievarianten (TOULMIN) findet in institutionalisierten wissenschaftlichen Zusammenhängen statt. Diese sind hierarchisch geordnet.

a) Die erste Ebene der wissenschaftlichen Institutionen umfaßt bestimmte Problembereiche; deren Struktur ist wenig festgelegt; diese kleineren Forschungsgruppen sind raschem Wandel unterworfen; die in ihren Zusammenhängen entstehenden Theorievarianten sterben häufig schon auf informellem Weg (Kritik der Kollegen beim Mittagessen); setzen sie sich aber durch, d.h. bildet sich um sie ein "network" (MULLINS), so haben sie die erste Selektionsstufe bestanden.

b) Ein "network" um eine neue Theorievariante besagt nicht, daß sie sich weiter entwickeln muß. Nach anfänglicher Anziehungskraft auf andere Wissenschaftler kann eine Theorievariante diese aus vielen Gründen wieder verlieren; entweder stirbt sie dann oder sie kann in einer ökologischen Nische noch eine Zeitlang überleben; setzt sie sich weiter durch, so bildet sich ein "cluster" um sie; in diesem Stadium arbeiten bereits mehrere Wissenschaftler an ihrer Fortentwicklung; es entstehen wissenschaftliche Werke von hoher Qualität. Entweder wird sie nunmehr zur "Leittheorie" der Elterndisziplin oder diese geht auf Distanz (MULLINS). In jedem Fall gibt es soziale Kämpfe um die Theorievariante, die diese weiterbestehen oder auch untergehen läßt.

c) Auf der dritten Ebene wissenschaftlicher Organisationen, die Selektionsfunktionen wahrnehmen, sind die Institutionen angesiedelt, die Spezialgebiete umfassen. hat sich eine Theorievariante auf der Ebene 3 durchgesetzt, erreicht sie auf der kognitiven, der institutionellen und der kommunikativen Ebene das Stadium der "Specialty". Die Theorievariante ist hier weniger angefochten als in den oberen zwei Stadien; die Kritik der Fachkollegen wird "normal"; sie berührt nicht mehr die Fundamente der Theorie, sondern nur noch die Details. Für die allermeisten Theorievarianten ist hier der Selektionsprozeß (vorläufig) beendet; nur Theorien, die sich ihrer Aussage nach für die Veränderung umfassenderer wissenschaftlicher Bereiche (Paradigmen) eignen, kommen überhaupt für die Durchsetzung auf höheren Ebenen in Frage. Für die meisten Theorievarianten beginnt nun die Aufnahme in die akademische Tradition; sie wird sowohl in Forschung und Lehre als auch in den allgemeinen Bestand wissenschaftlichen Wissens bzw. die "Theorieklassik" aufgenommen.

d) Wenige Theorievarianten berühren die Substanz der bis dahin geltenden "metaphysischen Paradigmata". Tun sie dies (das wird u.U. erst mit der Zeit sichtbar), entbrennen auf höherer kognitiver Ebene erneut Kämpfe um Bestand oder Nicht-Bestand der Variante. Diese Kämpfe können von sehr langer Dauer sein (so z.B. der um GALILEIs Entdeckung) und beträchtliche soziale Folgen haben. Auch die nichtwissenschaftliche Öffentlichkeit beteiligt sich hier. Stellt sich nach den innerhalb des Wissenschaftssystems geltenden Standards der "Wahrheit" die Richtigkeit der Theorievariante heraus, dann hat sie sich ein weiteres Mal und auch auf höherer Ebene durchgesetzt. Auch wenn nicht alle wissenschaftlichen Gemeinschaften sie anerkennen, sondern nur Mehrheiten bzw. erst die ältere Generation von Wissenschaftlern, die weder rational noch nicht-rational der Theorievariante folgen konnten, sterben muß, so ist sie dennoch anerkanntes Wissen einer Epoche, die (in diesem Falle) die Sichtweise eines Gegenstandes selbst verändert hat.

e) Akademien, Universitäten, Stiftungen und große, umfassende wissenschaftliche Gesellschaften sind diejenigen Institutionen, die die "allgemeinste Ebene kognitiver Orientierungskomplexe" (WEINGART) repräsentieren; diese bestehen aus den allgemeinsten Werten, die von allen bzw. den meisten Wissenschaftlern einer gegebenen historischen Epoche geteilt werden. Diese Werte besitzen den Charakter der Selbstverständlichkeit; verstößt eine Theorievariante gegen diese Werte, so wird ein sozialer Kampf zwischen Tradition und Neuerung die Folge sein. Berührt eine Theorievariante diese allgemeinsten Werte, so wird der Widerstand der Tradition geweckt: soziale Kämpfe sind die Folge. Je nach Durchsetzungsfähigkeit der Theorievariante wird sich auf höchster kognitiver und institutioneller Ebene etwas ändern oder nicht. Allerdings geschieht auf dieser Ebene nur sehr selten ein Wandel; aber jede Veränderung auf dieser Ebene hat Veränderungen auf den unteren Ebenen zur Folge, während sich auf den unteren Ebenen sehr viel verändern kann, ohne daß die oberen Ebenen berührt sein müssen.

Zu heuristischen Zwecken kann nun angenommen werden, die Entwicklung einer wissenschaftlichen Neuentdeckung verlaufe idealtypisch in 6 "Stadien": von der Entdeckung eines (gesellschaftlichen, wissenschaftlichen, sozialen) Problems bis zur Problemlösung; es ergäbe sich dann eine Reihe, die als Leitfaden für empirische Untersuchungen dienen könnte:

1. Gesellschaftliches (wissenschaftliches etc.) Problem,
2. Problemdefinition,
3. Problemrezeption,
4. Formulierung von Theorievarianten,
5. Selektion der Theorievarianten (möglicherweise von Stadium 1-6),
6. (vorläufige) Problemlösung.

Der idealtypische Verlauf der Entstehung, Entwicklung und Durchsetzung einer Theorievariante wird in folgendem Modell veranschaulicht:

Abb. 3: Die Entstehung, Entwicklung und Selektion von Theorievarianten I

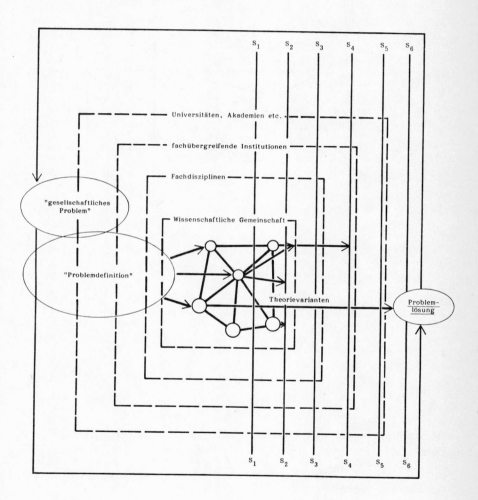

Abb. 4: Die Entstehung, Entwicklung und Selektion von Theorievarianten II

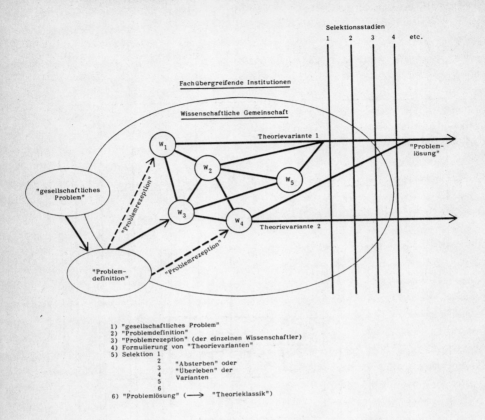

1) "gesellschaftliches Problem"
2) "Problemdefinition"
3) "Problemrezeption" (der einzelnen Wissenschaftler)
4) Formulierung von "Theorievarianten"
5) Selektion 1
             2
             3   "Absterben" oder
             4   "Überleben" der
             5   Varianten
             6
6) "Problemlösung" ($\longrightarrow$ "Theorieklassik")

Das hier entworfene Modell soll dem zweiten Teil dieser Arbeit als Leitfaden dienen. Erneut kann die Frage nach der Durchsetzung der Psychoanalyse gestellt und mit Hilfe des bis hierhin entwickelten Instrumentariums versuchsweise beantwortet werden.

Teil II

Die Entwicklung der Psychoanalyse zur wissenschaftlichen Disziplin

In den folgenden Kapiteln rekonstruiere ich den Weg der Psychoanalyse zur wissenschaftlichen Spezialdisziplin. Die oben formulierten Thesen und Modelle zur Wissenschaftsentwicklung dienen als Instrumentarium, das anhand der Entstehung, Entwicklung und Durchsetzung der (in ihrem Inhalt vorausgesetzten) Psychoanalyse getestet werden soll.

Nicht alle Hypothesen können untersucht werden; die Psychoanalyse weist auf ihrem Weg von einer "Einzelleistung" bis zur weltweit verbreiteten Schule Besonderheiten auf, die ihre Tauglichkeit als Testfall für eine Wissenschaftsentwicklungstheorie in Frage stellen könnte; in gewisser Weise gilt dies jedoch für jede Theorie. Bisher liegen so wenig Einzelstudien vor, daß man noch nicht von einem Regelfall einer wissenschaftlichen Entwicklung sprechen kann.

Als "Nebenprodukt" wird die vorliegende Studie einige Eigenarten der Psychoanalyse selbst klären helfen; sie wird ein kleiner Beitrag zu ihrer Geschichte sein und zu der Umstrittenheit der Psychoanalyse als Wissenschaft und Praxis eine soziologische Erklärung geben können. Schließlich kann sie Psychoanalytikern zur tieferen Reflexion ihrer Theorie eine Anregung geben.

In den folgenden Abschnitten wird zunächst (dem entwikkelten Bezugsrahmen gemäß) die gesellschaftliche Problemstellung untersucht, auf die die Psychoanalyse geantwortet hat. Im Anschluß daran werden die (unterschiedlichen) Problemdefinitionen und -rezeptionen der wissenschaftlichen Gemeinschaften der etablierten Medizin, Psychiatrie und Neurologie dargestellt; hierzu ist deren wissenschaftliche Tradition, d.h. hier, der erreichte Stand der genannten Disziplinen am Ende des 19. Jahrhunderts, zu referieren.

Im Anschluß daran ist zu zeigen, welche Wissenschaftler in welchen wissenschaftlichen Gemeinschaften sich einem ansatzweise gemeinsamen Paradigma einer Psychotheorie und Psychotherapie näherten – als Heraustreten aus der für diese Probleme bis dahin zuständigen somatischen Medizin, im engeren Sinne der Neurologie. Obwohl die FREUDsche Theorie im Zentrum des Interesses steht, sollen die gleichzeitig oder kurz zuvor entstandenen psychotheoretischen Theorievarianten skizziert werden.

Hieran anschließend wird die Theorievariante der Psychoanalyse in ihrer Entstehung, Entwicklung, ihren Rückschlägen und ihrer (vorläufigen) Durchsetzung dargestellt. Nach dem oben entwickelten Konzept ist dazu etwas weiter auszuholen und die Art der Problemrezeption FREUDs näher zu analysieren. FREUDs wissenschaftliche Sozialisation, seine Beteiligung an der wissenschaftlichen Gemeinschaft der Wiener und der französischen Neurologen (um CHARCOT) sowie sein zwar kurzer, aber ihn sehr stark beeinflussender Aufenthalt bei LIEBAULT in Nancy, bei dem er die Hypnose in praxi erlebte, gehen als Elemente in die von ihm formulierte Theorievariante ein.

Anschließend wird die (zu der Elterndisziplin in Distanz gehende) wissenschaftliche Gemeinschaft der frühen Psychoanalytiker analysiert. An ihr sind besonders gut die bei MULLINS als typisch beschriebenen Phänomene der "Einkapselung" wissenschaftlicher Gemeinschaften bei Nichtanerkennung durch die Elterndisziplin zu studieren. Auch der dogmatische Charakter, den eine Theorie bei Nichtanerkennung leicht annimmt, ist im Verlauf der Entwicklung der Psychoanalyse nachzuweisen. Ferner weist die Kommunikationsstruktur der frühen Psychoanalytiker einige Besonderheiten auf, die unter neuem Aspekt analysiert werden.

Die Untersuchung endet mit der (vorläufigen) Konsolidierungsphase: der Gründung eigener Zeitschriften, eigener Verlage und der Ausbreitung von Lehr- und Forschungsinstituten nicht nur im Ursprungsland Österreich, sondern in der ganzen Welt und vor allem in den USA.

Kapitel 4
Das gesellschaftliche Problem:
die »Nervösen«

Für die Anwendung des oben entworfenen Modells evolutionärer Wissenschaftsentwicklung ist es prinzipiell gleichgültig, ob ein Problem aus sozialen Gründen entsteht oder ob sich im Verlauf der Entwicklung von Wissenschaft bzw. im Verlauf der Entdeckung neuer Tatbestände neue Fragestellungen ergeben, die Aufforderungscharakter für Wissenschaft und Wissenschaftler gewinnen. Häufig wird man zwischen diesen Möglichkeiten auch keine scharfe Trennungslinie ziehen können; in letzter Instanz löst jede wissenschaftliche Antwort mittelbar oder unmittelbar auch ein gesellschaftliches Problem.

Die Ausgangsthese lautet, daß die Entstehung der unterschiedlichen theoretischen Schulen der Psychotherapie die wissenschaftliche (und auch praktische) Antwort auf ein bis dahin ungelöstes soziales Problem darstellt: das der in großer Anzahl auftretenden "Nervösen".

Die nächsten Abschnitte sollen

1. dieses Problem darstellen;
2. die wichtigsten gesellschaftlichen Ursachen für dieses Problem benennen;
3. durch die Skizzierung der wissenschaftlichen Vorgeschichte der Theorie der Psychotherapie plausibilisieren, daß und warum es gegen Mitte bis Ende des 19. Jhdts. noch keine Lösung für die nervösen Erkrankungen gab.

1. Skizzierung des Problems

Sogenannte "Nervöse" gab es schon immer; ihr Erscheinungsbild war (und ist) jedoch zu verschiedenen Zeiten ebenso wie der Anteil der Schichten und Klassen am Hauptkontingent der neurotisch Erkrankten unterschiedlich. Zweifellos ist dies in mehrfacher Hinsicht ein Hinweis auf die gesellschaftliche Mitbedingtheit der Neurosen: im Hinblick auf die Ausprägung spezifischer Erscheinungsbilder von Neurosen (53); im Hinblick auf die Anzahl neurotisch Gestörter; im Hinblick auf die spezifischen Inhalte, die von neurotisch Gestörten produziert werden und schließlich im Hinblick auf ihr massenhaftes oder eher seltenes Auftreten.

So ist uns z.B. das bunte Bild der Hysterie - Paradigma für neurotische Erkrankungen - spätestens seit Hippokrates überliefert. Die Vielgestaltigkeit ihrer Formen, ihre auffallenden Symptombildungen, (Lähmungen, Kontrakturen, Blindheit, Sprachverlust, Dämmerzustände etc.), ihr von Zeit zu Zeit massenhaftes Auftreten (insbesondere bei Frauen, denen die Krankheit ihren Namen verdankt, der bekanntlich von "Gebärmutter" abgeleitet ist) und ihre scheinbare Unausrottbarkeit machten sie berühmt-berüchtigt. Die Benennung der Ursachen dieser Erkrankung schwankte im Verlauf der Jahrhunderte von "Auf- und Abwandern der Gebärmutter im Körper der Frau" über "Besessenheit vom Teufel" und "Einbildung" bis zur Diagnose "hereditäre Belastung der Nerven".

Gegen Mitte bis Ende des 19. Jhdts. stieg in den Metropolen Europas die Zahl der an Hysterie Erkrankten sprunghaft an (ELLENBERGER 1973, S. 209f.).(54) Nicht nur die Hysterie nahm zu, sie war nur die auffallendste, weil sich am dramatischsten gebärdende Neurose. Auch andere neurotische Erkrankungen, zunächst zusammengefaßt unter dem Namen "Neurasthenie", zeigten sich gehäuft in den Sprechstunden der Neurologen und praktischen Ärzte. "Melancholie", "Hypochondrie", "Nervenwallungen", "reizbare Schwäche", "Neuropathia cerebro cardiaca", "Nervosität" etc. waren ältere Namen, die der Reihe nach oder auch nebeneinander die unverstandenen Zustände der Kranken bezeichnen sollten (DUBOIS 1920, S. 33). Daß man nicht wußte, wie man diese Kranken einschätzen, ihre trotz des Nicht-Auffindens einer organischen Ursache unübersehbaren tatsächlichen Leiden heilen sollte, zeigen zwei typische Schilderungen Berufener; so schreibt FREUD in seiner "Selbstdarstellung": "Mein therapeutisches Arsenal umfaßte nur zwei Waffen, die Elektrotherapie und die Hypnose ... (es) verschwand in der Stadtpraxis des Privatarztes die geringe Anzahl der an ihnen (den organischen Nervenkrankheiten, S.T.) Leidenden gegen die Menge der Nervösen, die sich überdies dadurch vervielfältigten, daß sie unerlöst von einem Arzt zum anderen liefen." (GW XIV, S. 39f.)

DUBOIS schreibt, indem er die unzureichende Ausbildung junger Ärzte in der Fähigkeit, Neurosen zu diagnostizieren, beklagt: "Aber ach! Nur zu schnell wird er inne (der junge

Arzt, S.T.), daß man von ihm gar nicht so häufig eine elegant ausgeführte Operation oder einen kunstgerecht angelegten Verband begehrt, daß seine Rezepte nur einen bescheidenen Bruchteil seiner Klienten befriedigen, während er sich angesichts der Nervenkranken, welche bald sein Sprechzimmer füllen, wie ein Wehrloser vorkommt. Was nun? ... Nachdem er mit halbem Ohre die Klagelieder seiner Patienten angehört, untersucht er sie und konstatiert mit Leichtigkeit die Unversehrtheit aller Körperorgane. Nun zieht er sein Notizbuch hervor und verordnet: 'Kalium bromatum'. Bei der nächsten Konsultation heißt es: 'Natrium bromatum' oder 'Wechsel des Sirups'. Endlich - o göttlicher Einfall! - nimmt man in der Verzweiflung seine Zuflucht zu dem Dreigestirn der kombinierten Bromsalze. Der ungeheilte Patient wird sich nun wohl in seiner Entmutigung an irgend einen anderen Arzt wenden; dieser wird, von der ihm erwiesenen Ehre entzückt, das mündliche Examen noch länger ausdehnen, die Untersuchung noch geduldiger vornehmen und die schwere Stirn in die Hand gestützt, ernsthaft überlegen. Wollen wir wetten, daß er zuletzt Brom oder gar Natrium verschreiben wird? Viele von uns haben die eben erwähnten Tatsachen in ihrer eigenen Praxis erleben können und sich dabei, wie ich, allen Ernstes fragen müssen: Gibt es denn wirklich nichts Besseres zu tun?" (1910, S. 33) (55)

Auffallend wie der Anstieg der Neurotiker war die hohe Selbstmordrate in den europäischen Ländern.(56) So suizidierten sich in Wien zwischen 1860 und 1920 zahlreiche Intellektuelle (JOHNSTON 1974, S. 184ff.). Sie waren nur die Spitze des Eisbergs: von zahllosen anderen kennt man nicht die Namen. Unter den Prominenten hat sich nicht nur der Sohn Kaiser Franz Josephs 1889 unter bis heute noch nicht völlig geklärten Umständen in Mayerling das Leben genommen (ANDICS 1974, S. 232ff.), sondern auch bekannte Schriftsteller und Künstler wie Adalbert STIFTER (1868), Ferdinand von SAAR (1906), Ferdinand RAIMUND (1836), bewunderte Wissenschaftler wie Ludwig BOLTZMANN (1906), Ludwig GUMPLOWICZ (1909), der sich zusammen mit seiner Frau vergiftete, nachdem sein Sohn Maximilian Ernst bereits 1897 Selbstmord begangen hatte. Der Erbauer des Opernhauses in Wien, Eduard von der NÜLL, erhängte sich; der Erfinder Franz von UCHATIUS (der eine Bronze-Stahl-Legierung herstellte) brachte sich ebenfalls um. Auch ein Freund Sigmund FREUDs erhängte sich: Nathan WEISS, ein jüdischer Neurologe (1883); der Dichter Alfred MEISSNER suizidierte sich im Jahre 1885, der Kunsthistoriker Moritz THAUSING

1884. Auch der ungarische Dichter und Literaturkritiker Jenö PETERFY starb auf diese Weise. 1900 erschoß sich Otto WEININGER im Sterbehaus BEETHOVENs. 1908 nahm sich der Maler Richard GERSTL das Leben, 1910 der Chemiker Max STEINER, 1914 der Dichter Georg TRAKL.

Um 1900 unternahmen drei junge Männer, die später zu Ruhm gelangten, einen Selbstmordversuch: Alfred KUBIN, Alban BERG und Hugo WOLF.

Selbstmorde unter Gymnasiasten waren so häufig, daß die Wiener psychoanalytische Vereinigung unter der Leitung Alfred ADLERs im Jahre 1910 ein eigenes Symposion zu dieser Thematik veranstaltete. Aber auch in den Reihen der Psychoanalytiker gab es Selbstmorde: 1919 suizidierte sich Victor TAUSK, ein Freund Lou ANDREAS-SALOMEs, die in ihrem Tagebuch bekennt, daß sie bei ihm einen Selbstmord nie für möglich gehalten habe.(57)

1923 starb Herbert SILBERER. Auffällig ist auch, daß einige Kinder berühmter Väter Selbstmord begingen: so der Sohn GUMPLOWICZs, der Sohn Ernst MACHs, die Tochter Arthur SCHNITZLERs, der Sohn Hugo von HOFMANNSTHALs (JOHNSTON 1974, S. 186).

Eine hohe Selbstmordrate ist ein Indikator für eine neurotisierte Gesellschaft.(58) Mitte bis Ende des 19. Jhdts. waren die Suizidgefährdeten, die "Nervösen", die seelisch Gestörten so zahlreich und vor allem so "sichtbar" geworden, daß das Problem nicht mehr zu leugnen war.

2. Gesellschaftliche Ursachen für die Zunahme der "Nervösen" in der zweiten Hälfte des 19. Jhdts.

"Bis jetzt muß man es für möglich halten, daß das in neuester Zeit fast überall bemerkte, stete Wachsthum der Irrenzahl nur ein scheinbares sei, daß es von der vergrößerten Bevölkerung, von der viel größeren Aufmerksamkeit auf die Geisteskrankheiten, von der exakteren Ermittlung sowie von dem Umstande herrühre, daß alle Verbesserungen des Anstaltswesens die Lebensdauer der Irren verlängere, deshalb die Todesfälle weit durch die Aufnahmen in die Anstalten überwogen werden und so die Irren sich anhäufen. Es ist, wie gesagt, möglich, daß es sich so verhält, aber es ist sehr wenig wahrscheinlich; auch ich möchte mich viel mehr der Meinung der meisten heutigen Irrenärzte anschliessen, daß die Zunahme der Geisteskrankheiten in neuerer Zeit eine wirkliche sei und daß sie mit den Verhältnissen der modernen Gesellschaft zusammenhinge ..." (GRIESINGER 1964, S. 142).

Was der Psychiater GRIESINGER (1817-1868) für die sogenannten "Geisteskrankheiten" feststellte, galt auch für die als "Nervenkrankheiten" bezeichneten Neurosen; zwar ist eine Zunahme mangels Zahlenmaterial nicht objektivierbar, aber die Zeugnisse der Zeitgenossen sprechen eine deutliche Sprache (DÖRNER 1975).

Die Ursachen sind komplex und bedürften zu ihrer Aufklärung einer eigenen gründlichen Untersuchung. Die sichtbare Zunahme "nervöser" Erkrankungen ist ein in den europäischen Ländern allgemein verbreitetes Phänomen gewesen, so daß zu ihrer Erklärung vor allem die in diesen Ländern gemeinsamen politischen, sozialen und familiären Bedingungen herangezogen werden müssen.

2.1. Sozioökonomische Faktoren

Die Einschätzungen des späten 19. Jhdts. durch Historiker, Soziologen und Literaten sind widersprüchlich: während viele Historiker (auch Historiker der Therapieforschung) das "viktorianische Zeitalter" in England, aber auch in den übrigen europäischen Ländern als eine Zeit des subjektiven Wohlergehens, der Siegesgewißheit (vor allem bezüglich der Eroberung der Welt durch die "weiße Rasse"), des unerschütterlichen Glaubens an die Stabilität der bestehenden Ordnung darstellen (ELLENBERGER 1973, JOHNSTON 1974, ANDICS 1974, JAEGER 1956), liefern Soziologen ein eher düsteres Bild von "Anomie" (DURKHEIM 1897), der Bedrohung einer bis dahin bestehenden Ordnung und des Zerfalls traditionalistischer Mächte (COMTE 1842). Die sensibelsten Diagnostiker der Zeit waren wohl die Dichter: die Literatur des späten 19. Jhdts. kann nicht als optimistisch beschrieben werden. In der Schilderung persönlicher Schicksale wird häufig der objektive Zustand der Zeit deutlich. Vielleicht läßt sich der Widerspruch auflösen, wenn man die in Frage stehende Zeit als eine der starken Fassade und der dahinter verborgenen Brüchigkeit der Verhältnisse beschreibt. Das späte 19. Jhdt. war eine Epoche des (noch) andauernden nationalen Aufstiegs, der Eroberung der Kolonialländer, der Stimmung des Sieges angesichts der Vereinnahmung der gesamten Erde. Dies galt am meisten für England, am wenigsten für Deutschland, da zur Zeit der Einigung durch BISMARCK die Welt bereits aufgeteilt war. Österreich-Ungarn war in der Welt der europäischen Nationalstaaten ein Kuriosum: als "Vielvölkerstaat" stand es in dieser Form einzig da. Dementsprechend rührten sich auch in allen Enden des Habsburgerreiches die Völker im Kampf um ihre nationale Unabhängigkeit (LEHMANN/LEHMANN 1973, KANN 1962, 1964, 1977, TAPIE 1975). Diese Entwicklung der Nationalstaaten war begleitet von einer ungeheuren sozialen und ökonomischen Umstrukturierung, die lange zuvor begonnen hatte und Ende des 19. Jhdts. in ihrer Entfaltung gut zu beobachten war.

Dazu gehört vor allem der gewaltige industrielle Aufschwung, der die Landbevölkerung in die Städte getrieben, die Klasse des Proletariats geschaffen und den Nationen die Ansammlung zuvor unbekannter Reichtümer gebracht hatte. Die Großbourgeoisie war der Nutznießer dieser Entwicklung; sie hatte sich zu Ende des 19. Jhdts. weitgehend konsolidiert und erntete die Früchte ihrer Arbeit: sie dominierte nunmehr in allen wirtschaftlichen, kulturellen und auch wissenschaftlichen Bereichen (vgl. auch TÖMMEL 1976).

Das Proletariat versuchte, der Bourgeoisie die gegen den Adel errungene Position streitig zu machen. Mächtige Arbeiterorganisationen entstanden, die teilweise ihre Forderungen durchsetzen konnten. Die Unruhe der Arbeiter bestimmte in vieler Hinsicht den Wandel des Bürgertums von einer fortschrittlichen, aufgeschlossenen zu einer tendenziell konservativen, in Verteidigungsstellung gehenden Macht; der Adel, wenngleich seit einigen Jahrhunderten bereits seiner herrschenden Stellung beraubt, genoß dennoch großes Ansehen und konnte sich vielerorts den gewandelten Verhältnissen anpassen; insbesondere in Österreich-Ungarn behielt er sogar bis zum Beginn des Ersten Weltkrieges auch wirtschaftlich die meisten beherrschenden Positionen; mehr noch galt dies für die Stellungen in der Regierung und hohen Verwaltung.(59)

Für die Bauernschaft, deren Verhältnisse sich zwar etwas gebessert hatten, galt dennoch seit Jahrzehnten, daß ihre Lebensbedingungen so drückend waren, daß viele die Landflucht und das massenhafte Einströmen in die großen Städte bevorzugten. Bauern und Arbeiter bildeten aber nicht die Klientel der Neurologen: diese setzte sich vor allem aus bürgerlichen Frauen und Männern zusammen. Zwar gibt es eine schöne Schilderung von FREUD, die eine Heilung eines Bauernmädchens beschreibt; diese soll viel schneller und auch viel unproblematischer vonstatten gegangen sein als die bürgerlicher Patienten. Allerdings ist diese Geschichte im FREUDschen Werk ziemlich einzigartig (GW I, S. 184-195).

Beim Studium unterschiedlicher Gesellschaften drängt sich der Eindruck auf, daß gesellschaftlicher Reichtum häufig mit psychischem Elend bezahlt zu werden scheint; jedenfalls korreliert individuelles Glück kaum mit der "Höherentwicklung" von Gesellschaften. Hierfür bieten sich Erklärungen an: Zeiten allgemeiner Prosperität erlauben dem einzelnen, von existentiellen Fragen abzusehen und sich der eigenen individuellen Person zuzuwenden. Unter diesem Aspekt wäre die Zunahme nervöser Störungen das (eher luxuriöse) Gewahrwerden eigenen Leidens auf dem Hintergrund gestiegener Ansprüche. Ein wesentlicher Grund für die Zunahme neurotischer Erkrankungen liegt aber eher in der Kehrseite des Ansammelns von Reichtümern durch die Eroberung von Kolonien und des Wirtschaftswachstums aufgrund ständig wachsender technischer Möglichkeiten. Diese "Kehrseite" kann als die Veränderung des "Normalitätsspielraumes" bezeichnet werden; damit ist derjenige Bereich gemeint, innerhalb dessen Menschen in der kapitalistisch und industriell durchorganisierten Wirtschaftswelt noch als leistungs- und anpassungsfähig, den gestiegenen Anforderungen gewachsen, kurz, als noch "normal" gelten.

Der gesellschaftliche Normalitätsspielraum ist von der Organisation der durchschnittlich erforderten Arbeit abhängig; Alte und Kranke, die auf einem Bauernhof durchaus kleinere und nützliche Arbeiten zu erledigen imstande sind, werden unter den Lebensbedingungen der Städte, z.B. für an strenge Zeiteinteilung gebundene und von Maschinen vorgeschriebene Arbeiten, unbrauchbar. Der Verkehr in den Großstädten ist für "Geisteskranke" buchstäblich mörderisch, während unter agrarischen Verhältnissen dieselbe Störung nicht sichtbar zu sein braucht. Die bürgerlich-expandierende Industriegesellschaft des 19. Jhdts. stellte ständig größere Ansprüche an präzise funktionierende Anpassungsbereitschaften; sie konnte "qua System" nicht tolerieren, wenn jemand in Büro und Fabrik diese Anpassung nicht zu leisten imstande war. Damit wurden die natürlichen Grenzen menschlicher Formbarkeit überhaupt sichtbar: am deutlichsten in der Klasse des Proletariats, das nicht "nervös" reagierte, sondern einfach schwer krank wurde und eine niedrige Lebenserwartung hatte (vgl. dazu z.B. KUCZYNSKI 1963). Es ist bekannt, daß die frühen Reformen in den Fabriken vor allem deshalb zustande kamen, weil die Arbeitskraft des Proletariats sonst überhaupt verloren gegangen wäre.

So schreibt auch DÖRNER, daß gegen die Mitte des 19. Jhdts. mit dem Psychiater GRIESINGER eine nahezu "imperialistische Expansion des Gegenstandsbereiches der Psychiatrie" eingeleitet worden sei (60): "Einerseits in die Richtung der (nicht geisteskranken) somatischen Hirn- und Nervenkrankheiten, andererseits - noch folgenschwerer - in die Richtung der Gesellschaft überhaupt, das heißt, jener zahllosen Individuen, deren 'Unvernunft' bisher gar nicht sichtbar werden konnte, da sie nie in die Anstalt kommen, die vielmehr ihr Leiden an der Gesellschaft vor ihr verbergen, in sich einschließen, die aber nun zunehmend dem erbarmungslosen, diagnostischen Kontrollorgan des Wirtschaftsliberalismus, dem Leistungszwang, als Schwache auffallen und daher wenigstens sich dem frei praktizierenden Nervenarzt oder dem klinischen Psychiater gegenüber auszusprechen beginnen, das heißt, das Heer der 'reizbar Schwachen', der 'Abnormen', der 'sexuell Perversen', der Psychopathen, Zwangskranken, Neurotiker, also der Bereich, in dem die Grenze zwischen abnorm und normal zu verschwinden droht." (DÖRNER 1975, S. 316f.)

GRIESINGER selbst sah die Gründe für die Zunahme der Erkrankungen eher in einer Art Überforderungssyndrom: "Die Steigerung der Industrie, der Künste und Wissenschaften setzt auch eine allgemeine Steigerung der cerebralen Thätigkeiten voraus; die immer weitere Entfernung von einfachen Sitten, die Verbreitung der feineren, geistigen und leiblichen Genüsse bringt früher unbekannte Neigungen und Leidenschaften mit sich; die allgemeine liberale Erziehung weckt unter der Masse einen höherstrebenden Ehrgeiz, den nur die wenigsten befriedigen können, die den meisten bittere Enttäuschungen bringt; industrielle, politische und soziale Schwindeleien wirken erschütternd auf die Einzelnen wie auf das Ganze." (1964, S. 143)

Festzuhalten bleibt, daß der Normalitätsspielraum im 19. Jhdt. immer enger wurde (61) und damit zahlreiche Bürger "nervös" reagierten, deren Empfindlichkeit oder Anfälligkeit für Störungen unter weniger restriktiven Umständen nicht aufgefallen oder gar nicht erst zum Ausbruch gekommen wäre. Dies gilt vor allem für die zahlreichen an "Neurasthenie" erkrankten Männer. Die Klientel der Frauen verdankt ihre Neigung zur Hysterie eher den Bedingungen in der bürgerlichen Familie.

2.2. Die bürgerliche Familie und die Rolle der Frau

Das Europa des ausgehenden 19. Jhdts. gilt den Historikern (hier herrscht Einigkeit) zwar als fruchtbar und aufgeschlossen in Musik und Kunst, Wissenschaft und Technik, Dichtung und Philosophie, aber extrem prüde und konservativ in den Sitten und Bräuchen sowohl öffentlich-kommunikativer als auch familialer Art (JOHNSTON 1974, ELLENBERGER 1973, ANDICS 1974). Insbesondere die Sexualmoral war sehr restriktiv und wirkte sich auf die Entstehung nervöser Störungen fördernd aus.

Über die bürgerliche Familie gibt es eine vergleichsweise reiche Literatur; angefangen von ENGELS' frühem Werk "Über den Ursprung der Familie, des Privateigentums und des Staates" (1884) bis zu heutigen feministischen Analysen, die die Anfänge der derzeit noch bestehenden Benachteiligung der Frauen in das 19. Jhdt. verlegen (WEBER-KELLERMANN 1978, MENSCHIK 1972, PROKOP 1976).

Die bürgerliche Familie befand sich (wie die gesamte europäische Gesellschaft) in einem Prozeß der Umstrukturierung. Sie entwickelte sich langsam von einer Großfamilie zur Zwei-Generationenfamilie; auf der Basis außerhäuslicher Berufstätigkeit des Mannes und der Haushaltsführung der Frau wurde in den Städten die Tätigkeit der Männer für die Kinder unsichtbar und damit fremd; gleichzeitig schuf die Industrialisierung durch die Bereitstellung von Produkten, die ehemals von der Hausfrau in eigener Tätigkeit hergestellt wurden, ein Vakuum: die Beschäftigung der Hausfrau verlor an Bedeutung, mehrere Familienmitglieder weiblichen Geschlechts waren kaum für eine Haushaltsführung notwendig.

Damit verloren unverheiratete weibliche Familienangehörige - für die Großfamilie von Nutzen - an Bedeutung; da die Ausübung eines Berufes aus "Schicklichkeitsgründen" unterbleiben mußte, saßen die Frauen nun häufig ohne Einkommen und ohne Tätigkeit buchstäblich herum und warteten, bis sich vielleicht doch noch ein Ehemann einfinden würde.

Auf der Basis strenger Arbeitsteilung herrschte strenge Geschlechtertrennung; dem Mann war nicht nur die Ausübung eines Berufes erlaubt, er mußte den Familienunterhalt verdienen; häufig auch für unverheiratete Verwandte, für Mütter, Tanten und andere Unversorgte, z.B. Alte und Kranke. Die Frauen hingegen hatten im Hause zu bleiben, auch wenn dies objektiv absurd war; weder Armut noch Interesse an einer Berufstätigkeit von seiten einiger aufbegehrender Frauen konnte zunächst an dieser Norm etwas ändern.

ELLENBERGER schreibt, daß das 19. Jhdt. "eine vom Mann für den Mann gestaltete Welt (war), in der die Frau an zweiter Stelle stand. Politische Rechte für Frauen gab es nirgends. Die Trennung und Verschiedenheit der Geschlechter war schärfer als heute ... Büroangestellte einschließlich der Sekretäre waren Männer. Die Universitäten ließen keine weiblichen Studenten zu" (1973, S. 351).

Stefan ZWEIG schildert uns die Mode der Zeit, wobei er anmerkt, diese zeige immer auch die Moral einer bestimmten Epoche; er nennt deren Träger "sonderbare Gestalten von gestern ... unnatürlich, unbequem, unhygienisch, unpraktisch kostümierte Narren; sogar uns, die wir unsere Mütter, Tanten und Freundinnen in diesen absurden Roben noch gekannt haben, die wir selbst in unserer Knabenzeit ebenso gewandet gingen, scheint es gespenstischer Traum, daß eine ganze Generation sich widerspruchslos einer solch stupiden Tracht unterwerfen konnte. Schon die Männermode der hohen steifen Kragen, der 'Vatermörder', die jede lockere Bewegung unmöglich machten, der schwarzen, schweifwedelnden Bratenröcke und der an Ofenröhren erinnernden Zylinderhüte fordert zur Heiterkeit heraus, aber wie erst die "Dame" von einst in ihrer mühseligen und gewaltsamen, ihrer in jeder Einzelheit die Natur vergewaltigenden Aufmachung! In der Mitte des Körpers wie eine Wespe abgeschnürt, durch ein Korsett aus hartem Fischbein, den Unterkörper wiederum weit aufgebauscht zu einer riesigen Glocke, den Hals hoch verschlossen bis an das Kinn, die Füße bedeckt bis hart an die Zehen, das Haar mit unzähligen Löckchen und Schnecken und Flechten aufgetürmt, unter einem majestätisch schwankenden Hutungetüm, die Hände selbst im heißesten Sommer in Handschuhe gestülpt, wirkt dies heute (62) längst historische Wesen 'Dame' trotz des Parfüms, das seine Nähe umwölkte, trotz des Schmucks, mit dem es beladen war, und der kostbaren Spitzen, der Rüschen und Behänge, als ein unseliges Wesen von bedauernswerter Hilflosigkeit. Auf den ersten Blick wird man gewahr, daß eine Frau, einmal in eine solche Toilette verpanzert wie ein Ritter in seine Rüstung, nicht mehr frei, schwunghaft und grazil sich bewegen konnte, daß jede Bewegung, jede Geste und in weiterer Auswirkung ihr ganzes Gehabe in solchem Kostüm künstlich, unnatürlich, widernatürlich werden mußte ... aber dieser Unsinn hatte seinen geheimen Sinn. Die Körperlinie einer Frau sollte durch solche Manipulationen so völlig verheimlicht werden, daß selbst der Bräutigam beim Hochzeitsmahl nicht im entferntesten ahnen konnte, ob seine künftige Lebensgefährtin gerade oder krumm gewachsen war, füllig oder mager, kurzbeinig oder langbeinig; diese 'moralische' Zeit betrachtete es auch keineswegs als unerlaubt, zum Zwecke der Täuschung und zur Anpassung an das allgemeine Schönheitsideal künstliche Verstärkungen des Haars, des Busens oder anderer Körperteile vorzunehmen

... im Grund diente die Mode ... doch nur gehorsam der allgemeinen Moraltendenz der Zeit, deren Hauptsorge das Verdecken und Verstecken war" (1942, S. 74f.).

Die Mode war nur Ausdruck tieferer Verhaltensanforderungen an die Geschlechter: sie betonte die Polarität beider Rollen, aber sie war sie noch nicht selbst; im Verhalten, der Mimik und Gestik von Männern und Frauen wurde sie noch deutlicher: der Mann hatte forsch, ritterlich und aggressiv, die Frau scheu, schüchtern und defensiv, "Jäger und Beute, statt gleich und gleich zu sein" (ZWEIG 1942, S. 76). Im Wien des Kaiserreiches galten so strenge Vorschriften, wurde die Prüderie, damit auch die unausgesetzte Beschäftigung mit dem, womit man sich eigentlich nicht beschäftigen durfte, so weit getrieben, daß eine Dame den Ausdruck "Hose" nicht in den Mund nehmen durfte, sondern "wenn sie schon der Existenz eines so sinnengefährlichen Objektes wie einer Männerhose überhaupt Erwähnung tat, dafür das unschuldige 'Beinkleid' oder die eigens erfundene ausweichende Bezeichnung 'die Unaussprechlichen' wählen mußte" (ebd.). Alles, was entfernt daran erinnerte, daß die Frau einen Körper hatte, sollte vergessen werden: Bäder wurden in langen Gewändern genommen und am Strand wurden schwerfällige Kleidhöschen getragen.

Zu diesen Anforderungen an die Unkörperlichkeit und die "Heiligkeit" der Frau stand in Gegensatz, daß Schüler und Studenten ihren Lehrern und Professoren in den engen Gassen Wiens begegneten, in denen Hunderte von Frauen "ebenso leicht zu erwerben wie Zigaretten oder Zeitungen" (ZWEIG) in Schaufenstern sich feilboten. Die Verlogenheit der Moral war überall sichtbar: erwachsene Männer und die als "wertlos" verachteten Frauen, denen darob auch der "Weg ins Spital" sicher war, durften darum wissen. Anständige Frauen jedoch hatten die Naive zu spielen.

Die Harmonie zwischen den Geschlechtern herzustellen, war Aufgabe der Frauen, während die Männer eher deren Nutznießer waren. Die männliche Rolle war nicht unbedingt beneidenswert: die Bürde der Bereitstellung des Familienunterhaltes, die Last, auch in schweren Zeiten den Anforderungen an ein Familienoberhaupt gewachsen zu sein, die meist notwendige Unterstützung - außer der Ernährung der eigenen Familie - von Müttern, Tanten, unverheirateten Schwestern sowie Schwägerinnen und anderen Verwandten mag nicht eben leicht gewesen sein. Aber insgesamt hatte die Frau unter den Zwängen der bürgerlichen Einschränkung wohl mehr zu leiden als der Mann.

Intellektuelle Ausbildung für die Frau war ebenfalls unschicklich. JOHNSTON schreibt: "Man vertrat allen Ernstes die Ansicht, daß das Studium ein Mädchen kahlköpfig machen und ihre Figur verderben könnte." (1974, S. 166) Frauen waren an Universitäten nicht zugelassen: dies änderte sich bekanntlich erst im Jahre 1895; auch dann waren sie mehr geduldet als erwünscht. Noch 1907 stritten sich die verhältnismäßig fortschrittlichen Männer der psychoanalytischen Vereinigung (im Rahmen der "Mittwochgesellschaft"), ob man weibliche Ärzte zulassen könne. Immerhin war FREUD der Auffassung, daß dies möglich sei (NUNBERG/FEDERN, I, S. 182ff.).

Zu diesen Einschränkungen für die Frauen des Bürgertums kam ein weitverbreiteter Frauenhaß: der bereits erwähnte Otto WEININGER ist zwar ein extremes Beispiel für Misogynie, aber nicht das einzige. In seinem mit 22 Jahren verfaßten Werk, das ihn über Nacht berühmt machte (1903), schreibt er der Frau alle Eigenschaften zu, die er (höchstwahrscheinlich an sich selbst) haßte: die Frau sei identisch mit Sexualität, sie habe nur die Wahl zwischen Mutterschaft und Prostitution, sei "Judith" und "Salome" in einem. Ein Ego gehe ihr ab, sie sei von Geburt an inferior, dem Mann bleibe nichts übrig, als sich zu entziehen und die Fortpflanzung einzustellen. Daß sich WEININGER mit 23 Jahren suizidierte, mag ein Hinweis auf eine umfassendere Störung als nur seinen Frauenhaß sein; aber daß er mit diesem Buch, seiner Dissertation, berühmt wurde und daß dieses bis weit in die Mitte des 20. Jahrhunderts immer wieder Neuauflagen erlebte, hat mit der allgemeinen Verbreitung des Frauenhasses zu tun. Er war keineswegs der einzige, der diese Auffassung vertrat: zum Beispiel fielen Dr. MÖBIUS aus Deutschland Gemeinsamkeiten mit seinem Oeuvre "Über den physiologischen Schwachsinn des Weibes" auf; er behauptete folgerichtig, WEININGER habe sein 1900 verfaßtes Werk plagiiert (MÖBIUS 1900, FLIESS 1906).

Erst langsam entwickelte sich die Frauenbewegung: die bürgerliche um Rosa MAYEREDER und die proletarische innerhalb der sozialdemokratischen Partei um Victor ADLER; zweifellos hinkte in Wien und in der insgesamt traditionalistischer strukturierten Donaumonarchie die Entwicklung der Frauenemanzipation hinter Ländern wie England und auch Deutschland her. Der junge FREUD übersetzte einige Aufsätze von John Stuart MILL, u.a. auch welche, die dessen Frau unter MILLs Namen verfaßt hatte. Im Verlaufe dieser Arbeit äußerte er sich nicht eben lobend über MILLs Einstellung zu Frauen. Nachdem er einige Fähigkeiten MILLs positiv beurteilt hatte, fährt er fort: "Dafür ... fehlt ihm (John Stuart MILL) der Sinn für das Absurde in manchen Punkten, so zum Beispiel in der Frage der Frauenemanzipation und in der Frauenfrage überhaupt ... Möglich, daß eine veränderte Erziehung all die zarten, des Schutzes bedürftigen und so siegreichen Eigenschaften der Frau unterdrücken kann, so daß sie wie die Männer ums Brot werben können. Möglich auch, daß es nicht berechtigt ist, in diesem Fall den Untergang des Reizendsten, was die Welt uns bietet, unseres Ideals vom Weibe zu betrauern; ... aber die Stellung der Frau wird keine andere sein können als sie ist, in jungen Jahren ein angebetetes Liebchen und in reiferen ein geliebtes Weib." (Sigmund FREUD an Martha BERNAYS, 15. November 1883, zit. nach JONES I., S. 213)

JONES schreibt, das FREUD einer Frau alles verzeihen konnte, wenn sie nur die "weiblichen Haupttugenden" besaß. Er habe einmal eine Frau kennengelernt, die "sehr affektiert und unintelligent daherredete" (JONES); aber FREUD habe sie gegen Angriffe eines Freundes verteidigt: "Wenn eine Frau orthographisch, sozusagen, fühlt, gleichgültig dann, ob sie orthographisch schreibt und spricht" (S. FREUD an Martha BERNAYS, 3. November 1883, zit. nach JONES I., S. 213).

FREUD besaß die Ritterlichkeit und Galanterie gegenüber Frauen, die anderen Intellektuellen und auch weniger geistvollen Männern der Zeit abging; aber abgesehen von den guten Manieren und der "Nachsicht", die man mit Frauen deshalb haben müsse, weil die Natur ihnen die schwere Aufgabe der Fortpflanzung auferlegt habe, teilte FREUD im großen und ganzen die Auffassung seiner Zeitgenossen (vgl. auch SCHÜLEIN 1978).

Zusammenfassend läßt sich sagen, daß beide Geschlechter, Männer und Frauen, eine Verzerrung ihrer Entwicklung erlebten, die Polaritäten schuf, damit vielleicht auch ab und an besonderen erotischen Genuß, insgesamt aber Mißverständnisse zwischen den Geschlechtern, häufig sexuelles Elend, eine groteske Unterschätzung der Frauen und eine Einengung ihrer Möglichkeiten bedeutete.

Daß hieraus seelische und körperliche, geistige und sittliche Tragödien erwuchsen, beweist nicht nur die zeitgenössische Belletristik. In der Einleitung wurde bereits darauf hingewiesen, daß man das 19. Jhdt. als das "Zeitalter des bürgerlichen Familiendramas" bezeichnen könne. Die zeitgenössische französische, russische, österreichische und englische Literatur ist angefüllt mit erschütternden Frauenschicksalen, deren Kern die Schwierigkeit weiblicher Entfaltung innerhalb von Familie und Ehe darstellt. So bei IBSEN und STRINDBERG, bei SCHNITZLER, MAURIAC, BALZAC und FLAUBERT. Das Unverständnis der Geschlechter füreinander ist ein strukturelles: die Welten beider sind zu verschieden, als daß sich Gemeinsamkeiten ergeben könnten. Dies wirkte sich nicht nur sexuell aus (wobei in dem sexuellen Unbefriedigtsein der Frauen, das sich entweder darin ausdrückte, daß eine erfahrene Frau sich Geliebte suchte, aber sowohl an den sozialen Ächtungen wie auch an der Verachtung des Geliebten selbst scheitert – so z.B. Madame Bovary –, oder daß sie sich resignativ in ihr Schicksal fügt, dabei aber krank wird – so viele Gestalten SCHNITZLERs), sondern auch interaktiv; anzunehmen ist, daß eine der wesentlichen Ursachen für die hysterische Neurose in der Unterdrückung weiblicher Selbstentfaltung zu suchen ist, dem Zwang, eine bestimmte Rolle spielen zu müssen, die alles andere als "natürlich" (63) war. Die Frau, die als "anständig" galt, war das Pendant zu dem Mann, der seinen Sexus außerhalb der Familie in der Prostitution auslebte und innerhalb der Familie vor lauter Angst, seiner Frau zu nahe zu treten, diese häufig roh und nachlässig behandelte. Die Aufspaltung in "Hure" und "Mutter" ist das Muster dieser doppelten Sexualmoral.

Alle psychotherapeutischen Schulen maßen später dem Familienleben ihrer Klienten große Bedeutung bei. Sie ahnten, daß die Erkrankung ihrer Patienten nicht nur körperlicher Natur sein konnte, sondern lebensgeschichtliche Wurzeln haben mußte. Was zunächst nur Ahnung war, wurde später zur Gewißheit.

Kurz: die Sprechstunden der Neurologen (und auch die Praxen der Allgemeinmediziner) waren vollgestopft mit Patienten, deren psychische Leiden eher familiärer als "hereditärer" Herkunft waren. Das "Problem" bestand für die Mediziner darin, herauszufinden, wie sie diese Leiden, die ja in der Form der Hysterie äußerst dramatisch und bedrohlich auftraten, lindern sollten. Vorläufig standen aber von seiten der medizinischen Wissenschaften keine Lösungsmöglichkeiten zur Verfügung.

3. Die Krankenversorgung der "Nervösen": zum Stand der Psychologie, Psychiatrie und Neurologie im 19. Jhdt.

Die Medizin, wie wir sie heute als einheitlichen Komplex von Wissenschaften kennen, die in viele Spezialgebiete ausdifferenziert und spezialisiert ist, hat dennoch keine einheitliche historische Wurzel, sondern deren drei: die Chirurgie, die Innere Medizin und die Psychiatrie, welche ursprünglich überhaupt nichts mit der Medizin - hier verstanden als Wissenschaft von den somatischen Vorgängen im Menschen - zu tun hatte (vgl. SCHIPPERGES 1975, Bd. III, S. 1-38). Die Chirurgie hat ihren Weg genommen von den Badern (Friseuren), den Feldschern (die auf dem Schlachtfelde Verwundete zusammenflickten) und den Zahnreißern, die ihre Künste auf den Jahrmärkten anboten.(64) Die Innere Medizin hat mindestens seit HIPPOKRATES eine altehrwürdige Tradition in der allgemeinen hausärztlichen Tätigkeit. Aus ihr ist die Neurologie hervorgegangen, die noch im 19. Jhdt. in Wien keine von allen anerkannte Spezialdisziplin war. Diese Wurzel der Neurologie ist deshalb meistens verdeckt, weil der historisch kürzere Blick gewöhnlich ihre Herkunft aus und ihre Verwandtschaft mit der Psychiatrie annimmt: insbesondere seitdem durch den Psychiater Wilhelm GRIESINGER um die Mitte des 19. Jhdts. die enge Verbindung von Neurologie und Psychiatrie angestrebt wurde (GRIESINGER 1867) und seit dem Ersten Weltkrieg der "Doppelfacharzt" für Psychiatrie und Neurologie zur Regel wurde.

Die Psychiatrie hat ihre Wurzel in der Tätigkeit von zunächst allgemeinmedizinisch tätigen Ärzten in den großen staatlichen Asylen bzw. Anstalten (FOUCAULT 1969; DÖRNER 1975). Psychiater behandelten daher eine völlig andere Klientel als die Neurologen; vereinfachend könnte man sagen: die Unmündigen, "Irren", nicht freiwillig sich einer Behandlung Unterziehenden, Armen und "Gemeingefährlichen". Die Neurologen hingegen sahen, daß die freiwillig in die Privatpraxis strömenden "Nervösen", die ihre (scheinbar körperlichen) Krankheiten ernst nahmen, als schwere Beeinträchtigung ihres ansonsten intakten Lebensgefühls empfanden, voll bei "Verstand" waren, meist aus besseren Schichten stammten und im übrigen in "guten Zeiten ständig zunahmen, in Krisenzeiten weniger wurden" (GRIESINGER 1867). "Geisteskrankheit" bzw. "Irresein" und "Nervosität", "Neurose" oder "Spleen" waren stets zwei wesensverschiedene Zuständlichkeiten.

Neben der "Anstaltspsychiatrie", deren Vertreter ihre direkten Erfahrungen mit "Irren" in der Beobachtung und genauen Beschreibung machten und somit idealtypisch als "Empiriker" bezeichnet wurden, gab es eine rein philosophische psychiatrische Tradition. Noch KANT bestritt den damals schon häufiger in Strafprozessen als Sachverständige fungierenden Ärzten die Zuständigkeit bei Fragen der Beeinträchtigung des freien Willens von Straftätern. Es sei die Anthropologie und somit die Philosophie, die allein sich dieser Beurteilung für fähig erklären könne (KANT 1800).

Die Psychologie stand zunächst nur in loser Beziehung zur Psychiatrie und Neurologie. Sie war eine philosophische Disziplin, bis Wilhelm WUNDT ihr eine experimentell-naturwissenschaftliche Grundlage gab.

Die Psychotherapie hingegen hatte vor 1900 schon eine lange Geschichte, hatte aber bisher nicht den Anspruch auf Wissenschaftlichkeit erhoben (SCHMIDBAUER 1971).

3.1. Psychiatrie

Der Begriff "Psychiatrie" oder zunächst "Psychiaterie" ist noch nicht sehr alt: er stammt wohl von J.C. REIL, in dessen "Beyträgen zur Beförderung einer Curmethode auf psychischem Wege" (HALLE 1808) er zum ersten Male dokumentiert ist. Definiert wurde damals von REIL die "Psychiaterie" als "angewandte Naturkunde der Organismen in ihrem Wechselverhältnis mit den psychischen Einflüssen" (65). Frühere Beziehungen lauten "psychische Heilkunde", "psychische Medizin", "Seelenheilkunde"; sie bleiben noch lange neben dem neuen Begriff bestehen; noch später setzte er sich in der fremdsprachigen Literatur durch.

Auch die Berufsbezeichnung "Psychiater" verbreitet sich sehr spät, eine Zeit lang noch neben "Psychiatriker" bestehend (MECHLER, S. 406). Vor diesen terminologischen Klärungen aber gibt es eine lange und nicht immer angenehm zu studierende, eher quälende Geschichte der sogenannten "Irren", der "Geisteskranken" und der "Verrückten".

Emil KRAEPELIN (1856-1926), Begründer der heutigen psychiatrischen Nosologie und Zeitgenosse FREUDs, engagierter und politisch-sozial denkender Kämpfer für den Fortschritt der naturwissenschaftlichen Medizin, schreibt in seinem kleinen Büchlein "100 Jahre Psychiatrie": "Die Lage der Geisteskranken war um die Wende des 18. Jahrhunderts fast überall in Europa eine entsetzliche. Ohne Zweifel fielen sie in großer Zahl als Taugenichtse, Landstreicher und Verbrecher der strafenden Gerechtigkeit in die Hände, die mit ihnen keineswegs glimpflich zu verfahren pflegte. Andere fristeten als Bettler oder harmlose Narren ein kümmerliches Dasein durch die Wohltätigkeit ihrer Mitmenschen. Erregte, lästige oder gefährliche Kranke wurden gebändigt und verwahrt in einem Kellerchen oder Stall des eigenen Hauses, in 'Tollkisten', Käfigen oder irgend einem Gewahrsam, der sie abzusperren und unschädlich zu machen geeignet schien. Nur einzelne fanden in Spitälern Aufnahme, Pflege und eine gewisse ärztliche Fürsorge, so namentlich im Juliusspitale zu Würzburg. Viele gingen wegen mangelnder Aufsicht durch Selbstmord oder Unglücksfälle zugrunde oder richteten schweres Unheil an, was dann ihre erbitterte und verängstigte Umgebung zu den schärfsten Gegenmaßnahmen veranlaßte." (1918, S. 2)

Sein vom Fortschrittsglauben getragenes Buch stellt zunächst alle in der Vergangenheit üblichen Methoden der Irrenbehandlung in düsterem Licht dar, indem er Stimmen von Zeitgenossen der armen Unglücklichen zitiert. So läßt er MAHIR zu Wort kommen, der den von Josef II. erbauten Wiener "Narrenturm" um das Jahr 1843 schildert: "Gänge und Keuchen sind dunkel, auf eine in höchstem Grade kerkerähnliche Weise, durch furchtbar massive eiserne Türen und Tore, Ringe und Riegel verwahrt, so daß es gewiß dem raffiniertesten Verbrecher oder Bösewicht unmöglich wäre, zu entkommen. Größte Unreinlichkeit, ein scheußlicher, unerträglicher Gestank, Heulen und Brüllen, ein entsetzliches, schauderhaftes Jammergeschrei vieler, noch an schweren Ketten und eisernen Reifen, an den Beinen und Armen, selbst am Halse auf die grausamste Weise gefesselter Irren sind Objekte, die dem besuchenden Arzt in diesem Turm entgegentreten ... Die armen und unglücklichsten aller Geisteskranken, die ich jemals gesehen habe, werden gleich den wildesten Raubtieren hier gehalten und gefüttert; die schlechteste Menagerie bietet aber noch immerhin ein weit freundlicheres und menschlicheres Ansehen. Auf allen Gesichtern und in der ganzen Haltung der Irren sind gräßlicher Jammer, Schmerz und Verzweiflung ausgeprägt; bei magerer Kost und unter unaufhörlichen Schmerzen des Körpers, die durch gewalttätige Heilversuche mittels perpetueller Vesicatorien (66) und der Pustelsalbe hervorgerufen werden, wird diesen beweinenswerten Kranken nicht einmal zuteil, worüber sich selbst die schwersten Verbrecher und Mörder wenigstens von Zeit zu Zeit erfreuen, denn nie scheint auf diese Unglücklichen ein Strahl der Sonne oder das volle Tageslicht. Alle ärztliche Untersuchung und Behandlung geschieht in der Regel nur durch ein stark mit Eisen vergittertes kleines Loch der eisernen Tore, aus welchem Jammergeschrei und Gebrüll, Schimpf und Fluch dem besuchenden Arzt erwidert werden. Durch dasselbe Loch wird diesen mißhandelten Irren gleich Wölfen und Hyänen Kost und Getränk von rohen, gefühllosen Wärtern eingeschoben." (KRAEPELIN 1918, S. 4)

Diese Zustände in der Praxis unterschieden sich offensichtlich von der philosophischen Theorie der Geisteskrankheiten. Während über Herkunft, Ursache und Funktion der Geisteskrankheiten von seiten der Kathederphilosophen spekuliert wurde, sah die Realität wie geschildert aus. Sicher gab es auch schon früher humanere Bemühungen um die Irren; Ursache der üblichen Behandlungsmethoden scheint vor allem die unglaubliche Hilflosigkeit angesichts der Unberechenbarkeit vieler Geisteskranker gewesen zu sein, deren Handeln und Tun sich dem Verständnis der "Normalen" entzog und damit erhebliche Ängste auslösen mußte.

Die Irren unterstanden der Polizei, nicht den Ärzten. Letztere wurden zunächst nur zugelassen, um grobe körperliche Störungen zu behandeln. Durch diese institutionelle Abschirmung der Irren war jede nüchterne Beobachtung der Kranken, wenn nicht unmöglich, so doch sehr erschwert, weswegen auch der Heilungsaspekt völlig ausgespart blieb und die Krankheiten der Irren lange Zeit als "unheilbar" galten bzw. den unterschiedlichsten religiösen und philosophischen Erklärungsversuchen unterworfen wurden. (67)

Als Heilkunde hat sich - aus gesellschaftlich angebbaren Gründen - die Psychiatrie in England früher als in Frankreich und in Frankreich früher als in Deutschland und Österreich entwickelt.

DÖRNER beschreibt in Anlehnung an die "Geschichte des Wahnsinns" von FOUCAULT die im absolutistischen Zeitalter sich durchsetzende "Ausgrenzung von Unvernunft" (u.E. besser als Zunahme zentraler Verwaltung, Zugriff des Staates auf jede Art privater bzw. bis dahin noch intim familialer Organisation und damit der Ausschaltung jeder "beliebigen" Lebens- und Seinsweise zu beschreiben, wie sie in Zeiten feudaler Herrschaft im Mittelalter noch möglich war) als den Anfang des "Sichtbarwerdens der Irren". Sein zentraler Gegenstand ist die Dialektik von Vernunft und Unvernunft, weswegen Arme wie Waisen, Arbeitsunfähige wie Schwachsinnige ebenso der "Ausgrenzung" anheimgefallen seien wie die "Irren" (DÖRNER 1975).

Für die "Integration" der "Irren" in die bürgerliche Gesellschaft seien ökonomische Überlegungen ausschlaggebend gewesen; eine sich ökonomisch reproduzierende und rational verwaltende Gesellschaft habe es sich nicht leisten können, einen nicht geringen Prozentsatz der Bevölkerung auf Kosten aller durchzufüttern und am Leben zu erhalten. Die wenigsten Geisteskranken seien völlig unbrauchbar für einen industriellen oder landwirtschaftlichen Arbeitseinsatz gewesen, so daß sie nach diesem Gesichtspunkt unterschieden worden seien.

Die Auffassung, daß "Irresein" eine Krankheit und daher Heilung möglich und notwendig sei, wurde erst spät verbalisiert und noch später durchgesetzt (DÖRNER 1975, S. 1).

In der ersten Hälfte des 19. Jhdts. gab es, vergröbert zusammengefaßt, im deutschsprachigen Raum zwei Schulen der Psychiatrie, die einander bekämpften: die "Psychiker" und die "Somatiker". Der Name "Psychiker" bedeutet nicht, daß deren Verfechter eine im heutigen Sinne moderne Auffassung von Psyche oder Psychologie vertreten hätten. Sie versuchten lediglich, sich von der vorherrschenden naturphilosophischen Auffassung des Menschen zu emanzipieren und eine Seelenlehre auf einer eigenständigen Psychologie zu begründen (ACKERKNECHT 1967).

Im Gegensatz zu ihnen versuchten die "Somatiker" - ebenfalls in Abfall von der Naturphilosophie - die Psychiatrie auf eine rein somatische Basis zu stellen. In der Folge konnten sie sich immer stärker durchsetzen. Die Fortschritte in der Psychiatrie sind im wesentlichen dieser Schule zu verdanken.

Die "Psychiker", allen voran (und von DÖRNER als repräsentativ bezeichnet) IDELER, vertraten ein hohes sittliches Ideal, wehrten sich gegen die Exkulpierung "irrer" Verbrecher durch Erklärung ihrer Unzurechnungsfähigkeit, waren Anhänger der pädagogischen Beeinflussung der Irren und der Hebung ihres sittlichen Standards (DÖRNER 1975, S. 288-296); ihre Praxis war gut gemeint, änderte aber an der Lage der Kranken nichts.

Die "Somatiker" versuchten (in einem vielleicht zu rigorosen Kampf gegen die Spekulationen der Naturphilosophie) eine naturwissenschaftlich-empirische Basis an die Stelle der philosophischen Idee zu setzen. Eine ihrer Früchte war die materialistische Schule der Physiologen HELMHOLTZ, BRÜCKE, DUBOIS-REYMOND (alle Lehrer bzw. Vorbilder FREUDs), die einen vormarx'schen objektivistischen Materialismus in der Nachfolge FEUERBACHs vertraten und notwendig typischen Verzerrungen anheimfielen.

Auch institutionell und politisch unterschieden sich die Psychiker von den Somatikern: Letztere gehörten eher zur Anstaltspsychiatrie, erstere waren eher an den Universitäten vertreten. Die Anstaltspsychiater solidarisierten sich eher mit den fortschrittlichen Kräften des Vormärz und der Revolution von 1848, während die Psychiker sich nach dem Muster der idealistischen deutschen Philosophie mit dem Staat identifizierten: "Daß beide Richtungen der Psychiatrie, von auch soziologisch unterschiedlichen Voraussetzungen (Universität versus Anstalt!) aus bei KANT am jeweils entgegengesetzten Ende anzuknüpfen trachten, markiert auch im Seelenbereich den Punkt, an dem positivistische Wissenschaft und Philosophie auseinanderzutreten drohen, Theorie und Praxis ebenso wie Integration und Emanzipation in die Gefahr kommen, entweder auf die Vermittlung der Vernunft als kritischen Maßstab des Aufklärungsanspruchs zu verzichten oder auf das ebenso kritische Eintreten in den Ernst der empirischen, wenn auch vielleicht nur hypothetisch-experimentellen, kontrollierten Realisierung der theoretischen wie praktischen Vorstellungen." (DÖRNER 1975, S. 298)

Eine Synthese beider Ansätze durch Überwindung der rein spekulativen Elemente der Psychiker einerseits wie des vulgären Materialismus der Somatiker andererseits leistete der eigentlich aus einer anderen medizinischen Disziplin, nämlich der Inneren Medizin, stammende Wilhelm GRIESINGER (1817-1868), der der Psychiatrie das erste, in Zukunft für sie verbindliche Paradigma gab, mit dem die wissenschaftliche Psychiatrie in Deutschland ihren Anfang nahm (GRIESINGER 1887).(68)

FREUD, nicht Psychiater, sondern Neurologe, bezieht sich sowohl implizit als auch einige Male explizit auf GRIESINGER (GW II/III, S. 95, 139, 236; GW VI, S. 194), dem er zentrale Annahmen und Theorien verdankt.(69)

GRIESINGER war Leibarzt des Vizekönigs von Ägypten, als er das Direktorat der Ägyptischen Medizinischen Schule in Kairo übernahm und einige Arbeiten über tropische Krankheiten verfaßte. Nach seiner Rückkehr wurde er nacheinander Direktor der psychiatrischen Anstalten in Tübingen, Zürich und Berlin.

In Zürich begann er, die dort bestehende Anstalt in eine Klinik umzubauen: für ihn waren die Irren Kranke und die Heilung der Irren sollte - trotz und neben allen ökonomischen Überlegungen - im Vordergrund stehen: "Zwar (war es) ... die immer mehr durchdringende Erkenntnis des Irreseins als einer Krankheit, zunächst aber und hauptsächlich der eigentliche Philanthropismus, der den Irren ihre Rechte vom Standpunkte der allgemeinen Menschenrechte vindicierte, der es zuerst durchsetzte, daß die Gesellschaft in den Irren Menschen anerkannte, denen sie Schutz und Hülfe schuldig ist, daß sie immer mehr zum Gegenstande ernstlicher Fürsorge von Seiten des Staates und tieferer, zum Zwecke der Heilung angestellter Forschung der Wissenschaft wurde" (GRIESINGER 1867, S. 470).

Mit dieser konsequent durchgesetzten Auffassung des Irreseins als Krankheit und der daraus resultierenden Notwendigkeit körperlicher und psychischer Heilmittelverwendung machte er sich zwar unbeliebt und wurde häufig mißverstanden; dennoch konnte er weitreichende Reformen durchsetzen; bis heute ist GRIESINGER in einigen Fragen nicht nur nicht überholt, sondern nicht einmal erreicht.

Nachdem er die Züricher "Irrenanstalt" in eine Klinik verwandelt hatte, nahm er den Ruf nach Berlin (1864) unter der Bedingung an, dort auch eine Nervenklinik und eine Poliklinik zugesprochen zu bekommen, da eine psychiatrische Professur ihn jeder Möglichkeit klinischer Beobachtung bzw. die Lehre jeder somatischen Fundierung beraubt hätte.

In Berlin (wie zuvor in Zürich) führte er das aus England stammende "Non-restraint"-Prinzip ein, das alle mechanischen Zwangsmittel abschaffte. Gerade diese Maßnahmen stießen auf erbitterten Widerstand (DÖRNER 1975, S. 317). Sein Modell einer psychiatrischen- und Nervenklinik wurde zum Modell der Universitätspsychiatrie schlechthin. Sein Zweifrontenkampf gegen Spekulation und platten Positivismus ließ ihn beharrlich die oben beschriebene Synthesis anstreben. Seine Erfolge waren begleitet von nüchternen und praktischen Überlegungen: "Wenn wir, wir Ärzte, von dem Humanitätsprinzip unsere Praxis beherrschen lassen, so thun wir dies vor allem wegen seiner empirischen Erfolge für Erreichung unseres ersten und einzigen Zweckes, der Krankenheilung, Erfolge, deren unvergleichlich günstiger Contrast mit dem früheren Verfahren keiner weiteren Nachweisung bedarf. Nicht der Glanz eines abstrakten philanthropischen Prinzips, sondern die praktische Nützlichkeit, die Erfolge der in seinem Sinne geführten Behandlung am Bett des Kranken, in der Zelle des Tobenden, müssen uns leiten. Eben deshalb aber dürfen wir jene humanistischen Grundsätze auch nur insoweit als Regeln anerkennen, als sie unsere Zwecke fördern, wir müssen uns erinnern, daß nicht dasjenige Verfahren mit Irren das humane ist, welches den individuellen Gefühlen des Arztes oder des Kranken wohltut, sondern das, welches ihn heilt, und die Psychiatrie soll nicht aus dem Ernste einer Beobachtungswissenschaft heraus in Sentimentalitäten, die kaum den Laien bestechen können, gerathen." (1867, S. 471)

1867 gründete Wilhelm GRIESINGER zusammen mit L. MEYER und J.C. WESTPHAL die Zeitschrift "Archiv für Psychiatrie und Nervenkrankheiten" (70). Diese Zeitschrift gehört bis heute zu den renommiertesten deutschen psychiatrischen Publikationen. Sie war eine Gründung gegen das altehrwürdige Publikationsorgan der Anstaltspsychiater "Allgemeine Zeitschrift für Psychiatrie", das seinerseits immerhin bis 1944 überlebte.

Im "Prospectus" der Zeitschrift GRIESINGERs wird dessen gesamtes psychiatrisches Programm verdeutlicht; gleichzeitig ist offenkundig (wenn auch von GRIESINGER selbst nicht expliziert), wie sehr sich die gesellschaftlichen Bedingungen gewandelt haben müssen, damit sich ein moderner psychiatrischer Standpunkt überhaupt Gehör verschaffen konnte: "Diese neue Zeitschrift ist bestimmt, Resultate der heutigen Forschung aus dem ganzen Gebiete der Geisteskrankheiten und der Nervenkrankheiten aufzunehmen. Für beide, bisher getrennte Zweige der Wissenschaft ist durch eine gemeinsame Bearbeitung wesentliche Förderung zu erwarten; die Psychiatrie tritt mit ihr aus der Sonderstellung einer abgeschlossenen Specialität heraus ..." und im Vorwort heißt es: "In der Psychiatrie und ihrem Verhältnisse zur übrigen Medicin hat die Zeit einen Umschwung gebracht, der die Gründung eines neuen publicistischen Organes rechtfertigt. Dieser Umschwung beruht vorzüglich auf der Erkenntnis, daß die sogenannten 'Geisteskranken' Hirn- und Nervenkranke Individuen sind, an denen uns ganz dieselben ärztlichen Aufgaben obliegen, wie bei allen übrigen Nervenkranken ... In den Irrenanstalten ist nur ein Theil dieser psychisch gestörten Nervenkranken, und diese zum Theil, ja grossentheils, nur auf ihrer extremen Höhe, oft auch nur in ihren Endstadien und Residuen beisammen. Diese vorzüglich gelten als die 'Irren' und werden von Manchen wie eine besondere Krankheits-, ja wie eine besondere Menschenklasse betrachtet. Und doch finden sich in den gewöhnlichen Krankenhäusern, in der gewöhnlichen Privatpraxis, ja in der Welt der Gesunden Tausende Nerven-leidender Individuen, deren geistige und gemüthliche Reactionen schon sehr verändert sind und deren Zustände durch zahllose, unfassbare Mittelstufen in die eigentlichen Geisteskrankheiten übergehen. Je mehr man solches beobachtet, um so deutlicher wird es, wie künstlich die herkömmliche Trennung der 'Psychosen' von den übrigen Nervenkrankheiten ist, wie gleichgültig es in so vielen Fällen ist, ob man ein Individuum schon Gemüthskrank oder nur Nervenkrank nennen will, von wie geringer Tiefe also der ganze Begriff der Geisteskrankheit ist." (GRIESINGER 1867, S. 124)

Diese Ansichten waren nicht nur für die Zeit revolutionär, sondern leiteten eine bis heute zuweilen noch unbegriffene Sichtweise psychiatrischer Krankheitsbilder ein.

GRIESINGER wollte mit dieser Zeitschrift die Verknüpfung von Neurologie und Psychiatrie begründen. Damit sollten die fließenden Übergänge zwischen Psychosen, "Nervösen" und Normalen deutlich werden. Zweitens sollte die Erkenntnis an Raum gewinnen, daß Irre keine Hexen, keine moralisch Schuldigen, keine sittlich Verwerflichen, keine pädagogisch zu Erziehenden waren, sondern Kranke, die gesund werden konnten. Damit gewann das ärztliche Paradigma eine (vorläufig) unverlierbare Relevanz in der Psychiatrie.

Und drittens wurden von da an Anstalts- und Universitätspsychiatrie enger miteinander verknüpft - eine für die Weiterentwicklung psychiatrischer Theorie und Praxis wichtige Vorbedingung. Auch wenn (z.B. unter dem Nationalsozialismus, z. Teil schon früher) die "philosophische", sittlich wertende Einstellung gegenüber sogenannten Geisteskranken noch einmal an Boden gewann, ist mit GRIESINGER die objektivierende, naturwissenschaftlich fundierte und zugleich gesellschaftliche Verhältnisse berücksichtigende Sichtweise zentraler Bestandteil der Psychiatrie geworden.

Mit GRIESINGER war auch die Vorstellung der Lokalisation aller psychischen Krankheiten im Gehirn verbunden. Was HERBART (1813) "Vorstellungen" nennt, entsteht nach GRIESINGER im Gehirn und kann "unbewußt" bleiben. Überhaupt sei es so, daß der größere und wichtigere Teil des geistigen Geschehens unbewußt sei (1867). Wolle man die Ursache des Irrsinns finden, müsse man die körperliche und geistige Vorgeschichte des Individuums untersuchen. Häufig werde die Ursache der Erkrankung bereits in sehr frühen Jahren, wo sich die Anfänge des Charakters bildeten, zu suchen sein. Die Erblichkeit stehe unter allen prädisponierenden Ursachen an erster Stelle. Auch könnten sexuelle Schwierigkeiten in der Kindheit eine schwache, zu Nervosität führende Konstitution hervorrufen. Allerdings meint GRIESINGER, daß in der Verursachung der Hysterie die Abwesenheit der sexuellen Befriedigung (ein in jener Zeit vertrauter Gedankengang) überschätzt worden sei, denn sonst könne sie bei verheirateten Frauen nicht so häufig auftreten. Mutet diese Bemerkung vergleichsweise naiv an (vgl. dazu den ersten Bericht BREUERs an FREUD, GW XIV), so hat GRIESINGER doch in anderem theoretische Formulierungen FREUDs vorweggenommen. "Als Psychologe entwickelte er HERBARTsche Anregungen zu genial und modern anmutenden Konzepten wie der Rolle des Unbewußten, der Ichstruktur, der Frustration, der Wunscherfüllung in Symptom und Traum ... wie MARX für sich beanspruchte, HEGELs Philosophie ... 'auf die Füße gestellt', d.h. materialistisch verwertet zu haben, so hätte Griesinger von sich sagen können, daß er die romantische Psychologie 'auf die Füße gestellt habe'." (ACKERKNECHT 1967, S. 71)

Mit GRIESINGER wurde die deutsche Psychiatrie international führend. Nacheinander wurden psychiatrische Lehrstühle in Berlin (1864), Göttingen (1866), Zürich (1869), Heidelberg (1871), Wien (1877), Leipzig und Bonn (1882) eingerichtet. An diesen Lehrstühlen wurde vor allem die "Gehirnpsychiatrie" vertreten. Einer der prominentesten Repräsentanten dieser Richtung war der als Lehrer und Vorbild FREUDs bereits erwähnte Wiener Ordinarius Theodor MEYNERT.

Um die Mitte des 19. Jhdts. war die Verknüpfung von "Universitäts-" und "Anstaltspsychiatrie" in vollem Gange; das medizinische Modell gewann innerhalb der Auffassungen psychotischer Erkrankungen die Vorherrschaft.(71) Damit war das Elend der sogenannten "Irren" zwar nicht gebannt, aber tendenziell einer rationaleren Lösungsmöglichkeit zugeführt.

Gleichzeitig wuchsen die Massen der "Nervenschwachen"; sie bildeten die Klientel nicht der Psychiater, sondern der Neurologen.

3.2. Neurologie

Die zweite Disziplin, die potentiell für die Lösung des beschriebenen "Problems" in Frage kam (wenn auch aus anderen Gründen als die Psychiatrie), war die Neurologie.

Bisher ist wenig beachtet worden, daß FREUD nicht Psychiater, sondern Neurologe war, und daß nicht nur die Psychoanalyse, sondern auch andere psychotherapeutische Verfahren von Neurologen begründet bzw. weiterentwickelt wurden.(72) Die gemeinsame Wurzel der Begriffe "Neurose" und "Neurologie" erinnert an diesen historisch wichtigen Zusammenhang.

Es ist von wissenschaftshistorischer und -soziologischer Relevanz, daß der "Entdecker" der Psychoanalyse von seinem akademischen Werdegang bzw. seiner wissenschaftlichen Sozialisation her Neurologe, nicht Psychiater war.(73) FREUD hatte sich in Neuropathologie habilitiert; alle von ihm aus diesem Anlaß in einem Brief an die Fakultät aufgeführten Schriften stammen aus dem Bereich dieser Spezialdisziplin, mit einer einzigen Ausnahme, die sich mit Kokain und seiner Wirkung befaßt (GICKLHORN/GICKLHORN 1960, Dokument 38, S. 128ff.).

SPEHLMANN (1953) konnte zeigen, daß FREUD nicht zeitlich und wissenschaftlich "zwei auseinanderfallende, wissenschaftlich sich getrennt entfaltende Persönlichkeiten" besaß, deren eine ein ausgezeichneter und in der akademischen Welt von Wien und darüber hinaus anerkannter Neurologe, deren andere, spätere, der Psychoanalytiker war, der sich im wesentlichen neben und zum Teil gegen die etablierte Universitätshierarchie entwickelt hat, sondern daß sich seine psychoanalytischen Schriften nachweislich denselben Quellen wie seine neurologischen verdanken. Eine ähnliche Entwicklung nahmen auch andere Neurologen.

Nervös Kranke, insbesondere Hysteriker, sind der Medizin und der Öffentlichkeit seit dem Altertum bekannt. Der Name "Hysterie" stammt von HIPPOKRATES, der ihn von dem Wort "hysterikos" ableitete, das heißt "die Gebärmutter betreffend"; HIPPOKRATES vermutete den "Sitz" der Krankheit, weil er sie nur bei Frauen feststellen konnte, in der Gebärmutter. Ebenso wie HIPPOKRATES die Hysterie durch ein körperliches Organ verursacht sah, war z.B. noch CHARCOT im 19. Jahrhundert der Auffassung, die Hysterie beruhe auf einer degenerativen Erkrankung der Nervenbahnen, sei also körperlicher Natur.

Um die Mitte des 18. Jahrhunderts entwickelte in Schottland William CULLEN (1710-1790) eine eigenständige Lehre von den "Neurosen". Er führte diesen Begriff ein, unter welchem er eine Vielzahl verschiedener Krankheitsbilder subsumierte. CULLEN baute noch die gesamte Medizin auf der Grundlage von Neurophysiologie und Neuropathologie auf, d.h. bei ihm waren alle Krankheiten "morbi neurosi" (vgl. auch DÖRNER 1975, S. 50). Später wurde der Begriff "Neurosen" zwar beibehalten, aber die damit bezeichneten Krankheiten enger definiert.

Erst im 19. Jahrhundert begann die mikroskopische Erforschung der Hirnanatomie und der Nervenzellen (SCHOLZ 1961, WIESENHÜTTER 1969, JACOB 1969). REMAK, WALLER, MAGENDIE, Marshall HALL, E.H. WEBER, DUBOIS-REYMOND (der zur HELMHOLTZ-SCHULE gehörte) hatten theoretische Kenntnisse erworben, die durch DUCHENNE, CHARCOT, BROWN-SEQUARD, ERB, OPPENHEIM, STRÜMPELL, John Hughlings JACKSON und GOWERS in klinische Errungenschaften übersetzt wurden (ACKERKNECHT 1967). Vor allem beeinflußte JACKSON (1835-1911) die Vorstellungen seiner Zeit über das Funktionieren des Nervensystems. "Jackson postulated three evolutionary levels of the sensimotor mechanism: the lowest, cord, medula and pons; the middle, the rolandic region; the highest level, the prefrontal lobes"

(HAYMAKER/SCHILLER 1970, S. 458). Das berühmt gewordene "JACKSONsche Modell" besagt, daß "das Nervensystem aus einer Hierarchie von Integrationen besteht, in der die übergeordneten die untergeordneten hemmen oder steuern und eine Schädigung oder Hemmung der übergeordneten die Funktionen der untergeordneten wieder zum Einsatz bringen" (RAPAPORT 1970, S. 27).(74)

Bei sich ständig verfeinernden Mikroskopuntersuchungen entdeckte J.E. v. PURKINJE Ende des 19. Jahrhunderts sogenannte "Nervenkugeln", die Th. SCHWANN als "Nervenzellen" identifizierte. 1891 wurde die Neuronenlehre, der FREUD sehr nahe gekommen war (JONES 1978, I., S. 262), von W. v. WALDEYER-HARTZ begründet.

Während die Erforschung der Nervenbahnen und -zellen sich mehr und mehr an den Universitäten und durch die Institutionalisierung von Lehrstühlen etablieren konnte und heute ein großes Gebiet der speziellen Medizin repräsentiert, das sich "außer mit den organischen Erkrankungen des zentralen und peripheren Nervensystems (Gehirn, Rückenmark, Körpernerven einschließlich Hüllen und Gefäßen) auch mit den innervationsbedingten Anfallsleiden (z.B. Epilepsie) befaßt" (75), entwickelte sich aus derselben Quelle langsam die Psychotherapie der Neurosen heraus.

ACKERKNECHT schreibt, es sei "eines der großen Paradoxe der Psychiatriegeschichte", daß die Neurologie, die erst die somatischen Tendenzen so gestärkt hatte, "nun die Pioniere psychogener Untersuchungen stellen sollte" (1967, S. 81).

Betrachtet man die Geschichte einer wissenschaftlichen Disziplin nicht nur unter ideengeschichtlichen und wissenschaftsimmanenten Gesichtspunkten, unter einer Perspektive, die davon ausgeht, daß der zweite Schritt dem ersten nach dem Gesetz einer inneren Weiterentwicklung und Entfaltung gehorcht, sondern unter institutionellem und insofern materiellem Aspekt, als das "Material" der Untersuchungen und dessen Zusammensetzungen wie dessen Veränderungen zu Neuentdeckungen führen können, so kann man eigentlich das Staunen ACKERKNECHTs nicht teilen. Denn die Klientel der Neurologen und der Psychiater war verschieden. Natürlich gab es fließende Übergänge. Aber in der Hauptsache war das "Material", das die Neurologen in ihren Sprechstunden sahen, nicht geisteskrank, sondern "nervenschwach". Nervenschwäche galt als somatisch bedingt, während die Ursachen der Geisteskrankheiten als seelisch oder, noch früher, als moralisch bedingt aufgefaßt wurden.

Den Neurologen der Zeit stand kein Mittel zur Verfügung, den zahllosen "Nervenschwachen", die in ihre Sprechstunde kamen und "unerlöst von einem Arzt zum anderen liefen" (DUBOIS 1910), zu helfen. Sie griffen zur Verschreibung von Wasserkuren, beruhigten mit Bromsalzen und wandten die Elektrotherapie an (ERB 1882). Erst mit der Rehabilitierung der Hypnose begann eine Wende in der Behandlung der "Nervösen".

Für diese Wende war wieder ein Neurologe, der zu seiner Zeit weltberühmte Jean Martin CHARCOT (1825-1893) verantwortlich. Er hatte bereits große Erfolge auf dem Gebiet der Tabes, der multiplen Sklerose und anderer sklerotischer Erkrankungen errungen, als er begann, sich besonders für die Hysterie zu interessieren. Dies war nicht selbstverständlich, sondern für einen als seriös geltenden Mediziner ungewöhnlich. Die Hysterie wurde noch häufig als "Einbildung" klassifiziert, mit welcher sich ein wissenschaftlich arbeitender Arzt nicht befaßte. CHARCOT untersuchte die hysterischen Symptome seiner Kranken wie jede andere neurologische Erkrankung auch; er überprüfte die Reflexe und die Sensibilität der Gliedmaßen während der hysterischen Anfälle; unermüdlich beobachtete und beschrieb er die verschiedenen "Stadien" des hysterischen Anfalls. Bald experimentierte er mit der Hypnose und kam zu dem Ergebnis, daß diese ein hysterisches Phänomen sei, d.h. daß insbesondere hysterische Menschen hypnotisierbar seien. Er nahm weiter an, die Hysterie sei eine erbliche Erkrankung der capsula interna, die die Anfälle bedinge. Ausgelöst werde sie von den "hysterogenen Zonen".(76)

CHARCOTs Experimente mit der Hypnose waren ebenso ungewöhnlich wie sein Interesse für die Hysterie. Die Hypnose, als solche seit MESMER (77) bekannt, stammte nicht aus dem Arsenal der wissenschaftlichen Medizin, insbesondere nicht aus dem des sich als naturwissenschaftlich verstehenden medizinischen Wissen des 19. Jhdts., sondern aus früheren psychotherapeutischen Kenntnissen, die getrennt von der wissenschaftlichen Weiterentwicklung der Medizin als "Kryptoverfahren" vielleicht hier und dort praktiziert wurden, aber nicht als akzeptabel galten. Daß die naturwissenschaftliche Neurologie ausgerechnet bei der eher in der magischen und religiösen Tradition stehenden Hypnose (LÖWENFELD 1897, S. 4ff.) Anleihen machte, war eine der Überraschungen in der Académie Française, vor der CHARCOT einen diesbezüglichen, die Hypnose rehabilitierenden Vortrag hielt (vgl. ELLENBERGER 1973 I., S. 145; vgl. auch Abschnitt 5.1. dieser Arbeit).

CHARCOTs Experimente gelangten zu Weltberühmtheit. Zwar stellte sich später heraus, daß die meisten der von ihm entdeckten hysterischen Symptome, so der berühmte "große" hysterische Anfall des "Arc de cercle", suggeriert waren (78); medizinhistorisch ist aber von Bedeutung, daß mit CHARCOT die Hysterie aus dem Ruch der "Einbildung" heraus in den Bereich wissenschaftlicher Überprüfung gerückt und damit einem neuen Verständnis zugeführt werden konnte. Vor allem zeigte CHARCOT, wie mittels der Hypnose zuvor als körperlich verursacht verstandene Symptome auftauchten und wieder verschwanden, d.h. daß "geistige" oder "seelische" Ursachen für die auffallende Krankheit angenommen werden konnten.

Obwohl sie von CHARCOT fehlinterpretiert wurden, waren seine hypnotischen Experimente mit Hysterischen die Nahtstelle zwischen der klassischen Neurologie und der neuen, sich wissenschaftlich entwickelnden Psychotherapie.

In der folgenden Zeit wurde die Hypnose zunächst in Frankreich, später auch in Deutschland und noch später in Österreich nicht nur theoretisch ernst genommen, sondern in weiten Kreisen auch praktisch angewandt, obwohl die Wirkungen weder lange anhielten noch die Krankheitsursache beseitigen konnten.

Für die praktisch tätigen Neurologen hatte die Anwendung der Hypnose immerhin den Nutzen, daß sie sich nicht mehr so hilflos fühlen mußten wie zuvor (FREUD, GW XIV, S. 41). Die Patienten wurden häufig rasch "gesund", die Ärzte berühmt, der Ruch von "Wunderheilungen" breitete sich aus (FREUD, GW XIV, S. 41) - ähnlich wie im 18. Jhdt. durch MESMER. Nun lag es nahe, das Augenmerk auf eine mögliche "geistige" oder "seelische" Ursache der "nervösen" Leiden zu richten.

3.3. Psychologie

Die dritte wissenschaftliche Disziplin, die potentiell für die Lösung des oben beschriebenen Problems vermehrten Auftretens von "Nervösen" in Frage gekommen wäre, ist die Psychologie.

Im 19. Jhdt. gab es keine klinische Psychologie, wie sie sich gegenwärtig gerade etabliert und wie wir sie heute verstehen. Die Psychologie war eine noch vorwiegend philosophische Disziplin, deren Ergebnisse weitgehend auf Spekulationen beruhten.

Doch obgleich die Medizin und nicht die Psychologie für die Heilung Kranker zuständig war, lassen sich generell psychologische Kenntnisse bei Medizinern nachweisen: einmal weil im Rahmen des vorbereitenden Studiums, das philosophische Vorlesungen umfaßte, Psychologiekenntnisse vermittelt wurden; zum anderen aber auch, weil (in viel größerem Ausmaß als heute üblich und möglich) interdisziplinär gearbeitet wurde, d.h. zahlreiche Naturwissenschaftler zugleich Philosophen und Ärzte waren, bzw. zahlreiche Philosophen gleichzeitig Psychologen und Physiker sein konnten.

So gilt z.B. Johann Friedrich HERBART (1776-1841) sowohl als Vorläufer der Psychologie als auch der Pädagogik; in der Hauptsache wird er der Philosophie zugerechnet. Sein philosophisches System übte nicht nur in Deutschland, sondern auch in der Donaumonarchie großen Einfluß aus (er scheint der österreichischen Mentalität eher entgegengekommen zu sein als z.B. HEGEL oder FICHTE; dies mag nicht zuletzt an der Betonung des deutschen Nationalbewußtseins durch die beiden Preußen gelegen haben).

Die Philosophie wurde von HERBART in vier Hauptbereiche gegliedert: in Logik, Metaphysik, Psychologie und praktische Philosophie: während die Metaphysik den Ursprung von Ideen untersuche, sei es die Aufgabe der Psychologie, zu zeigen, wie diese entwickelt und kombiniert würden.

HERBARTs Psychologie ist eigentlich sehr einfach: die Seele oder das "Selbst" sei ein "Reales", das an andere "Reale" gebunden sei, so an den Körper. Wie alle Reale, verteidige sich das "Selbst" bei Störungen: Vorstellungen tauchten auf, die Widerstand gegen andere "Reale" leisteten. Sei aber einmal eine Vorstellung erzeugt, so werde sie unzerstörbarer Bestandteil der Seele. Diese bestünden dann unterhalb der Schwelle des Bewußtseins, wobei sie um die Bewußtwerdung miteinander konkurrierten. Der Trieb zur Oberfläche des Bewußtseins werde jedoch von der "Verdrängung", wie HERBART dies nennt, gebremst. Neue Vorstellungen, die soeben entstanden seien, würden durch die alten assimiliert; diesen Prozeß nennt er "Apperzeption" (HERBART 1813).(79)

Auf diese philosophisch-psychologischen Grundgedanken baute HERBART seine in Preußen und in Wien hochgeschätzte Pädagogik auf, die sich gegen intellektualistische und rationalistische Einseitigkeiten (z.B. KANTs und FICHTEs) wandte: assoziatives Lernen sei leichter und sinnvoller als das Pauken durch Auswendiglernen nicht vorstellbarer Stoffe – ein die Pädagogik der Zeit reformierender Gedanke; ferner seien Intellekt und Charakter gleichberechtigt zu entwickeln (eine Auffassung, die er mit dem Schweizer PESTALOZZI teilte).

Von HERBART stammt also erstens die Beschreibung nichttilgbarer, unbewußter Vorstellungen, zweitens die Tendenz dieser Vorstellungen, zum Bewußtsein vorzudringen, drittens der Ausdruck der "Verdrängung", der die Vorstellungen vom Bewußtsein abhalte, sowie viertens die Auffassung, daß diese Vorstellungen verschieden stark oder schwach seien. Alle diese Auffassungen lassen sich bei FREUD wiederfinden.

Die Theorie HERBARTs wurde umfassend in Wien rezipiert. So ist JOHNSTON der Auffassung, daß vor allem die Aussage HERBARTs: "plus ça change, plus c'est la même chose" den säkularen Josefinern in Schule und Verwaltung sowie den Wienern insgesamt sehr entgegengekommen sei. Da er außerdem keine antikatholischen Stellungnahmen abgegeben habe, sondern in religiösen Fragen neutral geblieben sei, habe seiner Bewunderung in Österreich nichts im Wege gestanden (JOHNSTON 1974, S. 289).

Im übrigen war HERBART konservativ, hatte eine Abneigung gegen revolutionäre Veränderungen und eine Vorliebe für den GOETHEschen Humanismus, dem auch FREUD nahestand (letzterer studierte, wie JONES (1978 I., S. 432) berichtet, in den letzten Jahrgängen des Gymnasiums ein Lehrbuch Gustav Adolf LINDNERs zur empirischen Psychologie, das sich ganz der HERBARTschen Lehre anschloß).

HERBART gelang es nicht, seine Vorstellungen von einer quantifizierbaren Psychologie zu verwirklichen. Erst FECHNER konnte HERBARTs Traum von einer "mathematischen Psychologie" in die Tat umsetzen.

Gustav Theodor FECHNER (1801-1887) war Mediziner, Physiker, Psychologe und Philosoph. WERTHEIMER meint, er sei "der Anwärter auf den Titel des ersten echten Experimentalpsychologen" (1971, S. 83). Seine Dozentur erhielt er an der Universität Leipzig in dem Fach Physik. FECHNER war als Philosoph Antimaterialist und schrieb diesbezügliche Bücher, die er unter dem Pseudonym "Dr. Mises" veröffentlichte. Sein Spott gegen die Materialisten reichte so weit, daß er die Methoden der Physiologie benutzte, um eine "vergleichende Anatomie von Engeln" zu entwickeln. Seine Werke waren vor allem gegen die Ausführungen der HELMHOLTZ-Schule gerichtet, denen er sein "Nanna oder über das Seelenleben der Pflanzen" entgegensetzte sowie "Zend-Avest oder über die Dinge des Himmels und des Jenseits" (1873, XII, S. 4ff.).

Seine antimaterialistische Einstellung kam in dem Grundgedanken zum Ausdruck, daß der Geist den Menschen und die ganze Welt durchdringe. Darauf bauten auch seine oben zitierten Werke auf. FECHNER selbst schätzte seine antimaterialistischen polemischen Werke am höchsten ein; berühmt wurde er allerdings wegen seines Buches "Elemente der Psychophysik" (1860). Es enthält den ersten Versuch, psychologische Tatbestände zu quantifizieren und eine bereits entwickelte Methode zur Messung psychologischer Entitäten.

In Kürze zusammengefaßt, besagt das FECHNERsche Gesetz folgendes: "Die Sinnesempfindung ist eine logarithmische Funktion eines Reizes, wenn der Reiz in Maßeinheiten der Zunahme oberhalb der Reizschwelle ausgedrückt wird." Mit anderen Worten: nimmt ein Reiz linear zu, so steigt die Empfindung nur analog zum Logarithmus des Reizes. In einer Formel ausgedrückt, lautet dieses Gesetz

$$S = k \log R,$$

wobei S für "Sinnesempfindung", R für Reiz steht. Die linke Hälfte der Gleichung ist der geistige Aspekt (Sinnesaspekt), die rechte Hälfte der physikalische Aspekt (Reizaspekt).

FECHNER blieb nicht bei der Formulierung dieses Gesetzes stehen, sondern suchte es in ausgedehnten experimentellen Laborversuchen zu beweisen. So entwickelte er drei Methoden: das Grenzverfahren (ein Reiz, der größer ist als ein Standardreiz oder kleiner, wird in absteigendem oder aufsteigendem Verfahren dem Standardreiz angenähert, bis er diesem entspricht; so ist es möglich, die Grenzen der beiden Zonen zu finden), das Konstanzverfahren (eine Versuchsperson entscheidet, ob gegebene Reize größer, kleiner oder gleich sind wie ein Standardreiz) und das Herstellungsverfahren (oder die Einstellungsmethode) (die Versuchsperson kann nach eigenem Gutdünken den variablen Reiz so verändern, daß er dem Standardreiz entspricht). So gelingt es zum ersten Mal in der Geschichte der Psychologie, "Einstellungen" zu messen (FECHNER 1860).

FREUD wandte die psychophysischen Gedanken FECHNERs auf seine Auffassung vom Traum an: er meinte, daß die Gedanken FECHNERs zwar nicht sehr viel Klares über die "Lokalisation" des Traumes enthielten, daß aber seine psychophysischen Vorstellungen sinnvoll seien, wenn man sie auf einen "seelischen Apparat" beziehe, der aus mehreren hintereinandergeschalteten Instanzen aufgebaut sei (GW II/III, S. 50ff. u. S. 541). Das "Konstanzprinzip" und das "Prinzip der Tendenz zur Stabilität" wurden von FREUD angewandt, um nähere Aufschlüsse über Lust/Unlustreaktionen zu geben (GW III, S. 4ff.). In seiner "Selbstdarstellung" meinte FREUD später: "Ich war immer für die Ideen G. Th. FECHNERs zugänglich und habe mich auch in wichtigen Punkten an diesen Denker angelehnt" (GW XIV, S. 86).

Während FREUD also die physiologische Denkweise in der Psychologie entgegengekommen zu sein scheint (80), lehnten die "reinen" HERBARTianer die Fundierung der Psychologie auf die Physiologie ab. Die medizinische Schule Wiens war jedoch mehr von den frühen Materialisten und Rationalisten beeinflußt als von den deutschen Idealisten. So spielte für sie die HELMHOLTZ-Schule eine besonders große Rolle.

Hermann von HELMHOLTZ (1821-1894), dessen Bedeutung für die Physiologie im Zusammenhang mit dem Institut BRÜCKEs in Wien besprochen werden soll, war erklärter Materialist, kämpferischer Rationalist und Aufklärer in einem. In dieser Hinsicht war er FECHNER entgegengesetzt, hatte aber eine ebenso große Bedeutung für seine Zeit wie dieser. FREUD z.B. nannte HELMHOLTZ einen "höchst produktiven Menschen", dem das Wesentliche seiner wissenschaftlichen Schöpfungen "einfallsartig" gegeben worden sei. Als HELMHOLTZ für kurze Zeit in Wien weilte und FREUD ihn nicht sehen konnte, bedauerte er das sehr; er meinte, HELMHOLTZ sei immer einer von seinen "Zimmergötzen" gewesen (JONES I., 1978, S. 62).

Auch HELMHOLTZ ist nicht nur einer wissenschaftlichen Disziplin zuzurechnen: er war Physiker, Physiologe und Psychologe. Er war Nachfolger von KANT und HERBART an der Universität Königsberg; er lehrte in Bonn, Heidelberg (wo WUNDT sein Assistent im physiologischen Labor wurde) und Berlin.

In der Psychologie leistete HELMHOLTZ bedeutende Beiträge zur Theorie der Wahrnehmung. Sie beruhten auf seinen physiologischen Arbeiten über das Hören, Sehen und die Anpassungsprozesse dieser Organe. So war er auch der Erfinder des Ophthalmoskops.

HELMHOLTZ unterschied zwischen Sinnesempfindung und Wahrnehmung: Sinnesempfindung sei das Gewahrwerden eines momentanen Reizes, während Wahrnehmung ein höchst komplexer kognitiver Vorgang sei, der unbewußte, auf vergangenen Erfahrungen beruhende Schlußfolgerungen umfasse. Die eigentliche Sinnesempfindung oder die Reizaufnahme an sich sei unwichtig; die Schlußfolgerung, welche daraus gezogen werde, stelle das eigentlich Zentrale der Wahrnehmung dar und sei notwendigerweise ein "Hinzufügen" von etwas, das in der Vergangenheit schon einmal kognitiv erworben worden sei. Damit ist HELMHOLTZ einer der Vorläufer der modernen Wahrnehmungstheorie (sowie auch einer der Vorläufer PIAGETs).

Für die Philosophie der Naturwissenschaften hatte diese Theorie zentrale Bedeutung. Wenn erst in Zusammenhang mit vergangenen Erfahrungen der auftreffende Reiz zu einer - unbewußten - Schlußfolgerung führt, dann ist jede Beobachtung, und sei sie noch so präzise zustande gekommen, noch so exakt von Meßgeräten aufgenommen, eine persönliche und damit immer durch die Erfahrungen des Beobachters, durch seine momentane Zuständlichkeit, durch seine Vergangenheit beeinflußt, vorstrukturiert und damit relativ subjektiv.

Dies formulierte HELMHOLTZ, obwohl oder gerade weil er überzeugter Materialist war, und näherte sich damit der modernen Auffassung eines "nicht-materialistischen Materialismus" an, der das Subjekt in seine naturwissenschaftlichen Überlegungen miteinbezieht, ohne subjektivistisch zu werden und ohne die äußere Realität in ihrem objektiven Vorhandensein leugnen zu müssen.

Mit Wilhelm WUNDT (1832-1920), der Assistent an HELMHOLTZ' Institut in Heidelberg war, datiert die Psychologie meist den Anfang ihrer wissenschaftlichen Geschichte. Im Verlauf der akademischen Laufbahn Wilhelm WUNDTs emanzipierte sich die Psychologie von der Philosophie und wurde zu einer tendenziell empirisch fundierten Wissenschaft. Sie erhielt durch WUNDT ihre ersten Weihen als selbständige, experimentell arbeitende Disziplin (vgl. auch WERTHEIMER 1971, S. 87).

WUNDT war sehr produktiv; er veröffentlichte eine Reihe wichtiger Werke zur physiologischen und vergleichenden Psychologie, zahlreiche Bücher zur Philosophie und eine monumentale Völkerpsychologie. Auch die Sozialpsychologie nennt ihn als Vorläufer.

Für WUNDT war die Psychologie eine Wissenschaft vom Bewußtsein, auf Erfahrung gegründet. Während in den Naturwissenschaften die mittelbare Erfahrung eine zentrale Rolle spiele, sei es in der Psychologie die unmittelbare Erfahrung, die interessiere. Sie sei keine statische, feststehende Angelegenheit, sondern eine sich ständig verändernde, aus subjektiven Prozessen zusammengesetzte. Während die anderen Wissenschaften sich bemühten, subjektive Faktoren auszuschalten, müsse die Psychologie als Wissenschaft vom Bewußtsein die subjektiven Prozesse in das Zentrum ihres Interesses stellen. Methoden hierfür seien die Beobachtung und das Experiment. Interessant ist, daß WUNDT - im Gegensatz zur heutigen Auffassung des Experimentes - in dieses die Introspektion und die Selbstbeobachtung einschließt; unter beiden wird bei ihm die systematische Zerlegung der Bewußtseinsinhalte in ihre Elemente verstanden.

Während nach WUNDT das Experiment für die Erforschung der grundlegenden psychologischen Prozesse wie des der Empfindung oder der Assoziationen geeignet sei, erschlössen sich die höheren geistigen Tätigkeiten (Persönlichkeit, soziale Phänomene) nur der Beobachtung. Nur diese könne über eine Kultur Aufschluß geben. In diesem Sinne ist seine Völkerpsychologie zu verstehen, die das Gesamtgebäude seiner Psychologie abrundet.

Die zentrale Aufgabe der Psychologie ist nach WUNDT die Analyse bewußter Verbindungen und Komplexe in ihre konstituierenden Elemente, das Studium dieser Elemente sowie das Studium der Verbindungen zwischen den Elementen und die Aufstellung von Gesetzen, die die Elemente zu Verbindungen, die Verbindungen zu Kombinationen und die Kombinationen zu Komplexen zusammenschlössen. Damit überträgt WUNDT auf die Psychologie, was allgemeines Anliegen der Zeit war: komplexe Zusammenhänge in ihre Einzelelemente zu zerlegen und die Einzelelemente wieder in komplexe Zusammenhänge zusammenzufügen (vgl. dazu Kapitel 6 dieses Buches).

Elemente wurden von ihm in Gefühle (subjektiver Aspekt) und Empfindungen (objektiver Aspekt) eingeteilt. Die Gefühle ließen sich nach drei Dimensionen hin unterscheiden: Lust/Unlust - Spannung/Entspannung - Erregung/Ruhe. Diese Gefühle würden alle von physiologischen Vorgängen wie Herzschlagbeschleunigung, Atemveränderungen, Röte usw. begleitet. Die Eigenschaften der Verbindungen der Elemente müßten aber nicht notwendigerweise die Eigenschaften der Elemente mit sich führen.

Bezüglich der Bewußtseinstheorie weist WUNDT weitreichende Gemeinsamkeiten mit den Neurologen und Phrenologen, den Psychiatern und den Physiologen des 19. Jahrhunderts auf: das Gehirn, Bedingung für das Bewußtsein, habe getrennte Organe für das Schreiben, das Sprechen, das Lesen. WUNDT befaßte sich allerdings nur mit dem Bewußtsein, nicht mit dem Unbewußten wie noch FECHNER oder HELMHOLTZ vor ihm.

Sein Assoziationsbegriff - der an die FREUDsche Assoziationslehre als eine Möglichkeit zur Entdeckung des Unbewußten denken läßt - ist jedenfalls auf die bewußten Prozesse bezogen, bzw. diesen subsumiert: die oben beschriebenen Elemente seien durch einen Assoziationsprozeß kombiniert, der in drei verschiedenen Formen vorkommt: als Fusion (Verschmelzung), als Assimilation (Angleichung) und als Kompilation (Zusammensetzung).

Die Psychologie habe darüber hinaus zwei Hauptbereiche der Forschung: das Studium der Entwicklung des Kindes, d.h. der Entwicklung psychischer Prozesse im Individuum, und das Studium der kulturellen Entwicklung von Gruppen, wozu das Studium der Sprache, der Geschichte, des Rechts und der Religion, der Sitte und des Brauches sowie der Kunst gehöre.

Auch WUNDT setzte einen psychophysikalischen Parallelismus voraus: dieselben Kausalgesetze wirkten in der Seele wie in der körperlichen Sphäre. Insofern gebe es auch nur eine Erfahrung, wenn sie auch in die mittelbare (Physik, Naturwissenschaften) und die unmittelbare (Psychologie) unterteilt werden müsse.

WUNDT erreichte einen beträchtlichen Popularitätsgrad. Der Psychiater Emil KRAEPELIN war sein Schüler; er schuf eine der WUNDTschen Klassifikationsvorliebe adäquate Klassifikation der "Geisteskrankheiten", die im wesentlichen heute noch gilt. Aus den USA kamen Schüler, die die "aufregende Entwicklung" (WERTHEIMER) der deutschen Psychologie studierten und in die Vereinigten Staaten exportierten (Stanley HALL, James McKeen CATELL, E.B. TITCHENER u.a.). WUNDT ist der "Vater" der Experimentalpsychologie, die später in den USA weiterentwickelt wurde und von dort aus die akademische Psychologie insgesamt bestimmte.

3.4. Zusammenfassung

Aus dem geschilderten Stand der Entwicklung der speziellen Disziplinen der Psychiatrie, Neurologie und Psychologie, die als Disziplinen potentiell das Problem der Neurosen bzw. der mit neurotisch gestörten Patienten vollgestopften Sprechstunden der praktischen Ärzte und Neurologen hätten lösen können, geht hervor, daß noch kein Modell zur Beantwortung der Frage nach den Ursachen neurotischer Störungen zur Verfügung stand: die Psychiatrie war gerade erst dabei, sich in die allgemeine Medizinwissenschaft zu integrieren, ein "medizinisches Modell" als Bezugsrahmen für die bis dahin als moralisch oder als "sündig" diffamierten erkrankten Patienten durchzusetzen und ihre Klientel aus den Anstalten heraus in die Krankenhäuser hinein zu verlegen. Erst im

Ansatz begann sich die Universitätspsychiatrie von ihren naturphilosophischen Quellen zu lösen; im übrigen konnte gezeigt werden, daß die Psychiatrie – im Gegensatz zu landläufigen Annahmen – nichts oder wenig mit der Klientel der "Nervenschwachen" zu tun hatte. Trotz fließender Übergänge sind jene die Kunden der praktischen Ärzte und vor allem der Neurologen gewesen.

Letztere jedoch wußten nichts mit ihnen anzufangen; da man, wie gezeigt wurde, davon ausging, die Neurosen seien durch somatische Ursachen bedingt, suchte man noch vorwiegend in dieser Richtung. Hilflos verordneten die Ärzte "Bromsalze", kalte und heiße Bäder, Elektrotherapie und ähnliche fast wirkungslose Kuren; erst die Hypnose zeigte, daß die Neurosen – da von dieser beeinflußbar – etwas mit den seelischen Leiden der Kranken zu tun haben könnten.

Die Psychologie schließlich steckte noch tief in philosophischen Denkmustern; weder wurde sie praktisch mit Kranken konfrontiert, noch machte sie sich theoretische Gedanken über das Pathologische – ihr Gegenstand war das Bewußtsein und dessen gesetzmäßiges Funktionieren im Verlauf normaler psychischer Abläufe. Allerdings konnte die Psychologie grundsätzliche Einsichten in das normale Seelenleben vermitteln. Hiervon profitierten später auch die Pathologen.

So läßt sich zusammenfassen, daß gegen Mitte des 19. Jhdts. keine wissenschaftliche Disziplin in der Lage war, Deutungsmuster und/oder gar Lösungen für das anfallende gesellschaftliche Problem anzubieten: das Auftauchen der psychisch Gestörten in großer und immer größer werdender Anzahl, für die niemand Erklärung und Rat wußte.

Kapitel 5
Problemdefinition, Problemrezeption und Theorievarianten früher psychotherapeutischer Schulen

Nach dem oben entwickelten Modell der Entstehung und Entwicklung einer wissenschaftlichen Neuentdeckung ist die "Problemdefinition" der Entstehung einer Theorievariante historisch, logisch und systematisch vorgeordnet. Sie ist kein individuelles Phänomen, sondern in ihrer Entstehung, inhaltlichen und formalen Ausformulierung sowie ihrer "Gestalt" abhängig von der jeweiligen wissenschaftlichen Gemeinschaft im engeren wie im weiteren Sinne. Das historische Moment, das in sie eingeht, kann als die spezifische Sichtweise der in einer bestimmten Wissenschaftsdisziplin arbeitenden Wissenschaftler zu dieser Zeit bezeichnet werden; im weiteren Sinne sind darin alle gesellschaftlichen Faktoren aufgehoben, die diese Sichtweise (als dem wissenschaftlichen System nicht "äußerliche", aber zu analytischen Zwecken als "äußeres System" beschreibbare: vgl. BÜHL 1974, S. 33ff.) bedingen.

Die "Öffentlichkeit", obwohl vom Wissenschaftssystem abgegrenzt, hat zweifellos Einfluß auf wissenschaftliche Problemdefinitionen; insbesondere dann, wenn eine wissenschaftliche Disziplin noch nicht so hoch spezialisiert ist, daß gebildete Laien nachvollziehen können, um welches Problem es sich handelt. Der Einfluß der Öffentlichkeit auf die Problemdefinition ist besonders stark bei drückenden gesellschaftlichen Problemen, die breite Teile der Bevölkerung mittelbar oder unmittelbar betreffen. Bei Krankheiten (wie z.B. Krebs o.ä.) ist dies besonders häufig der Fall.

Die Problemrezeption (nur zu analytischen Zwecken von der Problemdefinition streng zu trennen) meint in vorliegendem Zusammenhang ein individuelles Phänomen insofern, als sie an einzelne Wissenschaftler, an deren Biographie, der bis dahin mit dem in Frage stehenden Problem gelebten Erfahrungen sowie an deren Sozialisation in die wissenschaftliche Gemeinschaft gebunden ist.

Oben wurde gesagt, daß es gerade die Unterschiedlichkeit der innerhalb einer wissenschaftlichen Gemeinschaft gegebenen

Wissenschaftler ist, die die potentiell unbegrenzte Vielfalt von Theorievarianten erst entstehen lasse (vgl. die Thesen und die Graphik S. 99 dieses Buches).

Da im Zentrum vorliegender Untersuchung die Psychoanalyse steht, sollen in den folgenden Abschnitten die die Entwicklung der Psychoanalyse begleitenden Theorievarianten anderer psychotherapeutischer Schulen nicht ausführlich analysiert werden. Es geht vor allem darum zu zeigen, daß Theorievarianten vorhanden waren, daß sie zu der in Frage stehenden Zeit ebenso berühmt waren wie später die Psychoanalyse und daß sie "untergegangen" sind – aus verschiedenen, manchmal schwer angebbaren Gründen. Als Beispiele für "untergegangene" Theorievarianten sollen deshalb in den folgenden Abschnitten die Schule der Salpêtrière, die Schule von Nancy, die "Psychologische Analyse" des Pierre JANET und die "Persuasion" des Paul DUBOIS kurz dargestellt werden. "Problemdefinition", "Problemrezeption" und "Theorievariante" werden der Einfachheit und Kürze halber jeweils in einem gemeinsamen Abschnitt besprochen; erst die Psychoanalyse wird unter den genannten "Ordnungsaspekten" getrennt behandelt.

Wie nicht anders zu erwarten, wurde das oben beschriebene Problem der "Nervösen" um etwa 1880 verschieden aufgefaßt und kontroverse Möglichkeiten zu seiner Lösung diskutiert. Dementsprechend verschieden waren auch die Theorievarianten.

In Wien bestand wegen der seit einem Jahrhundert besonders stark ausgeprägten Abneigung gegen den Mesmerismus (81), der seinen Ausgang von dieser Stadt genommen hatte, eine ebenso starke Abneigung gegen die Anwendung der hypnotischen Suggestion bei Hysterischen sowie damit in Zusammenhang eine theoretische Einstellung gegenüber den Neurosen, die die organischen Ursachen gegenüber den psychischen weiter in den Vordergrund zu stellen geneigt war; dies gilt z.B. für die hirnanatomische Schule des Psychiaters MEYNERT (vgl. MEYNERT 1890, vgl. auch Kapitel 6 dieses Buches).

In Frankreich dagegen, wo MESMER nach seiner Flucht aus Österreich im Jahr 1778 großen Erfolg gehabt hatte (ELLENBERGER 1973 I., S. 100ff.), und, obwohl von der Académie de Médicine seine Heilungen zwar nicht bestritten, aber als auf "Einbildung" beruhend kritisiert worden waren, die Bewegung nicht aufgehalten werden konnte, wurde um 1880 die Hypnose (in gewisser Weise legitime Nachfolgerin des "Thierischen Magnetismus") weniger abgelehnt als in Österreich.

Entsprechend dieser Tradition ist es nicht verwunderlich, daß in Paris eher als in Wien und auch in Deutschland die psychogenetischen Ursachen für neurotische Störungen gesehen und akzeptiert werden konnten. Jedenfalls kamen die frühen wissenschaftlichen psychotherapeutischen Schulen aus Frankreich.

1. Die Schule der Salpêtrière

Die Schule der Salpêtrière kann, wenn auch mit Vorbehalt, als wissenschaftliche Gemeinschaft im oben definierten Sinne aufgefaßt werden. Der Vorbehalt resultiert aus der Tatsache, daß ihr "Kopf", Jean Martin CHARCOT (1825-1893), nicht als Gleicher unter Gleichen arbeitete, wie sonst unter Wissenschaftlern idealiter die Regel, sondern als despotischer Herrscher über seine Mitarbeiter verfügte. So jedenfalls lauten die Aussagen seiner Zeitgenossen und Mitarbeiter (FREUD GW I, MUNTHE 1980, GUILLAIN 1855, SOUQUES 1925, DAUDET 1917, 1922). Daß er sein "Team" eher beherrschte als leitete, sollte ihm später auch zum (wissenschaftlichen) Verhängnis werden.

CHARCOTs frühe Arbeiten befaßten sich mit inneren Krankheiten; erst danach wurde er Neuropathologe (ELLENBERGER 1973, I., S. 155). Ein für ihn sicher entscheidendes Erlebnis war ein kurzer Aufenthalt in der sogenannten Salpêtrière während seiner Zeit als Assistenzarzt.

Die Salpêtrière (die auch häufig in der französischen Dichtung eine Rolle spielt, so z.B. in dem Werk BALZACs) war eine berühmt-berüchtigte Anstalt, die unter Ludwig XVI als Asyl für Prostituierte, Arme und Geisteskranke gedient hatte. Zur Zeit des Dienstantritts CHARCOTs beherbergte das Haus etwa 5000 alte Frauen; aber auch eine größere Anzahl von "Krampfkranken", Epileptikerinnen und Hysterischen waren dort aufbewahrt.

1862 wurde CHARCOT in der Salpêtrière Chefarzt, wenig später übernahm er die Leitung der Abteilung für "Krampfkranke". Zu dieser Zeit begann eine lebhafte Tätigkeit: CHARCOT studierte mit größtem Interesse die Symptome der Hysterischen; er bemühte sich, die Anfälle der Hysterischen von denen der Epileptiker zu unterscheiden. Er baute ein Team von Mitarbeitern auf, richtete Forschungslaboratorien und Hörsäle für Studenten ein und studierte unermüdlich mit denselben Methoden, die er für das Studium organischer Nervenleiden anwandte, die Hysterien. Innerhalb von acht

Jahren galt er als der "hervorragendste Neurologe seiner Zeit" (ELLENBERGER 1973, I., S. 144).

1878 begann CHARCOT mit der Hypnose zu experimentieren. Er benutzte dazu die hysterischen Patientinnen in seiner Abteilung und stellte an ihnen drei unterschiedliche "Stadien" hypnotischer Zustände fest: "Lethargie", "Katalepsie" und "Somnabulismus". 1882 trug er seine Forschungen der Académie des Sciences vor; erstaunlicherweise wurden seine Ergebnisse anerkannt, eine Ehre, die dem "Magnetismus" dreimal zuvor nicht zuteil worden war (ELLENBERGER 1973, I., S. 145, JANET 1895).

Dieser Vortrag machte ihn nicht nur in Frankreich berühmt und wurde von den Zeitgenossen als die Rehabilitation der Hypnose seit MESMER eingeschätzt, sondern in der Folge auch in der gesamten neurologischen Fachwelt bekannt: "Er war Leibarzt von Königen und Fürsten, und Patienten kamen zu ihm bis aus 'Samarkand und Westindien'." (ELLENBERGER 1973, I., S. 143) Was aber noch wichtiger war: junge Ärzte, die etwas lernen wollten, besuchten ihn aus aller Welt: unter ihnen der (später ebenfalls berühmt gewordene und oben zitierte) Axel MUNTHE, aber auch der junge FREUD. Die Schule der Salpêtrière wurde zum Multiplikationsfaktor der CHARCOTschen Lehren, die sich in alle Welt verbreiteten. "Zu den Schülern CHARCOTs zählten BORNEVILLE, PITRES, JOFFROY, COTARD, Gilles de la TOURETTE, MEIGE, Paul RICHER, SOUQUES, Pierre Marie RAYMOND und BABINSKI; es gibt kaum einen französischen Neurologen jener Zeit, der nicht bei CHARCOT studiert hat." (ELLENBERGER 1973, I., S. 149)

In der Bevölkerung erzählte man sich Wunderdinge über CHARCOT: "Eine ... junge Dame wurde mit einer Lähmung beider Beine zu CHARCOT gebracht. CHARCOT fand keine organische Schädigung; die Konsultation war noch nicht vorbei, als die Patientin aufstand und zur Tür ging, wo der Droschkenkutscher, der auf sie wartete, verblüfft seinen Hut abnahm und sich bekreuzigte."(82)

Daß CHARCOT mit der Hypnose experimentierte und sie wissenschaftlich ernst nahm, war für viele Mediziner ein Signal, ähnliches zu versuchen (vgl. auch Kapitel 4.3.2. dieser Arbeit). Die Folge war eine Flut von Veröffentlichungen und eine womöglich noch größere Anzahl von Experimenten, die die Hypnose zu einer Modeerscheinung werden ließen.(83)

CHARCOT studierte unterdessen unermüdlich die Krankheitsbilder der Hysterie und klassifizierte die verschiedenen Stadien des sogenannten "großen hysterischen Anfalls".

Seine berühmten "Dienstagsvorlesungen", in denen er diese von ihm gefundenen Stadien durch seine Paradepatientinnen vorführen ließ, wurden von "tout Paris" besucht. Ein zeitgenössischer Beobachter schrieb dazu: "Der große Hörsaal war bis auf den letzten Platz besetzt. Eine bunte Hörerschaft aus ganz Paris: Schriftsteller, Journalisten, berühmte Schauspieler und Schauspielerinnen und die elegante Halbwelt, alle voll krankhafter Neugierde, diese aufregenden Wunder der Hypnose zu erleben, die man seit den Tagen von Mesmer und Braid (84) fast vergessen hatte ... Für mich, der ich schon jahrelang meine freie Zeit der Erforschung der Hypnose widmete, waren die Schaustellungen der Salpêtrière vor der Öffentlichkeit von ganz Paris nur alberne Spielerei, in der sich Betrug und Wahrheit untrennbar vermischten. Einige dieser Medien waren zweifellos wirklich Somnambulen, die im wachen Zustand getreulich die verschiedenen Suggestionen ausführten, die man ihnen im Schlaf eingegeben hatte – posthypnotische Suggestionen, aber viele waren bloß Schwindler, die genau wußten, welche Handlungen man von ihnen erwartete, selig, ihre verschiedenen Tricks öffentlich zeigen zu können und Ärzte wie Zuhörer mit der fabelhaften Schlauheit der Hysterischen zu betrügen." (MUNTHE 1980, S. 214)

Nach internistischen und rein neurologischen Arbeiten war das Studium der Hysterie und der Hypnose CHARCOTs "dritte Karriere" (ELLENBERGER 1973, I., S. 155); sie trug mehr als alle anderen zu seinem Ruhm bei. Seine psychotherapeutische "Theorievariante" war, kurzgefaßt, die Entdeckung, daß "geistige Vorstellungen" oder "fixe Ideen" Krankheiten hervorrufen könnten. Später nahm er an, daß "der Glaube heile" (1893); diesen Gedanken konnte er nicht weiter verfolgen: im Sommer 1893 starb er.

Seine neurologischen Entdeckungen wurden bald selbstverständlicher Bestandteil der "normalen Wissenschaft", seine Erkenntnisse über Hysterie und Hypnose aber in Bausch und Bogen abgelehnt; ebenso wie man ihn bei Lebzeiten maßlos bewundert hatte, verdammte man ihn nach seinem Tode. Ursache dieser Wende waren die offenkundigen Fehler und Versäumnisse CHARCOTs: er hatte die zuvor von anderen Ärzten "angelernten" Patienten und deren Anfälle, die häufig simuliert waren, ernst genommen; er hatte die Massenphänomene nicht berücksichtigt, die die Hysterischen die Epileptikerinnen nachahmen ließen; er hatte darauf vertraut, daß seine Assistenten ihm die Wahrheit berichteten, während viele ihm nur das mitteilten, was er hören wollte; er hatte schließlich nicht wahrgenommen, daß einige seiner

Studenten dramatische Schaustücke mit Hysterikerinnen trainierten, die dem Meister vorgeführt wurden.

So dürfte CHARCOTs Theorievariante aus rationalen Gründen untergegangen sein; seine Fehler (vor allem auch methodologische) wurden von JANET, BABINSKI und anderen aufgedeckt. Obwohl man ihm zu Lebzeiten die "Entdeckung" der Hysterie, die der Hypnose, der Katalepsie und des Somnambulismus zugeschrieben und ihn den "Napoleon der Neurosen" genannt hatte (ELLENBERGER 1973, I., S. 151), war er kurz nach seinem Tod beinahe vergessen. Nach seinem Tod wurde – vor allem unter dem Einfluß seines ehemaligen Schülers BABINSKI (85) – eine Kampagne gegen ihn entfacht, die mit seinen Fehlern zugleich seine Verdienste hinwegfegte; in Frankreich wurde eine Epoche der organizistischen und mechanistischen Auffassung psychischer Erkrankungen eingeleitet. Nach ELLENBERGER war CHARCOT bereits zehn Jahre nach seinem Tod nicht nur vergessen, sondern seine Schüler verleugneten ihn sogar (1973, I., S. 159).

Obwohl es also zur Zeit der größten Berühmtheit CHARCOTs kaum einen Neurologen gab, der ihn nicht besucht oder ihn wenigstens einmal in einer Vorlesung gehört hätte, setzten sich weder seine theoretischen Auffassungen durch, noch hielt sein Ruhm an. Seine psychotherapeutische "Theorievariante" erreichte die Stufe 2, dort blieb sie hängen und starb den "Hypothesentod".

2. Die Schule von Nancy (Hippolyte BERNHEIM)

Die "Schule von Nancy" kann als Ort der eigentlichen Entdeckung der "Psychotherapie" bezeichnet werden: diesen Begriff gab es erst, nachdem Hippolyte BERNHEIM (1840–1919) ihn in einem seiner Lehrbücher (Hypnotisme, Suggestion, Psychothérapie. Etudes Nouvelles, Paris 1891) eingeführt hatte. Von da an setzte er sich schnell durch und wurde zum Modewort.(86)

Hippolyte BERNHEIM war der Führer der Schule von Nancy. Er war kein Neurologe, sondern Professor für Innere Medizin zuerst in Straßburg, dann, nachdem der Elsaß von den Deutschen 1871 annektiert worden war, in Nancy. Er war auf dem Gebiet der Inneren Medizin bereits ein bekannter Mann, als er den mutigen Altmeister der Hypnose, Ambroise LIEBAULT (1823–1894), im Jahre 1882 besuchte, sein Schüler wurde und ihn und sein früher verfaßtes Buch (1866) in der Welt der Wissenschaft bekannt machte.(87) Dieses Ereignis geschah kurz nach dem oben erwähnten Vortrag CHARCOTs vor der Pariser Akademie der Wissenschaften. Mit diesem Ereignis brach ein Rivalitätskampf zwischen BERNHEIM bzw. der Schule von Nancy und CHARCOT bzw. der Schule der Salpêtrière aus, in dem BERNHEIM Sieger blieb. Der Streit ging um das Verständnis der Hypnose: BERNHEIM (1886) behauptete, daß diese nicht nur bei Hysterikern möglich sei, sondern daß sie auf "Suggestion" beruhe und bei jedem gesunden Menschen anzuwenden sei; allerdings bei einfachen, an Unterordnung und Gehorsam gewöhnten Menschen leichter und besser als bei den Angehörigen der reichen Klassen und der Selbständigen. CHARCOT hingegen war der Auffassung, daß die Hypnose ein für die Hysteriker typisches Phänomen sei. Noch 1897 schrieb der "Specialarzt für Nervenkrankheiten in München", L. LÖWENFELD: "In der Beurtheilung der Hypnose nach ihrer psychologischen und therapeutischen Seite machen sich noch gegenwärtig annähernd dieselben Meinungsverschiedenheiten geltend wie vor etwa einem Decennium, nachdem man angefangen hatte, sich allgemeiner mit diesem Zustande zu beschäftigen. Die Schule der Salpêtrière huldigt noch jetzt wie während des Lebens ihres großen Meisters der Anschauung, dass die Hypnose lediglich eine Äusserungsform der Hysterie ist. ... Die Schule von Nancy auf der anderen Seite vertritt jetzt noch ebenso entschieden wie früher die Ansicht, dass die Hypnose mit der Hysterie nichts zu thun hat, überhaupt keinen krankhaften Zustand darstellt, und dass es sich bei derselben lediglich um einen eigenartigen, auch bei der grössten Mehrzahl Gesunder durch gewisse Einwirkungen hervorzurufenden psychischen Zustand handelt, der insbesondere durch erhöhte Suggestibilität charakterisiert ist. Diese Auffassung wird gegenwärtig, man kann sagen von dem Gros derjenigen getheilt, welche sich ernsthaft mit dem Studium der Hypnose oder ihrer therapeutischen Verwertung befassen." (LÖWENFELD 1897, S. 135) "Ernsthaft befaßt" mit der Hypnose waren zur Zeit der sich langsam herausbildenden Schule von Nancy nicht nur französische Neurologen, sondern international verbreitete Anhänger: so Albert MOLL und SCHRENCK-NOTZING in Deutschland, KRAFFT-EBING in Österreich-Ungarn, BECHTEREW in Rußland, BRAMWELL in England, Boris SIDIS und Morton PRINCE in den USA, Otto WETTERSTRAND in Schweden, Frederik van EEDEN und van RENTHERGHEM in Holland sowie Auguste FOREL in der Schweiz (ELLENBERGER 1973, S. 141f., LÖWENFELD 1897, S. 135ff.).

BERNHEIMs Schule war nicht so straff organisiert wie die CHARCOTs. Zwar hatte BERNHEIM Anhänger in aller Welt, aber diese waren selbständige, schöpferische Persönlichkeiten, die ihrerseits die hypnotische Methode weiterentwickelten.

Während CHARCOT "die Entstehung von Krankheitserscheinungen durch Vorstellungen in unwiderleglicher Weise" nachgewiesen hatte (LÖWENFELD 1897, S. 7), war BERNHEIMs psychotherapeutische Theorievariante (in der Nachfolge LIEBAULTs) die, daß durch die Erweckung von Vorstellungen (mittels der Suggestion in Hypnose oder, später, auch ohne diese, also im Wachzustand oder durch Autosuggestion) Krankheiten auch wieder geheilt werden könnten (BERNHEIM 1886, ELLENBERGER 1973, I., SULLOWAY 1979). BERNHEIM hatte hiermit soviel Erfolg, daß er um 1900 "von vielen Menschen als der hervorragendste Psychotherapeut Europas angesehen (wurde); aber nach kaum zehn Jahren war er fast vergessen" (ELLENBERGER 1973, I., S. 141f.); obgleich er noch weitere zehn Jahre lebte, publizierte und praktizierte, hatten andere Psychotherapeuten ihm bereits den Rang abgelaufen. Nach ELLENBERGER nahm BERNHEIM dies mit Bitterkeit auf; er bezeichnete sich selbst als "wahren Begründer der Psychotherapie" und behauptete, andere, so z.B. Paul DUBOIS, hätten seine Methode "annektiert" (ELLENBERGER 1973, I., S. 141f.).

Ein wesentlicher Grund für das schnelle Vergessen Hippolyte BERNHEIMs liegt sicher darin, daß er keine Schule im engeren Sinne gründete, sondern daß seine Anhängerschaft aus selbständigen Menschen bestanden hat, die ihre eigenen Methoden fortentwickelten. BERNHEIM gründete weder ein Institut für die Forschung und Weiterentwicklung seiner Ideen, noch legte er Wert darauf, eigene Publikationsorgane zu schaffen, in welchen seine Methode veröffentlicht worden wäre; dies alles blieb S. FREUD vorbehalten.

Ein ähnliches Schicksal wie BERNHEIM, vordergründig noch unbegreiflicher, war dem Philosophen und Mediziner Pierre JANET beschieden.

3. Pierre JANET ("psychologische Analyse")

Pierre JANET war noch von CHARCOT kurz vor dessen Tode an die Salpêtrière gerufen worden; CHARCOT hatte ihm dort eine spezielle Abteilung angeboten, in welcher JANET - bereits durch mehrere Arbeiten in Fachkreisen bekannt - seine "psychologischen Experimente" fortsetzen konnte.

JANET war ursprünglich nicht Arzt, sondern Lehrer für Philosophie. Diese intellektuelle Herkunft bzw. wissenschaftliche Sozialisation prägte entscheidend, wie nicht anders zu erwarten, seine Auffassungen von neurotischen Störungen. Mehr als CHARCOT und BERNHEIM faßte er seinen Gegenstand als einen psychogenetisch bedingten auf; ELLENBERGER meint daher auch, daß JANET bzw. sein Werk "das Bindeglied zwischen der ersten dynamischen Psychiatrie und den neueren Systemen" (mit denen FREUD, JUNG und ADLER gemeint sind) gewesen sei.(88)

Pierre JANET wurde 1859 in Paris geboren und starb dort im Jahre 1947. Er kam aus einer Intellektuellenfamilie. Zunächst studierte er an der Ecole Normale Supérieure, welche zum französischen Gymnasiallehrer ausbildete. In Le Havre, seinem ersten Wirkungsbereich, wo er Philosophie lehrte, experimentierte er gleichzeitig mit Hypnose - ähnlich wie sein Altersgenosse und späterer Freund BERGSON, mit dem ihn zeitlebens eine intellektuelle und persönliche Beziehung verband.

Bereits die ersten Veröffentlichungen seiner Ergebnisse von Experimenten mit "Medien" machten ihn bekannt.

JANET legte großen Wert darauf, nicht mit den vielfach untersuchten Patienten der Salpêtrière zu arbeiten, deren Suggestibilität bei Neuuntersuchungen lediglich das in alten Untersuchungen Gelernte hervorbrachte, sondern er untersuchte Kranke in Le Havre, die noch nicht von Ärzten gesehen worden waren. Bald beschloß er, Medizin zu studieren, um nicht in seiner weiteren Forschungstätigkeit gehindert zu werden. 1889 zog er nach Paris, wo er sein Medizinstudium aufnahm. Vier Jahre später legte er eine medizinische Doktorarbeit vor, die seine Theorie der Hysterie enthielt (JANET 1893).

CHARCOT, der schon lange auf Pierre JANET aufmerksam geworden war und der sich sehr für Psychologie interessierte, holte JANET 1893 an die Salpêtrière; er richtete dort ein Forschungslaboratorium für Experimentalpsychologie ein, dessen Leiter Pierre JANET sein sollte. Leider starb CHARCOT drei Wochen später, womit JANET dessen wichtige Protektion verlor. Dennoch konnte er zwischen 1893 und 1902 fast ungestört dort weiterarbeiten. In diesem Jahr bekam er am Collège de France eine Titularprofessur für experimentelle Psychologie, um die er mit Alfred BINET konkurriert hatte. BERGSON hatte seine Kandidatur vor dem Professorenkollegium vertreten. 1904 wurde er zu Verträ-

gen in die USA eingeladen, wo er großen Erfolg hatte.
1913 fand der berühmte internationale Kongreß in London
statt (vgl. unten), an dem JANET die Priorität für die
Entdeckung der "kathartischen Methode" beanspruchte und
zum Ausdruck brachte, daß die psychoanalytische Theorie
FREUDs lediglich eine Weiterentwicklung seiner eigenen
Gedanken sei; ferner bezeichnete er dort FREUDs Theorie
als "metaphysisches System", d.h. als nicht "positivistisch"
bzw. "wissenschaftlich" im COMTEschen Sinne. FREUD
hingegen leugnete den Einfluß JANETs - dazu weiter unten.

Nach dem Kriege wandte sich JANET der Psychologie
des Verhaltens, später der Religion bzw. des Glaubens
zu. Er wurde 88 Jahre alt und starb - längst vergessen -
nach dem Zweiten Weltkrieg in Paris.

Seine Theorie der Hysterie gründete sich auf umfassende
Falluntersuchungen und -darstellungen. Ebenso wie CHARCOT
und andere Ärzte hatte er einige "Paradepatienten". Ein
wichtiger Fall, an dem er die Bedeutung traumatischer
Erlebnisse, die zwar vergessen werden, aber ihre Wirkung
später in unverständlichen Symptomen entfalten, erläuterte,
war der der 19jährigen "Lucie".

Diese litt an Anfällen von Schreck, die keinen Grund
zu haben schienen. JANET entdeckte mit Hilfe der Methode
des "automatischen Schreibens", daß Lucie im Alter von
sieben Jahren von zwei Männern hinter einem Vorhang er-
schreckt worden war; in der Terminologie JANETs hieß
dies, daß zu Zeiten des Schreckens "eine zweite Persönlichkeit" in Lucie lebte, "Adrienne" genannt, die den Schrecken
immer wieder neu erlebte. Durch die vertrauensvolle Beziehung zu seiner Person, den "Rapport", wie JANET dies
nannte, konnte er das Mädchen von ihren Störungen heilen.(89)

Eine zweite Fallgeschichte, auf die JANET seinen Anspruch
auf Priorität bei der Entdeckung der "kathartischen Heilung"
gründete, war die der Patientin "Marie".(90) Diesen Fall
benutzte JANET dazu, die Bedeutung "unbewußter", "fixer"
Ideen und deren krankmachende Wirkung zu erläutern.
Auch seine Methode des "automatischen Schreibens" wie
des "automatischen Sprechens" erläuterte er an diesem
Fall.(91)

Marie war 19 Jahre alt, als sie nach Le Havre in die
Klinik mit Krampfanfällen und lange andauernden Delirien
eingewiesen wurde. JANET beobachtete, daß diese Anfälle
20 Stunden, nachdem die Menstruation eingesetzt hatte,
auftraten. Jeweils vor der Menstruation wurde Marie "finster
und gewalttätig", litt unter starken Schmerzen, nervösen

Krämpfen und Zittern am ganzen Körper. Zwanzig Stunden nach Einsetzen der Periode hörte diese plötzlich auf, Zittern überfiel den gesamten Körper, ein starker Schmerz stieg vom Bauch zum Halse hinauf, darauf folgte eine schwere hysterische Krise mit anschließendem langdauerndem Delirium. Nachdem sie Blut aus dem Magen erbrochen hatte, wurde sie wieder "normal" und erinnerte sich an nichts. JANET beobachtete die Patientin lange; es gelang ihm nach einiger Zeit, sie zu hypnotisieren und in der Hypnose erste Erinnerungen zu Tage zu fördern: im Alter von 13 Jahren hatte sie ihre erste Menstruation gehabt, war der Auffassung (wohl aufgrund eines Mißverständnisses von etwas Gehörtem), diese sei "schändlich" und setzte sich nach 20 Stunden in einen Eimer kalten Wassers. Die Periode hörte sofort auf, aber sie bekam Schüttelfrost und war tagelang krank; ihre Periode aber verschwand für die nächsten fünf Jahre vollkommen. Erst danach trat sie wieder ein, allerdings unter den geschilderten Begleitumständen. Offenbar, so JANET, wiederholte sie alle vier Wochen die Szene, die nun 6 Jahre lang zurücklag, aber ohne sich an dieses Ereignis erinnern zu können. JANET gelang die Heilung: nicht durch einfaches Bewußtmachen dessen, was geschehen war, sondern durch Umstimmung in Hypnose mittels der Suggestion: er versuchte sie zu überzeugen, daß die Menstruation bereits drei Tage lang gedauert habe und nicht durch etwas Dramatisches unterbrochen worden sei; die folgende Menstruation trat zum richtigen Zeitpunkt ein, dauerte ohne jeden hysterischen Zwischenfall drei Tage lang an und Marie war von dieser Symptomatik geheilt. Auch die anderen hysterischen Symptome verschwanden, nachdem sie mit derselben Methode behandelt worden waren; nach JANETs Aussagen war Marie auch langfristig geheilt und zeigte keinerlei Anzeichen mehr von Hysterie.

Aus diesen und anderen Fällen entwickelte JANET seine Theorie der "psychologischen Analyse". Seine Theorie lautete, daß "unterbewußte fixe Ideen" krank machen könnten; zwischen dem Wachbewußtsein und der angeborenen Konstitution fand JANET "unterbewußte Gedanken". Diese "unterbewußten Gedanken" könnten durch Assoziation einen ganzen Komplex weiterer "unterbewußter Gedanken" erzeugen, welche jede zu einer eigenen Zeit entstanden seien. Diese Ideen seien sowohl Ursache von "Geistesschwäche" als auch deren Folge. Hysterische Krisen seien (wenn auch verhüllte) Darstellungen des ursprünglichen traumatischen Erlebnisses; während die "fixen Ideen" bei Hysterikern unbewußt seien, seien sie bei Zwangsneurotikern bewußt. Aber auch bei Muskelkrämpfen, Schlaflosigkeit und anderen, harmloseren Erscheinungen könnten unterbewußte fixe Ideen wirksam sein. Für eine Heilung sei die Aufdeckung, die Behebung oder Umerziehung sowie - beide davon abhängig - der "Rapport" zum Psychologen entscheidend. JANET warnte aber ausdrücklich vor der Gefahr des zu engen Rapports, der die Patienten abhängig oder sogar süchtig machen könne (JANET 1897, S. 143ff.).

JANET unterschied in seiner Neurosenlehre zwei große Gruppen von neurotischen Krankheiten: die Hysterien und die Psychasthenien (früher "Neurasthenien"). Zu der letzten Gruppe zählte er die Zwangsneurosen, die Phobien und andere Schwächezustände des Psychischen. Nach und nach entwickelte er ein System psychischer Hierarchie, an dessen oberster Stelle der Realitätsbezug (fonction du réel), an deren unterster Stelle die Konstitution rangierte. Die Abreaktion des Motorischen sei die unterste Stufe der psychischen Reaktionen (JANET 1898, 1903, 1909).

Obgleich JANET der organischen und konstitutionellen Ausstattung des Menschen sehr viel Bedeutung beimaß, war ihm der Faktor des Psychischen der wichtigere. In der Unterscheidung zwischen "seelischer Spannung" und "seelischer Energie" beschrieb er einen Typus, der zwar viel Kraft habe, aber damit schlecht haushalte, und denjenigen, der seiner Kraft angemessen lebe. Im Gegensatz zu anderen Psychologen war JANET der Auffassung, daß der "psychologischen Analyse" auch die "psychologische Synthese" folgen müsse; es sei das Bewußtsein, das diese zu leisten habe.

JANET entwickelte ein Programm zur psychischen Ökonomie, indem er aufzeigte, wie eine "negative psychische Bilanz" bei einem Menschen zustande komme: durch eine Reihe unvollendeter Handlungen, von denen jede einzelne ein Defizit zurücklasse und somit die weitere Entwicklung erschwere. Dieser dynamische Gesichtspunkt, der sich therapeutisch beeinflussen lasse, wird auch besonders von ELLENBERGER betont (ELLENBERGER 1973, I., S. 515ff.).

Wie oben bereits angedeutet, war JANET, als er starb, beinahe vergessen. Seine Werke sind nie ins Deutsche übersetzt worden, ins Englische nur einige wenige. Seine ersten Arbeiten brachten JANET viel Ruhm ein; die letzten beachtete kaum noch jemand. Daran ist sicher nicht nur der Zweite Weltkrieg schuld, der den wissenschaftlichen Kontakt zwischen den Ländern unterbrach; wahrscheinlich ist die plausibelste Erklärung, das JANET zeit seines Lebens allein arbeitete; er hatte niemals Schüler, nie ein eigenes Institut, nie die

Vorstellung, er müsse sein wissenschaftliches Werk "verewigen", seine Methode "lehren" oder sein Werk müsse "überleben". Zum Nachteil seines Werkes wurden vielleicht terminologische Schwierigkeiten. JANET übernahm die von anderen entwickelte Terminologie nicht, sondern setzte fast "privatsprachlich" eigensinnig sein Werk fort, ohne sich um verwandte Formulierungen zu kümmern; ferner soll er zeit seines Lebens ein sehr zurückgezogener, fast kontaktscheuer Mensch gewesen sein. ELLENBERGER meint, JANET sei ein bemerkenswertes Beispiel dafür, "wie ungleich Ruhm und Vergessen sich auf die Wissenschaftler verteilen" (1973, I., S. 557), und er fährt fort: "Und so wurde, während der Schleier der Lesmosyne auf Janet fiel, der Schleier der Mnemosyne gelüftet, um seinen großen Rivalen, Sigmund Freud, festlich zu beleuchten." (1973, I., S. 560)

4. Paul DUBOIS ("Persuasion")

In der Literatur zur Theorie der Psychotherapie wird der Name Paul DUBOIS' noch seltener erwähnt als der Pierre JANETs: obgleich zu Lebzeiten (1848-1918) so berühmt, daß er sogar BERNHEIM den Rang ablief, ist er heute fast vergessen. Selbst ELLENBERGER erwähnt ihn nur an einer Stelle (1973, I., S. 557). So kann DUBOIS' Theorie auch nur direkt aus seinem eigenen Werk erschlossen werden; ein Vergleich mit und eine Stützung durch Sekundärliteratur ist in diesem Fall nicht möglich.

Paul DUBOIS lebte von 1848 bis 1918 in Bern; er schrieb seine Arbeiten in französischer Sprache; soweit bekannt, sind jeweils wenige Jahre nach Erscheinen alle ins Deutsche übersetzt worden.(92) Wie die meisten Psychotherapeuten war auch DUBOIS Neurologe: er bekleidete die Stellung eines Professors für Neuropathologie an der Universität Bern.

DUBOIS' Grundgedanke war weniger der der "psychologischen Analyse" und der "psychologischen Synthese" (JANET) oder der "Psychoanalyse" (FREUD), sondern der der "Psychischen Pädagogik". Insofern stehen ihm ADLER und auch JUNG näher als FREUD. Der Gedanke der Umerziehung des neurotisch Erkrankten nimmt eine zentrale Stellung in seinem Werk ein.(93) Was FREUD (und auch die heutigen Freudianer) ablehnen: Ratschläge zu erteilen, Vorschläge für eine gesündere psychohygienische Lebensführung zu formulieren, pädagogisch auf Patienten einzuwirken, ist bei DUBOIS eines der Hauptmittel seiner Psychotherapie der "Psychoneurosen" (DUBOIS 1910, S. 432f.).

Auch DUBOIS besuchte BERNHEIM und war von da an von dem Nutzen der Psychotherapie überzeugt: "Es war mir vergönnt, im Jahre 1888 einen Tag in Nancy zuzubringen, und was ich da in einigen Stunden unter der liebenswürdigen Führung von Prof. BERNHEIM sah, hat genügt, meine letzten Zweifel zu zerstreuen und mich noch entschiedener in die Bahn der Psychotherapie zu drängen, in der ich bisher etwas schüchtern gewandelt war." (1910, S. 31) Die Hypnose lehnte er ab, hielt aber sehr viel von der "Persuasion" (1910, S. 32).

DUBOIS schloß konsequent alle Krankheiten, für welche im Verlauf des vergangenen 19. Jhdts. nach und nach organische Ursachen gefunden worden waren, aus dem Begriff der Neurose aus. Insofern blieben in der Klasse der Neurosen nur noch psychogene Erkrankungen bestehen: "... wenn die pathologische Anatomie eine Verletzung, einen Entzündungsherd, eine Blutung, eine Thrombose entdeckt, oder die chemische Analyse das Vorhandensein einer Vergiftung nachweist, sprechen wir nicht mehr von einer Neurose, selbst dann nicht, wenn die Symptome wesentlich "nervöse", ja psychische gewesen sind. Wir erkennen alsdann die primäre Ursache des klinischen Gesamtbildes in verschiedenen körperlichen Affektionen, wie Syphilis, Tuberkulose, Arteriosklerose, alkoholische oder urämische Intoxikationen usw." (Ebd.)

DUBOIS schloß nicht aus, daß eines Tages der Begriff der Neurose aus der Medizin verschwunden sei. Vorläufig aber definierte er Neurosen oder, wie er sagte, "Psychoneurosen" als diejenigen Krankheiten, deren Zustandekommen auf den "Einfluß des Geistes, der geistigen Vorstellungen" zurückgehe (1910, S. 40). Er klassifizierte also Krankheiten nach ihre Ätiologie, nicht nach ihrer Symptomatik. Er rückte die psychische Verursachung von Erkrankungen in die Nähe des "Wahnsinns" und meinte: "Vom theoretischen Standpunkte aus scheue ich mich nicht zu behaupten: Die Nervosität in allen ihren Formen ist eine Psychose" (ebd., S. 40, d.h. hier: psychogen bedingt). Wenngleich hier der Begriffswandel (von Neurose zu Psychose) den Wandel der ätiologischen Auffassungen widerspiegelt und insofern die Begriffsvertauschung richtig ist, scheute sich DUBOIS, aus "praktischen" Gründen diese begriffliche Neuerung beizubehalten. Denn "nervenkrank" zu sein, sei akzeptabel, "geisteskrank" zu sein hingegen nicht. Und: Neurosen "gestatten das Leben in der Familie und in der Gesellschaft; der Kranke wendet sich nicht an einen Spezialisten für Psychiatrie, sondern berät sich entweder bei seinem Hausarzt oder einem Neurologen" (94). So ordnete DUBOIS unter dem neuen Begriff der "Psychoneurosen", der heute noch durchaus üblich ist, die "Neurasthenie, Hysterie, Hystero-Neurasthenie, die Psychasthenie, die leichten Formen der Hypochondrie und die Melancholie" ein. Diese verlangten allesamt nach einer Psychotherapie: "Die Psychotherapie hat es in erster Linie mit diesen Psychoneurosen, dieser Nervosität zu tun. Auf diesem Gebiet vollzieht sich eine langsame, aber stete Umwälzung unserer medizinischen Anschauungen, die von größter Tragweite für die praktische Medizin werden dürfte. Die Nervosität ist in erster Linie ein psychisches Leiden, und psychisches Leiden bedarf einer psychischen Behandlung." (DUBOIS 1910, S. 41)

Als Bedingungen für Neurosen erkannte DUBOIS erhöhte Suggestibilität, Ermüdbarkeit, Empfindlichkeit und Gemütserregbarkeit".(95) Allerdings sah er die Nähe zum sogenannten "gesunden" Menschen: "Man könnte in paradox klingender Weise sagen, sie (die Nervösen, S.T.) seien eigentlich gar keine Kranken. Wir finden bei ihnen keine neuen, dem gesunden Menschen unbekannten Erscheinungen, keine Mitwirkung besonderer pathogener Faktoren, wie bei den Infektionskrankheiten, keine die Funktionsstörung bedingende organische Veränderung. Es handelt sich bei ihnen nur um eine Steigerung der normalen Reaktionen, die sich nicht nur durch die Intensität der Erscheinungen und ihr leichtes Zustandekommen verrät, sondern auch durch die Abweichung vom ursprünglichen Reaktionstypus, durch unerwartete Ausstrahlungen. Ich lege großes Gewicht auf diese Auffassung, die mich zwingt, in der normalen Geistesverfassung die ersten Anzeichen der Sonderbarkeiten unserer Kranken zu suchen. Sie ist fruchtbar für die Deutung der funktionellen Störungen und gibt uns für die Therapie die wirksamsten Waffen in die Hand." (1910, S. 124)

Ebenso fehlen nach DUBOIS scharfe Grenzen zwischen dem normalen Geisteszustand und der "Verrücktheit".(96)

Während die "Neurasthenie" von ihm als die "gutartigste" aller Psychoneurosen bezeichnet wurde, die im wesentlichen aus physischer, intellektueller und seelischer Ermüdbarkeit bestehe, gehöre die Hysterie zu den schweren Neurosen. Mit anderen Autoren (97) bezeichnete DUBOIS als deren Hauptmerkmal die "Autosuggestibilität". Die Hysterie, so DUBOIS, imponiere durch ihre mannigfaltigen Symptome, in denen nicht mehr so ohne weiteres das Seelen- und Gemütsleben der Normalen wiedererkannt werden könne: "Diese

Kranken sind Virtuosen in der Kunst, nicht nur ihren Empfindungen den Anstrich der Wirklichkeit zu geben - wie dies der Neurastheniker auch tut - sondern sogar jenen Phantomen, welche durch die ausschweifendste Einbildungskraft geschaffen werden. Während man bei den Neurasthenischen mit ziemlicher Leichtigkeit die Entstehung der Vorstellung, die Entwicklung der Phobien verfolgen und eine gewisse Logik in den Deduktionen nachweisen kann, ist es oft unmöglich, den leitenden Faden in den Phantasmagorien der Hysterischen aufzufinden. Es scheint, daß die Autosuggestionen durch seltsame Empfindungen hervorgerufen werden, die infolge einer spezifischen, pathologischen Empfindungsart von der Tiefe des Organismus ausgehen." (1910, S. 188)

Kinder seien normalerweise sehr suggestibel; Frauen, die das Los der Hysterie häufiger als Männer treffe, hätten häufig eine "kindische, läppische" Gemütsart; epidemieartige Anfälle von Chorea (98) oder besser, choreaähnlichen Zuckungen, seien nicht nur im Mittelalter häufig gewesen, sondern noch kürzlich in Bern vorgekommen.(99) Für solche Erscheinungen könne nicht eine "Anlage" verantwortlich gemacht werden, sondern nur eine erhöhte Suggestibilität.

"Die hysterische Frau hat eine kindische Gemütsart; sie leidet an psychischem Infantilismus. Der hysterische Mann, der in seiner Krankheit gewöhnlich nicht die nämliche Virtuosität in den Schöpfungen seiner Einbildung an den Tag legt, hat eine mehr oder weniger ausgeprägte weibische Gemütsart. Die Hysterische ist im allgemeinen nicht wahrhaft intelligent ... alle hatten einen geistigen Fehler: eine ausschweifende Einbildungskraft, die Neigung, sich durch die Phantasie beherrschen zu lassen; etwas mehr Gleichgewicht hätte Dichter aus ihnen machen können ... Ein Gelehrter, ein Verstandesmensch, kann zwar Neurastheniker, aber niemals ein echter Hysterischer sein, und gerade dadurch, daß man an sein richtiges Urteil, an seine Logik appelliert, gelingt es, ihn einer Neurasthenie zu entreißen." (1910, S. 191) DUBOIS legte sich im übrigen nicht fest, ob die physiologische Ausstattung oder die Erziehung den Mann weniger zur Hysterie disponierten als die Frau; er machte nur einen Unterschied in der Beschreibung der Phänomene: während die Frau sensitiv, phantasievoll, lebhaft und auch in ihren "normalen" Zuständen häufig von fast "charmanter Nervosität" sei, sei der Mann (sobald er das Zimmer der Frauen nach der Pubertät verlassen habe) logischer, fester, weniger geneigt, "an Unsinn" zu glauben und daher auch weniger hysterisch - allerdings leichter zu entmutigen, häufig geistig schlaffer und eher zum Selbstmord bereit (1910, S. 196).

Um seine Methode der Psychotherapie, die er manchmal als "rationelle Psychotherapie" bezeichnet, ein andermal als "Persuasion", wieder ein andermal als "psychische Erziehung" (100), deutlich zu machen, schildert er Fallgeschichten schwerer Hysterien, Anorexien, Neurasthenien und Melancholien. Aus den Schilderungen ihrer Heilungen wird ersichtlich, daß DUBOIS an die erste Stelle das psychotherapeutische Gespräch stellt, das vor allem Aufklärung über psychologische Zusammenhänge zu vermitteln suchte; nachdem er den Patienten untersucht hatte, teilte er (falls angemessen) die Diagnose mit: die gesamten Leiden seien "nervöser Natur"; "nervös" und "heilbar" seien aber in seinem Notizbuch dasselbe – dies möge sich der Patient dadurch einprägen, daß er diesen Satz mehrmals am Tag wiederhole. Wenn nämlich die "Umstimmung" im Sinne des Glaubens an die Heilungsmöglichkeit gelungen sei (die DUBOIS davon abhängig machte, daß der Arzt selbst hiervon überzeugt sei; nicht wie ein Quacksalber, sondern aufgrund sorgfältiger Beobachtung und nicht geringer Erfahrung), werde durch ein tägliches Gespräch dieser Glaube aufrechterhalten, befestigt und durch die bald eintreffenden Besserungen vergrößert und verstärkt. Bei geringfügigen Rückfällen dürfe der Arzt diese nicht in Abrede stellen, müsse gleichzeitig aber an die Logik des Patienten appellieren, die leicht einsehe, daß sich die Waage bereits zugunsten der Gesundheit geneigt habe. Ferner verschmähte DUBOIS neben der Psychotherapie keineswegs die Methode der "Mastkur, Isolation, Ruhe und Massage", die er allesamt für zwar "nicht unverzichtbar, aber doch nützlich" ansah (1910, S. 407ff.).

DUBOIS wurde weltberühmt. Auch er wurde von zahlreichen Ärzten besucht, die seine Methode lernen wollten. Warum spricht heute niemand mehr von ihm?

Einige Gründe seien genannt: im Verlauf der Lektüre seiner Schriften kann man sich des Eindrucks nicht erwehren, daß die Wirkung auf die Patienten viel mit dem persönlichen Engagement, dem Optimismus, der Liebe zu den Patienten, der Freundlichkeit seiner Ausstrahlung sowie vor allem dem Glauben und der Überzeugungskraft des Erfinders der psychotherapeutischen Methode zu tun gehabt haben müssen; freilich war DUBOIS sich dieses Faktors bewußt. Er versuchte seinen Studenten diese Tatsache zu erklären; aber offenbar war seine Methode nicht ohne weiteres lehrbar oder sie ging – wie so vieles in der Wissenschaft – in den Strom des allgemeinen Denkens ein, ohne besonders gewürdigt zu werden.

Ein zweiter Grund dürfte sein, daß DUBOIS sehr wohl wußte (auch wenn er die "Suggestion" von der "Persuasion" sorgfältig unterschied), daß die eigentlichen Wirkfaktoren der Psychotherapie so unklar waren, daß es zumindest kühn gewesen wäre, ein stimmiges Erklärungsgebäude auf den wenigen Erfahrungen, die bis dahin existierten, aufzubauen; da ihm offenbar wenig daran gelegen war, "berühmt" zu werden (im Gegensatz zu FREUD), konnte er hierin auch kaum ein Motiv für Schulengründung, provozierende Thesen, "Vererbung" seiner Theorie und Methode finden.

Schließlich scheint DUBOIS – soweit dies aus seinen schriftlichen Äußerungen erschlossen werden kann – ein sehr anerkennendes und faires Verhalten gegenüber seinen Wissenschaftlerkollegen in aller Welt unterhalten zu haben; offenbar waren ihm polemische Ausfälle gegen Kollegen, Abgrenzungen nur um der Prioritätenstreitigkeiten willen, Neuformulierungen aufgrund eines wie immer zustande gekommenen Originalitätszwanges fremd; dies geht deutlich aus seinen Schilderungen der Persönlichkeiten z.B. CHARCOTs, BERNHEIMs, JANETs und anderer, so z.B. BINSWANGERs und STRÜMPELLs, hervor.

Für die Psychoanalyse hatte DUBOIS nichts übrig – dies scheint sich aber auf die Theorie, nicht auf die Personen bezogen zu haben. Er war Gründer des Schweizerischen Neurologenvereines, über den z.B. C.G. JUNG sich in Briefen an FREUD mehrfach mokierte. Während JUNG und FREUD diesen Verein als eine "feindliche Gegengründung" zur Psychoanalytischen Vereinigung (vgl. unten) empfanden (FREUD/JUNG 1974, S. 200, 295), sind die (schriftlich überlieferten) Äußerungen DUBOIS' von Sachlichkeit und Personenunabhängigkeit charakterisiert.

DUBOIS blieb ohne Schule, obwohl auch er von Schülern aus aller Welt besucht wurde; er gründete kein Institut und hatte auch keinen Nachruhm; seine Ausführungen zur Psychotherapie muten heute z.T. hoch aktuell an: dennoch wird er nicht einmal in der Fachliteratur beachtet, meist nicht einmal gekannt.

Auch auf ihn treffen die Bemerkungen ELLENBERGERs bezüglich der Ungerechtigkeit des Ruhmes zu: in dieser Hinsicht ging es DUBOIS sogar schlechter als CHARCOT und BERNHEIM, nicht besser als JANET. Während BERNHEIM und CHARCOT einen Teil ihrer Bekanntheit der psychoanalytischen Geschichtsschreibung verdanken, welche sie zu "Vorläufern" und "Lehrmeistern" (im Anschluß an die diesbezüglichen Ausführungen von FREUD selber) stilisieren, sind DUBOIS und JANET unmittelbare Zeitgenossen FREUDs gewesen, die den harten Konkurrenzkampf gegen die psychoanalytischen, hochorganisierten Vereinigungen aushalten mußten: in diesem Kampf sind sie zweifellos unterlegen. Die Frage ist unbeantwortet, ob hier nicht einfach rationale, wissenschaftliche Kriterien sozialen (konkurrenzhaften) unterlegen sind.

5. Zusammenfassung

Oben wurde gezeigt, daß vor der Entwicklung der psychoanalytischen Theorie und parallel zu ihr andere psychotherapeutische Schulen entstanden, die zu ihrer Zeit ebenso berühmt waren, ebenso "Netzwerke" von Wissenschaftlern um sich scharen konnten wie später die Psychoanalyse.

Als Beispiele wurden die Schule der Salpêtrière, die Schule von Nancy, die Theorie JANETs ("Psychologische Analyse") und die Theorie DUBOIS' ("Persuasion") dargestellt. Alle Theorievarianten kamen nicht über die Selektionsstufe 2 hinaus; nach anfänglichem Ruhm gerieten sie in Vergessenheit.

Die Gründe hierfür sollen später diskutiert werden. Vorläufig läßt sich aber schon festhalten, daß kaum allein wissenschaftstheoretische, methodologische oder inhaltliche Ursachen für das Verschwinden der Theorievarianten herangezogen werden können. Eher scheinen soziale Ursachen für die Erklärung in Frage zu kommen.

Sicher sind Teile der Theorievarianten in die "Theorieklassik" eingegangen, ohne daß heute genau zu rekonstruieren wäre, um welche Teile es sich handelt; dennoch würde niemand mehr behaupten, daß "Vorstellungen" krank machen können (CHARCOT), obgleich dies nicht falsch ist; ebenso wenig ist abzustreiten, daß die "Persuasion" (DUBOIS) Kranke u.U. heilen kann, aber niemand würde heute diese Terminologie wählen.

Psychotherapeutische Theorien schossen um 1880 "wie Pilze" aus dem Boden; Schüler, insbesondere aus den USA, besuchten keineswegs nur FREUD, sondern viele der damals berühmten Lehrer; dennoch blieben von den "Pilzen" nur einige wenige übrig.

Kapitel 6
Die Theorievariante Psychoanalyse: Entstehung und frühe Entwicklung

Im folgenden Kapitel soll (vor dem Hintergrund der Problemdefinition nervöser Erkrankungen durch die "Scientific community" der Neurologen) die Problemrezeption Sigmund FREUDs von ihren Anfängen (seiner wissenschaftlichen Sozialisation) bis zu ihrer Ausformung in erste theoretische Antworten an die wissenschaftliche Gemeinschaft der Wiener Neurologen rekonstruiert werden.

Wie in Kapitel 4.3.2. dargelegt, bestand (vereinfacht ausgedrückt) die damals übliche "Definition" des in Frage stehenden Problems in der Annahme, nervöse Erkrankungen seien die Folge "hereditärer Belastung der Nerven". Die wissenschaftliche Gemeinschaft der Wiener Neurologen befaßte sich zu jener Zeit mit histologischen Untersuchungen des Nervensystems: die zweite Wiener medizinische Schule galt auf diesem Gebiet als weltweit führend (LESKY 1965, S. 175 ff.). Die wissenschaftliche Sozialisation FREUDs begann mit der Aneignung dieser Fertigkeiten.

1. Die wissenschaftliche Sozialisation Sigmund FREUDs

FREUD wurde 1856 geboren und starb 1939. Bis auf die ersten Jahre seiner Kindheit, die er in Freiberg/Mähren verbrachte, und das letzte Jahr bis zu seinem Tod, in dem er in London vor den Nationalsozialisten Zuflucht gefunden hatte, lebte er in Wien.

Mit FREUDs "wissenschaftlicher Sozialisation" ist hier vor allem anderen seine Aneignung des tradionellen Wissensbestandes der Medizin gemeint, insbesondere der Neurologie. Sie fand in dem Zeitraum zwischen 1873 (dem Beginn seines Studiums) und 1885 statt (dem Jahr seiner Habilitation und der Reise zu CHARCOT). 1886 eröffnete FREUD in Wien eine neurologische Privatpraxis.

Als wichtigste Sozialisationsfaktoren, die FREUDs wissenschaftliche Laufbahn prägten, werden seine "Lehr"jahre in den verschiedenen medizinischen Instituten der Wiener Universität (vor allem in denen der Professoren CLAUS, MEYNERT und BRÜCKE), die Freundschaft mit BREUER und die Reise zu CHARCOT eingeschätzt.(101)

1.1. FREUD und die Wiener Universität

FREUD hatte ursprünglich keine spezifische Neigung zum Medizinstudium: er entschloß sich eher zufällig dazu, d.h.: "aus einem vagen, aber übermächtigen Bedürfnis, ... in die Geheimnisse der Natur einzudringen..." (BERNFELD/ CASSIRER-Bernfeld, 1981, S. 148 f.).

Mit 17 Jahren inskribierte FREUD sich in die Wiener Universität. Sein Doktordiplom datiert vom 31.III.1881. Zu dieser Zeit war FREUD 25 Jahre alt. Er hatte also bis zu seinem Studienabschluß relativ viel Zeit gebraucht: mehr als durchschnittlich üblich. Mit 29 Jahren wurde er Privatdozent für Neuropathologie. Mit 30 Jahren eröffnete er eine Privatpraxis für Neurologie.

Vom dritten bis zum sechsten Semester belegte FREUD neben den naturwissenschaftlichen Fächern auch noch Vorlesungen in Philosophie bei BRENTANO (BERNFELD, CASSIRER-BERNFELD 1981, S. 178/179). Sein Interesse an diesem Gebiet ließ aber im weiteren Verlauf seiner Studien nach. Er entwickelte gegen jedes philosophische (wie religiöse) System eine ausgeprägte und mit den Jahren stärker werdende Abneigung.(102)

Sein Hauptinteresse galt der Zoologie. So hörte er den berühmten Ordinarius Carl CLAUS im vierten und fünften Semester bis zu 15 Wochenstunden (BERNFELD/CASSIRER-BERNFELD 1981, S. 179). Dabei begnügte er sich nicht mit der "Zoologie für Mediziner", sondern belegte die Vorlesung für die Hauptfachstudenten (JONES I., S. 58). Fast ebenso interessiert zeigte sich FREUD an der Physiologie (im vierten Semester 11 Stunden pro Woche bei dem Physiologen BRÜCKE), der Physik und Anatomie. Bereits 1876, mit 20 Jahren also, arbeitete er am Institut von CLAUS 10 Stunden pro Woche in praktischer Zoologie; dort wurde er mit seiner ersten selbständigen Untersuchung an Aalen im Rahmen eines Forschungsstipendiums in Triest beauftragt. CLAUS scheint mit der Untersuchung zufrieden gewesen zu sein (obgleich FREUD die gesuchten Hoden des Aals nicht fand), der junge Student hingegen nicht. Jedenfalls legte CLAUS FREUDs Untersuchung der Akademie der Wissenschaften vor und verlängerte das Triest-Stipendium (103).

Noch mit der Untersuchung der Aale beschäftigt, wechselte FREUD zum physiologischen Institut BRÜCKEs über. BRÜCKE wurde ein großes, wahrscheinlich das wichtigste Vorbild für FREUDs gesamte wissenschaftliche Laufbahn.

Ernst Wilhelm von BRÜCKE (1819-1892) war Deutscher und im Jahre 1849 von Königsberg an die Universität Wien zum Direktor des physiologischen Institutes berufen worden. Er gehörte der Helmholtz-Schule an, die seit etwa 1840 durch die Gründung zunächst eines privaten Kreises, ab 1845 zur "Berliner Physikalischen Gesellschaft" erweitert, nicht nur die Medizin, sondern die gesamte Auffassung des Menschen grundlegend verändert hatte (LESKY 1965, S. 260 f.).

Die meisten Mitglieder der "Berliner Physikalischen Gesellschaft" waren Schüler des Physiologen und Physikers Johannes MÜLLER (1801-1858) gewesen, eines Vitalisten; sie beabsichtigten, die Anschauungen des Lehrers von Grund auf zu verändern. Herrmann HELMHOLTZ, Carl LUDWIG, Emil du BOIS-REYMOND und Ernst von BRÜCKE gehörten zu diesem Kreis.

FREUD schrieb in der "Traumdeutung" (GW II/III, S. 212 ff., S. 425, S. 455-58, S. 481, S. 485 ff., S. 488), der "Selbstdarstellung" (GW XIV, S. 35-37, S. 43, S. 290) und in der "Geschichte der psychoanalytischen Bewegung" (GW XI, S. 352) im Ton größter Verehrung über seinen fast 40 Jahre älteren Lehrer. Diesem verdanke er die naturwissenschaftliche Auffassung seines Gegenstandes, die wissenschaftliche Disziplin und die Unbeirrbarkeit in der Durchsetzung eines einmal für richtig erkannten Weges: "wissenschaftliche Sozialisation" auf der inhaltlichen, formalen und charakterlichen Ebene also. So schreibt FREUD 1925: "Im physiologischen Laboratorium von Ernst BRÜCKE fand ich endlich Ruhe und volle Befriedigung, auch die Personen, die ich respektieren und zu Vorbildern nehmen konnte." (GW XIV, S. 35) Außer BRÜCKE waren damit auch dessen Assistenten Sigmund EXNER und Ernst von FLEISCHL-MARXOW gemeint, mit dem FREUD lebenslang befreundet blieb. (104) 1899, im Verlauf der Analyse eines eigenen Traumes, schreibt FREUD: "Das Zentrum des Traumes bildet eine Szene, in der ich P. durch einen Blick vernichte. Seine Augen werden dabei so merkwürdig und unheimlich blau, und dann löst er sich auf. Diese Szene ist die unverkennbare Nachbildung einer wirklich erlebten. Ich war Demonstrator am physiologischen Institut (105), hatte den Dienst in den Frühstunden, und BRÜCKE hatte erfahren, daß ich einigemale zu spät ins Schülerlaboratorium gekommen war. Da kam er einmal pünktlich zur Eröffnung und wartete mich ab. Was er mir sagte, war karg und bestimmt; es kam aber gar nicht auf die Worte an. Das Überwältigende waren die fürchterlichen blauen Augen, mit denen er mich ansah, und vor denen ich verging – wie P. im Traum, der zu meiner Erleichterung die Rollen verwechselt hat. Wer sich an die bis ins hohe Greisenalter (106) wunderschönen Augen des großen Meisters erinnern kann, und ihn je im Zorn gesehen hat, wird sich in die Affekte des jugendlichen Sünders von damals leicht versetzen können." (GW II/III, S. 425)

Dieser Traum spiegelt deutlich die affektive Bindung zu seinem Lehrer wider. An anderer Stelle heißt es in der "Traumdeutung": "... dient nun der teure Name BRÜCKE... dazu, mich an dasselbe Institut zu erinnern, in dem ich meine glücklichsten Stunden als Schüler verbracht sonst ganz bedürfnislos..." (GW II/III, S. 212).

In BRÜCKEs Institut befaßte sich FREUD mit der histologischen Untersuchung des Nervensystems. In der Folge veröffentlichte er mehrere neurologische Arbeiten, die ihm das Lob BRÜCKEs und das der Scientific Community der Neurologen insgesamt einbrachte: "Über den Ursprung der hinteren Nervenwurzeln im Rückenmark von Ammocoetes (Petromyzon Planeri)" (107), "Beobachtungen über Gestaltung und feineren Bau der als Hoden beschriebenen Lappenorgane des Aals" (108), "Über Spinalganglien und Rückenmark des Petromyzons" (109), "Notiz über eine Methode zur anatomischen Präparation des Nervensystems" (110) und, nach seiner Dissertation, "Über den Bau der Nervenfasern und Nervenzellen beim Flußkrebs" (111).

FREUD blieb sechs Jahre am Institut BRÜCKEs, bis dieser ihm riet, wegen seiner ungünstigen finanziellen Lage die Tätigkeit des niedergelassenen Arztes zu wählen und die wissenschaftliche Laufbahn aufzugeben. Dies hatte FREUD ursprünglich nicht gewollt (GW XIV, S. 290). BERNFELD (1981) macht plausibel, daß diese Wendung vor allem aus seiner Verlobung mit Martha Bernays zu verstehen sei.

Um auf die Tätigkeit eines niedergelassenen Arztes vorbereitet zu sein, wollte FREUD in verschiedenen Abteilungen der Kliniken in unterschiedlichen medizinischen Disziplinen praktische Erfahrungen sammeln. Er begann bei NOTHNAGEL, Professor für Innere Medizin und ein bedeutender Forscher, Nachfolger des schulebildenden ROKITANSKY, der die Wiener medizinische Wissenschaft zur Berühmtheit geführt hatte (LESKY 1965, S. 150 ff.). Dort arbeitete er von Herbst

1882 bis Mai 1883; anschließend trat er in die psychiatrische Klinik J. MEYNERTs ein, in der er Sekundararzt wurde (JONES I., 1978, S. 88).

MEYNERT wurde als der bedeutendste Gehirnanatom seiner Zeit angesehen. JONES zufolge teilte FREUD diese allgemeine Auffassung (JONES I., 1978, S. 237 ff.). Mit MEYNERT verband FREUD zunächst eine ambivalente Beziehung; später herrschte offene Feindschaft zwischen den beiden Wissenschaftlern, die sich in haßerfüllten Polemiken zwischen ihnen zeigte. Zu Beginn seiner Arbeit beschrieb FREUD MEYNERT noch als "genial und anregend" und er interessierte sich für das Gebiet der Psychiatrie weitaus mehr als für das der somatischen Medizin (112). Bereits nach einem halben Jahr wechselte FREUD in die Hauptklinik zu Prof. ZEISSL über; anschließend arbeitete er im Allgemeinkrankenhaus an der Abteilung des Dr. SCHOLZ, über den er im Jahre 1901 schrieb: "Im hiesigen Krankenhaus hatte ich die Ehre, Jahre hindurch unter einem Primarius zu dienen, der längst fossil, seit Dezennien notorisch schwachsinnig, sein verantwortungsvolles Amt weiterführen durfte." (GW II/III, S. 678) Immerhin hatte er dort Gelegenheit, organische nervöse Krankheiten gründlich kennenzulernen: "Ich wurde allmählich mit dem Gebiet vertraut; ich verstand es, einen Herd in der Oblongata so genau zu lokalisieren, daß der pathologische Anatom nichts hinzuzusetzen hatte, ich war der erste in Wien, der einen Fall mit der Diagnose Polyneuritis acuta zur Sektion schickte. Der Ruf meiner durch die Autopsie bestätigten Diagnosen trug mir den Zulauf amerikanischer Ärzte ein, denen ich in einer Art von Pidgin-Englisch Kurse an den Kranken meiner Abteilung las. Von den Neurosen verstand ich nichts. Als ich einmal meinen Hörern einen Neurotiker mit fixiertem Kopfschmerz als Fall von chronischer zirkumskripter Meningitis vorstellte, fielen sie alle in berechtigter kritischer Auflehnung von mir ab, und meine vorzeitige Lehrtätigkeit hatte ein Ende. Zu meiner Entschuldigung sei bemerkt, es war die Zeit, da auch größere Autoritäten in Wien die Neurasthenie als Hirntumor zu diagnostizieren pflegten." (GW XIV, S. 36 f.)

Aus dieser Stelle in der "Selbstdarstellung" FREUDs geht hervor, daß die Neurologen Wiens das Problem der Neurosen als ein organisches definierten. Dennoch ist diese Aussage polemisch überspitzt: 1882 hatte CHARCOT seinen Vortrag vor der Académie des Sciences in Paris über Hypnose gehalten; KRAFFT-EBING, MEYNERT und Moritz BENEDIKT in Wien kannten CHARCOT (ELLENBERGER 1973, II.,

S. 600). Es ist unwahrscheinlich, daß diese nichts von CHARCOTs Theorien gewußt haben sollten. Wahrscheinlicher ist, daß sie die Ergebnisse des Franzosen nicht akzeptierten. Dies geht aus den späteren Schilderungen FREUDs vor der Wiener Gesellschaft der Ärzte hervor. Ohne Zweifel war FREUD ebenfalls klassischer Neurologe, der nicht auf die Idee kam, psychogene Ursachen für neurologische Erkrankungen anzunehmen. Er war um 1884 ein anerkanntes und konservatives Mitglied seiner "scientific community".

Im Anschluß an die Arbeit bei SCHOLZ bewarb er sich um die Privatdozentur im Fach Neuropathologie. Ein Fakultätsausschuß, bestehend aus MEYNERT, BRÜCKE und NOTHNAGEL, wurde gebildet, der der Fakultät sein positives Votum bekannt gab. Am 13. Juni 1885 wurde FREUD zu den mündlichen Prüfungen, am 20. Juni zur Probevorlesung zugelassen. Am 5. September wurde er Privatdozent.(113)

Zusammenfassend läßt sich sagen, daß FREUD während der Anfänge seiner wissenschaftlichen Laufbahn mit fast allen berühmten Lehrern der medizinischen Schule Wiens bekannt wurde, mit einigen, nämlich BRÜCKE, MEYNERT und FLEISCHL-MARXOW, verband ihn mehr als Bekanntschaft; BRÜCKE und anfänglich auch MEYNERT wurden wohlwollende Förderer seiner Laufbahn, FLEISCHL-MARXOW wurde und blieb ein enger Freund. FREUD hatte sich in wenigen Jahren einen Ruf als Neurologe erworben, im Alter von 29 Jahren bereits die Privatdozentur erreicht und die Anerkennung der Wissenschaftler seiner Disziplin: der Neurologie im engeren (als "Specialty"), der Medizin im weiteren Sinne.

Alle Anzeichen der Laufbahn FREUDs deuteten darauf hin, daß er entweder eine solide mittlere bis größere wissenschaftliche Karriere im Rahmen der "normalen Wissenschaft" machen würde oder - da er aus finanziellen Gründen eine Privatpraxis eröffnen mußte - im Rahmen einer privatärztlichen Tätigkeit und einer Privatdozentur ein finanziell ausreichendes Einkommen sowie gleichzeitig eine solide wissenschaftliche Reputation, eventuell eine spätere Berufung zum Ordinarius für Neuropathologie erreichen würde: auch dies im Rahmen der "normalen Wissenschaft".(114)

1.2. Der Einfluß Josef BREUERs auf FREUDs wissenschaftliche Sozialisation

Josef BREUER (1842-1925) war Arzt; seine medizinische Laufbahn hatte er zunächst als Student der Philosophie (im Rahmen des "studium generale"), dann der Medizin bei den berühmtesten Vertretern der gerade "in ihrer Blütezeit stehenden Zweiten medizinischen Schule Wiens" (HIRSCH-MÜLLER 1978, S. 29; LESKY 1965, S. 119 ff.) begonnen, zu denen ROKITANSKY, SKODA, BRÜCKE, HYRTL, OPPOL-ZER, HEBRA u.a. gehörten.

Der wichtigste Lehrer für BREUER wurde Johann OPPOL-ZER (1808-1871). Nachdem BREUER im Jahre 1864 zum Dr. med. promoviert worden war, wurde er auf Vorschlag OP-POLZERs 1867 bei diesem Assistent (HIRSCHMÜLLER 1978, S. 34). Wie BRÜCKE für FREUD, wurde OPPOLZER für BREUER das ärztliche und menschliche Vorbild. Offensichtlich waren es primär die ärztlichen Eigenschaften, die BREU-ER angezogen haben: er machte nämlich zunächst nicht den Versuch, sich zu habilitieren, sondern, obgleich verboten, heiratete er noch als Assistent im Jahre 1868 und ließ sich 1871 als praktischer Arzt in Wien nieder (HIRSCHMÜL-LER 1978, S. 37 f.).

1875 habilitierte er sich dann doch. Seine erste Vorlesung hielt er im Wintersemester 1875/76 (ebenda, S. 39). Die Themen waren alle aus dem internistischen Gebiet. Nach 10 Jahren jedoch, 1885, legte BREUER die Dozentur nieder. HIRSCHMÜLLER meint dazu, daß der verheerende Mangel an Krankenmaterial für Demonstrationen hierfür der Hauptgrund gewesen sei.

Zu dieser Zeit war FREUD bereits mit BREUER befreundet. Er hatte ihn am Institut v. BRÜCKEs kennengelernt. Insbesondere war BREUER mit FLEISCHL-MARXOW befreundet, dessen Hausarzt er auch war. Obwohl BREUER die Dozentur niedergelegt hatte, blieb er sowohl der Wissenschaft als auch den wissenschaftlich arbeitenden Persönlichkeiten der Universität Wien verbunden. So heißt es bei KREIDL: "Sowohl in seinem Beruf als auch in seinem Verkehr mit den damaligen Heroen der medizinischen Fakultät fand er hinreichend Anregung für seine wissenschaftlichen Bestrebungen: er war nicht nur ihr ärztlicher Berater, sondern er hatte auch das Glück, als ebenbürtiger Forscher und Mann der Wissenschaft bei ihnen Aufnahme zu finden." (KREIDL 1925, zit. nach HIRSCHMÜLLER 1978, S. 46)

Im Jahr 1894 wurde BREUER in die Akademie der Wissenschaften aufgenommen; seine wissenschaftliche Reputation blieb trotz seiner teilweise ungewöhnlichen, einer akademischen Karriere nicht immer zuträglichen Handlungsweisen (hierin FREUD ähnlich) sein Leben lang unbestritten.

Fast noch mehr als seine wissenschaftlichen Leistungen (115) wurden seine ärztlichen und menschlichen Fähigkeiten gerühmt. BREUER war im Gegensatz zu FREUD überzeugter ärztlicher Helfer; im Gegensatz zu FREUD war er lange vor Beginn des Studiums entschlossen, Arzt zu werden. Schon die Familientradition (sein Großvater war Bader, d.h. Dorfchirurg gewesen) (116) hatte dies vielleicht nahegelegt. Zeugnisse von Freunden und Zeitgenossen rühmen ihn in ungewöhnlicher Weise bezüglich seiner Fähigkeiten.(117)

BREUER wurde für FREUD zu einer der wichtigsten Personen in seinem Leben; dies gilt in persönlicher und in wissenschaftlicher Hinsicht. Das spätere Scheitern der Beziehung, so weit herrscht Einigkeit in der Literatur, wird eher FREUD als BREUER angelastet.(118) FREUD lernte BREUER im Jahr 1877 kennen (119); spätestens von 1883 an wurde die Freundschaft enger. BREUER wurde nicht nur der (väterliche) Freund FREUDs, sondern beide Männer hatten auch eine intensive wissenschaftliche Kommunikation.(120)

FREUD hielt viel von BREUERs ärztlichen Fähigkeiten, seiner wissenschaftlichen Arbeit und seiner Art, Menschen zu heilen; insbesondere schilderte BREUER eine sogenannte "kathartische Heilung", die er selbst durchgeführt hatte. Damit wurde FREUD zum ersten Mal auf die Möglichkeit der psychologischen Heilung einer Hysterie aufmerksam (GW XIV., S. 44 f.).

Im Jahr 1880 hatte BREUER begonnen, einen Fall von Hysterie, jenen der berühmt gewordenen Anna O. (121), mittels der Hypnose und später der sogenannten "Katharsis" zu behandeln. Diese Behandlung, die von HIRSCHMÜLLER als einerseits "erstaunlich", andererseits aber "weniger verwunderlich" angesehen wird (1978, S. 120), ruht auf der gesamten wissenschaftlichen Geschichte der medizinischen Entwicklung, wie sie oben ausgeführt wurde. BREUER war nicht der einzige, der um 1880 mit der Hypnose experimentierte. Zahlreiche Ärzte versuchten es ebenso, obgleich viele nur schamhaft und unter vorgehaltener Hand hiervon Mitteilung machten.

BREUER erzählte FREUD im Jahr 1882 von diesem Fall, drei Jahre vor dessen Reise zu CHARCOT. FREUD interessierte sich sehr dafür (GW XIV., S. 44 ff.; JONES I., 1978, S. 269). Nach JONES war es das erste Mal, daß er dergleichen hörte (JONES I., 1978, S. 269). Im Lichte seiner späteren Erkenntnisse hatte FREUD Grund, die erotische Beziehung der Anna O. zu BREUER (und umgekehrt) kritisch herauszustellen; im Jahr 1882 jedoch war ihm die Methode BREUERs völlig neu, hörte er mit Erstaunen von der "talking-cure" der Patientin, nach welcher diese jedesmal ganze Symptomkomplexe verloren haben soll. FREUD schreibt dazu in seiner "Selbstdarstellung": "Breuer hatte mir, schon ehe ich nach Paris ging, Mitteilung über einen Fall von Hysterie gemacht, den er in den Jahren 1880 bis 1882 auf eine besondere Art behandelt hatte, wobei er tiefe Einblicke in die Verursachung und Bedeutung der hysterischen Symptome gewinnen konnte. Das war also zu einer Zeit geschehen, als die Arbeiten Janets noch der Zukunft angehörten.(122) Er las mir wiederholt Stücke der Krankengeschichte vor, von denen ich den Eindruck empfing, hier sei mehr für das Verständnis der Neurose geleistet worden als je zuvor. Ich beschloß bei mir, CHARCOT von diesen Funden Kunde zu geben, wenn ich nach Paris käme und tat dies dann auch. Aber der Meister zeigte für die ersten Andeutungen kein Interesse, so daß ich nicht mehr auf die Sache zurückkam und sie auch bei mir fallen ließ." (GW XIV, S. 44)

Damit war die weitere Aufklärung des Falles zunächst ad acta gelegt. BREUER hatte die Kur abgebrochen. Der weitere Verlauf wurde kürzlich von HIRSCHMÜLLER rekonstruiert (1978, S. 135 ff.; vgl. auch ELLENBERGER 1973, II., S. 662 ff.). Obgleich die Patientin nicht geheilt wurde, wurde sie für die psychoanalytische Geschichtsschreibung zum "Paradigma" einer psychotherapeutisch geglückten Kur. Die später von FREUD entwickelte Methode der "freien Assoziation" ist die erweiterte Wiederaufnahme der "talking-cure" der Anna O., die diese selbst "erfunden" hatte. Ursprünglich wurde sie von BREUER gefunden, auch wenn er diesen Weg nicht weiter verfolgte, sondern davor zurückschreckte, vielleicht auch zu sehr Physiologe war.

Die "talking-cure" war der größte wissenschaftliche Fund, den FREUD BREUER zu verdanken hatte. FREUD leugnete dies auch nicht. Lange nachdem die "Studien über Hysterie" in Coautorenschaft mit BREUER veröffentlicht worden waren (FREUD, GW I., S. 81-312; BREUER/FREUD 1895), schrieb er: "Wenn die bisherige Darstellung beim Leser die Erwartung erweckt hat, die 'Studien über Hysterie' würden in allem Wesentlichen ihres materiellen Inhalts BREUERs geistiges Eigentum sein, so ist das genau dasjenige, was ich immer vertreten habe und auch diesmal aussagen wollte. An der Theorie, welche das Buch versucht, habe ich in heute nicht mehr bestimmbarem Ausmaße mitgearbeitet. Diese ist bescheiden, geht nicht weit über den unmittelbaren Ausdruck der Beobachtungen hinaus... Breuer nannte unser Verfahren das k a t h a r t i s c h e ... als dessen therapeutische Absicht wurde angegeben, den zur Erhaltung des Symptoms verwendeten Affektbetrag... auf die normalen Wege zu leiten, wo er zur Abfuhr gelangen konnte... Der praktische Erfolg der kathartischen Prozedur war ausgezeichnet. Die Mängel, die sich später herausstellten, waren die einer jeden hypnotischen Behandlung."(123)

Die Veröffentlichung der "Studien über Hysterie" im Jahr 1895 markiert das Ende der Beziehung zwischen BREUER und FREUD. BREUER konnte oder wollte FREUD in der Weiterentwicklung der Psychoanalyse, insbesondere in der sich immer deutlicher herauskristallisierenden Bedeutung, die FREUD der Sexualität in der Ätiologie der Neurosen (nicht nur der Hysterie) beimaß, nicht folgen.(124)

FREUD erkannte lange Zeit BREUER als wichtigsten Lehrmeister an. JONES' Auffassung, BREUER habe menschlich und finanziell für FREUD große, wissenschaftlich jedoch geringe Bedeutung gehabt (1978, S. 264), läßt sich kaum halten. Neben den Wiener Universitätsinstituten, insbesondere dem BRÜCKEs, verdankte FREUD in seiner frühen Entwicklung die umfangreichsten Anregungen zweifellos dem Freund BREUER.

1.3. Die Reise zu CHARCOT

Als weiterer bedeutender Einflußfaktor auf FREUDs wissenschaftliche Sozialisation wird die Erfahrung eingeschätzt, die FREUD bei CHARCOT in Paris machen konnte; sicher wäre diese nicht von solcher Tiefe gewesen, wenn CHARCOT außer einem bedeutenden Wissenschaftler nicht auch ein Mensch von besonderer persönlicher Anziehungskraft und Ausstrahlung gewesen wäre, wofür FREUD in allen seinen wissenschaftlichen und persönlichen Beziehungen sehr empfänglich war.(125) Diese Ausstrahlung CHARCOTs wird auch von anderen zeitgenössischen Beobachtern gerühmt.(126)

Schon lange zuvor hatte FREUD diese Reise geplant. Aus seiner "Selbstdarstellung" geht hervor, daß er sich von dem klassischen Neurologen CHARCOT Anregung versprach; das Gebiet der Neuropathologie, das, wie in Abschnitt 5.3.2. gezeigt, noch ein sehr junges war, konnte FREUD in Wien nicht zu seiner Zufriedenheit erlernen. So "leuchtete (in der Ferne) der große Name CHARCOTs" (GW XIV, S. 36), und FREUD wartete nur darauf, den Meister kennenzulernen.

Im Herbst 1885 reiste er nach Paris, nachdem er durch die Vermittlung v.BRÜCKEs und MEYNERTs ein Stipendium erhalten hatte. Er blieb dort vier Monate bis zum Frühjahr 1886.

Da in Paris viele ausländische Ärzte vom Meister lernen wollten, fiel FREUD nicht weiter auf; erst als er erfuhr, der deutsche Übersetzer der CHARCOTschen Werke habe nach dem Krieg nichts mehr von sich hören lassen, bot er sich als Ersatz an; CHARCOT akzeptierte FREUD, "zog mich in seinen Privatverkehr und von da an hatte ich meinen vollen Anteil an allem, was auf der Klinik vorging" (GW XIV, S. 37).

FREUD konnte CHARCOT nicht nur bei seiner Arbeit in der Klinik beobachten, sondern auch die berühmten Dienstagsvorlesungen hören, über die er schrieb: "Als Lehrer war Charcot geradezu fesselnd, jede seiner Vorlesungen ein kleines Kunstwerk an Aufbau und Gliederung, formvollendet und in einer Weise eindringlich, daß man den ganzen Tag über das gehörte Wort nicht aus seinem Ohr und das demonstrierte Objekt nicht aus seinem Sinne bringen konnte... Meister Charcot selbst machte bei einer solchen Vorlesung einen eigentümlichen Eindruck; er, der sonst vor Lebhaftigkeit und Heiterkeit übersprudelte, auf dessen Lippen der Witz nicht erstarb, sah dann unter seinem Samtkäppchen ernst und feierlich, ja eigentlich gealtert aus, seine Stimme klang uns wie gedämpft, und wir konnten etwa verstehen, wieso übelwollende Fremde dazu kamen, der ganzen Vorlesung den Vorwurf des Theatralischen zu machen. Die so sprachen, waren wohl die Formlosigkeit des deutschen klinischen Vortrags gewöhnt oder vergaßen, daß Charcot nur eine Vorlesung in der Woche hielt, die er also sorgfältig vorbereiten konnte." (GW I., S. 29)

Nach allen Zeugnissen, die uns vorliegen, war FREUD am meisten von der Arbeit CHARCOTs mit Hysterischen begeistert (GW I., S. 22 ff.; GW XIV., S. 37; JONES 1978, I., S. 269 f.; ELLENBERGER 1973, II., S. 593 ff.; SULLOWAY 1979, S. 28 ff.). So schreibt er in seiner "Selbstdarstellung": "Von allem, was ich bei CHARCOT sah, machten mir den größten Eindruck seine letzten Untersuchungen über Hysterie, die zum Teil noch unter meinen Augen ausgeführt wurden. Also der Nachweis über die Echtheit und Gesetzmäßigkeit der hysterischen Phänomene ("introite et hic dii sunt"), des häufigen Vorkommens der Hysterie bei Männern, die Erzeugung hysterischer Lähmungen und Kontrakturen durch hypnotische Suggestion, das Ergebnis, daß diese Kunstprodukte dieselben Charaktere bis ins einzelne zeigten wie die spontanen, oft durch Trauma hervorgerufenen Zufälle." (GW XIV., S. 37)

Seine eigenen (über BREUER erlebten) Erfahrungen konnte er dem Meister nicht vermitteln. CHARCOT war davon überzeugt, daß die hysterischen Phänomene letzten Endes auf Heredität beruhten, also doch primär konstitutionell bedingt seien.

Im Gegensatz zu anderen Beobachtern, zum Beispiel dem schwedischen Arzt und Schriftsteller Axel MUNTHE (1980), zweifelte FREUD an keiner der Vorführungen hysterischer Phänomene durch die CHARCOTschen "Medien". Er war im Gegenteil sehr beeindruckt und davon überzeugt, einigen der Rätsel dieser Neurosen nunmehr auf der Spur zu sein.

Nach FREUDs Rückkehr aus Paris und nachdem er mit CHARCOT verabredet hatte, eine Arbeit über hysterische und organische Lähmungen zu verfassen, welche zeigen würde, daß die hysterischen Lähmungen sich interessanterweise entsprechend den anatomischen Laienvorstellungen ausbreiteten und sich nicht an die wissenschaftlich nachgewiesenen Nervenversorgungsgebiete hielten, folgt jene in der Literatur inzwischen kontrovers, bis vor kurzem allerdings noch in einmütiger Interpretation diskutierte Szene vor der Wiener Gesellschaft der Ärzte, in der FREUD vortrug, was er in Paris erfahren hatte. Dies war am 15. Okt. 1886.

Bei FREUD heißt es: "Es lag mir die Verpflichtung ob, in der 'Gesellschaft der Ärzte' Bericht über das zu erstatten, was ich bei CHARCOT gesehen und gelernt hatte. Allein ich fand eine üble Aufnahme. Maßgebende Personen wie der Vorsitzende, der Internist Bamberger, erklärten das, was ich erzählte, für unglaubwürdig. MEYNERT forderte mich auf, Fälle, wie die von mir geschilderten, doch in Wien aufzusuchen und der Gesellschaft vorzustellen. Dies versuchte ich auch, aber die Primarärzte, auf deren Abteilungen ich solche Fälle fand, verweigerten es mir, sie zu beobachten oder zu bearbeiten. Einer von ihnen, ein alter Chirurg, brach direkt in den Ausruf aus: 'Aber Herr Kollege, wie können Sie solchen Unsinn reden! Hysteron(sic!) heißt doch der Uterus. Wie kann denn ein Mann hysterisch sein?' Ich wendete vergebens ein, daß ich nur die Verfügung über den Krankheitsfall brauchte und nicht die Genehmigung meiner Diagnose. Endlich trieb ich außerhalb des Spitals einen Fall von klassischer hysterischer Hemianästhesie bei einem Manne auf, den ich in der 'Gesellschaft der Ärzte' demonstrierte. Diesmal klatschte man mir Beifall, nahm aber weiter kein Interesse an mir. Der Eindruck, daß die großen Autoritäten meine Neuigkeiten abgelehnt hätten, blieb unerschüttert; ich fand mich mit der männlichen Hysterie und der suggestiven Erzeugung hysterischer Lähmungen in die Opposition gedrängt. Als mir bald darauf das hirnanatomische Laboratorium versperrt wurde und ich durch Semester kein Lokal hatte, in dem ich meine Vorlesungen abhalten konnte, zog ich mich aus dem akademischen Vereinsleben zurück. Ich habe die 'Gesellschaft der Ärzte' seit einem Menschenalter nicht mehr besucht." (GW XIV., S. 39)

Die in Frage stehende Szene ist wohl deshalb immer wieder in der Literatur diskutiert worden, weil sie den Anfang von FREUDs Abwendung von seiner Ursprungs-Scientific-Community darstellt - auch, wenn die ältere Biographie dies nicht explizit unter diesem Gesichtspunkt gesehen hat. BERNFELD und CASSIRER-BERNFELD (1952) waren die ersten, die versuchten, den Vortrag FREUDs vor der Gesellschaft der Ärzte und die dazugehörigen Diskussionsbeiträge anhand der damals erschienenen Berichte in den wissenschaftlichen Wochenblättern Wiens zu rekonstruieren. Sie übernehmen weitgehend FREUDs Einschätzung der Situation. Ihrer Auffassung nach waren die Einwände der "Größen der medizinischen Schule Wiens": BAMBERGERs, MEYNERTs und LEIDESDORFs, "primitiv". JONES argumentiert ähnlich, mit dem Zusatz, daß FREUD "naiv" und die Diskussionsredner "einen beträchtlichen Mangel an Phantasie" gezeigt hätten. Julius WAGNER-JAUREGG - wohl relativ unvoreingenommen - schreibt in seiner Biographie ebenfalls, FREUD sei nicht gut aufgenommen worden, weil "die Größen Wiens" die Schwärmerei FREUDs für CHARCOT, einen ausländischen Wissenschaftler, nicht vertragen hätten. Erst ELLENBERGER (1973) nimmt einen kontroversen Standpunkt ein. Er versucht, anhand der Protokolle der Gesellschaft der Ärzte in Wien, die damals gleichzeitig in fünf Zeitschriften veröffentlicht wurden, nachzuweisen, daß FREUD "keineswegs übel aufgenommen" worden sei. Lediglich die Neuheit seiner Erkenntnisse sei angezweifelt worden. Die anwesenden Ärzte hätten auch FREUDs Begeisterung für CHARCOTs Ausweitung des Hysteriebegriffes auf traumatische Lähmungen nicht teilen können. Im übrigen habe in FREUDs Vortrag insofern eine Beleidigung für die Wiener Ärzte gelegen, als sie sich einen Franzosen vor die Nase gesetzt sahen, dessen Forschungsergebnisse und wissenschaftliche Seriosität sie seit 1882 (dem Anfang seiner Experimente mit Hypnose) stark bezweifelt hätten (ELLENBERGER 1973, II., S. 600, S. 601; vgl. Kapitel 5.1.3. u. 6.1. dieses Buches). Ebenso habe sich Freud in seiner "Selbstdarstellung" bezüglich der Schilderung seines Buches mit eben jener Gesellschaft der Ärzte geirrt: nachweislich, nämlich anhand der Protokolle der Sitzungsberichte, habe er am 16.02.1887 als Mitglied kandidiert und sei am 18.03.1887 durch Wahl aufgenommen worden. Er sei in dieser Gesellschaft Mitglied geblieben, bis er im Jahre 1938 Wien verlassen habe (ELLENBERGER 1973, II., S. 602; vgl. auch SABLIK 1968). Auch SULLOWAY (1979) versucht zu zeigen, wie empfindlich FREUD in einer Routineangelegenheit reagiert habe, wie FREUDs Ausführungen in seiner "Selbstdarstellung" - 40 Jahre nach dem Ereignis aus dem Gedächtnis niedergeschrieben - noch grollend gewesen seien und wie wenig FREUDs Darstellung der objektiven Überprüfung standhalten könne.

Wie ist es möglich, daß dieselbe Szene - bei ziemlich genauer Rekonstruktionsmöglichkeit - so unterschiedliche Interpretationen hervorgerufen hat?

Das Urteil SULLOWAYs: es habe sich bei BERNFELD ebenfalls um einen "Heldenverehrer" gehandelt, ist sicher so nicht haltbar. Den Interpreten der Szene haben unterschiedliche Materialien zur Überprüfung vorgelegen und sie gehen auch von unterschiedlichen Absichten und Zielsetzungen aus. BERNFELD hat uns eine sehr genaue, sehr einfühlsame Deutung der Ereignisse überliefert, deren Präzision z.T. aus einer Probeidentifikation mit FREUD zu resultieren scheint.

Ähnlich JONES, der auch hier sehr viel von BERNFELD übernommen hat, ohne diesen ausdrücklich zu zitieren (vgl. GRUBRICH-SIMITIS 1981).

ELLENBERGERs Absichten sind ganz andere: ihm geht es um den Strom der Erkenntnis und der Entdeckung des Unbewußten im Laufe der Geschichte, um die Gemeinsamkeiten in der Erforschung des Unbewußten, nicht um die individuellen Beiträge im einzelnen oder gar um das Verständnis der Motivation einzelner "Entdecker" des Unbewußten. Außerdem war er nicht Augen- oder Ohrenzeuge der Szene wie z.B. Julius WAGNER-JAUREGG. Ihm lagen, ebenso wie SULLOWAY, nur schriftliche Materialien vor. SULLOWAYs breit angelegte Studie greift ebenfalls weit über die Interpretation einzelner Szenen hinaus auf ein in unseren Augen typisch amerikanisches Anliegen, nämlich FREUD als "Biologen zu entlarven", der er doch in europäischen Augen immer schon war.(127) Damit wird der Auftritt FREUDs vor der Gesellschaft der Ärzte Wiens eine unter vielen Gelegenheiten, "Legendenbildungen" zu widerlegen.

Es gibt für uns keinen Grund, an der subjektiven Überzeugung FREUDs, die in der "Selbstdarstellung" zum Ausdruck kommt, zu zweifeln. Sicher war FREUD der Auffassung, daß die Wiener Ärzte ihm feindlich gesonnen waren, daß sie die Schilderungen der Neuentdeckungen CHARCOTs

190

nicht akzeptieren und daß sie ihm bei der eigenen Arbeit Steine in den Weg legen wollten. Für die Weiterentwicklung FREUDs sind die subjektiven Überzeugungen ausschlaggebend gewesen, auch wenn sie der objektiven Überprüfung nicht alle standhalten. Zu diesem Zeitpunkt, also 1886, beginnt seine innere Abwendung von seiner "Ursprungs"-scientific-community. Obgleich er noch längere Zeit klassische neurologische Arbeiten verfaßte und dafür auch Anerkennung erhielt (ELLENBERGER 1973 II., S. 650 ff.; JONES 1978 I., S. 237 ff.), führte die motivationale Entwicklung seiner Interessen nun in die Richtung der Psychopathologie.

So bleibt festzuhalten, daß der Aufenthalt bei CHARCOT den Ausschlag für die nun beginnende langsame Entwicklung in Richtung des immer ausschließlicher werdenden Interesses an der Psychopathologie gegeben hat; begünstigt wurde dies zweifellos durch die seit der Eröffnung einer neurologischen Privatpraxis im Herbst 1886 zunehmende Konfrontation mit dem oben beschriebenen "Problem" der "Nervösen", die bald auch FREUDs Praxis füllten (GW XIV., S. 41).

Obwohl Moritz BENEDIKT (1868) schon Fälle männlicher Hysterie beschrieben hatte, obwohl FREUD bereits mit der Möglichkeit einer psychologischen Heilung der Hysterie konfrontiert worden war (durch den Bericht BREUERs über Anna O.): wahrscheinlich ist, daß sein "wissenschaftliches Aha-Erlebnis" erst in Paris erfolgte. Unter anderem ergibt sich eine Stützung dieser These durch die Tatsache, daß FREUD noch in seinem Haus in London ein Bild über der Couch hängen hatte, das CHARCOT bei der Vorführung einer "grande hystérie" zeigt; es ist zu vermuten, daß diese lebenslange Treue, aufrechterhalten selbst über den Zeitpunkt der Entlarvung solcher großer hysterischer Anfälle als Suggestionsartefakte hinaus, auf die Einmaligkeit des Erlebnisses zurückzuführen ist.

So ergeben sich als Haupteinflußfaktoren auf FREUDs wissenschaftliche Sozialisation die Auswirkungen der Zweiten Wiener Schule der Medizin, repräsentiert durch die nach den Regeln der exakten Naturwissenschaft arbeitenden Professoren BRÜCKE und MEYNERT, die wissenschaftlichen, praktischen und "lebensweltlichen" Hinweise des (ebenfalls habilitierten) BREUER, damit in Zusammenhang die erste Erfahrung mit einer "kathartischen Heilung" und drittens der Einfluß der neurologischen Schule CHARCOTs, dessen wissenschaftliche Reputation einerseits und dessen mutige Experimente andererseits FREUD begeisterten und von der Zulässigkeit der Beschäftigung mit Hysterie und Hypnose vollkommen überzeugten.

Die FREUDsche "wissenschaftliche Sozialisation" kann demnach wie folgt illustriert werden:

Abb. 5: Die wissenschaftliche Sozialisation Sigmund FREUDs

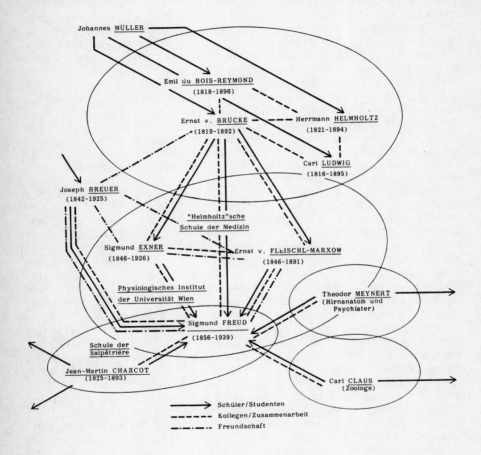

FREUDs wissenschaftliche Sozialisation bestimmte seine Problemrezeption und die frühe Formulierung der psychoanalytischen Theorievariante.

2. Die Problemrezeption Sigmund FREUDs

Die Rezeption eines gegebenen wissenschaftlichen Problems, so wurde oben definiert, enthält im wesentlichen die Komponenten der (an Gruppenprozesse gebundenen) Problemdefinition und der individuellen Wissenschaftlerpersönlichkeit. Letztere ist teilweise in soziale Elemente auflösbar: so in die wissenschaftliche Sozialisation und die (immer in einer bestimmten historischen Zeit und an einem historischen Ort stattfindende) Biographie. Hinzu kommen die individuellen Begabungen, Interessen und Vorlieben, die soziale Herkunft und die psychische Struktur (vgl. S. 111 dieses Buches). Ausschlaggebend sind dabei letztlich die persönlichen Erfahrungen mit dem Problem.

Die wichtigsten Einflüsse auf FREUDs wissenschaftliche Sozialisation wurde oben genannt. Im Verlaufe dieses Prozesses kamen auch die Eigenschaften der Persönlichkeit FREUDs zum Vorschein, deren Prägung früher liegt: die Begeisterung für glänzende Menschen, die Liebe zur Spekulation (gepaart mit der Fähigkeit, sie zu kontrollieren), die Absicht, Rang und Namen in der Wissenschaft zu erwerben. Verbunden mit einer gewissen Empfindlichkeit gegenüber der möglichen Diskriminierung als Jude, aber auch als Mensch und Wissenschaftler, werden z.B. die Reaktionen gegenüber der Gesellschaft der Ärzte in Wien sowie insgesamt der akademischen Welt verständlicher.

Bisher nur gestreift wurde FREUDs finanzielle Lage und der daraus resultierende Zwang, eine Privatpraxis zu eröffnen. Tatsächlich war es so, daß er, von zu Hause aus mittellos (sein Vater Jakob FREUD war teilweise nicht in der Lage, den Lebensunterhalt für seine Familie zu bestreiten (JONES I., 1978, S. 36)), an eine rein wissenschaftliche Laufbahn gar nicht denken konnte. Dies sagte ihm in aller Deutlichkeit schon sehr früh sein verehrter Lehrer BRÜCKE (GW XIV, S. 42). Da er außerdem heiraten wollte und dies 1886, nach seiner Rückkunft aus Paris, auch tat, Martha BERNAYS, seine Frau, aber ebenfalls mittellos war, blieb ihm kaum eine andere Wahl als die Niederlassung als Arzt; so eröffnete er 1886 eine Privatpraxis für Neurologie im Zentrum Wiens (JONES 1978, I., S. 176).

Diese Praxis konfrontierte ihn aufs schärfste mit dem Problem der Neurosen und Neurotiker. Übereinstimmend berichten zeitgenössische Ärzte und Beobachter, daß die Zahl der organisch Nervenkranken vor derjenigen der "Nervösen", an denen sich keine organische Ursache ihrer Leiden finden ließ, verschwand. Überdies wußten die Neurologen nicht, was sie diesen Menschen raten sollten: dies wurde oben bereits ausgeführt.

Zu der Beschränkung seiner Heilmöglichkeiten schreibt FREUD in seiner "Selbstdarstellung": "Mein therapeutisches Arsenal umfaßte nur zwei Waffen, die Elektrotherapie und die Hypnose, denn die Versendung in die Wasserheilanstalt nach einmaliger Konsultation war keine zureichende Erwerbsquelle. In der Elektrotherapie vertraute ich mich dem Handbuch von W. ERB (128) an, welches detailliertere Vorschriften für die Behandlung aller Symptome der Nervenleiden zur Verfügung stellte. Leider mußte ich bald erfahren, daß die Befolgung dieser Vorschriften niemals half, daß, was ich für den Niederschlag exakter Beobachtung gehalten hatte, eine phantastische Konstruktion war. Die Einsicht, daß das Werk des ersten Namens der deutschen Neuropathologie nicht mehr Beziehung zur Realität habe als etwa ein "ägyptisches" Traumbuch,... war schmerzlich... so schob ich denn den elektrischen Apparat beiseite, noch ehe MÖBIUS (129) das erlösende Wort gesprochen hatte, die Erfolge der elektrischen Behandlung bei Nervenkranken seien - wo sie sich überhaupt ergeben - eine Wirkung der ärztlichen Suggestion." (GW XIV., S. 39 f.)

Auch JONES schreibt, daß FREUDs Patienten zum größten Teil Neurotiker waren, so daß sich für ihn das Problem der Behandlungsmethoden viel dringlicher als für einen Theoretiker gestellt habe (JONES 1978, I., S. 279). Schon um seine Familie ernähren zu können, war er darauf angewiesen, hilfreiche Methoden zur Behandlung seiner Kranken zu finden - anderenfalls sie zu einem anderen Arzt übergelaufen wären.

FREUD arbeitete zunächst noch klassisch-neurologisch, benutzte jedoch seit 1886 als Hauptmittel der Therapie die Hypnose: damit war zwar der Verzicht auf die Behandlung der organischen Nervenkrankheiten gegeben, aber da bei diesen meistens ohnehin keine Heilung möglich war, im übrigen "in der Stadtpraxis des Privatarztes die geringe Anzahl der an ihnen Leidenden gegen die Menge der Nervösen, die sich überdies dadurch vervielfältigten, daß sie unerlöst von einem Arzt zum anderen liefen" (GW XIV., S. 40), verschwand, scheint die Hypnose die angemessene Methode und sogar "verführerisch" (ebenda, S. 41) gewesen zu sein.

Deutsche Wissenschaftler, die zu dieser Zeit den Hypnotismus ernst nahmen, waren MÖBIUS und HAIDENHAIN. In Wien war die Feindschaft gegen den Hypnotismus trotz der damit erzielten Erfolge in Frankreich und auch in

Deutschland besonders groß, so daß sich FREUD zumindest in dieser Frage berechtigt über die Ablehnung durch seine ehemaligen Lehrer beklagen konnte. Jedenfalls schrieb MEYNERT noch im Jahr 1889, daß der Anwendung der Hypnose entgegengetreten werden müsse, weil sie nicht nur den Menschen zu einem willenlosen Wesen herabsetze, sondern seine psychische und nervöse Degeneration auch noch beschleunige (MEYNERT 1889, S. 687). Trotz dieser anhaltenden Kontroversen war FREUD von der Wirksamkeit der Hypnose überzeugt. Außerdem "hatte (man) zum erstenmal das Gefühl seiner Ohnmacht (gegenüber den Neurotikern, S.T.) überwunden, der Ruf des Wundertäters war sehr schmeichelhaft" (GW XIV., S. 41). Da es aber nicht möglich war, alle Kranken zu hypnotisieren und vor allem viele nicht so tief, wie es zur Symptombehandlung erforderlich gewesen wäre, reiste FREUD im Sommer 1889 zu LIÉBAULT und BERNHEIM nach Nancy.

Wieder fuhr er nach Frankreich, um sich weiterzuentwikkeln und seine "Technik zu vervollkommnen" (ebenda). Überhaupt scheint FREUDs emotionale Bindung, seine Arbeit betreffend, ganz den Franzosen gehört zu haben. So schreibt er über LIÉBAULT und BERNHEIM: "Ich sah den rührenden alten LIÉBAULT bei seiner Arbeit an den armen Frauen und Kindern der Arbeiterbevölkerung (130), wurde Zeuge der erstaunlichen Experimente BERNHEIMs an seinen Spitalspatienten und holte mir die stärksten Eindrücke von der Möglichkeit mächtiger seelischer Vorgänge, die doch dem Bewußtsein des Menschen verhüllt bleiben." (GW XIV., S. 41)

Ein Hinweis auf das emotional stark besetzte Engagement gegenüber den französischen Wissenschaftlern scheint auch seine neuerliche Übersetzung eines ihrer Werke gewesen zu sein, BERNHEIMs Buch über Suggestion und deren Heilwirkungen.(131) Allerdings irrte er sich im Datum: statt 1889, nach seiner Rückkehr aus Frankreich, wie in seiner "Selbstdarstellung" zu lesen, übersetzte er das Buch BERNHEIMs bereits ein Jahr zuvor; an Wilhelm FLIESS, den er 1887 kennengelernt hatte und an welchen er in den folgenden 14 Jahren regelmäßig Briefe sandte, hatte er bereits am 18.12.1887 geschrieben: "... Ich gedenke auch das Buch von Bernheim über die Suggestion zu übersetzen. Raten Sie nicht ab, ich bin bereits kontraktlich verpflichtet." (S. FREUD 1962, S. 53 (Brief 2)) (132) Der erste Band erschien 1888 mit einer längeren Vorrede, der zweite im Jahr 1892 ohne einen Kommentar FREUDs.

Im übrigen nahm er in dem in Kapitel 2 beschriebenen Streit weitgehend Partei für die Schule der Salpêtrière und nicht für die BERNHEIMs.(133) Ihm war der Widerspruch zwischen der Leugnung der Krankheit in der Suggestion und deren notwendiger Anerkennung in der Wachheit zutiefst zuwider.

So näherte er sich schrittweise der später der Psychoanalyse eigenen Methode des Bewußtmachens unbewußter Vorstellungen, die sich insofern von der Suggestion unterschied, als sie nicht mehr versuchte, den Patienten vom Gegenteil seiner Krankheit zu überzeugen; von der Hypnose hob sie sich dadurch ab, daß der "hypnotische Schlaf" nicht mehr dazu benutzt wurde, dem Patienten Geheimnisse zu entlocken, sondern daß dieser Prozeß bei vollem Bewußtsein vor sich gehen sollte.

Zusammenfassend zu FREUDs spezifischer Problemrezeption auf dem Hintergrund der kontroversen Problemdefinitionen der Wiener Neurologen, der Schule der Salpêtrière und der Schule von Nancy, läßt sich vorläufig festhalten, daß

1. die Einflüsse dieser drei Schulen in FREUDs Problemrezeption (und der darauf folgenden ersten Theorievariante) deutlich nachweisbar sind. Die Zugehörigkeit zu der wissenschaftlichen Gemeinschaft der Wiener Neurologen, die Gebundenheit an deren strenge, naturwissenschaftlich ausgerichtete Denk- und Arbeitsweise, hatte eine nicht zu überschätzende Bedeutung für FREUD. Sie behielt diese bis zu seinem Lebensende. Aber FREUD war nicht sklavisch an sie gebunden. Seine kurzen Besuche in Frankreich haben sein Denken relativiert, seine Auffassungen verändert, die Richtung seiner Arbeiten beeinflußt.

2. die beschriebene Not in seiner neurologischen Privatpraxis als die "spezifische Art der Begegnung mit dem in Frage stehenden Problem" behandelt werden kann; es war für FREUD dringend, Abhilfe für Neurotiker zu schaffen; nicht nur sein wissenschaftliches, sondern auch sein finanzielles Wohlergehen hing hiervon ab.

3. die individuelle Begabung FREUDs nach seinen eigenen Aussagen nicht primär auf medizinischem Gebiet lag, sondern auf der Erforschung dessen, "was die menschlichen Beziehungen ausmacht" (an anderer Stelle schreibt er diese Begabung sicher nicht zu Unrecht einem "femininen" Anteil in seiner Persönlichkeit zu).(134) Von daher wird verständlich, daß ihn zunehmend die hinter den häufig bizarren Symptomen der Hysteriker stehenden biographischen Erlebnisse seiner Patienten interessierten,

so daß sich seine Krankengeschichten schließlich wie Novellen lasen.

4. seine wissenschaftliche Sozialisation streng naturwissenschaftlich-medizinisch war. Diese Tatsache läßt sich bis an FREUDs Lebensende durchgängig nachweisen. Aber die Begabungen und Neigungen FREUDs standen in einem gewissen Konflikt mit seiner wissenschaftlichen Sozialisation; die biographische Literatur ist reich an Hinweisen zu diesem Phänomen (JONES I-III., 1978(2), 1978(2) und 1962; SCHUR 1973, SULLOWAY 1979, ELLENBERGER 1973, KRÜLL 1979). Erst gegen Ende seiner wissenschaftlichen Tätigkeit läßt er seinen "spekulativen Neigungen" die Zügel schießen - in seinen frühen Jahren hält er sich, um Selbstdisziplin bemüht, an das wissenschaftliche Vorbild des strengen BRÜCKE.

Damit ist die spezifische Problemrezeption FREUDs angesichts des objektiven Problems der "Nervösen" nicht zur Gänze erklärt, aber vielleicht plausibler geworden. Sie wich jedenfalls in mehrfacher Hinsicht von einigen seiner neurologisch arbeitenden Kollegen ab; der Druck der Praxis lastete auf FREUD; hierdurch war er besonders gezwungen, über eine "Lösung" des Problems nachzudenken. Überdies hatte er den Ehrgeiz, "berühmt" zu werden, d.h. auf jeden Fall eine Neuentdeckung zu machen; während BREUER sich in der soliden Erfüllung seiner wissenschaftlichen und ärztlichen Pflichten wohlgefühlt zu haben scheint und ungern das grelle Licht der Berühmtheit auf sich gerichtet sah, war FREUD der Typus, der die Anfeindungen, die mit der Behauptung von etwas Neuem verbunden sind, gerne zu tragen bereit war.(135)

Möglicherweise stilisierte FREUD zu schnell aus wissenschaftlichem Widerspruch Feindschaften; aus seiner Problemrezeption ergaben sich jedenfalls bald erste Theorievarianten, die nicht gerade geeignet waren, ihm das Lob der Wiener Ärzte einzubringen, das ihm seine klassischen Arbeiten noch eingebracht hatten.

3. Erste theoretische Antworten

Jede Festsetzung eines "entscheidenden Erlebnisses", das die wissenschaftlichen Interessen eines Forschers bestimmt, hat trotz vieler guter Gründe, die dafür sprechen mögen, etwas Willkürliches. Dennoch wird für wahrscheinlich gehalten, daß das entscheidende Erlebnis für FREUD die Begegnung mit CHARCOT bzw. der Schule der Salpêtrière gewesen ist (vgl. dazu FREUD, GW XIV., S. 37 f.).

Auch ELLENBERGER meint, der Einfluß CHARCOTs auf FREUD sei zwar im einzelnen schwer zu bestimmen, die Begegnung scheine aber für FREUD "existentielle Bedeutung" gehabt zu haben. FREUD habe zweifellos ein idealisiertes Bild von dem französischen Meister gehabt, "und er blieb nicht lange genug an der Salpêtrière, um zu erkennen, daß die Demonstrationen CHARCOTs mit hypnotisierten Hysterikerinnen überhaupt keinen wissenschaftlichen Wert hatten" (1973, II., S. 748). Er fügt hinzu: "Dies alles zeigt wieder einmal, daß der Einfluß eines Meisters sich oft weniger durch das auswirkt, was er wirklich lehrt, sondern in der entstellenden Wahrnehmung im Geist seiner Schüler." (Ebd.) Vielleicht ist es fairer und auch adäquater, nicht von "entstellender Wahrnehmung", sondern von "Assimilation" an die bereits bestehenden Wahrnehmungsstrukturen zu sprechen.(136) Die individuelle Wahrnehmungsstruktur ist nach dem hier vertretenen Konzept geradezu eine Voraussetzung für verschiedene Synthesen des objektiv Lernbaren und damit von Theorievarianten überhaupt. Für die wissenschaftliche Entwicklung ist sie also funktional, nicht "verzerrend" oder "entstellend". Jedenfalls gilt dies in bestimmten, im einzelnen allerdings schwer festsetzbaren Grenzen. FREUD war ein Meister subjektiver Auffassung und Deutung. Aber darin lag nicht eine Schwäche (dies zuweilen auch), sondern vor allem die Fähigkeit zu kreativen Neuentdeckungen mittels der Synthese des von anderen Gedachten.

Nach den Besuchen in Paris und Nancy wandte er sich konsequenter dem Studium der Neurosen zu. Trotz der ersten Abfuhr, die er - jedenfalls in seiner Wahrnehmung - vor der Gesellschaft der Ärzte erlitten hatte, wollte er an seiner Arbeit nicht deuteln lassen. Die Schwierigkeiten mit seinem väterlichen Freund BREUER konnte er durch die Freundschaft mit Wilhelm FLIESS ausgleichen, der ihm in den Jahren "wissenschaftlicher Einsamkeit" geradezu zum "alter ego" wurde.(137) An ihn schrieb er im Jahr 1890, er stecke "so ziemlich ausschließlich in der Behandlung der Neurosen" (1962, S. 58 (B 6)). Zuvor und gleichzeitig erschienen noch mehrere klassisch-neurologische Arbeiten (vgl. Kapitel 3.1. dieser Arbeit). Unter diesen Arbeiten wurde in Neurologenkreisen besonders die "Aphasie-Studie" lobend hervorgehoben.(138) Am 2.5.1891 schrieb FREUD an FLIESS: "In wenigen Wochen werde ich mir die Freude machen, Ihnen ein Heft über Aphasie zu schicken, an dem ich selbst mit größter Wärme beteiligt bin. Ich bin darin sehr frech, messe meine Klinge mit Ihrem Freund WERNICKE, mit LICHTHEIM, GRASHEY und kratze selbst den hochthronenden Götzen MEYNERT." (1962, S. 59) Auch einige Co-Autorenschaften sind bei diesen klassisch-neurologischen Arbeiten zu finden: mit Oskar RIE verfaßte er eine Studie über Halbseitenlähmungen bei Kindern (139) und mit L.O. v. DARKSCHEWITSCH eine Arbeit über die Oblongata.(140)

Im Jahr 1895 - nach einigen Übersetzungen, Artikeln in Lexika und einer Arbeit über einen Fall von hypnotischer Heilung (GW I., S. 3-17) - veröffentlichte FREUD zusammen mit Josef BREUER die "Studien über Hysterie" (ebenda, S. 75-312, BREUER/FREUD 1895), mit welcher allgemein der Anfang der Psychoanalyse datiert wird.

Sowohl in der "Vorläufigen Mitteilung", die bereits 1893 von BREUER und FREUD veröffentlicht worden war, als auch in den "Studien über Hysterie" ist die Theorie der hysterischen Neurose mit einer gewissen Unabhängigkeit behandelt; kurz zusammengefaßt lautete die BREUER-FREUDsche Hysterie-Theorie, hysterische Symptome seien die Folge psychischer Traumata; die Sexualität spiele dabei als Quelle psychischer Traumen und als Motiv der "Abwehr", der Verdrängung von Vorstellungen aus dem Bewußtsein, eine Hauptrolle in der Pathogenese der Hysterie (GW I., S. 77). Für diese Theorie wird ein neues psychotherapeutisches Verfahren vorgeschlagen, das der "kathartischen Methode". BREUER und FREUD verstanden hierunter die Weiterentwicklung der ursprünglich von Anna O. als "chimney sweeping" bezeichneten Kur: eine affektive Abreaktion durch Reden: "Sie hebt die Wirksamkeit der ursprünglich nicht abreagierten Vorstellung dadurch auf, daß sie dem eingeklemmten Affekte derselben den Ablauf durch die Rede gestattet, und bringt sie zur assoziativen Korrektur, indem sie dieselbe ins normale Bewußtsein zieht (in leichter Hypnose) oder durch ärztliche Suggestion aufhebt, wie es im Somnambulismus und Amnesie geschieht." (GW I., S. 97)

Die Arbeit FREUDs und BREUERs fand Beachtung und Anerkennung (ELLENBERGER 1973, II., S. 670; SULLOWAY 1979, LÖWENFELD 1897, HIRSCHMÜLLER 1978, S. 248 ff.; vgl. auch Abschnitt 6.4. dieses Buches). Es war die Zeit, da überall Theorien zur Psychotherapie wie Pilze aus dem Boden schossen; FREUDs und BREUERs Arbeit war dementsprechend nur eine von vielen Theorievarianten. Während in der psychoanalytischen Geschichtsschreibung die theoretischen Arbeiten FREUDs zu dieser Zeit meist als "einsame Leistungen" gefeiert werden, verhält es sich in Wirklichkeit so, daß geradezu Scharen von Forschern einschlägige Studien schrieben und veröffentlichten.(141)

Dennoch wurde die "BREUER-FREUDsche kathartische Methode" bereits 1897 in einem "Lehrbuch der gesammten Psychotherapie" als "besonderes psychotherapeutisches Verfahren" dargestellt (LÖWENFELD 1897). LÖWENFELD, ebenfalls Nervenarzt, experimentierte selbst mit dieser Methode und stellte fest, daß hierüber vorläufig zwar noch kein abschließendes Urteil zu fällen sei, die an die Methode von ihm und anderen geknüpften Hoffnungen sich jedoch bisher nicht erfüllt hätten (1897, S. 162). FREUDs eigene Kritik lautete später ähnlich wie die an dem hypnotischen Verfahren; die Ergebnisse standen in keinem Verhältnis zur aufgewendeten Mühe, und es gelang nur selten, wirklich alle Symptome zum Verschwinden zu bringen bzw. zu verhindern, daß sie alsbald durch andere ersetzt wurden.

Das Erscheinen der "Studien über Hysterie" markiert das Ende der wissenschaftlichen Beziehungen zwischen FREUD und BREUER. Nach FREUD war bereits diese Veröffentlichung nur durch beträchtliche Überredungskunst seinerseits zustande gekommen (1962, S. 59). Hauptursache für die sich seit 1892 entwickelnden Diskrepanzen scheinen wissenschaftstheoretische und theoretisch-inhaltliche Gründe gewesen zu sein; HIRSCHMÜLLER stellt fest, daß BREUER im wesentlichen, wenn auch nicht ausschließlich, positivistisch gearbeitet habe, FREUD hingegen eher an der "Konstruktion von Universaltheorien" interessiert gewesen sei; zweitens hätten in der Ätiologie der Neurosen Differenzen bezüglich der Wertigkeit von Hypnoid- und Retentionshysterie, dem Konzept der Abwehr sowie in der Frage der Sexualität bestanden; BREUER habe ebenso wie FREUD der Sexualität einen bedeutenden Stellenwert in der Ätiologie der Neurosen eingeräumt, nicht aber die Universalität und Spezifität dieser Verursachung anerkannt; drittens habe FREUD im Unterschied zu BREUER die Suggestionstherapie abgelehnt (142); am Ende der Auseinandersetzungsperiode (1896) habe FREUD dann mit der "Psychoanalyse" den Schlußstrich unter das gemeinsame "kathartische Verfahren" gezogen. Schließlich räumt auch HIRSCHMÜLLER ein, daß zwar einige der Meinungsverschiedenheiten zwischen BREUER und FREUD (z.B. bezüglich der sogenannten "Verführungstheorie") sich später zugunsten BREUERs geklärt, d.h. als ein Irrtum FREUDs herausgestellt hätten; daß BREUER aber zu einem Weg neuer Erkenntnis über zahlreiche Irrtümer aufgrund großer Vorsicht in den theoretischen Schlußfolgerungen auch nicht bereit gewesen sei (1978, S. 236).

Die Trennung von BREUER scheint FREUD nicht leicht gefallen zu sein. Seine Briefe an Wilhelm FLIESS sind voller Anklagen gegen den ehemaligen Freund (1962, S. 59 f., S. 71, S. 73, S. 108). In der Folge fühlte FREUD sich "wissenschaftlich vereinsamt" und mit seinem Ringen um Neues alleingelassen (1962, S. 58).

4. Selektionsstufe I

Als erste Selektionsstufe, so wurde oben gesagt, gilt die Beurteilung einer wissenschaftlichen Arbeit durch die wissenschaftliche Gemeinschaft, welcher ein Forscher zu der in Frage stehenden Zeit angehört.

FREUD gehörte zur Zeit der Abfassung der "Vorläufigen Mitteilung" (1893), der "Studien über Hysterie" (1895) sowie der dem Komplex der Neurasthenie gewidmeten Schrift über die "Abwehr-Neuropsychosen" (1894; GW I., S. 57-342) und der Arbeit über die Unterscheidung von "Neurasthenie" und "Angstneurose" (1894; ebenda, S. 313-342) der wissenschaftlichen Gemeinschaft der Neurologen an; dies geht sowohl aus den bis einschließlich 1897 weiter entstehenden klassischen neurologischen Werken hervor als auch aus seinen bis dahin bestehenden engeren Kontakten zum Kassowitz-Institut (vgl. oben). Außerdem wurde FREUD 1897, nachdem er 12 Jahre Privatdozent für Neuropathologie gewesen war, nun zum Extraordinarius vorgeschlagen; der Vorschlag wurde von KRAFFT-EBING und NOTHNAGEL in das medizinische Professorenkollegium eingebracht: "Am 55. März 1902 hat Kaiser Franz Josef I. auf Antrag des damaligen Unterrichtsministers, Freiherrn von Hartel in Budapest, die Ernennung Freuds zum Titularaußerordentlichen Professor unterzeichnet." (GICKLHORN/GICKLHORN 1960, S. 18) Die lange Dauer der Privatdozentur FREUDs bzw. die späte Verleihung des Titels eines außerordentlichen Professors hat in der Geschichtsschreibung der Psychoanalyse zu unterschiedlichen Erklärungsversionen geführt; sie reichen vom Vorwurf des Antisemitismus, der FREUD von seiten der Universitäts- und ministeriellen Bürokratie entgegengebracht worden sei, bis zu der Auffassung, seine Sexualtheorien hätten ihm nicht gerade eine gute Reputation bei den klassischen Medizinern eingebracht (JONES 1978, II.; GICKLHORN/GICKLHORN 1960, S. 18 ff.; S. FREUD 1962, S. 164 f.; SULLOWAY 1979). Für unseren Zusammenhang wichtiger als die Klärung dieses Streites ist die Untersuchung der Frage, welche Arbeiten FREUDs zur schließlichen Ernennung zum außerordentlichen Professor beigetragen haben und welche eher abgelehnt worden sind. Man muß wohl davon ausgehen, daß FREUD 1897, also zur Zeit des Vorschlags seiner Ernennung, vor allem unter den Neurologen für seine neurologischen, nicht wegen seiner psychotherapeutischen Arbeiten, geschätzt wurde. Nur so ist auch die Diskrepanz zwischen der Beurteilung seines wissenschaftlichen Rufes durch FREUD selber und der öffentlichen Einschätzung verständlich: FREUD meinte, wenn er von "wissenschaftlicher Einsamkeit" sprach, immer die Arbeiten, die ihn am meisten interessierten, nämlich die Arbeit an der Aufklärung der Neurosen. Die Universitätshierarchie meinte hingegen seine klassisch-neurologischen Arbeiten, wenn sie seine Verdienste aufzählte; so war FREUD offensichtlich von der "scientific community" wegen seiner im Rahmen der "normalen Wissenschaft" sich bewegenden Arbeiten voll anerkannt, seine Reputation unbezweifelt; seine psychotherapeutischen Theorien hingegen wurden z.T. anerkannt, z.T. skeptisch beurteilt und z.T. tatsächlich abgelehnt.

Am Beispiel der Rezeption der "Studien über Hysterie" durch die Fachkollegen läßt sich dies aufzeigen. Im wesentlichen äußerten sich die Neurologen STRÜMPELL (1896) und CLARKE (1896), die Psychiater BLEULER (1896), KRAFFT-EBING (1896), der Sexualforscher Havelock ELLIS (1898), der Literat Alfred BERGER (1832) (143), die Neurologen UMPFENBACH (1896), INFELD (1896) und RIEGER (1896); schließlich auch JANET (1896). Die Auffassung JONES', der die Meinung FREUDs einfach übernahm, nämlich die Arbeit sei "in medizinischen Kreisen nicht gut aufgenommen" worden (1978, I., S. 299), läßt sich nicht halten. So schreibt z.B. JANET: "Ich bin glücklich, zu sehen, daß die Ergebnisse meiner schon alten Feststellungen jüngst von zwei deutschen Autoren, Breuer und Freud, bestätigt worden sind." (JANET 1896, S. 252-57, zit. nach ELLENBERGER) Alfred BERGER hatte sogar nach FREUDs eigenen Aussagen einen "feinsinnigen Artikel" über die "Studien" verfaßt (1962, S. 138); Kritik an den "Studien" wurde vor allem im Hinblick auf eine mögliche suggestive Beeinflussung der Patienten geäußert (BLEULER), BREUERs Anteil wurde aufgrund seiner eher verdunkelnden Sprache kritisiert (STRÜMPELL), als problematisch wurde die Ausforschung der intimsten Geheimnisse der Patienten durch die Ärzte eingeschätzt (CLARKE und STRÜMPELL).(144)

Aber so oder ähnlich wurden auch andere wissenschaftliche Arbeiten besprochen.

Alles in allem würde man also sagen können, daß die wissenschaftliche Gemeinschaft, auf die es FREUD ankommen mußte, besonders auch die positive Stellungnahme von KRAFFT-EBING (1896), der in unmittelbarem Kontakt mit FREUD stand, ihn hätte ermutigen und anspornen müssen; jedenfalls legen dies die schriftlichen Dokumente nahe. FREUD beurteilte jedoch die Sachlage anders: er fühlte die "Studien" kritisiert und abgelehnt.

An FLIESS schrieb er über die Aufnahme seiner und BREUERs Arbeiten: "Unser Buch hat von Strümpell in der Deutschen Zeitschrift für Nervenheilkunde eine niederträchtige Besprechung erfahren, ist dafür Gegenstand eines feinsinnigen Artikels in der alten "Presse" 2.2.1896 von Freiherr v.Berger gewesen." (1962, S. 138) Viel später schreibt er in seiner "Selbstdarstellung": "Ferner wurde er (Jos. BREUER, S.T.) durch die Aufnahme beeinflußt, welche unser Buch in Wien wie im Reiche draußen gefunden hatte. Sein Selbstbewußtsein und seine Widerstandsfähigkeit standen nicht auf der Höhe seiner sonstigen geistigen Organisation. Als z.B. die 'Studien' von Strümpell eine harte Abweisung erfuhren, konnte ich über die verständnislose Kritik lachen, er aber kränkte sich und wurde entmutigt." (GW XIV., S. 48)

Aus den Briefen an FLIESS zu der in Frage stehenden Zeit geht jedoch hervor, daß FREUD selbst sehr gekränkt war; vor allem fühlte er sich zunehmend "vereinsamt" und auch "verkannt". So schreibt er: "Ich habe gerackert, einen meiner Anfälle von Quartalsschreibertum durchgemacht und ihn dazu ausgenützt, drei kleine Mitteilungen für Mendel und eine Gesamtdarstellung für die Revue Neurologique zu verfassen. Gestern ist alles abgegangen und, da es kein anderer tut, klatsche ich mir selbst Beifall, beschließe auf meinen selbst zugeteilten Lorbeeren auszuruhen und beginne sofort, Dir zu schreiben." (6.2.1896; 1962, S. 137 Oder: "ich bin so vereinsamt..." (13.2.1896; 1962, S. 138); "Was ich habe, ist wohl weder eine Million, noch ein Kreuzer, sondern ein Klumpen Erz, in dem unbekannt viel Edelmetall steckt. Ich bin im ganzen mit den Fortschritten zufrieden, habe aber Anfeindungen und lebe in solcher Isolierung, als ob ich die größten Wahrheiten gefunden hätte." (16.5. 1896; 1962, S. 141) "Isoliert bin ich, daß Du zufrieden sein kannst... Denn alles fällt rings von mir ab." (4.5.1896) "Unlängst habe ich die erste Reaktion auf meine Einmengung in die Psychiatrie (145) vernommen. 'Grauen, schauerlich,

Altweiberpsychiatrie' zitiere ich Dir daraus." (2.11.1896; 1962, S. 149) Während FREUD aber in all diesen Briefen und trotz der stark empfundenen Isolierung betont, er arbeite mit Begeisterung, sei mit den Fortschritten zufrieden etc., stöhnt er geradezu vor Langeweile, wenn er von seinen klassisch-neurologischen Arbeiten schreibt: "... Ich war eigentlich auch sehr untätig. Die ganz uninteressante Arbeit über Kinderlähmungen hat mich ausfüllen müssen" (1962, S. 148). "... Sonst schreibe ich Kinderlähmung (Pegasus im Joche!)..." (2.11.1896; 1962, S. 249). Aus diesen Zitaten geht deutlich hervor, daß für FREUD nur eine positive Beurteilung seiner psychotherapeutischen bzw. psychologischen Arbeiten wichtig war; die seiner klassischen neurologischen Arbeiten war ihm fast gleichgültig.

Damit ist die Frage nach der Selektionsstufe 1 nicht ganz einfach zu beantworten: seine Arbeiten wurden zwar nicht abgelehnt, aber auch nicht gelobt oder besonders hervorgehoben. Wir haben auch keinen Grund, an seiner wissenschaftlichen Isolierung bezüglich seiner psychologischen Arbeiten zu zweifeln; nachdem BREUER sich zurückgezogen hatte, besaß FREUD keinen Diskussionspartner mehr. Auch wenn ELLENBERGER nachweist, daß die sexuelle Problematik in der Frage der Ätiologie der Neurosen keineswegs mißachtet wurde, auch wenn viele Arbeiten zur Sexualpathologie im gleichen Zeitraum, in denen FREUDs Arbeiten entstanden, veröffentlicht wurden, so zeigt doch bereits ein kurzer Blick auf die Kritik z.B. des deutschen Neurologen STRÜMPELL, daß es tatsächlich viele Bedenken, viele Angriffe, zahlreiche Kritiken gab, die sich auf die Ausforschung der sexuellen Geheimnisse der Patienten bezogen; denn es besteht ein Unterschied zwischen der Abfassung eines Buches über Sexualpathologie in lateinischer Sprache, wie KRAFFT-EBING es früher in Wien getan hatte (146), und der Erforschung etwaiger Verführungen durch die Eltern, meist den Vater, in der konkreten therapeutischen Situation (147), wie FREUD es lange Zeit forciert tat. Kein Versuch der Widerlegung der Auffassungen FREUDs über die Ablehnung seiner Sexualtheorie kann dazu führen zu übersehen, wie objektiv die Einstellung breiter Kreise auch und vielleicht gerade der Mediziner zur Frage der Sexualität um die Wende des 19. zum 20. Jhdts. war: theoretisch sicherlich aufgeschlossen, aber insofern FREUDs Theorien auch einen praktischen Eingriff in die Struktur der bürgerlichen Familie bedeuteten, hörte für manchen der Spaß auf.

Nach dem oben festgelegten Kriterium für das "Bestehen" der Selektionsstufe 1, der Bildung von "networks" um eine neue Theorievariante, ist die Frage eindeutig zu beantworten: nach der Veröffentlichung der ersten neurosentheoretischen Arbeiten FREUDs bildeten sich keineswegs "Netzwerke" oder "cluster" um FREUD: die Theorievariante der frühen Psychoanalyse hatte also die erste Selektionsstufe "nicht bestanden". Das Gefühl wissenschaftlicher Isolierung (selbst wenn diese objektiv nicht so stark war, wie FREUD subjektiv empfand) konnte er nur noch seinem Freund FLIESS gegenüber zum Ausdruck bringen. Von wissenschaftlichem Austausch konnte ohnehin nicht die Rede sein: es scheint so, als hätten sich die beiden Männer eher gegenseitig als Projektionsflächen benutzt. FREUD erklärte sich meist für inkompetent, FLIESS' Theorien des Zusammenhanges zwischen Nase und Sexualorganen beurteilen zu können, und FLIESS, dessen Briefe leider nicht zur Verfügung stehen, scheint am Anfang nur Bestätigungen, gegen Ende der Freundschaft nur Kritik an FREUDs Theorien geäußert zu haben; dies sind aber typische Verhaltensweisen für idealisierte (und dann entidealisierte) emotionale (nicht wissenschaftliche) Beziehungen.

5. Rückzug, Selbstanalyse und Neuformulierung der Theorie

Auch wenn FREUD nicht so allgemein abgelehnt wurde wie ihm schien, hatte er doch auch keine Anhänger in den frühen Jahren seines Ringens um eine psychopathologische Theorie. Der erste Versuch, der "Entwurf" einer wissenschaftlichen Psychologie (1962, S. 297-384; vgl. auch JONES 1973, I., S. 438 ff.), war fehlgeschlagen. FREUD scheint gesehen zu haben, daß die Revolutionierung der Psychologie, wie sie ihm vorschwebte, erheblich mühsamer sein würde, als er es sich zunächst vorgestellt hatte.

Am 27.4.1895 schrieb er an Wilhelm FLIESS: "Wissenschaftlich bin ich übel daran, nämlich so in die 'Psychologie für den Neurologen' verrannt, die mich regelmäßig ganz aufzehrt, bis ich wirklich ganz überarbeitet abbrechen muß. Ich habe nie eine so hochgradige Präokkupation durchgemacht. Und ob etwas damit wird? Ich hoffe, aber es geht schwer und langsam." (1962, S. 106) Und im folgenden Monat teilt er seinem Freund mit, ihm sei jetzt "ein Tyrann geworden", in dessen Dienst er nun "kein Maß" kenne, nämlich die Psychologie. "Mich quälen zwei Absichten, nachzusehen, wie sich die Funktionslehre des Psychischen gestaltet, wenn man die quantitative Betrachtung, eine Art Ökonomik der

Nervenkraft einführt, und zweitens aus der Psychopathologie den Gewinn für die normale Psychologie herauszuschälen." (1962, S. 107) Als das Manuskript abgeschlossen war, sandte er es an FLIESS, publizierte es aber nicht. Wahrscheinlich sah er, daß der Versuch der Systematisierung einer neuen Psychologie verfrüht war. Etwa ein halbes Jahr später, am 29.11.1895, schrieb er an FLIESS: "Den Geisteszustand, in dem ich die Psychologie ausgebrütet, verstehe ich nicht mehr; kann nicht begreifen, daß ich sie Dir anhängen konnte. Ich glaube, Du bist noch immer zu höflich, mir erscheint es als eine Art von Wahnwitz." Und wenig später: "Dein Urteil halte ich immer in Ehren, auch wenn es meiner Psychologie gilt. Es macht mir Lust, die Sache in einigen Monaten wieder aufzunehmen, diesmal mit geduldiger, kritischer Kleinarbeit. Du kannst bis jetzt auch nichts besseres über sie sagen, als sie verdiene das Lob des 'voluisse in magnis rebus'. Und soll ich wirklich für die Stammelei die Aufmerksamkeit durch eine vorläufige Mitteilung rege machen? Ich glaube, wir behalten es für uns, ob etwas daraus wird. Eventuell müßte ich lernen, mich mit der klinischen Klärung der Neurosen zu begnügen." (1962, S. 119 ff.) In diesen Briefen wird die zu dieser Zeit sehr labile Selbstbeurteilung seiner Arbeit deutlich. FLIESS scheint den Entwurf gut gefunden zu haben, konnte FREUD aber nicht davon überzeugen.

1895 und die darauf folgenden Jahre waren schwer für FREUD: wissenschaftlich fühlte er sich völlig vereinsamt; BREUER hatte sich von ihm getrennt, EXNER behandelte ihn herablassend, seine ehemaligen Lehrer BRÜCKE, MEYNERT und FLEISCHL waren tot. Es fehlte ihm an unmittelbarem wissenschaftlichen Austausch mit Kollegen - mit der Ausnahme von FLIESS. Zur gleichen Zeit stand er auch eine persönliche Krise durch; er litt an Herzbeschwerden und Depressionen. Wenig später erkrankte sein Vater; Ende Oktober 1896 starb dieser (FREUD 1962, S. 148). FREUD schrieb an FLIESS: "Das Ganze fiel in meine kritische Zeit, ich bin auch recht hin davon." (1962, S. 149) Und wenig später: "Auf irgend einem der dunklen Wege hinter dem offiziellen Bewußtsein hat mich der Tod des Alten sehr ergriffen. Ich hatte ihn sehr geschätzt, sehr genau verstanden, und er hat viel in meinem Leben gemacht, mit der ihm eigenen Mischung von tiefer Weisheit und phantastisch leichtem Sinn... Ich habe nun ein recht entwurzeltes Gefühl." (Ebd.) Manchmal war FREUD auch zuversichtlicher: "Wir werden nicht scheitern. Anstatt der Durchfahrt, die wir suchen, dürften wir Meere auffinden, deren genauere Durchforschung Späteren erübrigen wird, aber wenn es uns nicht vorzeitig umbläst, wenn unsere Konstitution es zuläßt, werden wir ankommen. Nous y arriverons. Gib mir noch zehn Jahre, und ich mache die Neurosen und die neue Psychologie fertig." (1962, S. 158) FREUD arbeitete geradezu wütend, hatte eine Fülle von Ideen über die Entstehung und die Entwicklung der Hysterie, der Paranoia und der Zwangsneurosen, die er alle FLIESS vortrug. Zur gleichen Zeit schrieb er, daß es ihn "In solcher Fülle der Gesichter... (ganz kalt lasse), daß das Professorenkollegium meinen jüngeren Kollegen in der Spezialität zum Extraordinarius vorgeschlagen, mich also übergangen hat... Es läßt mich ganz kalt, wird aber vielleicht meinen definitiven Bruch mit der Universität beschleunigen." (1962, S. 164; vgl. dazu auch GICKLHORN/ GICKLHORN 1960)

Im April desselben Jahres teilte er FLIESS einen Traum mit, der sich auf diesen bezog. Der Traum zeigte, daß FREUD Haß gegenüber seinem Freund FLIESS empfand (1962, S. 167; vgl. dazu auch JONES 1978, I., S. 379). Die Beschäftigung mit seinen Träumen schien ihn in der Folge immer mehr zu beherrschen; Gefühle der intellektuellen Lähmung wechselten mit solchen der Zuversicht. Im Juli 1897 schrieb er: "Was in mir vorgegangen ist, weiß ich noch immer nicht; irgend etwas aus den tiefsten Tiefen meiner eigenen Neurose hat sich einem Fortschritt im Verständnis der Neurose entgegengestellt, und Du warst irgendwie mit hineingezogen. Denn die Schreiblähmung (148) scheint mir bestellt, um unseren Verkehr zu hemmen. Garantien dafür besitze ich keine, es sind so Gefühle höchst dunkler Natur." (1962, S. 183)

Kurz darauf schien er sich endgültig entschlossen zu haben, systematisch eine Selbstanalyse durchzuführen; am 14.8.1897 schrieb er: "Der Hauptpatient, der mich beschäftigt, bin ich selbst. Meine kleine, aber durch die Arbeit sehr gehobene Hysterie hat sich ein Stück weiter gelöst. Anderes steckt noch. ... Die Analyse ist schwerer als irgendeine andere. Sie ist es auch, die mir die psychische Kraft zur Darstellung und Mitteilung des bisher Gewonnenen lähmt. Doch glaube ich, es muß gemacht werden und es ist ein notwendiges Zwischenstück in meinen Arbeiten." (1962, S. 185)

Diese Selbstanalyse war ein Stück Arbeit, das über das Maß bisheriger wissenschaftlicher Beschäftigung mit den Neurosen hinausging. FREUD hatte die entscheidende Einsicht, daß die eigene Persönlichkeit und deren "blinde Flecke" ein Hindernis für die weitere Aufdeckung der Neurosenstruktur anderer sein kann. Dies war neu und originell; weder CHARCOT noch BERNHEIM, weder JANET noch DUBOIS scheinen jemals diesen Gedanken gehabt zu haben. Dennoch kann die Selbstanalyse auch als eine Art Experiment in Analogie zu den Selbstversuchen aufgefaßt werden, die während der Pionierzeit der Medizin üblich waren. FREUD hatte, ehe er es Patienten anbot, früher Selbstversuche mit Kokain unternommen (vgl. zur Kokainepisode FREUDs BERNFELD/CASSIRER-BERNFELD 1953, 1981; JONES 1973, I., S. 102-124, VOM SCHEIDT 1973). Dennoch gehörte zu der Durchführung einer Selbstanalyse eine geradezu fanatische Wahrheitsliebe.

ELLENBERGER (1973, II., S. 743) beschreibt diese Phase FREUDs als "schöpferische Krankheit", wie sie häufig bei kreativen Menschen anzutreffen sei (149); begonnen habe die Krankheit 1894, als FREUD über Herzbeschwerden geklagt und sich vergeblich bemüht habe, das Rauchen aufzugeben, und bis etwa 1899 angehalten, als die Analyse und das hieraus hervorgegangene erste originelle und bedeutende psychoanalytische Werk, die "Traumdeutung", beendet gewesen seien. Während ELLENBERGER den Traum "Irmas Injektion", der als Prototyp eines mit Hilfe der psychoanalytischen Assoziationstechnik aufgeklärten Traumes Berühmtheit erlangt hat, als Beginn der Selbstanalyse interpretiert (1973, II., S. 607), setzt JONES den Beginn auf Juli 1897 fest (1978, I., S. 373). Max SCHUR bezweifelt die von JONES gestellte Diagnose einer Neurose FREUDs. Seiner Auffassung nach handelte es sich eher um physische als um psychische Symptome, und JONES habe es sich zu einfach gemacht, indem er die schwere Zeit FREUDs als "Angsthysterie" diagnostiziert habe (SCHUR 1973, S. 56 ff.). Alle Autoren stimmen darin überein, daß die Jahre 1895 bis etwa 1900 die dramatischste Zeit in FREUDs Leben gewesen ist. In diese Zeit fallen nicht nur die Selbstanalyse und die Krankheit FREUDs, sondern auch die grundlegenden Entdeckungen der Psychoanalyse, nämlich die der infantilen Sexualität, der häufigen Ununterscheidbarkeit kindlicher Phantasien von der kindlichen Realität, des Ödipuskomplexes sowie der Möglichkeit der Verwendung von Träumen für die Aufdeckung unbewußter Konflikte, der entscheidenden Bedeutung der allerersten Lebensjahre für die spätere psychische Entwicklung, der Ambivalenz gegenüber allen, auch den geliebtesten Personen, der Geschwisterrivalität einschließlich möglicher Todeswünsche gegenüber einem Geschwister.

Alle Erkenntnisse resultierten - ungewöhnlich genug - aus FREUDs Selbstanalyse.

Die Neurose hatte sich, wie GRUBRICH-SIMITIS schreibt, "allmählich als eine Einstiegsluke in eine neue allgemeine, normale wie pathologische seelische Phänomene umfassende Psychologie (erwiesen), weil sie den Gesetzmäßigkeiten des unbewußten Seelenlebens und damit den so lange tief verdrängten Frühstadien der psychischen Entwicklung näher steht als die Normalverfassung des erwachsenen Menschen. Aus dem gleichen Grund mündeten nun auch FREUDs bisher parallel laufende Studien des Traumlebens in den Hauptstrom seiner Forschungen ein, die Einheit der Phänomene wurde sichtbar." (GRUBRICH-SIMITIS 1971, S. 12)

In rascher Folge entstanden nun "Die Traumdeutung" (1900, GW II/III.), "Zur Psychopathologie des Alltagslebens" (1901, GW IV.), "Der Witz und seine Beziehung zum Unbewußten" (1905, GW VI.) und die "Drei Abhandlungen zur Sexualtheorie" (1905, GW V., S. 27-145). Im selben Jahr veröffentlichte er noch die wegen ihrer literarischen Qualitäten besonders gerühmte Fallgeschichte der Dora: "Bruchstück einer Hysterieanalyse" (GW V., S. 163-286).

Damit war FREUDs erste schöpferische Phase, die die Originalität der Psychoanalyse begründete, abgeschlossen. Diese Werke brachten ihm in Fachkreisen Anerkennung, bald auch internationale Reputation und vor allem Zulauf von Anhängern.

6. Die "Traumdeutung": Kern eines "network"

In dem folgenden Abschnitt soll der Inhalt der "Traumdeutung" nicht wiedergegeben werden. Er wird in den wesentlichen Teilen vorausgesetzt (GW II/III.).(150) Im vorliegenden Zusammenhang ist die "Traumdeutung" deshalb von Relevanz, weil sie FREUD die ersten Schüler einbrachte. Einer der allerersten, Wilhelm STEKEL, hatte eine Rezension der "Traumdeutung" im "Neuen Wiener Tagblatt" veröffentlicht, die voll des Lobes war.(151)

Mitte September 1899 hatte FREUD das Manuskript abgesandt. Er kommentierte dies FLIESS gegenüber mit einem Witz (FREUD 1962, S. 254). Auch mit Selbstkritik hielt er nicht zurück: "Die Traumsachen selbst halte ich für unangreifbar; was mir an ihnen mißfällt, ist der Stil, der unfähig war, den edlen einfachen Ausdruck zu finden, und in witzelnde, bildersuchende Umschreibungen verfallen ist. Ich weiß das, aber der Teil in mir, der es weiß und zu schätzen weiß, produziert leider nicht... Daß der Träumende zu witzig, ist sicher richtig, aber es trifft weder mich, noch motiviert es einen Vorwurf. Alle Träumer sind ebenso unausstehlich witzig und sie sind es aus Not, weil sie im Gedränge sind, ihnen der gerade Weg versperrt ist." (1962, S. 254 f.)

Das Buch war 1899 fertig, es erschien aber mit dem Datum 1900. In seinem Vorwort zur ersten Auflage schrieb FREUD bezeichnenderweise: "Indem ich hier die Darstellung der Traumdeutung versuche, glaube ich den Umkreis neuro-pathologischer Interessen nicht überschritten zu haben. Denn der Traum erweist sich bei der psychologischen Prüfung als das erste Glied in der Reihe abnormer psychischer Gebil-de, von deren weiteren Gliedern die hysterische Phobie, die Zwangs- und die Wahnvorstellung den Arzt aus prakti-schen Gründen beschäftigen müssen. Auf eine ähnlich prakti-sche Bedeutung kann der Traum - wie sich zeigen wird - Anspruch nicht erheben; um so größer ist aber sein theore-tischer Wert als Paradigma, und wer sich die Entstehung der Traumbilder nicht zu erklären weiß, wird sich auch um das Verständnis der Phobien, Zwangs- und Wahnideen, eventuell um deren therapeutische Beeinflussung, vergeblich bemühen." (FREUD GW II/III., S. VII)

Aus dem Vorwort wird deutlich, zu welcher wissenschaft-lichen Disziplin sich FREUD unverändert rechnete: zur Neuropathologie, mit deren Hilfe er die Psychologie revolutio-nieren wollte.(153) Obwohl er das Thema der Träume bearbei-tet hatte und zu ihrer Interpretation im Verlaufe seiner Selbstanalyse die Hilfe der Assoziationsexperimente ergriffen hatte, betrachtete er sich nach wie vor als "Naturforscher" (FREUD GW II/III., S. VIII).

FREUD selber hielt die Traumdeutung für eines seiner bedeutendsten Werke (154), die heutige Fachwelt ebenfalls. Zwar hatte es auch vor FREUD eine Fülle von Veröffentli-chungen über Träume gegeben (155), aber sie waren nicht geeignet, die Träume in ihrer Grundstruktur verständlicher, d.h. auch, für die Therapie neurotisch gestörter Menschen zugänglicher zu machen; mit Ausnahme von GRIESINGER hatte noch niemand auf die von FREUD herausgestellte Eigenschaft des Traumes hingewiesen, "Wunscherfüllung" zu sein. Die Wurzel der Traumdeutung war die Assoziationspsychologie: bei der Behandlung seiner Patienten hatte FREUD festgestellt, daß, je freier ein Patient assoziierte, desto eher einen Traum erzählte, zu welchem wieder assoziiert wurde; auch seine eigenen Träume hatte er mit dieser Methode analysiert. Die Vorläufer des "automatischen Schreibens" und des "auto-matischen Sprechens" (= Assoziation ohne kognitive Kontrolle) ändern nichts an der Originalität der FREUDschen Ergebnisse. Obwohl ELLENBERGER betont, daß man in FREUDs Traumtheorie die Einflüsse MAURYs, SCHERNERs, STRÜMPELLs, VOLKELTs und DELAGEs erkennen könne (1973, II., S. 680), hat FREUD nicht einfach eine Synthese von bis dahin weitgehend Bekanntem hergestellt, sondern eine in vieler Hinsicht originelle Leistung erbracht; dies gilt auch und vor allem bezüglich der Ergebnisse, die er bei der experimentellen Untersuchung seiner eigenen Träume zutage förderte (z.B. die Entdeckung des "Ödipuskomplexes").

ELLENBERGER faßt die Neuerungen, die das Buch für die Theorie der Psychotherapie brachte, in vier Punkte zusammen: die erste Neuerung habe in der Unterscheidung von manifestem und latentem Trauminhalt und in FREUDs Schema des gleichzeitigen Erlebens in der Gegenwart und in der fernen Vergangenheit gelegen; die zweite Neuerung sei die Behauptung gewesen, der manifeste Trauminhalt sei der durch die entstellende Veränderung des "Zensors" zustandegekommene latente Trauminhalt; die dritte Neuerung sei die Verwendung der freien Assoziation als Methode der Traumanalyse und die vierte sei die Einführung der systematischen Verwendung der Traumdeutung als Werkzeug der Therapie (1973, II., S. 680).

Zunächst gab es wenig Rezensionen. Mit der üblichen Skepsis schreibt FREUD am 9.12.1899 an FLIESS: "Deine Nachrichten von dem Dutzend Lesern in Berlin erfreut mich sehr. Leser habe ich wohl auch hier, für Anhängerschaft wird die Zeit nicht reif sein. Es ist zuviel des Neuen und Unglaublichen und zu wenig strenger Beweis. Auch bei meinem Philosophen (156) habe ich es, während er mir die glänzendsten Bestätigungen am Material lieferte, nicht zur Überzeugung gebracht. Die Intelligenz ist immer schwach und der Philosoph hat es leicht, inneren Widerstand in logischen Widerspruch zu verwandeln." (1962, S. 262)

Am 21.12.1899 heißt es: "... Eine einzige Kritik des Buches in der 'Gegenwart', als Kritik inhaltslos, als Referat mangelhaft, aus meinen eigenen Brocken schlecht zusammengekittet; wegen des einzigen Wortes 'epochal' will ich alles verziehen haben. Das Benehmen der Leute in Wien sonst sehr ablehnend; ich glaube nicht, daß ich hier eine öffentliche Besprechung durchsetzen werde. Wir sind doch schrecklich weit voraus." (1962, S. 263) In der "Selbstdarstellung" schreibt FREUD: "Durch mehr als ein Jahrzehnt nach der Trennung von BREUER (157) hatte ich keine Anhänger. Ich stand völlig isoliert. In Wien wurde ich gemieden, das

Ausland nahm von mir keine Kenntnis. Die 'Traumdeutung', 1900, wurde in den Fachzeitschriften kaum referiert." (GW XIV., S. 74) In der "Geschichte der psychoanalytischen Bewegung" schreibt er: "Unterdes wurden meine Schriften in der Fachliteratur nicht referiert, oder, wenn dies ausnahmsweise geschah, mit höhnischer oder mitleidiger Überlegenheit zurückgewiesen. Gelegentlich wandte mir auch ein Fachgenosse in einer seiner Publikationen eine Bemerkung zu... etwa: verbohrt, extrem, sehr sonderbar." (GW X., S. 61) Auch hier gilt, was oben für die Wahrnehmung FREUDs bezüglich der Reaktion der Wiener Gesellschaft der Ärzte herausgestellt wurde: so ablehnend, diskriminierend und provozierend verständnislos, wie seine eigene Darstellung der Rezeption der "Traumdeutung" suggeriert, waren objektiv die Fachkollegen nicht. Immerhin gab es im Laufe von wenigen Jahren mindestens 30 Rezensionen mit 17.000 Worten, das sind 570 Worte auf eine Rezension. (158) Während JONES schreibt, die "Traumdeutung" sei wenig oder gar nicht rezensiert worden, von den in erster Auflage gedruckten 600 Exemplaren wären in den ersten Wochen 123, in den folgenden Jahren 228 Exemplare verkauft worden, was insgesamt ein mageres Ergebnis sei (JONES I., 1978, S. 417), meint SULLOWAY: "... the book was widely and favorably reviewed in popular and scientific periodicals, and it was recognized by a good number of its reviewers as 'epoch-making' and 'profound'... FREUD's theory was fairly and systematically summarized in these notices and, by the end of 1902, had been brought to the attention of psychologists, psychiatrists, and neurologists, as well as educated lay readers, all over the world" (SULLOWAY 1979, S. 347).

Daß SULLOWAYs Einschätzung die zutreffendere ist, kann an dem objektivierbaren Zulauf von Anhängern gezeigt werden. Dieser begann 1902 und riß von da an bis zum Tode FREUDs - wenn auch von mancherlei dramatischen Entwicklungen begleitet - nicht mehr ab.

Es war "Die Traumdeutung", die FREUD diesen Zulauf einbrachte. Von da an fand FREUD Anhänger unter Fachleuten, und es entwickelten sich langsam die "psychoanalytische Bewegung" und die "psychoanalytische Schule". FREUD war wissenschaftlich zwar nicht unumstritten, aber nicht mehr isoliert. Langsam bildete sich ein "network" um seine Theorie.

Kapitel 7
Die wissenschaftliche Gemeinschaft der frühen Psychoanalytiker

Kriterium für die Durchsetzung einer Theorievariante auf der Selektionsstufe 1 ist die Bildung eines "network" (vgl. Kapitel 3.3.3 dieses Buches). In den bisher analysierten Etappen der Entwicklung der psychoanalytischen Theorie wurde zunächst die wissenschaftliche Gemeinschaft der Neurologen, dann die Zweierbeziehung zwischen FREUD und BREUER, schließlich (nur am Rande) die zwischen FREUD und FLIESS gezeigt.(159) Bis 1900 war kein "Netz" sozialer Beziehungen um die psychoanalytische Theorie entstanden; zwar blieb die Psychoanalyse nicht unbeachtet, aber es "scharten" sich keineswegs Wissenschaftler um sie.

Über die Analyse sozialer Beziehungen innerhalb und außerhalb der wissenschaftlichen Gemeinschaften hinaus geht es hier um den Aufweis der evolutionären Entwicklung, operationalisiert in der Durchsetzung einmal entstandener Theorievarianten auf den Stufen 1-6 (vgl. insbesondere S. 103 dieses Buches). Die oben dargestellten und die Psychoanalyse begleitenden Theorievarianten CHARCOTs und BERNHEIMs, JANETs und DUBOIS' haben das erste Selektionsstadium erreicht bzw. die erste Selektionsstufe "bestanden". Nach anfänglichen Erfolgen aber ging die Anhängerschaft zurück, die Theorien wurden teils vergessen, teils gingen sie (als Nicht-Neues) in die selbstverständliche Auffassung des in Frage stehenden Gegenstandes ein. Eine "Revolution" des Denkens wurde von keiner der oben skizzierten Theorievarianten eingeleitet; keine beeinflußte die Methoden der Psychotherapietheorie und -forschung in dem Maße, daß etwa die Anerkennung eines neuen Paradigmas in der Psychologie (Psychiatrie und Neurologie) notwendig geworden wäre.

Allein die Psychoanalyse nahm eine andere Entwicklung. Etwa um 1902 bildete sich ein "network" im oben definierten Sinn um die Theorie. Wenig später entstand das, was mit MULLINS als "cluster" bezeichnet wurde. Konkret hieß das erste, in einem Diskussionszirkel institutionalisierte "network" die "Psychologische Mittwoch-Gesellschaft". Hieraus entwickelte sich in verhältnismäßig wenigen Jahren die Internationale Psychoanalytische Vereinigung, die hoch organisiert und spezialisiert war, eigene Zeitschriften und Verlage besaß und schließlich Lehr- und Ausbildungsinstitute gründete. In den folgenden Abschnitten soll diese Entwicklung genauer dargestellt werden.

Die Entwicklung der Psychoanalytischen Vereinigung läßt sich in drei aufeinanderfolgende Etappen einteilen: 1902-1908 war sie eher ein privater, im Hause FREUDs stattfindender Diskussionszirkel, die "Mittwoch-Gesellschaft"; 1908 wurde sie in "Wiener Psychoanalytische Vereinigung" umbenannt; als solche tagte sie weitere zwei Jahre im Hause FREUDs. In dieser Zeit entstanden bereits zahlreiche Publikationen der Schüler FREUDs, und die Psychoanalyse wurde international bekannt. 1910 wurde die "Internationale Psychoanalytische Vereinigung" gegründet, die die alten Vereine Wien (seit 1902), Zürich (seit 1907) und Berlin (seit 1908) als Ortsverbände institutionalisierte. Ebenfalls 1910 entstand die als "Vorform" konzipierte "Amerikanische Psychoanalytische Vereinigung" mit dem Präsidenten Morton PRINCE und den Leitern der Ortsvereine A.A. BRILL in New York und JONES in Toronto/Kanada. Als Ehrenmitglieder der amerikanischen Vereinigung wurden FREUD, FOREL und JANET gewählt (vgl. JONES 1978, II., S. 43 ff.).

1. Die Entstehung der "Psychologischen Mittwoch-Gesellschaft"

Von 1902 an scharten sich um FREUD "eine Anzahl jüngerer Ärzte... in der ausgesprochenen Absicht, die Psychoanalyse zu erlernen und zu verbreiten" (FREUD, GW X., S. 63). Hieraus entstand die "Mittwoch-Gesellschaft", deren Treffen und Diskussionen vom Jahre 1906 an protokolliert vorliegen (NUNBERG/FEDERN 1976-1981).(160) Protokollant war Otto RANK, später durch seine Theorie vom "Trauma der Geburt" (1908) bekannt geworden. Er war besoldeter Sekretär der Psychoanalytischen Vereinigung.

JONES schreibt: "Die Anfänge der späteren berühmten Wiener Psychoanalytischen Vereinigung, Mutter so vieler weiterer, lassen sich gar nicht leicht aufhellen. Unter denen, die FREUDs Vorlesungen an der Universität über die Psychologie der Neurose besuchten, fanden sich zwei Hörer, beide Ärzte... Max KAHANE und Rudolf REITLER. REITLER war der erste, der die Psychoanalyse nach FREUD praktizierte.

KAHANE arbeitete in einem Nervensanatorium, beschränkte sich aber auf die Anwendung elektrischer und anderer damals üblicher Behandlungsmethoden;... 1901 erwähnte er FREUDs Namen vor STEKEL und wies darauf hin, daß er eine radikale Methode der Neurosenbehandlung entdeckt habe... STEKEL litt zu jener Zeit an unangenehmen neurotischen Beschwerden... und ersuchte FREUD um seinen Beistand. Die Hilfe wurde ihm prompt und mit Erfolg erteilt... Im Herbst des Jahres 1902 sandte FREUD... ADLER, KAHANE, REITLER und STEKEL eine Postkarte mit der Einladung, bei ihm zu Hause über seine Arbeit zu diskutieren. STEKEL sagte, er habe FREUD die Anregung dazu gegeben, und dies wird durch FREUDs Bemerkung bestätigt (GW X., S. 63)... Danach darf STEKEL zusammen mit FREUD das Verdienst beanspruchen, die erste psychoanalytische Gesellschaft gegründet zu haben.

Jedenfalls nahmen sie die Gewohnheit an, jeden Mittwochabend in FREUDs Wartezimmer, der sich mit seinem langen Tisch gut dafür eignete, für ihre Diskussionen zusammenzukommen. Diese Sitzungen erhielten den bescheidenen Titel 'Psychologische Mittwoch-Gesellschaft'." (JONES 1978, II., S. 19 f.)

Die ersten Mitglieder der psychoanalytischen Vereinigung waren also REITLER, KAHANE, ADLER und STEKEL. Bald kamen weitere hinzu: Max GRAF, Hugo HELLER, Alfred MEISL, Paul FEDERN (1903), Eduard HITSCHMANN (1905), Otto RANK (1906), Isidor SADGER (1906), Guido BRECHER, Maximilian STEINER und Fritz WITTELS (1907). Noch später kamen Sandor FERENCZI, Oskar RIE und Rudolf von URBANSCHITSCH (1908), J.K. FRIEDJUNG, Victor TAUSK (1909), Ludwig JEKELS, Hanns SACHS, Herbert SILBERER und Alfred WINTERSTEIN (1910). Die meisten von ihnen waren jüdische Intellektuelle; nicht alle hatten eine medizinische Vorbildung. Im Gegenteil war FREUD der Ansicht, daß die Psychoanalyse durchaus auch von anderen Disziplinen her verstanden und angewandt werden könne (GW X., S. 64 f.).

Bei der ersten protokollierten Sitzung waren anwesend: FREUD, ADLER, DEUTSCH, FEDERN, FREY, HÄUTLER, HITSCHMANN, KAHANE, RANK und REITLER. Das Thema des Abends war: "Das Inzestdrama und seine Komplikationen", Vortragender war Otto RANK; den Vorsitz führte, wie übrigens immer, Sigmund FREUD (NUNBERG/FEDERN 1976, S. 6).

Es fällt auf, wie unsicher in der neuen Theorie die Mitglieder der Mittwochgesellschaft damals noch waren. Die meisten von ihnen hatten den Begriff des "Unbewußten" und dessen Bedeutung für die FREUDsche Theorie nicht erfaßt. ADLER zeichnete sich durch besonderen Eifer aus. Später hat er sich bekanntlich gerade von der Theorie des Ödipuskomplexes, um die es an dem besagten ersten Abend ging, insbesondere seiner Ubiquität, deutlich distanziert.

Weitere Arbeitsthemen waren im Laufe der ersten zwei Jahre: "Über Affektivität, Suggestibilität und Paranoia" (31. Oktober 1906), "Über die organischen Grundlagen der Neurosen" (Referent: ADLER, 7. November 1906), "Psychologie und Pathologie der Angstneurose" (24. April 1907), "Über funktionelle Impotenz" (STEINER, 16. Oktober 1907). Auch literaturwissenschaftliche Themen wie "Conrad Ferdinand Meyer" (SADGER, 4. Dezember 1907) und Schilderungen persönlicher Erlebnisse wie zum Beispiel: "Meine Entwicklungsjahre bis zur Ehe" (URBANSCHITSCH, 15. Januar 1908) wurden diskutiert.

Die frühen Psychoanalytiker bemühten sich, nicht nur eine Theorie für die Erklärung und Heilung neurotischer Krankheiten zu finden, wobei sie sich auf die Theorie FREUDs stützten, sondern jeder der Vortragenden und der Diskutanten stellte sich auch selbst immer wieder in Frage. Es fällt auf, wie sehr die Kritik der Vorträge jeweils auch die unbewußte Seite des Vortragenden (und des Kritikers!) in den Blick nahm.

"Wie die Welt, in der sie lebten, so waren auch die Männer, die sich Mittwoch abends bei FREUD versammelten, von Konflikten zerrissen. Von unseren Analysen haben wir gelernt, daß man zum Zwecke der Verarbeitung innerer Konflikte allererst ihre Quellen bloßlegen muß, um so zu einem Konfliktverständnis zu gelangen. Wir haben ferner erfahren, daß wir häufig geneigt sind, unsere eigenen Konflikte auf die Außenwelt zu projizieren. So darf man wohl ohne Bedenken annehmen, daß das Bedürfnis dieser Männer, ihre Mitmenschen zu verstehen und zu heilen, großenteils ihre eigene Hilfsbedürftigkeit widerspiegelte. Und tatsächlich erörterten sie bei den Zusammenkünften der Vereinigung nicht nur die Probleme anderer, sondern auch ihre eigenen Schwierigkeiten; sie enthüllten ihre inneren Konflikte, bekannten ihre Onanie, brachten Phantasien und Erinnerungen, die Eltern, Freunde, Gattinnen und Kinder betrafen. Zwar scheint es richtig, daß sie Neurotiker waren, aber sicher nicht in höherem Maß als viele andere, die man nicht als krank bezeichnen würde." (FEDERN 1976, S. XXIII)

In dieser Situation konnte es nicht ausbleiben, daß sich Konflikte zwischen den frühen Analytikern entwickelten. Notwendigerweise mußten sie eine andere Form annehmen als in anderen "Scientific Communities", schon deshalb, weil diese Männer gelernt hatten, sich für die Wahrnehmung unbewußter Prozesse und deren Auswirkung offenzuhalten (vgl. auch FREUD, GW X., S. 64).

Die Struktur der Wiener Psychoanalytischen Gesellschaft war einfach: FREUD war die herausragende, dominante Persönlichkeit. Er allein hatte die Psychoanalyse entwickelt; im Durchschnitt war er 20 Jahre älter als die übrigen Mitglieder; so war FREUD wissenschaftlicher Leiter, Lehrer und "Übervater" in einem. FEDERN meint dazu: "FREUD gab natürlich mehr als die anderen, und mehr, als sie aufnehmen konnten. Gewiß bestand eine tiefe Kluft zwischen ihrem und seinem Wissen von der Psychoanalyse. Während sie bloße Anfänger waren, hatte er bereits die Fundamente zu seinem monumentalen Werk gelegt. Sie setzten sich an eine reich gedeckte Tafel, aber nicht alle konnten verdauen, was ihnen angeboten wurde. Und doch, obzwar sie damals nur sehr wenig von der Psychoanalyse wußten, lernten sie schnell, denn sie waren lernbegierig. Mit hochgespannter Aufmerksamkeit hörten sie zu, wenn FREUD sprach, jedes seiner Worte suchten sie sich anzueignen, und sie machten seine Sache zu der ihrigen. Zweifellos erforderte diese Hingabe an FREUD und seine Lehren damals großen Mut, denn jeder Psychoanalytiker setzte sich scharfer Kritik und beißendem Spott aus, die ihn oft in die Isolation trieb. Einige Mitglieder veröffentlichten daher nur widerstrebend psychoanalytische Arbeiten, andere publizierten unter Pseudonym." (FEDERN 1976, S. XXV)

Neben FREUD hatte ADLER eine relativ dominante Stellung in der Vereinigung inne: er begann bald zu publizieren und machte sich mit der "Studie über Minderwertigkeit der Organe" (1907) einen Namen. Damit leistete er auch in den Augen FREUDs einen originellen Beitrag zur Psychoanalyse.

Auch STEKEL, der schon vor der Bekanntschaft mit FREUD einige kleinere Artikel über die Sexualität im Kindesalter geschrieben hatte (161), bekleidete eine führende Stellung.

FREUD selbst ließ aber keinen Zweifel an seiner Führerschaft qua Überlegenheit in der Kenntnis der Theorie. Zwar ist sein Diskussionsstil in der "Mittwoch-Gesellschaft" von Toleranz, Milde und sogar Nachsicht geprägt - häufig auch dann, wenn er den offenkundigen Unsinn oder das

Tab. 3: Daten der Mitglieder der "Psychologischen Mittwoch-Gesellschaft" (1902-1908)

Name	Lebensdaten	Vorbildung	Beruf	Eintritt	Mitglied-schaft bis	Publikationen in diesem Zeitraum	Co-autorenschaft mit
Alfred ADLER	(1870-1937)	Dr.med.	prakt. Arzt	1902	1911	1) Drei Psychoanalysen von Zahleneinfällen und obsedierenden Zahlen (1905) 2) Das sexuelle Problem in der Erziehung (1905) 3) Studie über Minderwertigkeit von Organen (1907) 4) Mitherausgeber des "Med.Handlexikons für Ärzte" (1908)	KAHANE, BASS
David BACH	(1874-1947)	Dr.phil.	Musikkritiker an der "Wiener Arbeiter-Zeitung"	vor 1906	1911		
Alfred BASS	?	Dr.med.	prakt. Arzt	vor 1906	?	Mitherausgeber des "Med. Handlexikons für Ärzte" (1908)	ADLER, KAHANE
Guido BRECHER	(1877- ?)	Dr.med.	niedergel. Arzt in Meran	1907	?		
Adolf DEUTSCH	?	Dr.med.	Facharzt für Psychotherapie	vor 1906	zwischen 1914 u. 1918 verschollen		
Paul FEDERN	(1871-1950)	Dr.med.	Internist in Wien	1904	1938	Regelmäßige Veröffentlichungen der Sitzungsberichte der Mittwoch-Gesellschaft	
Philipp FREY	(1871-1950)	?	Lehrer an Volksschulen	vor 1906	vor 1908	Der Kampf der Geschlechter (1904) Rezensionen über FREUD, z.B. über "Der Witz..." (1905) "Selbstmord und Gewohnheit"	

Name	Lebensdaten	Titel	Beruf			Anmerkungen
Adolf HÄUTLER	?	philoso-phische	?	vor 1906	1907 od. 1908	?
Hugo HELLER	(1870-1923)	Verleger	Verleger	1903	?	Herausgeber der "Imago" und der "Schriften zur angewandten Seelenkunde" (1907)
Eduard HITSCHMANN	(1871-1958)	Dr.med.	Internist	1905	1938	1) FREUDs Neurosenlehre (1911) Leipzig und Wien 2) Mehrere Besprechungen über RANK (1913) JUNG (1911) SILBERER (1913)
Edwin HOLLERUNG	?	Dr.med.	Arzt in der k.u.k. Armee	vor 1906	?	?
Max GRAF	(1875-1958)	Dr.phil.	Musikwissen-schaftler u. Schriftsteller	1903	1938	Über Schriftsteller (1907)
Albert JOACHIM	?	Dr.med.	Leiter des Sanatoriums in Rakawinkel ("Gemüts-kranke")	vor 1906	?	?
Max KAHANE	?	Dr.med.	Arzt in Wien	1902	1907	1) Mitherausgeber des "Med. Hand-lexikons für Ärzte" (1908) 2) Hrsg. der FREUDschen Übersetzungen BERNHEIMs (s.o.) ADLER, BASS

Name	Lebensdaten	Titel	Tätigkeit			Werke
Alfred MEISL	?	Dr.med.	niedergel. prakt. Arzt in Wien	1903	1907	1) Das psychische Trauma (1906) Wiener klin. Rundschau XX, Nr. 12 u. 13 2) Einige Arbeiten über FREUDs Theorie
Otto RANK	(1884-1939)	Dr.phil.	Sekretär der Psychoanalyt. Vereinigung	1906	1924	1) Der Mythos von der Geburt des Helden, Versuch einer psycholog. Mythendeutung (1909), Leipzig und Wien
Rudolf REITLER	(1865-1917)	Dr.med.	niedergel. Arzt in Wien (Psychothera-peut)	1902	1917 +	
Isidor SADGER	1867- ?	Dr.med.	Arzt	1906	im 2. Welt-krieg ver-schollen	1) Über Schriftsteller 2) Über Homosexualität
Hugo SCHWERDTNER	(1878-1936)	Dr.med.	prakt. Arzt in Wien	vor 1906	?	
Maximilian STEINER	(1874-1942)	Dr.med.	Facharzt f. Haut- u. Ge-schlechtskr.	1907	1938	1) Die psychischen Störungen der männlichen Potenz (1913), Wien; Einleitung von FREUD
Wilhelm STEKEL	(1868-1940)	Dr.med.	ab 1903 psychoanalyt. Praxis	1902	1912	1) Nervöse Angstzustände und ihre Behandlung (1908), Berlin 2) Die Sprache des Traumes (1911), München; Einleitung von FREUD
Rudolf von URBANSCHITSCH	(1879 - ?)	Dr.med.	Arzt, Besitzer u. Leiter des Cottage-Sana-toriums	1909	1909	
Fritz WITTELS	(1880-1950)	Dr.med.	Arzt	1907 / 1925	1910 (1) / 1938 (2)	1) Die sexuelle Not (197) 2) Sigmund FREUD, der Mann, das Werk, die Schule, Wien

Unverständnis seiner Anhänger nicht übersehen konnte; aber seinen Aufsatz "Zur Geschichte der psychoanalytischen Bewegung" (1914) leitet er mit den Worten ein: "... die Psychoanalyse ist meine Schöpfung, ich war durch zehn Jahre der einzige, der sich mit ihr beschäftigte, und alles Mißvergnügen, welches die neue Erscheinung bei den Zeitgenossen hervorrief, hat sich als Kritik auf mein Haupt entladen. Ich finde mich berechtigt... daß auch heute noch... keiner besser als ich wissen kann, was Psychoanalyse ist, wodurch sie sich von anderen Weisen, das Seelenleben zu erforschen, unterscheidet, und was mit ihrem Namen belegt werden soll oder besser anders zu benennen ist." (GW X., S. 44)

Die Treffen der "Mittwoch-Gesellschaft" fanden bei ihm zu Hause statt; zwar hatte STEKEL dazu die Anregung gegeben, aber FREUD hatte eingeladen; so war es, humanethologisch ausgedrückt, sein "Revier", in welchem die Gruppe agierte.

Die Tabelle auf S. 218-220 gibt einen Überblick über die Mitglieder der "Mittwoch-Gesellschaft" nach Vorbildung, Beruf, Publikationen, Dauer der Mitgliedschaft in der Gesellschaft und Co-Autorenschaft mit anderen Mitgliedern; da nicht einmal die Hälfte der Anhänger FREUDs später berühmt oder bekannt geworden ist, können die Angaben leider nicht vollständig sein.(162)

In der "Mittwoch-Gesellschaft" waren also (bis zum Jahre 1908) von 23 Mitgliedern 17 Ärzte, über 2/3 der Mitglieder; 2 Schriftsteller, ein Lehrer, ein Verleger und ein Buchhändler; von HÄUTLER ist der Beruf bzw. die Tätigkeit unbekannt; RANK begann sein Studium erst auf Anraten von FREUD.(163) Insgesamt war es also durchaus eine zwar primär medizinische, aber doch auch "gemischte" Gesellschaft; habilitiert hatte außer FREUD keiner der Mitglieder;' ADLERs Gesuch, seine Arbeit "Der nervöse Charakter" als Habilitationsschrift anzuerkennen, wurde von der Fakultät abgelehnt. Erst später kamen habilitierte Wissenschaftler hinzu. So war es unter verschiedenen Gesichtspunkten fast selbstverständlich, daß FREUD die absolut führende Stellung innehatte: er war älter, hatte die Psychoanalyse zunächst allein entwickelt, war habilitierter Extraordinarius und von der Persönlichkeit her die dominierende Figur. Befreundet war er nur mit Max GRAF.(164) In den frühen Jahren schrieb FREUD zwar Einleitungen zu den Publikationen von STEKEL, STEINER u.a., aber eine Co-Autorenschaft, wie mit BREUER in den allerersten Jahren, kam nicht mehr zustande.

So kann die Interaktionsstruktur der frühen "Mittwoch-Gesellschaft" wie folgt skizziert werden:

Abb. 6: Die Struktur der sozialen Beziehungen in der "Mittwoch-Gesellschaft"

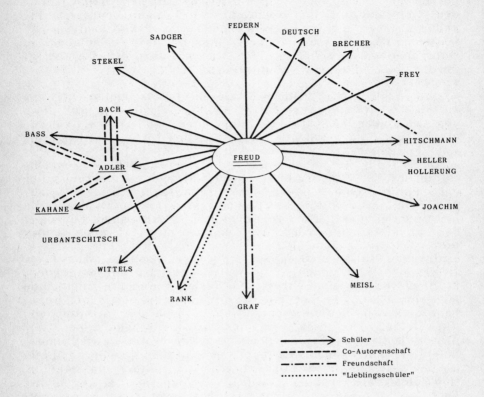

1) Die Beziehungen können hier nur soweit illustriert werden, als sie bekannt sind; da für den vorliegenden Zusammenhang weniger wichtig, wurden nicht alle Männer der "Mittwoch-Gesellschaft" einzeln untersucht. Einzelergebnisse hätten auch nichts an der konzentrischen Form der Interaktionsstruktur geändert.

Die wesentliche Eigenschaft der Mitglieder der "Mittwoch-Gesellschaft" war, Schüler von FREUD zu sein: dies soll durch die vorherrschende Pfeilrichtung (von FREUD zu allen Mitgliedern hin konzentrisch) ausgedrückt werden. Kein anderer als FREUD schrieb Einleitungen zu frühen Publikationen; die ersten Arbeiten der Schüler waren Erläuterungen zu FREUDs Werk, teilweise populärwissenschaftliche Darstellungen desselben. Eine Ausnahme bildete die Stellung ADLERs: schon früh ließ sich eine gewisse Konzentration um seine Person und später auch Theorie ablesen: zunächst Person, weil er eine Reihe von Mitgliedern bei FREUD einführte: KAHANE, BASS, RANK und BACH; bei ADLERs Austritt aus der Psychoanalytischen Vereinigung im Jahre 1911 nahm er 8 Mitglieder als seine eigenen Anhänger mit, mit ihnen gründete er einen "Verein für freie Psychoanalyse", später "Individualpsychologie". Auch W. STEKEL war - allerdings ohne "Schüler" und "Schule" - relativ dominant, wenn auch aus anderen Gründen als ADLER: während letzterer eher eine Begabung für die Ich-Psychologie und das Bewußte besaß, eher Pädagoge als Tiefenpsychologe war, eher "Überreder" und "Überzeuger" als Analytiker im eigentlichen Sinn des Wortes (165), war STEKEL nach Aussagen seiner Zeitgenossen "mit einer besonderen intuitiven Begabung ausgestattet"; diese benutzte er jedoch nach FREUD ohne jeden Skrupel: er erfand Fälle, Fallgeschichten und Zusammenhänge, seine Intuition mischte sich offenbar ununterscheidbar mit haltlosen Phantastereien.(166) FREUD bezeichnete ihn später als einen "Fall von moralischem Schwachsinn": ihm war diese Art der unkontrollierten Phantastereien offenbar zuwider. Dennoch hatte STEKEL manchmal großen, wenn auch aus naheliegenden Gründen immer nur kurzfristigen Erfolg.

Einige der in der Skizze aufgeführten Personen tauchten in den Diskussionen selten oder nie auf: so z.B. SCHWERDTNER und FREY. Dominierend in den Diskussionsprotokollen sind vor allem FREUD, ADLER, HITSCHMANN, GRAF, STEKEL und Paul FEDERN. Die Protokolle der FREUDschen Aussagen sind durchschnittlich vier- bis sechsmal so lang wie die der übrigen Mitglieder; meist schien er als erster das Wort ergriffen zu haben, indem er mit einer Anerkennung des Vortrages begann und ausführliche didaktische Erläuterungen des jeweiligen Gegenstandes anschloß. Die aktive Mitarbeit aller Mitglieder war Vorschrift: die Beteiligung sollte sowohl in Vorträgen als auch in der Diskussion selbst bestehen.

Die frühe "scientific community" der Psychoanalyse unterschied sich von anderen darin, daß sie nicht an ein akademisches wissenschaftliches Institut gebunden bzw. an die universitäre Organisation angeschlossen war; FREUD hielt zwar nach wie vor Vorlesungen an der Universität; zum Teil rekrutierte er auch von dort spätere Mitglieder für die "Mittwoch-Gesellschaft" (GICKLHORN/GICKLHORN 1960). Aber prinzipiell liefen diese beiden Tätigkeiten (als Extraordinarius und als Leiter der "Mittwoch-Gesellschaft") nebeneinander her. Selbstverständlich vertrat FREUD die psychoanalytische Theorie auch in den universitären Vorlesungen; er hatte die klassische Neurologie längst verlassen. Aber seine Zuhörerschaft war dort nicht sehr zahlreich; bereits ausgebildete Ärzte und Laien bildeten sogar das Hauptkontingent (ebenda). Für die Studenten war "Psychoanalyse" kein Pflichtfach oder eine Pflichtvorlesung, und so bedurfte es schon besonderer Orientierung und Information, um überhaupt von FREUD und seiner Theorie erfahren zu haben.(167)

So bildete sich die "Zelle" der psychoanalytischen Bewegung. Sie entwickelte sich aus zwar akademisch vorgebildeten, aber nicht habilitierten oder gar "offiziellen" Vertretern der klassischen Wissenschaften heraus, in aller Stille und fast privat. Bezüglich der ersten Mitglieder sagt Anna FREUD: "Es ist heute, im Rückblick, ein Leichtes, die Persönlichkeiten der ersten Analytiker in kritischem Licht zu sehen. Die Anhängerschaft von damals bestand aus Personen, die irgendwie aus dem Rahmen des Gewöhnlichen herausfielen. Sie waren die Unkonventionellen, Zweifler, die Unzufriedenen im eigenen Beruf, die Wissensdurstigen, denen die offizielle Wissenschaft nicht genug zu bieten hatte. Unter ihnen waren auch Sonderlinge, Träumer, Sensitive, die das neurotische Elend an der eigenen Person erfahren hatten. Was sie in der Literatur hinterlassen haben, zeugt von ihrer Eignung zur analytischen Arbeit. Trotzdem würde nur eine Minderzahl unter ihnen heute Aufnahme in unsere analytischen Lehrinstitute suchen und finden. Einerseits widerspricht die Systematik der heutigen Studienpläne der Spontaneität und Originalität solcher Persönlichkeiten. Andererseits sind an die Stelle der Eigenwahl des analytischen Berufes strenge Aufnahmebedingungen getreten: der Typus, den die heutigen Lehrinstitute bevorzugen, ist den Analytikerpersönlichkeiten der "heroischen" Vorzeit gerade entgegengesetzt, das heißt, ihre Kandidaten sind zumeist psychisch stabil, nicht exzentrisch, erfolgreich in Studium und Beruf, der Außenwelt angepaßt, eher realitätstüchtig und arbeitsam

als weitschauend und schöpferisch in ihrer Veranlagung."
(Anna FREUD 1968, S. 2489 f.)

Trotz dieser Einwände trug der enge Zusammenschluß der frühen Psychoanalytiker, ihre Abgrenzung nach außen, ihre Kämpfe gegen die Kritik der Schulpsychologie, Psychiatrie und Medizin ihre Früchte. Unbeirrt von häufig auch berechtigter Kritik entwickelte sich die Psychoanalyse theoretisch und praktisch weiter und breitete sich aus; sie wurde zu einer Schule, deren Grenzen klar definiert waren; abweichende Auffassungen wurden nur insoweit geduldet, wie die Kernauffassungen der FREUDschen Theorie davon unberührt blieben.

1908 hatte die Struktur der psychoanalytischen "Bewegung" das Stadium des "Cluster" längst erreicht (vgl. Kapitel 3.3.3. dieses Buches); die Theorie nahm den von MULLINS beschriebenen "dogmatischen" Charakter an.

Dazu gehörte auch die Annahme, besonders verfolgt zu sein. Die Psychoanalytiker rückten von der klassischen Neurologie und Psychiatrie ab und nahmen (aufgrund der Notwendigkeit sich zu verteidigen) deren Weiterentwicklung durch die Brille der Feindseligkeit wahr. Gleichzeitig entstanden zahlreiche Publikationen und die Psychoanalyse breitete sich weiter aus. Es bildeten sich zahlreiche Netzwerke, die nicht mehr an Wien gebunden waren, sondern "bis nach Australien" reichten (JONES 1978, II., S. 99 f.).

2. Von der "Mittwoch-Gesellschaft" zur "Internationalen Psychoanalytischen Vereinigung"

Sechs Jahre nach der Gründung der "Mittwoch-Gesellschaft", im April 1908, wurde diese in "Wiener Psychoanalytische Vereinigung" umbenannt. Eine Bibliothek wurde aufgebaut, die bis zu ihrer Zerstörung durch die Nationalsozialisten im Jahre 1938 einen beträchtlichen Umfang angenommen hatte. Die "Wiener Psychoanalytische Vereinigung" tagte nun auch nicht mehr bei FREUD, dessen Räume zu klein geworden waren, sondern im "Doktorenkollegium" (JONES 1978, S. 22).

Im selben Jahr traten Sandor FERENCZI, Oskar RIE und Rudolf von URBANTSCHITSCH der Vereinigung bei; im Jahr darauf K.J. FRIEDJUNG und Victor TAUSK, im folgenden Ludwig JEKELS, Hanns SACHS, Herbert SILBERER und Alfred WINTERSTEIN (JONES 1978, S. 21).

Die Wiener Psychoanalytische Gesellschaft hatte im Jahre 1908 22 Mitglieder (FREY, HÄUTLER, KAHANE und MEISL waren ausgetreten (NUNBERG/FEDERN 1977, S. 1)). In den Sitzungen waren durchschnittlich 10-15 Mitglieder anwesend.(168)

Bereits früher war eingetreten, was man als "Internationalisierung" bzw. als frühe Form internationaler Anerkennung bezeichnen kann: E. JONES aus London wurde als Gast der Vereinigung zum ersten Mal am 6. Mai 1908 erwähnt; zur selben Zeit kam Abraham Arden BRILL aus New York; die Verdienste beider Männer um die Psychoanalyse sind bekannt.(169) Noch früher hatten sich die Schweizer Psychiater der Anstalt Burghölzli in Zürich für die Psychoanalyse interessiert.

Dieses Interesse war für FREUD von besonderer Bedeutung: die Anstalt war nicht nur Heil- und Pflegeanstalt, sondern auch Universitätsklinik; zunächst unter der Regie des Schweizer Psychiaters Auguste FOREL stehend, wurde sie von 1898 an von dem später nicht weniger bekannten Eugen BLEULER geleitet. Zu BLEULERs Assistenten gehörten C.G. JUNG (seit 1900), Karl ABRAHAM, Franz RIKLIN, Max EITINGON und Hermann NUNBERG: alle bekannte und später der Psychoanalyse eng verbundene Psychiater. Wahrscheinlich ergab sich der erste direkte Kontakt mit der Anstalt Burghölzli im Jahr 1904, und zwar mit Eugen BLEULER (S. FREUD/C.G. JUNG, 1974, S. XV). C.G. JUNG schrieb im Jahr 1906 einen Aufsatz "Über Psychoanalyse und Assoziationsexperimente", den FREUD gelesen und in einer Vorlesung im Jahr 1906 erwähnt hatte. Aus demselben Jahr datiert auch der erste veröffentlichte Brief an C.G. JUNG, in dem sich FREUD für die Zusendung der "Diagnostischen Assoziationsstudien" bedankt (1974, S. 3). Von da an entwickelte sich ein zunehmend enger werdender Kontakt nicht nur zwischen FREUD und JUNG, sondern auch zwischen FREUD und BLEULER, FREUD und ABRAHAM, EITINGON und anderen Schweizer Psychiatern.

Auf Vorschlag der Schweizer "FREUDschen Vereinigung", die im Jahr 1907 gegründet wurde und deren Vorsitzender Eugen BLEULER war (sie besaß zu Beginn etwa 20 Mitglieder; FREUD/C.G. JUNG 1974, S. 99), fand der Erste Internationale Kongreß für Psychoanalyse am 26. April 1908 in Salzburg statt (JONES 1978, II., S. 58; FREUD/JUNG 1974, S. 158 f.; NUNBERG/FEDERN 1977, S. 365 ff.). Der Kongreß war "wirklich international" (JONES) und zählte Teilnehmer aus den USA (A.A. BRILL), Deutschland (ABRAHAM, AREND, LÖWENFELD), England (JONES, TROTTER), der

Schweiz (BLEULER, CLAPARÈDE, EITINGON, JUNG, RIKLIN, BERTSCHINGER), Ungarn (FERENCZI, STEIN) sowie schließlich aus Österreich 26 Mitglieder der Wiener Psychoanalytischen Vereinigung unter FREUDs Leitung. Vorträge hielten JONES, STEKEL, ADLER, JUNG, SADGER, ABRAHAM, FERENCZI, STEIN, RIKLIN und natürlich FREUD (FREUD/ JUNG 1974, S. 158; NUNBERG/FEDERN 1977, S. 365 f.; JONES 1978, II., S. 58 f.).

Der Salzburger Kongreß wurde ein großer Erfolg. Er brachte die internationale Anerkennung der Psychoanalyse durch anerkannte Professoren der Psychiatrie und vor allem die Gründung einer Zeitschrift ("Jahrbuch für psychoanalytische und psychopathologische Forschungen"), herausgegeben von BLEULER und FREUD, redigiert von C.G. JUNG (JONES 1978, II., S. 63), die für FREUD und seine Anhänger die Sicherheit bot, unbeschränkt in einem eigenen Publikationsorgan schreiben zu können, verbunden mit der Hoffnung, den Durchbruch für die Psychoanalyse endlich erreicht zu haben. Zu diesem "Durchbruch" gehörten auch die sich bald bildenden Vorstellungen FREUDs, C.G. JUNG, der bei den Wienern eher mit Mißtrauen betrachtet wurde, solle sein "Nachfolger" werden. Er nannte ihn zuweilen "Kronprinz", war von seiner Persönlichkeit außerordentlich fasziniert (wie von vielen phantasievollen und lebendigen, einfallsreichen und zur Spekulation begabten Menschen) und förderte ihn auf jede erdenkliche Weise; insbesondere JUNGs Nicht-Judentum scheint ihn im Hinblick auf die Ausbreitung der Psychoanalyse gefreut zu haben. Nach dem Salzburger Kongreß, an welchem JUNG und ABRAHAM unterschiedliche Theorien zur Entstehung der "Dementia Praecox" vorgetragen hatten (170), schrieb er an ABRAHAM: "Ich hätte beinahe gesagt, daß erst sein (nämlich C.G. JUNGs, S.T.) Auftreten die Psychoanalyse der Gefahr entzogen hat, eine jüdisch nationale Angelegenheit zu werden." (FREUD an ABRAHAM, 3. Mai 1908, zit. nach JONES 1978, II., S. 67) Da die Wiener Psychoanalytiker fast ohne Ausnahme jüdische Ärzte und Intellektuelle waren, mußten sie die Bevorzugung JUNGs mit Eifersucht und Neid verfolgen; JONES berichtet ausführlich von diesen Rivalitäten (JONES 1978, II., S. 69 ff.).

Im Jahr 1910 wurde die "Internationale Psychoanalytische Gesellschaft" gegründet. Die bereits bestehenden Vereine in Zürich, Wien und Berlin wurden der "Internationalen Psychoanalytischen Vereinigung" als Ortsvereine eingegliedert. Die New Yorker Zweigstelle übernahm A.A. BRILL, die in Toronto E. JONES. ADLER wurde die Leitung der

Wiener Psychoanalytischen Vereinigung übertragen, Präsident der Internationalen Vereinigung wurde C.G. JUNG (JONES 1978, II., S. 89 ff.). Die Leitung der Ortsvereinigung in Zürich übernahm Ludwig BINSWANGER. BLEULER trat der Vereinigung nicht bei (1978,II., S. 95; FREUD/JUNG 1974, S. 344 ff.).

Es fällt auf, daß FREUD die Entstehung einer internationalen Organisation nicht einfach abwartete oder es zuließ, daß Anhänger seiner Theorie sie von selbst schufen, sondern daß er sie selbst forcierte, immer mit der Vorstellung, sein extrem bedrohtes Kind, die Psychoanalyse, mit allen Mitteln gegen eine Welt von Feinden verteidigen zu müssen. JONES schildert eine Szene kurz vor Gründung der Internationalen Vereinigung, die sich in Nürnberg auf dem Zweiten Internationalen Kongreß für Psychoanalyse abgespielt habe: angesichts der Feindseligkeiten unter seinen Anhängern, der Eifersucht und des Neides auf C.G. JUNG, den FREUD als Präsidenten der Internationalen Vereinigung sehen wollte, habe er dramatisch ausgerufen: "Meine Feinde wären froh, mich verhundern zu sehen, sie würden mir am liebsten den Rock vom Leibe reißen." (JONES 1978, II., S. 91)

Nun ist nachweisbar, wie sehr die Theorie FREUDs zu Beginn und auch im Verlaufe ihrer weiteren Ausbreitung auf den verschiedenen Kongressen für Psychiatrie, Psychologie und Psychopathologie kritisiert und bekämpft wurde – häufig mit zweifelhaften, d.h. nicht aus der Wissenschaft, sondern aus den moralischen und sittlichen Vorstellungen der Zeit stammenden Argumenten.(171) Aber eine Szene wie die oben geschilderte scheint aus subjektiver Dramatisierung zu stammen; das individuelle Bedrohtheitsgefühl FREUDs scheint jedenfalls sehr ausgeprägt gewesen zu sein.

Zusammen mit den tatsächlichen Angriffen leitete die Empfindlichkeit FREUDs eine Entwicklung der psychoanalytischen Theorie ein, die mit MULLINS als "revolutionär" und "dogmatisch" beschrieben werden kann (vgl. Kapitel 3.3.3. dieses Buches). Elterndisziplin und neue Theorievariante rückten immer weiter auseinander; Polemiken lösten wissenschaftliche Argumente ab, ein rüder Stil beherrschte die Auseinandersetzungen.(172)

Insgesamt brachte diese Entwicklung auch eine "Einkapselung" (MULLINS 1973). Für FREUD bot die Internationale Psychoanalytische Vereinigung noch nicht genügend Garantien für das "Überleben" seines Werkes; er und einige seiner Anhänger sannen daher auf noch bessere Möglichkeiten, sowohl die Psychoanalyse als auch deren Erfinder zu "schützen" (vgl. dazu Kapitel 9 dieses Buches).

Trotz aller Anfeindungen "starb" die Theorie nicht. Sie wuchs nicht nur in den USA und England, in der Schweiz, Deutschland und Österreich, sondern auch in Frankreich und Italien, in Rußland und sogar in Australien (JONES 1978, II., S. 88 ff.). Gegenüber der raschen Ausbreitung in den USA war FREUD skeptisch eingestellt. Er hielt nicht allzu viel von den Amerikanern bzw. von deren Verständnis der Psychoanalyse; JONES gegenüber äußerte er: "Amerika ist ein Irrtum. Ein gigantischer Irrtum zwar - aber eben doch ein Irrtum" (1978, II., S. 81) (173).

Mit der Ausbreitung der Psychoanalyse und der Verstärkung ihrer Organisation begannen aber auch die ersten Verluste ihre Schatten zu werfen: ADLER und STEKEL rebellierten, C.G. JUNG wurde immer zurückhaltender, auch andere einst begeisterte Anhänger scharten sich um bekannte Gegner. Diese Abfallbewegung (das natürliche Gegenstück zu jeder Anhängerschaft) hatte nicht nur, nicht einmal in der Hauptsache, theoretische, d.h. wissenschaftliche Ursachen. Unbeirrt von diesen Ereignissen setzte sich die Theorie dennoch weiter durch: organisatorisch, institutionell und inhaltlich.

In den Graphiken wird deutlich, daß die meisten Psychoanalytiker eine medizinische Vorbildung besaßen - worauf auch schon LEUPOLD-LÖWENTHAL (1981) hingewiesen hat. Während die Schweizer Anhänger der Psychoanalyse meist Psychiater waren (teilweise, wie z.B. Eugen BLEULER, lebenslang eine unentschiedene Haltung zwischen Psychiatrie und Psychoanalyse beibehielten), kamen die Wiener Psychoanalytiker eher aus dem internistischen Fachbereich. Die Wiener stellten den größten Anteil der Nichtärzte unter den Psychoanalytikern. Diese Tatsache hat sicher nicht unerheblich zu der klaren Stellungnahme FREUDs in der Frage der sogenannten Laienanalyse (174) beigetragen.

Nach 1912, nachzulesen im Band IV der Protokolle der Wiener Psychoanalytischen Vereinigung (1981), traten in der Geschichte der Psychoanalyse so berühmt gewordene Männer wie Siegfried BERNFELD, Otto FENICHEL, Karl LANDAUER, Herrmann NUNBERG, Karl WEISS und Edoardo WEISS der Wiener Psychoanalytischen Vereinigung bei. Während man sich 1907 noch über die Berechtigung der Zulassung weiblicher Mediziner gestritten hatte, traten nun auch einzelne Frauen in den Vordergrund: Lou Andreas SALOME, Helene DEUTSCH, Hermine von HUG-HELLMUTH, Erszebet RADO-REVESZ, Tatjana ROSENTHAL und Eugenia SOLONICKA. Marie BONAPARTE und andere kamen erst später hinzu. Damit nahmen Frauen auch als Analytikerinnen einen

Die Abbildungen 7-9 sollen das "Wachstum" der psychoanalytischen Theorie in Form der Bildung zunächst eines "network", dann eines "cluster" illustrieren.

Abb. 7: "Netzwerk" um die Psychoanalyse I (1902)
        (Beginn der "Mittwochgesellschaft")

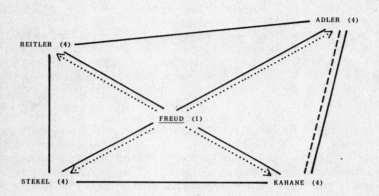

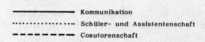

Die Zahlen stehen für die folgenden Disziplinen:

1   Psychoanalyse
2   Neurologie
3   Psychiatrie
4   praktische Ärzte und Internisten
5   Nichtärzte

Abb. 8: "Netzwerk" um die Psychoanalyse II (1904-1906) (Beginn der "Internationalisierung")

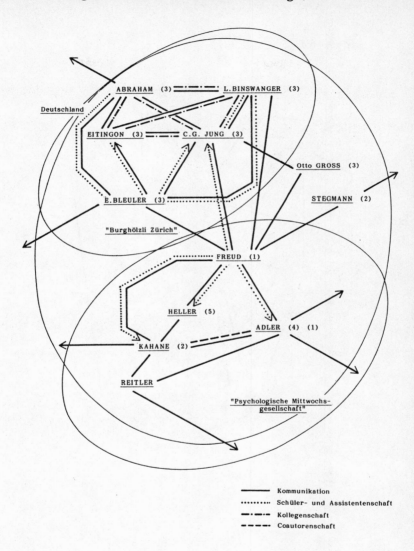

Kommunikation
Schüler- und Assistentenschaft
Kollegenschaft
Coautorenschaft

Abb. 9: "Cluster" um die Psychoanalyse (1910)
(Fortschreitende Internationalisierung)

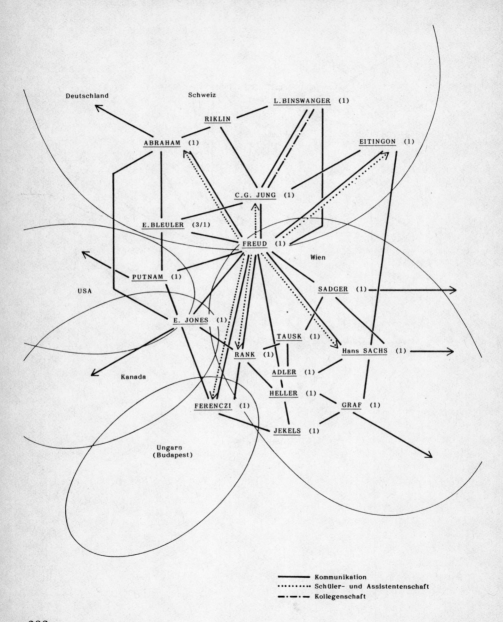

bedeutenden Platz in der Entwicklung der Psychoanalyse ein.

Die Anhängerschaft, das "Cluster", um die Psychoanalyse nach 1912, läßt sich kaum mehr auf einem Blatt darstellen; die Durchsetzung der Psychoanalyse, so viel ist nach 1912 zu erkennen, ließ sich kaum mehr aufhalten.

3. Zusammenfassung

Um 1902 begann sich ein "network", dann ein "cluster" um die psychoanalytische Theorie zu bilden. Die Psychoanalyse wurde zu einem Focus für eine Reihe von Wissenschaftlern, die zu Beginn zwar eher aus der alltäglichen ärztlichen Praxis kamen, im weiteren Verlauf der Entwicklung aber auch Universitätswissenschaftler anzog und damit erste akademische Anerkennung erhielt. Besonders stark wurden die amerikanischen Psychopathologen von der Theorie FREUDs angezogen.

Während sich die Psychoanalyse immer weiter ausbreitete, wuchs auf der anderen Seite die Feindschaft gegen sie und ihre Vertreter. Die Theorie nahm daher (den von MULLINS für solche Entwicklungen beschriebenen) Charakter des "Revolutionären" und "Dogmatischen" an. FREUDs Konsequenz ging aber noch über das in anderen wissenschaftlichen Disziplinen übliche hinaus: er arbeitete zielbewußt an dem Aufbau einer funktionierenden, weltweit verbreiteten Organisation: die "Psychologische Mittwoch-Gesellschaft" wurde zum Ausgangspunkt der "Internationalen Psychoanalytischen Vereinigung".

Ursprungsdisziplin und neue "Theorievariante" rückten immer weiter auseinander; bald sah es so aus, als hätten sich die Vertreter der Elterndisziplin und der Psychoanalyse außer Polemiken nichts mehr zu sagen. Rationale Argumentationen standen deutlich hinter sozialen Kämpfen zurück.

Unbeeindruckt von Kritik, Angriffen, Feindschaften und Polemiken entwickelte sich die Psychoanalyse zu dieser Zeit (zwischen 1902 und 1910) zu ihrer ersten Blüte. Die Schüler FREUDs publizierten eine Fülle von Arbeiten, die zum Teil noch heute gültig sind; FREUD selbst war auf der Höhe seiner schöpferischen Kraft: ein neues Gebiet, das der "Tiefenpsychologie", wurde in weiten Bereichen erstmals erschlossen. Damit waren die beiden ersten Selektionsstadien, wie sie oben (S. 103) für die Durchsetzung einer Theorievariante operationalisiert wurden, erreicht.

Kapitel 8
Reaktionen der »Elterndisziplin«

MULLINS schreibt. "Being attacked is a measure of success for a group, and such academic assaults serve to buoy the morale of the group." (1973, S. 24)

Zuweilen werde eine Theorie als revolutionär und sogar gefährlich für die "Mutterdisziplin" angesehen, die deshalb die neuen Ideen verwerfe. In einer solchen Situation gebe es mehrere Möglichkeiten:

1. die Gruppe (und die Theorie) "sterbe";
2. sie warte, bis die ältere Disziplin ihre Fähigkeit verloren habe, genügend Studenten zur Selbsterhaltung zu reproduzieren;
3. sie werde die etablierte Gruppe einer neuen Spezialität oder Disziplin (ebenda).

Die Psychoanalyse ist ein Beispiel für die letzte Möglichkeit: nicht zufällig, sondern forciert und als "gefährlich" von großen Teilen der "Mutterdisziplin" bekämpft, wurde die Psychoanalyse zu einer neuen Spezialdisziplin aufgebaut und etabliert.

Die Neurologie (als "Elterndisziplin") war von FREUD mit der Erklärung der primär psychischen Ätiologie der Neurosen verlassen worden. Psychische Erkrankungen waren das Gebiet der Psychiatrie; die Psychiater mußten sich also von einer Theorie, die in ihrem Gebiet "wilderte", angegriffen fühlen. Wie oben gezeigt wurde, war die Psychiatrie des deutschsprachigen Raumes in der Welt führend. Anstalts- und Universitätspsychiatrie waren miteinander verbunden. Die Forschungsergebnisse der Wiener medizinischen Schule wurden in aller Welt beachtet. Julius von WAGNER-JAUREGG (der Nachfolger MEYNERTs in Wien) erhielt später (1927) den Nobelpreis für die Entwicklung der Malariatherapie der progressiven Paralyse. ASCHAFFEN-BURG, Professor für Psychiatrie in Heidelberg, galt als Papst auf seinem Gebiet. Was er sagte, war für die Mehrheit der Universitätsprofessoren maßgebend. FOREL, CLAPA-

REDE und BLEULER arbeiteten in der Schweiz. Sie waren weltweit anerkannt. In Paris entwickelte JANET seine Neurosenlehre weiter. Auch er gelangte in den USA zu Berühmtheit (ELLENBERGER 1973, I., S. 468 ff.). In Berlin residierte L. MOLL, Sexualforscher und Psychiater von Ruf (SULLOWAY 1979, S. 299-305 und S. 309-315). In München lehrte der berühmte E. KRAEPELIN. Auch er war eine unbestrittene Autorität in seinem Fach.

Die genannten Neurologen und Psychiater (und auch weniger bekannte) äußerten sich früher oder später negativ zu den Arbeiten FREUDs. JONES schreibt dazu: "Dem, der heute darangeht, die Natur und das Ausmaß dieser Opposition zu beschreiben, stellen sich bald große Schwierigkeiten in den Weg. Die erste besteht darin, daß die meisten Anfechtungen nicht gedruckt werden konnten, da sie einfach nicht druckbar waren. Das heißt nicht, daß FREUD deswegen davon verschont blieb. Patienten im Zustand der negativen Übertragung, nicht zu sprechen von lieben Freunden - sorgten dafür, daß er immer wohlunterrichtet war. Und schließlich ließ sich nicht übersehen, daß er auf der Straße geschnitten, aus der Gesellschaft verbannt wurde.

Unter den deutschen Psychiatern und Neurologen war FREUDs Name zu einem Beiwort für etwas Sensationelles... geworden. Es wäre vielleicht einmal eine Studienaufgabe der Geschichte der Wissenschaft, sich mit der Flut der Verleumdungen und Mißverständnisse eingehend zu beschäftigen, in denen sich die explosiven Gefühle Luft machten, aber auch dann noch würde sich ein nur unvollständiges Bild von all dem Zorn und all der Verachtung ergeben, welche die intellektuellen Kreise demonstrierten, um den panischen Aufruhr ihrer Gefühle zu verdecken; denn nur ein kleiner Teil fand Zugang in die wissenschaftlichen Zeitschriften und dies auch nur in relativ zivilisierter Form. Die meisten Schmähungen erlebte man bei unprotokollierten Ausbrüchen an wissenschaftlichen Versammlungen, noch mehr aber in privaten Unterhaltungen. FERENCZI machte einmal die Bemerkung, wenn FREUDs Gegner auch seine Theorie leugneten, so würden sie doch sicher von ihm träumen." (JONES 1978, II., S. 134)

Leider gibt JONES an dieser Stelle keine gedruckten Quellen an; es lassen sich aber doch einige finden, obgleich sie keineswegs das Anliegen JONES' befriedigen können, eine umfassende Analyse der "Mißverständnisse" zu leisten. So schreibt zum Beispiel der Psychiater Emil KRAEPELIN aus München in der 8. Auflage seiner Psychiatrie: "Eine höchst eigentümliche Geschichte hat die Lehre von der Umset-

235

zung gemütlicher Erregungen in hysterische Krankheitserscheinungen durch BREUER und späterhin namentlich durch FREUD und seine Schüler erfahren. Die... Auffassung von dem Wesen der hysterischen Krankheitserscheinungen... zeichnete sich mehr durch eine gewisse derbe Anschaulichkeit als durch die Zuverlässigkeit ihrer psychologischen Grundlagen aus. Vor der 'offiziellen Universitätspsychologie' hat die hier zur Anwendung gelangte 'Tiefenpsychologie' wohl nur die Kühnheit ihrer Annahmen voraus. Daß eine 'Verdrängung' unliebsamer Erinnerungen möglich ist und tatsächlich in weitem Umfange geübt wird, ist freilich nicht zu bezweifeln. Gänzlich unbewiesen aber ist es, daß verdrängte Erinnerungen Krankheitserscheinungen bewirken können. Im Gegenteil spricht die tagtägliche Erfahrung in so hohem Grade gegen eine solche Möglichkeit, daß man außerordentlich zwingende Beweise ihrer Widerlegung fordern müßte. Jedermann weiß, daß ein Zorn hinuntergewürgt, ein Groll verhalten werden kann, und daß diese gewaltsam niedergehaltenen Regungen noch nach längerer Zeit zu entsprechenden Taten führen können... Jedenfalls ist in der Psychiatrie nichts davon bekannt, daß verbissener Groll und Haß oder der Gedanke an alte Sünden die Menschen krank machen; wo es so scheint, lehrt eine fortgeschrittene Erfahrung regelmäßig, daß der Zusammenhang ein ganz anderer ist.

An diesem Punkte setzt die Tiefenpsychologie mit der Behauptung ein, daß zwar die bewußten Erinnerungen und deren Gefühlstöne allmählich verblassen, daß aber die wirklich verdrängten Seelenvorgänge sich in dieser Hinsicht durchaus anders verhalten. Es ist mir völlig unbegreiflich, woher die Kenntnis dieser doch ungemein verblüffenden Tatsache stammt. Jedermann weiß genau, daß man für diejenigen Dinge, die man vergessen will, ein besonders schlechtes Gedächtnis hat, ferner, daß alle Kenntnisse, Sachlichkeiten, Leistungen, welcher Art sie sein mögen, geübt werden müssen, damit sie nicht verlorengehen. Demgegenüber treffen wir hier auf die allerdings aller offiziellen Universitätspsychologie hohnsprechende Erfahrung, daß 'Komplexe' gerade deswegen nicht nur stärker haften, weil sie niemals aufgefrischt wurden, sondern sogar eine Macht gewinnen, die völlig an die Besessenheit früherer Jahrhunderte erinnert. Als Beweise für diese Behauptung dienen lediglich die Aussagen einer Anzahl von hysterischen Patienten, die nach allereindringlichster, durch Monate und Jahre fortgesetzter, peinlicher Befragung aus der Tiefe ihrer Jugenderinnerungen diesen oder jenen Vorfall herauskramten und sich nach der Aussprache wesentlich erleichtert fühlten!

Dabei ist noch zu beachten, daß die 'pathogenen Komplexe' in der Regel erst durch die verwickeltsten Deutungskünste aus Träumen, Einfällen, Assoziationen und Symptomhandlungen erschlossen werden müssen, und daß die Kranken trotz, oder gerade wegen ihres Widerstrebens immer und immer wieder zu grübeln veranlaßt wurden, bis sich eine Erinnerung fand, die den Komplexsucher befriedigte... Jedenfalls genügen die Aussagen einer Reihe auf das stärkste suggestiv beeinflußter Personen nicht entfernt, um auch nur die bescheidensten Anforderungen an die wissenschaftliche Begründung derartig erstaunlicher Annahmen zu erfüllen... So ist denn bei der Deutung der Komplexsymptome wildestem Rätselraten Tür und Tor geöffnet, und die Tiefenpsychologie hat die ihr hier gebotene Gelegenheit zur Betätigung wahrlich in ausgiebigster Weise benutzt. Ihren Leitstern bildet dabei die besonders von FREUD mit großer Lebhaftigkeit vorgetragene Anschauung, daß die verdrängten Erinnerungen zumeist, wenn nicht ausschließlich, dem geschlechtlichen Gebiet angehören. Diese, noch auf eine Reihe weiterer Krankheiten übertragene Ansicht gewann für die Hysterie die besondere Gestalt, daß es sich um in der Jugend erduldete geschlechtliche Angriffe handle, deren nachträgliche Lustbetonung sich dann mit dem Erwachen der geschlechtlichen Regungen einstelle, aber durch die anerzogenen Hemmungen verdrängt werde. Die hysterischen Störungen sind demnach Sinnbilder der verdrängten Erinnerungen, der Krampfanfall ein verschleierter Koitus; das Erbrechen, der Globus, die Störungen des Essens hängen mit autoerotischen Betätigungen durch Daumenlutschen zusammen. Der kontrakturierte Arm vertritt das erigierte Glied usf. ... Zur Begründung dieser ans Abenteuerliche streifenden Behauptungen wird zunächst auf den Nachweis geschlechtlicher Erlebnisse der angeführten Art in der Vorgeschichte Hysterischer verwiesen. Da unter unseren Erziehungsverhältnissen kaum ein Mensch dem Schicksal entgehen wird, in der Jugend einmal sehr unliebsame geschlechtliche Erlebnisse durchzumachen, so wird man sich nicht wundern dürfen, daß es durch angestrengtes Fragen gelingt, bei Hysterischen derartige Erinnerungen regelmäßig aufzufinden... Wenn das Sitzen am gleichen Tisch, als Übertragung vom Liegen auf das Sitzen, vom Bett auf den Tisch, im Traum eigentlich den Beischlaf, das gemeinsame Essen als Verschiebung von unten nach oben ebendasselbe bedeutet, weil auch hier etwas in eine Öffnung 'hineingesteckt' wird, wenn jeder Besenstiel, jeder Bleistift, jeder Kirchturm den Penis, jede Tasche, jede Zwetschke, jeder mit Nymphen bevölkerte Wald die weiblichen

Genitalien bedeutet, so wird sich allerdings die unheimliche Macht des Komplexes, der die ganze Seele des Kranken mit unzüchtigen Gedanken erfüllt, leicht erweisen lassen. Auch die Hysterie der Kinder bildet keinen Damm für die sexuellen Hirngespinste. Im Gegenteil hat FREUD gezeigt, daß die Kinder an Reichhaltigkeit und Verstiegenheit der geschlechtlichen Neigungen die Erwachsenen noch weit übertreffen; es macht daher keine Schwierigkeit, auch bei ihnen mit der Wirkung verdrängter Sexualerinnerungen zu rechnen." (KRAEPELIN 1915, S. 1677 ff.) (175)

Interessant ist auch der Bericht von J.H. SCHULZ aus dem Jahr 1909, in dem er den Psychiaterkongreß aus dem Jahr 1904 schildert, bzw. die Kritik der Schulpsychiatrie an der damaligen FREUDschen Hysterielehre referiert: "Während am selben Orte auf demselben Kongreß 1900 bei einer von BINSWANGER angeregten Diskussion über die Pathogenese der Hysterie die BREUER-FREUDschen Hypothesen, soweit die vorliegenden Berichte reichen, nicht erwähnt wurden, folgte 1904 einem Vortrage von STEGMANN, in dem er angab, verschiedene, sonst defraktäre Fälle psychoanalytisch dauernd geheilt zu haben, eine kurze Diskussion mit BINSWANGER. Betonte STEGMANN schon, wie notwendig Takt und Zurückhaltung beim Untersucher seien, so fürchtet BINSWANGER, der auch über vereinzelte Anwendung mit verblüffendem Erfolge zu berichten weiß, daß man dem Patienten in längerer Prüfung sozusagen 'auf dem Gewissen kniee' und Geständnissucht provoziere. STEGMANN sah dergleichen nicht, seine Patienten sind seit anderthalb bis zwei Jahren arbeitsfähig. Er erklärt die Methode für unentbehrlich und für einzelne Fälle jeder anderen überlegen. BINSWANGER hält in seiner aus dem gleichen Jahre, 1904, stammenden 'Hysterie' die Methode für ein abschließendes Urteil noch zu jung, den Erfolg dieses mühevollen und zeitraubenden Verfahrens für recht problematisch, seine Durchführung öfter für gefährlich und seine Leistungen für suggestiv entstanden. Geeignet sind nach seiner Ansicht besonders 'einfach affektive' Hysterien. In Bewertung des suggestiven Faktors und Skepsis gegenüber dem 'Abreagieren' steht BINSWANGER (176) BRODMANN (177) und VOGT (178) nahe. 1905 betont MOOR (179) bei Besprechung des "FREUDschen Witzes", daß der Versuch durch einige wenige Prinzipien hochkomplizierte und sehr verschiedenartige psychische Erscheinungen klären zu wollen, dazu führt, daß manches einseitig und gesucht erscheint... ihnen steht KRAEPELIN entgegen... im Gegensatz zu HELLPACH (180), der in seiner 'Psychologie der Hysterie' BREUER und FREUD zu den

Klassikern der Hysterie zählt und in kleineren Arbeiten die Verdrängung in jedem Falle für das Grundprinzip der 'Hysterisierung' hält. Dagegen folgt MÖBIUS (181) 1906 bei Besprechung der kleinen Schriften nicht mehr; auch GAUP hält sich bei derselben Gelegenheit nur für berechtigt, eine 'eigenartige wissenschaftliche Persönlichkeit' anzuerkennen. Eine ähnlich gemäßigte Stellung nimmt MEYER (182) ein, ebenso KRAMER (183).

Zu besonders akzentuierter Formulierung der bestehenden Ansichten gaben ferner 1906 einige Kongreßdiskussionen Anlaß; ASCHAFFENBURG (184) sprach in Baden-Baden über die Beziehungen des sexuellen Lebens zur Entstehung der Nerven- und Geisteskrankheiten, betonte die Bedeutung nicht der Facta, sondern der Vorstellungen, und führt gegen FREUD die an Schrecken nichtsexueller Art und Unfälle anschließenden psychoneurotischen Erkrankungen ins Feld; er hält die sexuell gefärbte Durchforschung für schädlich, die häufigere Anwendung der Hypnose für bedenklich. FREUDs Methode ist für die meisten Fälle unrichtig, für viele bedenklich und für alle entbehrlich. Dies blieb in der Versammlung Süddeutscher und der Südwestdeutschen Neurologen ohne Widerspruch, während gegenteilige Äußerungen von FRANK (185) und BEZZOLA (186), die nach einer mehr der BREUERschen kathartischen Methode verwandten Art und Weise ('Psychosynthese') vorgingen und mit theoretischen Modifikationen für das Verfahren eintraten, auf lebhafte Entgegnung stießen, so zunächst von HOCHE (187), der in der Psychoanalyse eine schlechte Mode sieht, aus mythischen Neigungen hervorgegangen und voll Gefahren für den ärztlichen Stand, dazu völlig verkehrt und einseitig. JUNGs Widerspruch und Hinweis auf die Assoziationsexperimente gibt ISSERLIN (188) Gelegenheit, diese anzugreifen, besonders die Angabe über schlechtere Reproduktionen von Komplexreaktionen... Mit großer Energie äußert sich im selben Jahr SPIELMEYER (189) gegen die Psychoanalyse, die 'psychischer Onanie' mehr wie ähnlich sieht und aus prinzipiellen Gründen zu verwerfen sei, ebenso BUMKE (190), der auf RIEGERs (191) erst zitierten Ausspruch zurückgreift. BLEULER und JUNG sind diesen Ausführungen verschiedentlich entgegengetreten, und JUNG hat durch zusammenfassende Darstellungen an verschiedenen Orten versucht, dem nachzuhelfen." (SCHULTZ 1952, S. 94 f.) (192)

Zu dieser SCHULTZschen Schilderung der Kritik der FREUDschen Theorie von seiten der Psychiater gibt es eine parallele Schilderung von JONES und JUNG. Letztere sind zu einer Zeit abgefaßt, als JUNG noch voll auf der

Seite FREUDs stand, diesen sehr verehrte, sein Photo erbat, sich eine Plakette mit der Büste FREUDs schicken ließ, eine Vergrößerung des überlassenen Photos herstellte und sie auch anderen Anhängern in der Schweiz schenkte.

JUNG fuhr im Jahr 1907 auf den "Premier Congrès International de Psychiatrie, de Neurologie et de l'Assistance des Aliénés", welcher vom 2. bis 7. September in Amsterdam stattfand (FREUD/JUNG 1974, S. 92). Den ersten Kommentar sandte er an FREUD am 4. September: "... Hier ist eine schlimme Mördergrube... ASCHAFFENBURG hat in seinem Vortrag zwei Versprechungen gemacht, ... welche darauf schließen lassen, daß er unbewußt schon stark infiziert ist. Darum auch sein wütender Angriff. In der Unterhaltung sucht er bezeichnenderweise nie Belehrung, sondern strengt sich an, mir zu beweisen, wie unglaublich groß unser Irrtum ist... Von den anderen hängt jeder feige an den Rockschößen des schwereren Vordermannes... Es ist eine entsetzliche Bande, stinkend vor Eitelkeit, JANET leider Gottes oben an. Ich bin froh, daß Sie sich noch nie in das Gewühl eines solchen Selbstbeweihräucherungsvereines (193) gemischt haben..." (FREUD/JUNG 1974, S. 92). In diesem Ton geht der gesamte Brief weiter. Zweifellos ist er in einer aufgeregten Stimmung verfaßt. Einen Tag nach Beendigung des Kongresses schreibt JUNG, inzwischen ruhiger und distanzierter vom aufregenden Geschehen: "... Daß man Tatsachen langsam oder rasch anerkennt oder sie bekämpft, das kann mich ziemlich kalt lassen, daß man aber eine wahre Jauche auf alles ausgießt, was einem nicht paßt, das ist empörend... Als erster ergriff BEZZOLA das Wort, um gegen Sie, gegen mich und gegen die Sexualitätslehre der Hysterie zu protestieren. (Moralischer Unterton!) Eine Stunde vorher hatte ich versucht, mit ihm allein auf gütlichem Wege übereinzukommen - unmöglich. Er vergönnt Ihnen das Bücherschreiben und Ihr Einkommen, worüber man sich totlachen oder totärgern kann. Nichts als wütender, logisch grundloser Affekt gegen Sie und mich.

Sodann hat ALT (194) aus Uchtspringe den Terrorismus gegen Sie verkündet, daß er nämlich niemals einen Patienten einem Arzte FREUDscher Gesinnung zur Behandlung überlassen werde - Gewissenlosigkeit - Schweinerei - etc. Größter Beifall und Beglückwünschung des Redners durch Prof. ZIEHEN (195), Berlin. Dann kam SACHS aus Breslau (196), der nur ein paar ganz große Eseleien sagte, die man nicht wiederholen kann; ebenfalls heftigst applaudiert. JANET (197) konnte nicht umhin, anzudeuten, daß er Ihren Namen auch schon gehört hat. Er weiß allerdings gar nichts von Ihrer Lehre, ist aber überzeugt, daß alles Unsinn ist. HEILBRONNER in Utrecht (198) findet einzig .die Assoziationsexperimente als die 'Elemente Ihrer Lehre' diskutabel.(199) Er fand, daß alles, was ich darüber vorgebracht habe, Täuschung sei, von FREUD gar nicht zu reden. ASCHAFFENBURG (200) war nicht bei der Diskussion, weshalb ich auf das Schlußwort verzichtete... Nach der Diskussion sagte mir Geheimrat BINSWANGER - Jena, daß ASCHAFFENBURG ihm vor seinem Vortrag gesagt hat: Er (BINSWANGER) solle ihm in der Diskussion doch helfen!" (FREUD/JUNG 1974, S. 93 f.; Unterstrichenes im Original kursiv gedruckt)

Immerhin konnte JUNG von zwei Befürwortern der FREUDschen Theorie berichten: GROSS aus Graz (201) und FRANK aus Zürich (vgl. oben); von BINSWANGER aus Jena und OPPENHEIM aus Berlin sagte er, sie hielten sich in "wohlwollender Neutralität", zeigten aber "Sexualopposition", das heißt, sie bestritten die von FREUD angenommene zentrale Rolle der Sexualität in der Ätiologie der Neurosen.

JONES, der ebenfalls Teilnehmer am Amsterdamer Kongreß war und in diesem Zusammenhang zum ersten Mal von JUNG erwähnt wird (FREUD/JUNG 1974, S. 95), stellt die feindselige Atmosphäre gegen FREUD und JUNG ähnlich dar (JONES 1978, II., S. 139 ff.); allerdings betont er auch Ungeschicklichkeiten von seiten JUNGs.(202) Diese dürften allerdings kaum etwas an der prinzipiellen Abneigung gegenüber der FREUDschen Theorie und deren Anhängern geändert haben. ELLENBERGER hingegen widerspricht beiden Schilderungen insofern, als er betont, die anwesenden Professoren seien "nur daran interessiert (gewesen), ihre eigenen Theorien zu verteidigen"; von den übrigen Teilnehmern seien ebenso viele für wie gegen FREUD gewesen (ELLENBERGER 1973, II., S. 1066).

Insgesamt erweckt die Schilderung ELLENBERGERs den Eindruck, daß der Personenkult, der um FREUD entstanden war, viele Wissenschaftler aufregte und sie es ablehnten, eine Theorie nicht kritisieren zu dürfen, die sie selbst nicht angewendet hatten: WEYGANDT z.B. kritisierte die Art, wie "FREUDs Schüler ihren Meister mit GALILEI verglichen und sich weigerten, irgendeine Meinung anzuhören, die nicht FREUDs Theorien entsprach" (1973 II., S. 1067).

Obwohl ELLENBERGERs und SULLOWAYs Bemühungen um die Widerlegung so mancher FREUD-Legende nicht nur zu begrüßen sind, sondern durch die sorgfältige Recherchierung auch Glauben verdienen, besteht kein Zweifel, daß viele Feindschaften existierten und nicht wissenschaftlichen, sondern anderen Quellen ihr Dasein verdankten. Dies zeigt die Durchsicht der psychiatrischen Literatur, wie sie zitiert wurde und wie sie noch an einem anderen Beispiel aufgewiesen werden soll. Nicht nur "methodische Kritik" (ELLENBERGER) und wissenschaftliche Argumente gegen eine noch zu wenig plausibilisierte, geschweige denn verifizierte Theorie wurden laut, sondern tatsächlich auch Polemik und kleinliche Diskriminierung. So gibt es eine eindeutig in gehässiger Absicht formulierte Kritik des Psychiaters Oswald BUMKE, von der JONES behauptet, sie habe den Nationalsozialisten später als Argumentationsgrundlage gedient (JONES 1978, II., S. 139).

BUMKE schreibt: "Die Psychoanalyse ist weder Naturwissenschaft noch ist sie Wissenschaft überhaupt,... aber sie ist auch kein Märchen, weil sie nicht aus dem Herzen stammt, sondern aus einem eiskalten, grüblerischen, und beim Grübeln verirrten Verstand... Was ist das Unbewußte bei FREUD? Ein Heinzelmännchen, das im Verborgenen schafft, nur nicht so liebenswürdig und gütig wie das kleine Männchen des Märchens; eine Unterseele, die mit den Gefühls- und den Verstandesmitteln des Oberbewußtseins arbeitet, ohne dem Bewußtsein je etwas anderes als Fertigware zu liefern; eine Küche im Keller, in der man die raffiniertesten Gerichte bereitet, um sie im Aufzug nach oben zu schicken; das eigentliche Ich, das denkt und fühlt, begehrt und ablehnt, haßt und liebt, das vor allem aber immer geil ist; das nicht bloß die anderen, sondern auch das eigene Bewußtsein dauernd belügt und betrügt und das dazu die umständlichsten Erwägungen anstellen muß - und doch bloß ein Hirngeschehen, das zwangsläufig rein energetischen Prinzipien gehorcht." (BUMKE 1931, S. 16)

1913 schreibt Karl JASPERS: "Die Psychoanalyse FREUDs ist erstens ein verwirrendes Durcheinander psychologischer Theorien... zweitens eine weltanschauliche oder Glaubensbewegung, welche Lebenselement einiger Menschen wurde..., drittens verstehende Psychologie.

1. Als geistesgeschichtliches Phänomen ist die Psychoanalyse Popularpsychologie. Was auf den Höhen der wirklichen Geistesgeschichte KIERKEGAARD und NIETZSCHE getan haben, wird hier in den Niederungen vergröbert und verkehrt noch einmal getan, dem tiefen Niveau und der Durchschnittlichkeit unserer großstädtischen Zivilisation entsprechend. Gegenüber der wahren Psychologie ist sie ein Massenphänomen, demzufolge in einer massenhaften Literatur sich anbietend... Fast alle Grundgedanken und Beobachtungen stammen von FREUD, die Nachfolger

haben so gut wie nichts hinzugebracht, aber jene Bewegung ausgemacht... Sagt man, die Psychoanalyse sei in einem verlogenen Zeitalter als erschütternde Wahrhaftigkeit aufgetreten, so ist es nur zum Teil und wiederum nur in der Niederung richtig. Eine bürgerliche Welt, die glaubenslos in den Konventionen der faktisch preisgegebenen, religiös-moralischen Welt 'mit dem Sexus als ihrem geheimen Gott' lebte, wurde entlarvt. Aber diese Entlarvung war so unwahr wie das Entlarvte: beide waren an die Sexualität als das vermeintlich Absolute gebunden... Man wird (von der Psychoanalyse) in eine Welt nicht nur unbewiesener, sondern nicht einmal wahrscheinlicher, rein ausgedachter, alle verstehbaren Erscheinungen hinter sich lassender Hypothesen geführt." (1973, S. 300 f.)

Auf die Frage der Berechtigung dieser Kritiken soll hier nicht eingegangen werden; in unserem Zusammenhang ist es wichtiger, ein repräsentatives "Panorama" der Urteile der Elterndisziplin darzustellen und zu zeigen, daß FREUD sich mit Recht angegriffen gefühlt hat.

Die Reaktion der Psychoanalytiker auf die wissenschaftlich begründeten und unbegründeten, z.T. persönlich, z.T. sittlich motivierten Angriffe der Elterndisziplin war einheitlich eine "kämpferische", das heißt nicht eine Auseinandersetzung mit den Mitteln der Wissenschaft, sondern mit denen einer "Bewegung". Darin lag einerseits die Durchsetzungsfähigkeit der Psychoanalyse, andererseits aber die weitere Zunahme ihrer Diskreditierung bei etablierten Wissenschaftlern. FREUD selber hielt sich dabei sehr zurück. Er hatte die Regel aufgestellt, sich angesichts des Spottes, der moralischen Empörung und der Kritik "wie DARWIN" zu verhalten: in seinem einmal eingeschlagenen Weg weiterzugehen und seine Forschungsfunde immer besser zu untermauern (JONES 1978, II., S. 150). 1914 lautet hierzu sein Kommentar: "Die Geschichte dieser Widerstände... ist nicht sehr ruhmvoll für die Männer der Wissenschaft unserer Tage. Ich will aber gleich hinzusetzen, es ist mir nie eingefallen, die Gegner der Psychoanalyse bloß darum, weil sie Gegner waren, in Bausch und Bogen verächtlich zu schimpfen; von wenigen unwürdigen Individuen abgesehen, Glücksrittern und Beutehaschern, wie sie sich in Zeiten des Kampfes auf beiden Seiten einzufinden pflegen... ich beschloß, nicht zu antworten und, soweit mein Einfluß reichte, auch andere von der Polemik zurückzuhalten. Der Nutzen öffentlicher oder literarischer Diskussion erschien mir unter den besonderen Bedingungen des Streites um die Psychoanalyse sehr zweifelhaft, die Majorisierung auf Kongressen und in Vereinssitzungen sicher, und mein Zutrauen auf die Billigkeit oder Vornehmheit der Herren Gegner war immer gering. Die Beobachtung zeigt, daß es den wenigsten Menschen möglich ist, im wissenschaftlichen Streit manierlich, geschweige denn sachlich zu bleiben und der Eindruck eines wissenschaftlichen Gezänkes war mir von jeher eine Abschreckung." (GW X., S. 79 f.)

Seine Anhänger aber, die auf wissenschaftlichen Kongressen sprachen, mußten sich mit der Kritik auseinandersetzen. So wurde die psychoanalytische Vereinigung, auch und vor allem im internationalen Maßstab, langsam zum "Kampfverband". "Kampf gegen die Kritik" hieß die Parole ungefähr ab 1910, als internationale Anerkennung einerseits, Kritik andererseits zunahmen, die Psychoanalyse immer bekannter wurde und sich dem frischen Wind der Kritik stellen mußte. FREUD vertrug diesen Wind weniger gut als seine oben zitierte Darstellung glauben macht, einige Beispiele für diese Behauptung sowie für den Kampfesstil, in dem jetzt gearbeitet und die Bewegung ausgebreitet wurde, seien zitiert. Schon terminologisch scheint es sich um "Geländekampf", "Sieg", "Herrschaft" und wieder "Kampf" zu handeln:

JONES schreibt: "Er (FREUD, S.T.) betonte, wieviel heftige Feindseligkeit sie umgäbe, und daß es notwendig sei, sich auf Außenstehende stützen zu können, um ihnen zu begegnen." (203) Oder: "... Die Führerschaft werde ich ADLER übertragen, nicht aus Neigung oder Befriedigung, sondern weil er doch die einzige Persönlichkeit ist und weil in dieser Stellung er möglicherweise genötigt wird, den gemeinsamen Boden mitzuverteidigen..." (FREUD an FERENCZI, 3. April 1910, zit. nach JONES 1978, II., S. 92). "... Die Dinge ließen sich gut an, so daß FREUD gegenüber FERENCZI von meinen 'herrlichen Briefen, voll von Siegen und Kämpfen' sprechen konnte" (JONES 1978, II., S. 98). "BRILL nahm tapfer den Kampf auf..." (ebenda) usw.

Bei der Lektüre solcher Sätze hat man tatsächlich nicht mehr den Eindruck, daß es um die Vertretung wissenschaftlicher Wahrheit geht, deren Durchsetzung nur eine Frage der Zeit ist, sondern um einen politischen, weltanschaulichen oder religiösen Kampf. Hier ist FREUD wirklich "Hannibal", der unbedingt Rom erreichen will.(204)

Die Absicht, die Wiener Psychoanalytische Vereinigung und die neu entstandenen Ortsvereine Berlin, München, Zürich, New York enger aneinander zu binden, führte zwar zu einem wirksamen Instrument zur Durchsetzung der Psychoanalyse, hatte aber auch zur Folge, daß der Kontakt zu der "normalen Wissenschaft" und deren wissenschaftlichen Ergebnissen verloreging. Die Psychoanalyse wurde so in selbstgewählter Isolierung ein Hort für Eingeweihte, deren "geheiligtes Wissen" erst durch den Eintritt in die Gemeinschaft der Psychoanalytiker - über die Prozedur der Lehranalyse - erreicht werden konnte.

So garantierten die Wiener und die Internationale Psychoanalytische Vereinigung zwar fünf der oben genannten Funktionen einer "Scientific community", nämlich in der Reihenfolge: Identitätssicherung, Paradigmenbindung, Wissensproduktion, Kompetenzsicherung und Reputation. Die sechste Funktion, die des "Austausches" - hier verstanden als Austausch von wissenschaftlichem Wissen und Personen mit wissenschaftlichem Wissen benachbarter Disziplinen - war kaum gewährleistet. Die Psychoanalyse wurde zu einem fast geschlossenen System, das sich teilweise elitär, teilweise gekränkt abgrenzte. Sie gab die Kontakte zu den Ergebnissen benachbarter Disziplinen weitgehend auf. "Eisbär und Walfisch, hat man gesagt, können nicht miteinander Krieg führen, weil sie, ein jeder auf sein Element beschränkt, nicht zueinander kommen. Ebenso unmöglich wird es mir, mit Arbeitern auf dem Gebiet der Psychologie oder Neurotik zu diskutieren, die die Voraussetzungen der Psychoanalyse nicht anerkennen und ihre Ergebnisse für Artefakte halten." (FREUD, GW XII., S. 76)

Noch deutlicher wurde die Tendenz, sich von der allgemeinen Wissenschaftsentwicklung abzugrenzen, als die Gründung des psychoanalytischen "Komitees" erfolgte.

Kapitel 9
Die psychoanalytische Bewegung

Im folgenden Abschnitt soll die Entwicklung und Funktion der sich ausbreitenden "psychoanalytischen Bewegung" dargelegt werden: sicherlich stellt sie das von der üblichen Wissenschaftsentwicklung am meisten abweichende Phänomen innerhalb der Gesamtentwicklung der Psychoanalyse als wissenschaftlicher Disziplin dar.

In der Literatur wurde bisher die psychoanalytische Bewegung mit wenigen Ausnahmen lediglich zur Kenntnis genommen, nicht als "erstaunlich" oder "auffallend" gewertet. JONES, der selbst zum "Komitee" gehörte und die Bewegung mitbestimmte, bringt als Beteiligter und Mitkämpfer weniger Distanz auf als die Historiker ELLENBERGER und SULLOWAY. Aber auch ELLENBERGER analysiert dieses Phänomen nicht, er stellt lediglich fest, der Charakter der Psychoanalyse als Bewegung habe viel Kritik unter den etablierten Universitäts- und klinischen Wissenschaftlern hervorgerufen.(205) Als typisch für die Einwände wissenschaftlicher Kollegen und ganzer Disziplinen gegen die Psychoanalyse nennt er einen Beitrag von FRIEDLÄNDER auf dem Internationalen Kongreß für Medizin in Budapest im Jahre 1909, der im folgenden auszugsweise zitiert werden soll:

"Erstens geben Psychoanalytiker, an Stelle der ruhigen Demonstration, die sonst bei Wissenschaftlern in ihren Diskussionen üblich sind, dogmatische Erklärungen ab, unterbrochen von Gefühlsausbrüchen; Psychoanalytiker sind einzigartig wegen ihrer Gleichsetzung FREUDs mit Männern wie KEPLER, NEWTON und SEMMELWEIS - und wegen der Heftigkeit ihrer Angriffe auf ihre Gegner. Zweitens begnügen sich die Psychoanalytiker, statt ihre Behauptungen wissenschaftlich zu beweisen, mit unverifizierbaren Aussagen. Sie sagen: 'Wie wir aus Psychoanalysen wissen...' und legen die Beweislast anderen auf. Drittens nehmen Psychoanalytiker weder Kritik noch die Äußerung höchst gerechtfertigter Zweifel an, sondern bezeichnen diese als 'neurotischen Widerstand'. ... Viertens ignorieren Psychoanalytiker, was vor ihnen oder von anderen getan worden ist und behaupten dann, sie seien Neuerer. Es ist, als sei vor FREUD kein hysterischer Patient jemals geheilt worden und als habe noch nie jemand Psychotherapie praktiziert. Fünftens werden Sexualtheorien der Psychoanalyse als wissenschaftliche Tatsachen präsentiert, auch wenn sie unbewiesen sind..." Und als sechsten Kernpunkt nannte FRIEDLÄNDER den Brauch der Psychoanalytiker, sich direkt an ein großes Laienpublikum zu wenden, so als wenn ihre Theorie bereits bewiesen wäre. Indem sie dies täten, ließen sie jene, die zweifelten, als dumm und rückständig erscheinen.(206)

Viel beigetragen zum Verruf der Psychoanalyse in der Wissenschaft hat auch die Tatsache, daß begeisterte Laien ohne jede Ausbildung begannen, andere zu "analysieren", häufig sicher zum Schaden der Patienten (ELLENBERGER 1973, II., S. 1078).

Die Feindschaft zwischen FREUD-Anhängern und -Gegnern war gegenseitig: jede Seite fühlte sich ungerecht angegriffen und jede versuchte, mit allen Mitteln der Polemik, wenn nötig der Diskriminierung und persönlichen Verunglimpfung (zum Beispiel in der Form von "Deutungen", die nicht nur die Anhänger der FREUDschen Theorie verwendeten, sondern auch deren Gegner), das Gegenüber zu schmähen.

Als zu den Angriffen von außen noch Konflikte im Inneren der Psychoanalytischen Vereinigung auftraten, wurde das "Komitee" gegründet: ein Schutz- und Trutzbündnis zur Verteidigung der psychoanalytischen Theorie.

1. Das Komitee: Gemme und Ring

ADLER und STEKEL traten 1911 aus der Wiener Psychoanalytischen Vereinigung aus. ADLER gründete eine eigene Schule, die Individualpsychologie, die großen Erfolg hatte, heute aber weniger verbreitet ist als die FREUDsche Psychoanalyse.

ADLERS Anliegen war neben der Psychotherapie, die zur Heilung von Neurosen dient, vor allem die Prophylaxe psychischer Erkrankungen und die Pädagogik. Er richtete im In- und Ausland Erziehungsberatungsstellen ein. Er hat noch heute gültige Aufsätze über Kinder geschrieben. Seine Individualpsychologie bezieht sich dabei mehr auf das Bewußte als das Unbewußte, auf die moralische Beeinflussung des neurotisch sich seinen gesellschaftlichen Aufgaben Entziehenden als auf die Aufdeckung der Störungen des seelischen Gleichgewichtes durch unbewußte Konflikte. Bei

ADLER nahmen die Kompensationen der Organminderwertig-
keit sowie die Aggression und die Erreichung der Lebens-
ziele durch bestimmte "Lebensstile" einen großen Raum ein.
Sein Thema ist eher die bewußt beeinflussende Pädagogik
als die Heilung bereits neurotisch Erkrankter (vgl. dazu
auch WIESENHÜTTER 1974, S. 7 ff.).

Die Vorbereitung seines Austritts aus der Wiener und
Internationalen Psychoanalytischen Vereinigung läßt sich
anhand der Sitzungsprotokolle der "Mittwoch-Gesellschaft"
gut verfolgen; seine Theorien waren mit denen FREUDs
zunehmend unvereinbar: vor allem bezüglich der Rolle der
Sexualität und der des Unbewußten konnte FREUD sich
nicht mit ADLER einigen; dennoch dürften zahlreiche nichtwissenschaftliche persönliche Gründe für den Austritt ADLERs
und die Gründung der Schule der Individualpsychologie
eine Rolle gespielt haben.(207)

ADLER verließ nicht als einzelner die Psychoanalytische
Vereinigung, sondern er nahm 9 weitere Mitglieder und
Anhänger seiner Theorie mit: BACH, MADAY, Baron HYE,
FORTMÜLLER, F. und G. GRÜNER, Frau HILFERDING,
P. KLEMPERER und OPPENHEIM. Die Zeit nach der Aus-
trittsbewegung, in welcher es einen Unvereinbarkeitsbeschluß gab, d.h. in welcher kein Psychoanalytiker gleichzeitig zu FREUD und ADLER gehen durfte, beschreibt Lou
ANDREAS-SALOME in ihrem Tagebuch.(208) Wenig später
trat auch STEKEL aus der Vereinigung aus (JONES 1978,
II., S. 165 ff.). Beide Verluste trafen FREUD nicht so
schmerzlich wie die zunehmende Entfremdung zwischen ihm
und JUNG (FREUD/JUNG 1974). Da er letzteren zum Nachfolger ausersehen hatte, war ihm der Rückzug JUNGs eine
große Enttäuschung. Er erlebte während der Trennung
von JUNG ähnliche Gefühle des Verlustes wie während der
von FLIESS, wenn er diese auch - nun älter und reifer -
schneller überwand (JONES 1978, II., S. 180).

Umgeben von Feinden, verlassen von Freunden, meinten
JONES und FERENCZI im Jahr 1912, daß der "ideale Plan
wäre, wenn man in verschiedenen Zentren oder Ländern
Männer sitzen hätte, die von FREUD persönlich sehr gründlich analysiert worden wären" (JONES 1978, II., S. 186).

Die Annahme war, daß von FREUD analysierte Anhänger
der Psychoanalyse weniger in die Versuchung kämen, weitere
Abfallbewegungen bzw. Spaltungen zwischen den psychoanalytischen Vereinigungen zu inszenieren. Da diese Möglichkeit
aber nicht ohne weiteres realisiert werden konnte, hatte
JONES zur Verteidigung FREUDs den Einfall, "eine kleine
Gruppe zuverlässiger Analytiker als eine Art 'alte Garde'

um FREUD herum (zu) bilden. Sie würde ihm eine Sicherheit geben, wie sie nur ein fester Stamm treuer Freunde geben kann; im Falle weiterer Abtrünnigkeit würde sie ihm ein Trost sein, und uns wäre es möglich, ihn durch Entgegnungen auf Kritiken, durch Beschaffung der nötigen Literatur, durch Belegung seines Werkes mit Beispielen aus unserer eigenen Erfahrung praktischen Beistand zu leisten. Nur eine absolute Verpflichtung sollte für uns gelten: wenn es geschehen sollte, daß einer von uns von einer der Grundlehren der psychoanalytischen Theorie abzugehen wünschte, das heißt, von den Begriffen der Verdrängung, des Unbewußten, der infantilen Sexualität usw., so sollte er erst seine Ansichten mit seinen Kollegen durchsprechen, bevor er sie vor die Öffentlichkeit bringe. Die ganze Idee einer solcher Gruppe hatte natürlich in meinem Geist eine Vorgeschichte: in Berichten aus meiner Kindheit von den Paladinen Karls des Großen, in Darstellungen vieler Geheimgesellschaften, die ich aus der Literatur kannte." (JONES 1978, II., S. 186)

Aus diesem Einfall entstand das "Komitee". FREUD war von der Idee begeistert; gegenseitiges Mißtrauen konnte weitgehend ausgeräumt werden. So schrieb FREUD an JONES: "Was meine Phantasie sofort in Beschlag nahm, war Ihre Idee eines geheimen Konzils, das sich aus den besten und zuverlässigsten unserer Leute zusammensetzen solle, deren Aufgabe es sei, für die Weiterentwicklung der Psychoanalyse zu sorgen, und die Sache gegen Persönlichkeiten und Zwischenfälle zu verteidigen, wenn ich nicht mehr da bin... Ich weiß, daß in diesem Projekt auch ein Element von knabenhafter Romantik liegt, aber es läßt sich vielleicht realitätsgerecht machen. Ich will meiner Phantasie freien Lauf lassen und Ihnen die Rolle des Zensors überlassen.

Ich möchte sagen, es würde mir das Leben und das Sterben leichter machen, wenn ich wüßte, daß eine solche Gemeinschaft zum Schutz meiner Schöpfung existiert.

Vor allem aber ist dies zu beachten: Das Komitee müßte in seiner Existenz und in seinem Wirken streng geheim bleiben. Es würde sich aus Ihnen, FERENCZI und RANK, aus deren Kreis die Idee entstanden ist, zusammensetzen. SACHS, zu dem ich trotz unserer kurzen Bekanntschaft unbegrenztes Vertrauen habe, und ABRAHAM könnten dann noch zugezogen werden, aber nur unter der Bedingung, daß Sie alle damit einverstanden sind. Mit Ihren Bedingungen und Verpflichtungen sollte ich selbst besser aus dem Spiel gelassen werden: natürlich werde ich mich äußerster Diskretion befleißigen und für alles, was Sie mir mitteilen, dankbar sein. Bevor Sie mir geantwortet haben, werde ich nicht das Geringste davon erwähnen, nicht einmal gegenüber FRERENCZI. Was die nächste Zeit auch immer bringen mag, der zukünftige Obmann der psychoanalytischen Bewegung könnte aus diesem kleinen Kreis Männer herauswachsen, in die ich trotz meiner letzten Enttäuschungen über Menschen noch immer alles Vertrauen setze..." (FREUD an JONES, 1. August 1912, zit. nach JONES 1978, II., S. 188)

Im Sommer 1913 wurde das Komitee gegründet. Es bestand aus FREUD, JONES, FERENCZI, Hanns SACHS, Otto RANK und Karl ABRAHAM. 1919 kam noch Max EITINGON hinzu. So waren es sieben, die für die Verteidigung und Verbreitung der Psychoanalyse zuständig waren - auch nach FREUDs Tod sollte es so sein.

1913 schenkte FREUD jedem der Getreuen eine "antike Gemme aus seiner Sammlung... die wir dann in goldene Ringe fassen ließen. FREUD selbst hatte lange einen solchen Ring mit einer griechisch-römischen Gemme, einem Jupiterkopf, getragen..." (JONES 1978, II., S. 189).

Später schrieb FREUD an EITINGON: "Meine drückende Zukunftssorge kann ich Ihnen schon am besten genetisch vorstellen. Sie stammt aus der Zeit, da die Psychoanalyse auf meinen zwei Augen stand und hatte zum Inhalt die Besorgnis, was das Menschengesindel daraus machen würde, wenn ich nicht mehr lebe. 1913, als wir eine Probe von diesen Möglichkeiten bekamen, hat sich das Komitee gebildet und die Aufgabe der Fortführung im richtigen Sinne auf sich genommen. Seitdem lebe ich leichter, sorgloser um die Dauer des Lebens." (FREUD an Max EITINGON, 23. November 1919, zit. nach JONES 1978, II., S. 189)

Die Gründung eines Schutz- und Trutzbündnisses kann als "romantisch", "bubenhaft" oder auch "pfadfinderhaft" bezeichnet werden; es wäre nichts Besonderes, wenn erwachsene Männer eine - wie JONES eingesteht - Kinderphantasie wahrmachten, in diesem Falle die von den Paladinen Karls des Großen.

Erstaunlich wird diese Tatsache erst, wenn in Betracht gezogen wird, daß dies nicht einfach ein Freundschaftsbündnis war, sondern ein Bündnis zum Schutz einer Theorie und eines Wissenschaftlers. Hier weichen die Gepflogenheiten der frühen Psychoanalytiker ein weiteres Mal ab von dem, was in der universitären Wissenschaft üblich war und erreichen deutlich strukturelle und institutionelle Muster von Sekten, Religions- und Glaubensgemeinden.

Eine Garde von sechs Männern, die sich zum Schutz der Person und des Werkes des siebenten (Karls des Großen) zusammenscharen, gemeinsam Ringe tragen, die Theorie und das Lebenswerk überall hinaus in die Welt tragen und dort die Wahrheit verkünden sollen: dieses Modell gleicht eher dem des Jesus und seiner Jünger als einem Wissenschaftler und dessen kritisch prüfender Gefolgschaft. Für einen Wissenschaftler kann es nicht darum gehen, sein Lebenswerk zu "bewahren", sondern nur darum, einen Beitrag zu leisten, von dem er weiß, daß er überholt werden wird.

Das Komitee funktionierte zehn Jahre "ausgezeichnet" (JONES 1978, II., S. 190). Dann entstanden Schwierigkeiten. JONES beschreibt ausführlich die Auseinandersetzungen vor allem zwischen ihm und Otto RANK bezüglich der Übersetzungsarbeiten des FREUDschen Werkes; zunächst führte er die Veränderung RANKs auf dessen "Bruderkomplex" zurück, später meinte er, RANK habe eine manisch-depressive Psychose gehabt, in deren Verlauf er sich auffallend verändert habe. RANK trennte sich schließlich von der Psychoanalytischen Vereinigung sowie vom "Komitee".

FREUD reagierte enttäuscht auf diese Entwicklung. Er war inzwischen an Krebs erkrankt, fühlte sich schwach und sein Lebenswerk bedroht. 1924 schrieb er an FERENCZI: "Ich zweifle nicht daran, daß auch die anderen des ehemaligen Komitees Rücksicht und Zuneigung für mich haben, und doch kommt es dazu, daß ich im Stiche gelassen werde, gerade nachdem ich ein Invalide, mit herabgesetzter Arbeitskraft und geschwächter Stimmung geworden bin, der jede Mehrbelastung von sich abweist und sich keiner Sorge mehr gewachsen fühlt. Ich will Sie durch diese Klage nicht bewegen, einen Schritt zur Erhaltung des verlorengegangenen Komitees zu tun; ich weiß: hin ist hin, verloren ist verloren. Ich habe das Komitee überlebt, das mein Nachfolger werden sollte, vielleicht überlebe ich noch die Internationale Vereinigung. Hoffentlich überlebe ich nicht die Psychoanalyse. Aber es gibt mit dem anderen einen trüben Lebensabend." (FREUD an FERENCZI, 20. März 1924, zit. nach JONES 1962, III., S. 85)

Doch das Komitee erholte sich: anstelle von RANK wurde nun auf ABRAHAMs Vorschlag FREUDs Tochter Anna ins Komitee aufgenommen: von 1924 an waren es wieder insgesamt sieben Mitglieder, die die Psychoanalyse nach innen und außen verteidigen und weiterentwickeln sollten.

2. Zur Gründung des psychoanalytischen Verlages, der psychoanalytischen Ambulatorien und der psychoanalytischen Lehrinstitute

Außer der Wiener Psychoanalytischen Vereinigung und dem "Komitee", die die Ausbreitung der Psychoanalyse förderten, übernahmen diese Funktionen die neugegründeten psychoanalytischen Ambulatorien, der psychoanalytische Verlag und die psychoanalytischen Lehrinstitute.

1919, nachdem sich die internationale Situation nach dem Ersten Weltkrieg etwas beruhigt hatte, wurde in Wien der Internationale Psychoanalytische Verlag gegründet (JONES 1962, III., S. 46, und W. HUBER 1977, S. 22 ff.). Leiter des Verlages waren Sigmund FREUD, Sandor FERENCZI, v.FREUND und Otto RANK. Nachdem v.FREUND 1920 gestorben war, übernahm JONES dessen Platz; 1921 trat ein weiteresKomiteemitglied, nämlich Max EITINGON, der Direktion des Verlages bei. Das erste Werk, das der Verlag herausbrachte, war: "Die Psychoanalyse und die Kriegsneurosen".(209) Der Verlag bestand fast 20 Jahre lang. Während dieser Zeit gab er fünf psychoanalytische Zeitschriften heraus: die "Internationale Zeitschrift für Psychoanalyse" (als offizielles Organ der Internationalen Psychoanalytischen Vereinigung); die "Imago" (Zeitschrift für psychoanalytische Psychologie, ihre Grenzgebiete und Anwendungen); bei beiden fungierte Sigmund FREUD als Herausgeber; die "Zeitschrift für psychoanalytische Pädagogik", herausgegeben von August AICHHORN, Paul FEDERN, Anna FREUD, Heinrich MING, Ernst SCHNEIDER und Hans ZULLIGER; sie erschien von 1926 bis 1937; die "Psychoanalytische Bewegung", herausgegeben von A.J. STORFER; sie erschien von 1920 bis 1933. Diese Zeitschrift war als Verbindungsglied zu den Gebildeten der Zeit konzipiert; sie sollte auch Abseitsstehenden ermöglichen, sich über die Fortschritte der psychoanalytischen Lehre und der psychoanalytischen Bewegung zu unterrichten. Von 1920 bis 1938 brachte der Verlag alljährlich zusätzlich den "Almanach der Psychoanalyse" heraus (HUBER 1977, S. 25). Der Verlag publizierte ungefähr 150 Bücher, darunter fünf Reihen, und FREUDs "Gesammelte Werke". Die unter JONES' Leitung stehende englische Filiale gab ebenfalls rund 60 Bücher heraus, vor allem Übersetzungen der deutschen Publikationen, aber auch originale Arbeiten englischer Analytiker (JONES 1962, III., S. 47).

"Freuds Interesse am Schicksal des Verlags war in erster Linie Ausdruck seines starken Unabhängigkeitsdranges. Der Gedanke, von den Bedingungen der Verleger, die er stets als lästig empfunden hatte, vollständig frei und in der Lage zu sein, herauszugeben, was er wollte und wann er wollte, hatte für dieses Unabhängigkeitsbedürfnis etwas überaus Verlockendes. Dann sollte mit dem eigenen Verlag auch das Weiterbestehen der psychoanalytischen Zeitschriften, das während des Krieges schwer bedroht gewesen war, gesichert werden. Und schließlich wollte er wenig bemittelten Autoren die Möglichkeit geben, ein gutes Werk zu publizieren, das kommerziell denkende Verleger vielleicht nicht annehmen würden. Für das außenstehende Publikum bestünde eine gewisse Gewähr dafür, daß Bücher aus diesem Verlag, wenn auch notwendigerweise von unterschiedlichem Wert, wirklich als authentische psychoanalytische Literatur gelten konnten und sich so von vielen anderen Publikationen, die unter dieser Fahne segelten, zu unterscheiden." (JONES 1962, III., S. 46 f.)

JONES war der Auffassung, die Gründung und Leitung des Verlages hätten viel Zeit und Kraft gekostet, die der Wissenschaft verlorengegangen seien; überdies hätten keine Fachleute hierfür zur Verfügung gestanden, und Otto RANK habe sich jahrelang geradezu übermenschlich anstrengen müssen, um die Verlagsarbeit meistern zu können. Insgesamt habe diese aber doch ihren Wert gehabt (JONES 1962, III., S. 47 f.).

Mit dem Verlag war gewährleistet, was FREUD daran als das Wichtigste schien: die Unabhängigkeit von anderen Verlegern; die Herausgabe der Zeitschriften (vor allem die deutsche "Internationale Zeitschrift für Psychoanalyse" und das englische "Internationale Journal of Psycho-Analysis") bot die Möglichkeit, dem Publikum authentische Literatur zu liefern, deren Herkunft von FREUD gesichert war. Da es damals "wilde" Analytiker gab, die viel Unheil anrichteten, war eine Abgrenzung notwendig.

Welchen Stellenwert die Psychoanalytiker ihrem Verlag selbst beimaßen (wobei sie realistisch die gewandelten Zeitverhältnisse, die veränderte politische Situation, die Veränderungen innerhalb der Psychoanalyse durch die Verlagerung des Schwergewichtes in die angelsächsischen Länder in Rechnung stellten), wird in einer Rede deutlich, die Ernest JONES anläßlich der Eröffnung des neuen Heimes der Wiener Psychoanalytischen Vereinigung am 5. Mai 1936 hielt: "Der größere Teil der psychoanalytischen Literatur - und zwar der wertvollste Teil - ist noch deutsch, wenn auch nicht in so überragendem Maße, wie zur Zeit der Gründung des Verlages vor 17 Jahren. Das wird in Zukunft sicherlich nicht so sein, einmal wegen der wichtigen Abwanderung in die angelsächsischen Länder und zweitens, weil die analytische Arbeit in diesen Ländern viel günstigere Entfaltungsmöglichkeiten hat. Das wird unvermeidlicherweise im Laufe der Zeit die Bedeutung des Verlages als internationale Institution vermindern, obwohl das, was er in der Vergangenheit erreicht hat, lange die fundamentale Basis unserer literarischen Quellen bleiben wird. In zweiter Linie machen es die materiellen und politischen Schwierigkeiten, mit denen der Verlag zu kämpfen hat, sehr wahrscheinlich, daß er gezwungen sein wird, seine Tätigkeit in Zukunft in einem noch größeren Maße zu beschränken. Diese Einschränkung wird vielleicht weniger die Autoren treffen... als die analytische Welt im Großen. Die ausgezeichnete zentralisierende Funktion des Verlages und sein Wert für Propagandazwecke wäre wirklich sehr schwer zu ersetzen;... ich kann mir keinen schwereren Schlag für die Psychoanalyse vorstellen, als die erzwungene Einstellung desselben und ich bin sicher, daß wir alle bis zum Letzten kämpfen würden, um eine solche Katastrophe zu verhindern." (JONES, Internationale Zeitschrift für Psychoanalyse 23 (1937), S. 242, zit. nach HUBER 1977)

Mit dem Einmarsch Hitlers am 12. März 1938 wurde der Internationale Psychoanalytische Verlag liquidiert und sein Lager beschlagnahmt (HUBER 1977, S. 25). Sogar die von Martin FREUD in die neutrale Schweiz gebrachten "Gesammelten Schriften" mußten nach Wien zurücktransportiert werden (JONES 1962, III., S. 265).

"Neben der gewiß in beträchtlichem Maße auf internationale Wirkung ausgerichteten Tätigkeit des Internationalen Psychoanalytischen Verlages darf man nicht übersehen, daß dessen Publikationstätigkeit auch die wichtigste Stütze zur Förderung der psychoanalytischen Forschung und der psychoanalytischen Bewegung in Österreich gewesen war. Das breitgefächerte Angebot an Zeitschriften wie an Büchern offenbart ein intensives und fruchtbares Bemühen, die Ideen der Psychoanalyse in ihrer Differenzierung und Vielfältigkeit sowohl einem hohen intellektuellen Niveau wissenschaftlicher Reflexion als auch der konkreten Praxis in den verschiedesten Bereichen individuellen und gesellschaftlichen Lebens zu vermitteln. Wenn man in Rechnung stellt, welche Bedeutung das gedruckte Wort für die gesellschaftliche Präsenz dessen besitzt, den es repräsentiert, kann man ermessen, welch unersetzlichen Verlust die Psychoanalyse in Österreich durch die Zerstörung des Verlages als ihrem zentralen Organ erlitten hat." (HUBER 1977, S. 25)

Doch zurück zu weiteren, für die Ausbreitung der Psychoanalyse wichtigen Institutionen. Kurz nach der Gründung des psychoanalytischen Verlages ging man in der Wiener Psychoanalytischen Vereinigung daran, auch Ambulatorien und Lehrinstitute zu gründen. "Anfänglich gab es keine speziellen Methoden, die Psychoanalyse zu erlernen; man las die vorhandene Literatur, diskutierte eifrig und deutete einander die Träume. Nach dem Ersten Weltkrieg (1918) war man so weit, zu statuieren, daß keiner mehr die Psychoanalyse erlernen könne, der nicht selbst eine Analyse durchgemacht hat. Auch war man sehr bald der Meinung, daß die Ausbildung in der Psychoanalyse nicht der Privatinitiative einzelner überlassen bleiben könne, vielmehr müsse die Ausbildung der Kandidaten von den gemeinschaftlichen Bemühungen der psychoanalytischen Gruppen getragen und verantwortet werden." (W. HUBER 1977, S. 18)

Die erste psychoanalytisch arbeitende Poliklinik wurde in Berlin, nicht in Wien gegründet. Sie stand unter der Leitung des Komiteemitgliedes Carl ABRAHAM und öffnete ihre Tore am 14.2.1920. FREUD war der Auffassung, daß damit Berlin zum Zentrum der Psychoanalyse geworden sei. Finanziert worden war die Poliklinik von Max EITINGON, das Gebäude wurde entworfen von FREUDs Sohn Ernst. Hanns SACHS und Theodor REIK beteiligten sich - neben ABRAHAM - an der Ausbildung. Damit war das erste Lehrinstitut der Psychoanalyse gegründet.

Es hätte nahegelegen, auch in Wien ein Institut zu etablieren; aber FREUD war zunächst gegen diese Idee: "Eine Krähe soll sich nicht mit weißen Federn schmücken", schrieb er 1920 an FERENCZI (FREUD an FERENCZI am 31. Oktober 1920, zit. nach JONES III., S. 35). Dennoch wurde zwei Jahre später in Wien ein Ambulatorium gegründet, das später auch als Lehrinstitut fungieren sollte. Das Institut in Berlin blieb zunächst von größerer Bedeutung. "In den 20iger Jahren war Berlin ursprünglich als psychoanalytisches Zentrum weitaus im Vorrang vor Wien. Ein Teil der Gründergeneration der Psychoanalyse hatte sich - zum Teil sogar auf Betreiben FREUDs - in Berlin niedergelassen und prominente Wiener Analytiker der zweiten Generation, wie Helene DEUTSCH oder Heinz HARTMANN, verbrachten zur Ergänzung ihrer Lehranalyse ein Jahr ihrer Ausbildung in Berlin." (HUBER 1977, S. 6) Als Lehrinstitut, das auch Kindergärtnerinnen und Lehrer zuließ (210), wurde das Institut in Wien im Oktober 1924 etabliert. Die Direktion übernahm Helene DEUTSCH. Siegfried BERNFELD wurde Vizedirektor und Anna FREUD Sekretärin (vgl. PETERS 1979, S. 111).

In groben Zügen wurde das Programm der psychoanalytischen Ausbildung in der Internationalen Zeitschrift für Psychoanalyse veröffentlicht: "Seine Aufgabe ist in erster Linie die Ausbildung künftiger psychoanalytischer Therapeuten, weiter die Verbreitung psychoanalytischer Kenntnisse, insbesondere der Anwendung der Psychoanalyse auf Fragen der Erziehung. Die Ausbildung der psychoanalytischen Therapeuten umfaßt 1) die Lehranalyse, 2) die theoretische Ausbildung durch Kurse, Seminare, Vorträge und die Bibliothek des Lehrinstituts, 3) die praktische Ausbildung, die durch Zuweisung von Patienten... zu vom Lehrinstitut kontrollierten Analysen erreicht wird. Die Ausbildungszeit ist mit zwei Jahren festgesetzt." (Internationale Zeitschrift für Psychoanalyse Nr. 11 (1925), S. 254)

Der Kandidat mußte zusätzlich eine wissenschaftliche Arbeit aus dem Gebiet der Psychoanalyse in einer wissenschaftlichen Sitzung der Wiener Psychoanalytischen Vereinigung vortragen und zur Diskussion stellen. Nach Abschluß der Ausbildung konnte der Kandidat von den ordentlichen Mitgliedern der Vereinigung zum außerordentlichen Mitglied gewählt werden und durfte sich nun Psychoanalytiker nennen. Nach einem gewissen Zeitraum praktischer Tätigkeit mußte der Analytiker sich mit einem weiteren wissenschaftlichen Vortrag qualifizieren und konnte damit zum ordentlichen Mitglied der Wiener Psychoanalytischen Vereinigung und der Internationalen Psychoanalytischen Vereinigung gewählt werden (HUBER 1977, S. 18 f.).

Diese Ausbildungsanforderungen sind bis auf die Ausbildungsdauer, die heute mindestens fünf Jahre beträgt, im wesentlichen unverändert geblieben. Die Lehranalyse ist immer noch das Kernstück der psychoanalytischen Ausbildung (nur dauert sie heute wesentlich länger als zu FREUDs Zeiten); die kontrollierten Patientenbehandlungen und die theoretische Ausbildung nehmen großen Raum ein.

"Es kann gar nicht genug betont werden, welche Bedeutung den beiden Lehrinstituten in Berlin und Wien für die Weiterentwicklung nicht nur der Psychoanalyse, sondern der Psychiatrie überhaupt zukommt. Alle psychoanalytischen Institute der Welt - aber auch alle sich gegen die Psychoanalyse stellenden psychotherapeutischen Schulen - haben sich an diesen beiden Instituten ausgerichtet. Die Geschichte der Verbreitung der psychoanalytischen Lehrstätten ist noch nicht geschrieben, so vorbildlich sie sind. In den Vereinigten Staaten, wo nicht nur das System der Universitätskliniken nach europäischem Muster nicht existiert, sondern auch die oftmals sehr großen Entfernungen eine Konzentra-

tion der Kräfte unmöglich machen, bildeten die psychoanalytischen Lehrinstitute die erste Form einer planvollen Unter-
weisung von Psychiatern. Auch das erklärt die rasche Ausbreitung der Psychoanalyse in den USA in den 30er - und
40er Jahren dieses Jahrhunderts." (PETERS 1979, S. 112 f.)

1929 wurde das inzwischen zu Berühmtheit gelangte Frankfurter Psychoanalytische Institut gegründet - es stand
in vielfältigen Bezügen zum ebenfalls berühmt gewordenen
Institut für Sozialforschung. "Die Frankfurter bzw. Südwest-
deutsche Gruppe war zwar klein, aber gewichtig. Die Gesellschaft wurde von Karl LANDAUER geleitet, der später von
den Nazis ermordet worden ist. Heinrich MENG ... hatte
eigens seinen Chefarztposten in Stuttgart aufgegeben, um
mit LANDAUER gemeinsam die Leitung des Institutes zu
übernehmen. 1934 ging MENG nach Basel in die Emigration.
In dem Institut hielt aber auch Frieda FROMM-REICHMANN,
die sich später in den USA als Psychoanalytikerin von Schizo-
phreniekranken hervortat, Kurse ab. Frieda FROMM-REICH-
MANN führte zu dieser Zeit eine eigene psychoanalytische
Praxis und Klinik in Heidelberg. Sie war seit 1926 mit Erich
FROMM verheiratet... Erich FROMM hielt sich zwar die
meiste Zeit in Berlin auf, aber hauptsächlich über ihn bestanden enge Verbindungen zum Frankfurter Institut für Sozialforschung, in dessen Räumen anfänglich auch Kurse statt-
fanden und dessen Bibliothek mitbenutzt wurde. FROMM
war gleichzeitig Mitglied des psychoanalytischen Instituts,
und, als Fachmann für Psychoanalyse, Mitglied des Instituts
für Sozialforschung, zu dem Heinrich MENG und Karl LAN-
DAUER ebenfalls enge Kontakte unterhielten. Es gab viele
Diskussionen mit Max HORKHEIMER, Friedrich POLLOCK
und Theodor W. ADORNO, bis später dieses Institut in
die USA emigrierte. Am Institut lehrte auch S.H. FUCHS,
der in der englischen Emigration unter seinem anglisierten
Namen FOULKES als einer der ersten Gruppenpsychoanaly-
tiker weltbekannt geworden ist." (PETERS 1979, S. 176 f.)

Mit diesen drei Lehrinstituten im deutschsprachigen Raum,
die für alle späteren Institute in der Welt Vorbild wurden,
sollte die Psychoanalyse als Therapie- und Theorieschule
fest verankert werden. Es ist im nachhinein schwer zu
beurteilen, was aus der Psychoanalyse in Deutschland und
Österreich geworden wäre, wenn die Nationalsozialisten,
die langsam an Boden gewannen, nicht gesiegt und den
Zweiten Weltkrieg angezettelt hätten.

"Das Jahr 1933 brachte eine große Wende. Die Auswanderung der jüdischen Psychoanalytiker aus Deutschland begann.
Zum Teil kamen sie auch nach Wien zurück oder gingen

nach Prag. Wien wurde so, mehr als zuvor, das internationale Zentrum der Psychoanalyse. Die Redaktion der psychoanalytischen Zeitschriften wurde nach Wien verlegt; Paul
FEDERN und Heinz HARTMANN fungierten als Redakteure
für die 'Internationale Zeitschrift für Psychoanalyse', Robert
WAELDER und Ernst KRIS für 'Imago'." (HUBER 1977,
S. 6)

Vom Jahr 1930 an verließen die Mitglieder des Komitees
nach und nach den europäischen Kontinent: im Oktober
1930 verließ Hanns SACHS Europa und ging in die USA;
im Mai 1933 starb Sandor FERENCZI; Max EITINGON ging
im Oktober 1933 ebenfalls in die USA; Carl ABRAHAM war
bereits 1929 gestorben. Anna und Sigmund FREUD gingen
mit der Familie erst 1938 – buchstäblich im letzten Augen-
blick, als die Nazis schon in ihrem Haus standen – nach
London, wo sie von JONES empfangen wurden.

Die Psychoanalyse entwickelte sich in den folgenden
Jahren vor allem in den angelsächsischen Ländern, besonders
in den USA weiter.

Kapitel 10
Zur Frage der Durchsetzung der FREUDschen Theorievariante in den Selektionsstadien 3–6

Mit der Gründung eines Verlages, der Herausgabe eigener Zeitschriften, der Institutionalisierung von psychoanalytischer Lehre und Forschung und mit zunehmender Akademisierung erreichte die psychoanalytische Theorievariante das Selektionsstadium 3 ("specialty"), wie oben definiert wurde (vgl. insbesondere Seite 103 dieses Buches). Als Disziplin und "Schule" entwickelte sich die Psychoanalyse trotz der Wirren des Ersten Weltkrieges, der Zerstörung ihrer Basis in Wien im Jahr 1938 und dem folgenden Zweiten Weltkrieg; sie trug sogar neue Früchte, als sich in den 30er Jahren die "Ichpsychologie" als originelle Erweiterung der Psychoanalyse herausbildete.(211)

1. Zum Problem der Akademisierung der Psychoanalyse

In den vorangegangenen Abschnitten wurde gezeigt, wie die Psychoanalyse von Beginn ihrer Entwicklung an ein problematisches Verhältnis zur universitären Wissenschaft hatte, das in Europa bis heute nicht zu einem selbstverständlichen geworden ist. Der Streit um die Wissenschaftlichkeit oder Unwissenschaftlichkeit der Psychoanalyse ist nicht beendet. Ihre Akademisierung in Europa ist nicht so weit fortgeschritten, wie es wünschenswert wäre.

Anders verlief die Entwicklung in den USA: während sich die Psychoanalyse bei uns im wesentlichen neben den Fächern Psychologie, Psychiatrie und Psychosomatik als Einzeldisziplin weiterentwickelte, bezeichnen in den USA die Begriffe "Psychoanalyse" und "Psychiatrie" häufig Identisches.(212)

Die Ursachen für die Unterschiedlichkeit der Akademisierung in den USA und Europa sind in der Unterschiedlichkeit der sozialen, wissenschaftlichen, historischen und nicht zuletzt institutionellen Ausgangsbedingungen zu suchen. Während die Psychoanalyse in Europa sich gegen festgefügte, auf reichen Traditionen beruhende universitäre Wissenschaftsdisziplinen durchsetzen mußte, konnte sie in den USA einen maßgeblichen Beitrag zum Aufbau der dortigen Psychiatrie leisten. In Europa gab es eine klare materialistische, naturwissenschaftlich-medizinische Wissenschaftstradition, gegen die FREUD sich, wie gezeigt, nur schwer behaupten konnte; in den USA bestand eine solche Tradition nicht.(213) Dennoch gab es auch in Europa eine Reihe von Psychiatern, die psychoanalytisch arbeiteten. Die Namen SCHULZ, KREKL, WEIZSÄCKER, GRODDECK, HEYER können als exemplarisch gelten.

1.1. Die Entwicklung in Österreich

Stellvertretend für die europäische Entwicklung der Akademisierung der Psychoanalyse als Voraussetzung für die Durchsetzung auf den Selektionsstufen 3-6 (vgl. S. 103 dieses Buches) soll die Lage in FREUDs Herkunftsland Österreich skizziert werden.(214)

Vor 1938, zur Zeit des Einmarsches der Nationalsozialisten, gab es in Wien keinen Lehrstuhl für Psychoanalyse. Zwischen 1938 und 1945 konnte sich die Psychoanalyse in den angelsächsischen Ländern unter den dort günstigen Bedingungen entfalten, kaum aber in Deutschland und Österreich.

Nach dem Zweiten Weltkrieg stellte die U.S.C. Medical Teaching Mission in Austria 1947 fest: "... im Geburtsland Sigmund FREUDs haben wir Universitätsbibliotheken... gefunden, die nicht ein einziges Buch des großen österreichischen Psychoanalytikers besaßen. Im Studienplan der medizinischen Fakultäten Österreichs gibt es auch keine einzige Vorlesung über Psychoanalyse. Wir haben über diese unglaubliche Tatsache mit österreichischen Studenten diskutiert; von ihnen erfuhren wir die Ursache: Sigmund FREUD war Jude."(215)

Die Simplifizierung der Ursache mag damals nahegelegen haben; für den zeitgeschichtlichen Blick war diese Begründung die plausibelste, da tatsächlich alle Schriften FREUDs, selbst die vorsorglich in die neutrale Schweiz transportierten, von den Nationalsozialisten verbrannt worden waren.

Aber es hätte 1947 dem Wiederaufbau einer psychoanalytischen akademischen Tradition, sofern sie existiert hätte, nichts im Wege gestanden. Der tiefere Grund liegt vielmehr in dem Konflikt (dessen Vorgeschichte oben ausführlich

dargelegt wurde) zwischen der naturwissenschaftlich ausgerichteten Universitätsmedizin und -psychologie und der
Psychoanalyse.

Obwohl praktische Ärzte "bei einem Viertel ihrer Patienten
es mit ganz oder teilweise psychosozial bedingten Krankheitserscheinungen und Verhaltensstörungen zu tun haben"
(STROTZKA und HEIDER 1947), liegen die psychischen
Störungen "gemäß der an den Universitäten vertretenen
naturwissenschaftlich-organischen Ausrichtung der Medizin...
in der Betrachtungsweise eines auf einem somatischen Gesund-
heits- bzw. Krankheitsbegriff beruhenden Modells sehr
am Rande" (HUBER 1977, S. 124).

Zwar gab es in Österreich an medizinischen Fakultäten
seit etwa 1955 Lehrveranstaltungen, die dem Gebiet der
Psychoanalyse nahestehen (HUBER 1977, S. 124). Einen
Lehrstuhl für Psychoanalyse gibt es in Wien aber erst seit
1971, nachdem das dortige Institut für Tiefenpsychologie
gegründet wurde; berufen wurde Hans STROTZKA. Der
Fachbereich trägt seitdem die Bezeichnung: "Psychiatrie,
Neurologie, Tiefenpsychologie und Psychotherapie" (ebd.).

Auch in Innsbruck, Graz und Salzburg gab es zunächst
nur einige Lehrveranstaltungen in Psychotherapie und Psychoanalyse. Der erste Lehrstuhl für "Medizinische Psychologie und Psychotherapie" wurde hier 1967 errichtet und
mit Erich PAKESCH besetzt. Zuvor schon hatte I.A. CARUSO
(nicht Arzt, sondern Psychologe und Psychoanalytiker)
im Jahr 1946 die Leitung einer psychotherapeutischen Ambulanz an der Innsbrucker Psychiatrisch-Neurologischen Universitätsklinik übernommen (HUBER 1977, S. 126).

In Wien wurde eine solche Ambulanz 1947 gegründet,
die Leitung übernahm SOLMS-RÖDELHEIM. 1961 wurde an
der Universitätsklinik ein psychotherapeutisches Lehrinstitut
eröffnet. Aus Mangel an Institutionalisierung (und finanzieller Unterstützung) mußte das Lehrinstitut seine Arbeit
1966 wieder einstellen. Erst mit dem "Institut für Tiefenpsychologie und Psychotherapie" war im Jahr 1971 wieder ein
Lehrinstitut geschaffen; es ist methodenpluralistisch und
"soziologisch" ausgerichtet (vgl. HUBER 1977, S. 127 u.
S. 98 ff.).

So läßt sich zusammenfassen, daß in Österreich erst
von den 60er Jahren an eine als akademisch zu bezeichnende
Institutionalisierung der Psychoanalyse eingesetzt hat. Immerhin war schon 1955 eine von JONES gestiftete Büste FREUDs
in den Arkaden der Wiener Universität aufgestellt worden
(HUBER 1977, S. 128). Anna FREUD erhielt 1972 das Ehren-
doktorat der medizinischen Fakultät der Universität Wien
(PETERS 1979, S. 354).

Im Fachbereich Psychologie sah es an den Universitäten nicht wesentlich anders aus. Die Psychoanalyse hatte hier ähnliche Schwierigkeiten, Fuß zu fassen, wie in den medizinischen Fakultäten: der bekannte ROHRACHER, vorwiegend naturwissenschaftlich arbeitender Psychologe, bestimmte über 25 Jahre die psychologische Lehre an der Universität Wien. Er war erklärter Gegner der Psychoanalyse und hat Generationen von Studenten in dieser Richtung beeinflußt (HUBER 1977, S. 140 ff.).

Wie bei vielen deutschsprachigen Psychiatern handelte es sich auch bei ROHRACHER wohl um ein prinzipielles Unverständnis dessen, was FREUD mit der Psychoanalyse beabsichtigt und geleistet hatte. Erneut wurde die Tatsache eines "Unbewußten" bestritten, die Annahme unbewußter seelischer Tätigkeit als "überflüssig" hingestellt. Die bahnbrechenden Erkenntnisse der Psychoanalyse mußten so regelmäßig übersehen werden.

Mit gewissen Einschränkungen läßt sich also sagen, daß in Österreich seit 1960 die Selektionsstufe 3 von der Psychoanalyse erreicht und "bestanden" war.

1.2. Die Entwicklung in den USA

Sieht man die Literatur zur Entstehung und Entwicklung psychotherapeutischer Theorien, Methoden und Techniken durch, so fällt auf, daß amerikanische Ärzte am Ende des 19. Jhdts. viel in Europa herumgereist sind, um von den dortigen Wissenschaftlern zu lernen, was sie zu Hause nicht lernen konnten. Übereinstimmend berichten zeitgenössische Schriftsteller und Augenzeugen von solchen Besuchen bei CHARCOT, BERNHEIM, FREUD, DUBOIS, JANET, WUNDT, KRAEPELIN, MEYNERT und vielen anderen (FREUD 1914; JONES 1962, 1976; ELLENBERGER 1973; HIRSCHMÜLLER 1978; MUNTHE 1980). Diese Reisenden hatten Multiplikationsfunktionen: je nach Talent und späterer Karriere wirkte es sich in ihrer Heimat aus, wo und was sie gelernt hatten.

JONES widmet der Rezeption der FREUDschen Theorie im angelsächsischen Raum eine relativ ausführliche Beschreibung (1962, II., S. 43 ff.). Nach seinem Bericht war F.W.H. MEYERS der erste, der bereits vor 1900 in englischer Sprache über FREUDs und BREUERs Hysterielehre referierte. Havelock ELLIS und Wilfried TROTTER seien die nächsten gewesen, die FREUDs Schriften rezensiert und seine Theorien übernommen hätten. Durch letzteren, so JONES, habe er selbst von der Psychoanalyse erfahren. Er habe zwischen

1905 und 1906 die erste Analyse im nicht-deutschsprachigen Raum durchgeführt. 1905 habe sich Morton PRINCE an FREUD gewandt und ihn um einen Beitrag für seine Zeitschrift "Journal of Abnormal Psychology" gebeten; 1906 habe James J. PUTNAM, Professor für Neurologie in Harvard, ebenfalls eine (zunächst skeptische) Besprechung der Psychoanalyse veröffentlicht. Bekanntlich trafen sich JONES und JUNG zum ersten Mal auf dem bereits erwähnten Amsterdamer Kongreß im Jahr 1907; wenig später (nach dem Ersten Internationalen Kongreß für Psychoanalyse in Salzburg am 27. April 1908) bat A.A. BRILL um die amerikanischen Übersetzungsrechte an FREUDs Arbeiten, die dieser ihm überließ (JONES 1962, II., S. 54; FREUD/JUNG 1974, S. 161).

1908 wurde FREUD zum ersten Mal zu Gastvorlesungen eingeladen - von Stanley HALL, dem Präsidenten der Clark-Universität in Worcester, Massachusetts (JONES 1962, II., S. 73); FREUD fuhr zusammen mit Sandor FERENCZI und C.G. JUNG, der dort ebenfalls einen Vortrag hielt.

JONES schreibt, daß 1909 in Amerika (im wesentlichen durch seine Pionierarbeit) die Theorien FREUDs nicht mehr auf unvorbereiteten Boden gefallen seien: vor PUTNAM, E.W. TAYLOR (Nachfolger auf dem Lehrstuhl der Neurologie an der Universität Harvard), W. MÜNSTERBERG, Professor für Psychologie in Harvard, Boris SIDIS und G.W. WATERMAN habe er, JONES, bereits im Jahre 1908 Vorträge gehalten; Erfolg habe er aber nur bei PUTNAM gehabt; mit diesem zusammen habe er im darauffolgenden Jahr einen Kongreß organisiert, auf dem angeregt diskutiert worden sei (JONES 1962, II., S. 76).

FREUDs Vorlesungen in Amerika (GW VIII., S. 1-60) fanden nicht nur positive Aufnahme; moralisierende anstelle wissenschaftlicher Kritik scheint "nicht atypisch" (JONES) gewesen zu sein. So habe die Kritik des Rektors der Universität Toronto gelautet: "Ein gewöhnlicher Leser würde den Eindruck gewinnen, FREUD propagiere die freie Liebe, die Beseitigung aller Hemmungen und einen Rückfall in den Zustand der Wildheit." (JONES 1962, II., S. 77)

Die Philosophen und Psychologen William JAMES und Stanley HALL (216) besuchten die Vorträge ebenfalls und waren von der FREUDschen Theorie überzeugt; FREUD schreibt zu diesen Begegnungen: "HALL war ein mit Recht angesehener Psycholog und Pädagog, der die Psychoanalyse schon seit Jahren in seinen Unterricht einbezogen hatte; es war etwas von einem 'Königsmacher' in ihm, dem es gefiel, Autoritäten ein- und wieder abzusetzen. Wir trafen dort auch James J. PUTNAM, den Neurologen von Harvard, der sich trotz seines Alters für die Psychoanalyse begeisterte und mit dem ganzen Gewicht seiner allgemein respektierten Persönlichkeit für ihren kulturellen Wert und die Reinheit ihrer Absichten eintrat. An dem ausgezeichneten Manne, der in Reaktion auf eine zwangsneurotische Anlage vorwiegend ethisch orientiert war, störte uns nur die Zumutung, die Psychoanalyse an ein bestimmtes philosophisches System anzuschließen und in den Dienst moralischer Bestrebungen zu stellen. Auch eine Zusammenkunft mit dem Philosophen William JAMES hinterließ mir einen bleibenden Eindruck... in Europa fühlte ich mich wie geächtet, hier sah ich mich von den Besten wie ein Gleichwertiger aufgenommen." (GW XIV., S. 77/78)

Einige Zeit nach dem Besuch FREUDs in Amerika, 1910, wurde die "Amerikanische Psychopathologische Vereinigung" gegründet (JONES 1962, II., S. 98); 1911 entstand die "New York Psychoanalytic Society" unter der Leitung von A.A. BRILL und 1912 die "American Psychoanalytic Association" (ebenda, S. 112).

FREUD beurteilte den Erfolg der psychoanalytischen Theorie in den USA so: "Der Mangel einer eingewurzelten wissenschaftlichen Tradition und die geringere Strammheit der offiziellen Autorität sind der von Stanley HALL für Amerika gegebenen Anregung entschieden vorteilhaft gewesen." Dennoch meinte er, die Entscheidung im Kampf um die Psychoanalyse werde "auf dem Boden der alten Kulturzentren" stattfinden (GW X., S. 71).

Anders als in Europa war die amerikanische Psychiatrie der Psychoanalyse gegenüber aufgeschlossen: "Es war dort auch von allem Anfang an charakteristisch, daß sich Professoren und Leiter von Irrenanstalten in gleichem Maße wie selbständige Praktiker an der Analyse beteiligt zeigten." (GW X., S. 71) Ein aus der Schweiz ausgewanderter Psychiater, Adolf MEYER (217), entwickelte in Baltimore ein der Psychoanalyse nahestehendes Konzept zur Behandlung von Psychosen, das sich um das Verständnis psychotischer Inhalte Verdienste erwarb.

1925 wurde die "Menninger Foundation" gegründet, der eine psychoanalytisch orientierte psychiatrische Klinik in Topeka angegliedert wurde. Außerdem wurde das "Topeka Institute for Psychoanalysis" gegründet, das ein bekanntes Forschungs- und Lehrinstitut für psychoanalytisch orientierte Psychiatrie wurde.

Als in den 30er Jahren die Emigration deutscher und österreichischer Psychoanalytiker begann, wurden die amerikanische psychoanalytische Forschung, Lehre und Praxis sehr verstärkt. H. SULLIVAN und Frieda FROMM-REICHMANN gründeten gemeinsam die "Washington School of Psychiatry", die psychoanalytisch und soziologisch orientierte Schizophrenieforschung betrieb. Frieda FROMM-REICHMANN (die nicht mit Namen genannte Analytikerin in dem heute populären Buch über die Psychoanalyse eines schizophrenen Mädchens (218), L.B. HILL und J.N. ROSEN arbeiteten auf dem Gebiet der psychotherapeutischen Schizophreniebehandlung (L.B. HILL 1958; FROMM-REICHMANN 1959, 1978; J.N. ROSEN 1953, 1964). Die "Ich-Psychologie" wurde von deutschen und österreichischen Emigranten, vor allem von HARTMANN und seinem Kreis entwickelt (HARTMANN 1960, 1964; Paul FEDERN 1956). Die Soziologie ging mit der amerikanischen Psychoanalyse und Psychiatrie eine enge Verbindung ein, deren Vertreter die neopsychoanalytische Schule (K. HORNEY 1951 a, b; Erich FROMM 1971) und eine familienorientierte Forschung und Therapie schizophrener Störungen schufen (G. BATESON 1969, 1970; M. BOWEN 1971; D. JACKSON 1960; L. WYNNE 1958; Th. LIDZ 1959). Nach der "Ich-Psychologie" ist die wohl originellste Schöpfung der amerikanischen Psychoanalyse die Narzißmustheorie (z.B. KOHUT 1973, KERNBERG 1979); auch sie hat ihre Wurzeln im Herkunftsland Österreich, vor allem in den Arbeiten AICHHORNs (1925).

Anders als in Europa wurde in den USA die sogenannte "Laienanalyse", d.h. die Zulassung nichtärztlicher Akademiker zur psychoanalytischen Ausbildung, abgelehnt (JONES 1962, III., S. 346). Dies hatte in den USA eine viel engere Verflechtung von Medizin und Psychoanalyse zur Folge, die sich u.a. darin zeigt, daß fast alle jüngeren Psychoanalytiker zugleich Fachärzte für Psychiatrie sind.

In letzter Zeit nimmt die psychoanalytische Orientierung amerikanischer Psychiater ab; ausschlaggebend hierfür dürften die kaum mehr aufzubringenden Kosten sein (die nicht von Krankenkassen getragen werden) sowie die partiellen Erfolge der biologischen Psychiatrie bei Psychosen. So scheint sich derzeit eine Entwicklung in den USA anzubahnen, deren Richtung der augenblicklichen europäischen entgegengesetzt ist: von der anfänglichen Nähe zwischen Psychiatrie und Psychoanalyse zu einer nun größer werdenden Distanz. Die günstigen Voraussetzungen für die positive Rezeption der Psychoanalyse in den USA lagen also insbesondere in dem Mangel an festgefahrenen wissenschaftlichen Traditionen innerhalb der neurologischen und psychiatrischen scientific communities und der damit verbundenen wissenschaftlichen Offenheit gegenüber Neuem, der allgemeinen Experimentierlust, der geringeren Konventionalität (Sympathie für "Pionier-geist" in allen Erscheinungsformen!) und schließlich der Aufgeschlossenheit gegenüber Theorien, die die sexuelle Verdrängung für neurotische Erkrankungen verantwortlich machte.(219)

Zusammenfassend läßt sich sagen, daß die Psychoanalyse in den USA die Selektionsstufe 3 bestand. In Europa bahnt sich z.T. eine Akademisierung erst an (in Kombination mit anderen Theorievarianten, wie am Beispiel der österreichischen Entwicklung gezeigt), z.T. wurde sie bereits früher erreicht (so in Frankfurt, wo das Sigmund Freud-Institut seit 1929 besteht).

2. Die Psychoanalyse als metaphysisches Paradigma

Die Psychoanalyse zielt als Theorie über die Rolle einer wissenschaftlichen Spezialdisziplin hinaus. Als wissenschaftliche Spezialität kann die psychoanalytische Theorie gelten, soweit sie sich auf die Erforschung der Ursachen neurotischer Erkrankungen bezieht und mit der hieraus resultierenden psychoanalytischen Methode und Technik versucht, diese zu heilen. Aber bereits früh hat FREUD seine weiterreichenden Interessen artikuliert und Arbeiten veröffentlicht, die über die ursprüngliche Neurosenlehre hinausgingen: so z.B. "Totem und Tabu" (1912) (GW IXX.), "Der Moses des Michaelangelo" (1914) (GW X., S. 171-202), "Jenseits des Lustprinzips" (1920) (GW XIII., S. 1-69), "Der Mann Moses und die monotheistische Religion" (1937) (GW XVI., S. 156-246).

Weil FREUD den Bereich, den er den "unbewußten" nannte, umfassend bearbeitete und daraus weitreichende Schlußfolgerungen über die Natur und Geschichte des Menschen zog, ist sein Werk nicht nur eine "wissenschaftliche Spezialdisziplin" geblieben, sondern hat weit über deren Grenzen hinaus Bedeutung für Philosophie, Anthropologie, Pädagogik, Soziologie, Kunst und Literatur erlangt und damit die Sichtweise des Menschen von sich selbst verändert.

Letzteres gilt, obwohl nach wie vor dem Ideal der exakten Naturwissenschaften verpflichtete Wissenschaftler Bedenken hinsichtlich des Wahrheitsgehaltes der psychoanalytischen Theorie anmelden. Für die Wirkung der Psychoanalyse außerhalb der Wissenschaft sorgte nicht zuletzt das durch die Lektüre der FREUDschen Schriften und die Zeitschrift "Imago" gut informierte und gebildete Laienpublikum. Zweifellos hat dieses von Anfang an für die Entstehung der "psychoanalytischen Bewegung" eine große Rolle gespielt, was wiederum entsprechend negativ von den Kritikern der unterschiedlichen Wissenschaftsdisziplinen gewertet wurde.

Man wird daher vor die Notwendigkeit gestellt, die FREUDsche Theorie inhaltlich zu beurteilen, d.h. zu entscheiden, was bereits heute zur Theorieklassik gehört, was vielleicht niemals in diese eingehen wird, was heute schon obsolet geworden ist und welche Teile der Theorie noch nicht ausgewertet sind, eine gründliche Trennung der verschiedenen Theoreme, die in der Psychoanalyse enthalten sind, vornehmen müssen. Dies kann hier nicht geschehen, weil die inhaltlichen Fragen der Psychoanalyse nur insoweit berührt werden, als sie für den Prozeß der Durchsetzung von Relevanz sind. Dies bedeutet aber auch, daß die Frage der Durchsetzung der Theorie in den Selektionsstadien 4, 5 und 6 nicht einfach zu beantworten ist. Die Psychoanalyse hat sich durchgesetzt, d.h. gemäß der oben formulierten Definition die Selektionsstufen 1 bis 3 "bestanden"; soweit sich die Durchsetzung auf die Spezialdisziplin bezieht, wurde dies begründet.

Anders ist es mit den von FREUD selbst als "Spekulation" bezeichneten Anteilen der Theorie. In seiner "Nachschrift zur Selbstdarstellung", die er mit 79 Jahren verfaßte, bezeichnete er seine medizinisch-psychologische Arbeit als Umweg: "... seit der Aufstellung der zwei Triebarten (Eros und Todestrieb) und der Zerlegung der psychischen Persönlichkeiten in Ich, Über-Ich und Es (1923) (habe ich) keine entscheidenden Beiträge zur Psychoanalyse mehr geliefert, und was ich später geschrieben habe, hätte schadlos wegbleiben können oder wäre bald von anderer Seite beigebracht worden. Dies hing mit einer Wandlung bei mir zusammen, mit einem Stück regressiver Entwicklung, wenn man es so nennen will. Nach dem lebenslangen Umweg über die Naturwissenschaften, Medizin und Psychotherapie war mein Interesse zu jenen kulturellen Problemen zurückgekehrt, die dereinst den kaum zum Denken erwachten Jüngling gefesselt hatten." (GW XVI., S. 32) FREUD zählt zu diesen Schriften "Totem und Tabu" (1912), "Die Zukunft einer Illusion" (1927) und "Das Unbehagen in der Kultur" (1930). Darin habe er versucht, zwar von der Psychoanalyse ausgehend, sie aber weit überschreitend, die Wechselwirkungen zwischen "Menschennatur, Kulturentwicklung und den Niederschlägen urzeitlicher Erlebnisse" als "Spiegelung" der dynamischen Vorgänge zwischen Es, Ich und Über-Ich zu analysieren (GW XVI., S. 32 f.). Er war der Auffassung, daß diese Arbeiten viel mehr Anklang beim Publikum gefunden hätten als die Psychoanalyse. "Sie mögen ihren Anteil an der Entstehung der kurzlebigen Illusion gehabt haben, daß man zu den Autoren gehört, denen eine große Nation wie die deutsche bereit ist, Gehör zu schenken." (GW XVI., S. 33)

Sicher hätte die Entwicklung der Psychoanalyse allein keine so außerordentliche öffentliche Wirkung gehabt wie das gesamte Spektrum der FREUDschen Schriften, und die Wirkung des einen Teils hatte natürlich Einfluß auf die Wirkung des anderen. Die Anerkennung des schriftstellerischen Werkes von FREUD drückte sich unter anderem in der Verleihung des GOETHE-Preises der Stadt Frankfurt im Jahr 1930 sowie in zahlreichen bewundernden Stellungnahmen von z.B. Thomas MANN, Stefan ZWEIG, Arnold ZWEIG, Alfred DÖBLIN u.v.a. aus.

Auch der allgemeine Einfluß FREUDs auf das Denken seiner Zeit wurde von den größten Geistern der Epoche honoriert; so schrieb z.B. Albert EINSTEIN zu FREUDs 80. Geburtstag: "Ich freue mich, daß dieser Generation das Glück zuteil wird, Ihnen als einem ihrer größten Lehrer bei Gelegenheit Ihres achzigsten Geburtstages ihre Verehrung und Dankbarkeit ausdrücken zu können... Bis vor kurzem war mir nur die spekulative Kraft ihrer Gedankengänge sowie der gewaltige Einfluß auf die Weltanschauung der Gegenwart klar geworden, ohne mir über den Wahrheitswert Ihrer Theorien klarwerden zu können. In letzter Zeit aber hatte ich Gelegenheit, von einigen an sich geringfügigen Fällen zu hören, die jegliche abweichende Auslegung (von der Verdrängungslehre abweichend) nach meiner Überzeugung ausschließen. Dies empfand ich als beglückend, denn es ist stets beglückend, wenn eine große und schöne Idee sich als in der Wirklichkeit zutreffend erweist." (A. EINSTEIN an S. FREUD, zit. nach JONES 1962, III., S. 243)

Legt man sich also erneut die Frage nach der Durchsetzung der psychoanalytischen Theorie auf den Selektionsstufen 4, 5 und 6 vor, so bedeutet der gewaltige Einfluß auf die Sichtweise vom Menschen, daß sie sich durchsetzen konnte: auf der Stufe 4 sollte sich nach der oben gegebenen Definition eine Theorievariante soweit etabliert haben, daß sie auf der kognitiven Ebene generell die Art und Weise bestimmt, wie der in Frage stehende Gegenstand der Theorie gesehen wird (vgl. S. 103 dieses Buches).

Diese Frage kann zunächst positiv beantwortet werden: die Psychoanalyse hat, über ihre Bedeutung als spezielle

Neurosenlehre und -therapie hinaus, den Gegenstand ihrer Theorie, die menschliche Psyche, anders sehen gelehrt. Ganze institutionelle Bereiche werden nach dieser Sichtweise organisiert.

Ebenso kann man sagen, daß die Kriterien dafür, daß die Theorie das Stadium 5 (ebenda) erreicht hat, insoweit erfüllt sind, als psychoanalytische Lösungsmuster als Beispiele für Problemlösungen auf ihr ursprünglich fremde Bereiche übertragen werden: so in der Anthropologie, der Philosophie, der Soziologie und der Pädagogik.

Bezüglich der Durchsetzung in Stadium 6 läßt sich das nicht sagen: hier sind Wandlungen von größter Reichweite gemeint. Die Psychoanalyse, obwohl teilweise "Universaltheorie", hat auf dieser Stufe keinen Wandel geschaffen (vgl. S. 103 dieses Buches).

Die Aussage, die psychoanalytische Theorie habe die Selektionsstufen 4 und 5 erreicht, ist bei näherem Hinsehen allerdings nicht zufriedenstellend: neben der Psychoanalyse und deren Sichtweise, die weite Teile der psychotherapeutischen Medizin und der medizinischen Psychologie bestimmt, gibt es nach wie vor auch die klinische (experimentelle) Psychologie, die biologische Psychiatrie und eine Vielzahl anderer psychologischer Theorien (z.B. die Verhaltens- oder Lerntheorie), die die psychoanalytische Sichtweise mehr oder minder strikt ablehnen.

Damit kann die Frage, ob die Psychoanalyse sich auf den Stufen 4 und 5 durchgesetzt hat, nicht endgültig entschieden werden. Als Ausweg aus dieser Verlegenheit bieten sich die KUHNschen Ausführungen über den Zustand "vorparadigmatischer Wissenschaften" (1962, S. 171 ff.) an: viele gleichzeitig existierende Paradigmata konkurrieren miteinander, ohne daß deren Vertreter sich auf ein gemeinsames Paradigma einigen können. KUHN meint, daß nur aus dieser Situation der erbitterte Streit (der ja typisch ist für Wissenschaften wie Psychologie und Soziologie) um den Wissenschaftscharakter einer Disziplin verständlich werde. Könne man sich auf ein gemeinsames Paradigma einigen, so höre der Streit um die Wissenschaftlichkeit einer Theorie oder Disziplin ohnehin auf (1962, S. 172).

Der noch nicht entschiedene Streit um die Wissenschaftlichkeit der Psychoanalyse stützt diese These. Dieses Kriterium genügt, eine Wissenschaft zu den "vorparadigmatischen" zu zählen. In diesem Zusammenhang ist anzumerken, daß sich das oben dargestellte Instrumentarium der aufeinanderfolgenden Selektionsstadien zwar insofern bewährt hat, als es offenbar in der Lage ist, vorparadigmatische Wissenschaften von paradigmatischen zu unterscheiden, und zwar nicht vorab, sondern im Verlauf der Untersuchung ihrer Fähigkeit, Selektionen zu überstehen. Andererseits kann das Modell aber von Selektionsstufe 4 an nur für paradigmatische Wissenschaften eine eindeutige ("ja" oder "nein") Antwort geben. Für die Psychoanalyse gilt jedoch nur ein "sowohl als auch", d.h. ein "noch nicht entschieden".

Dieser Umstand widerspricht einem evolutionären Wissenschaftsentwicklungsmodell allerdings nicht. Die biologische Evolution kennt nicht nur eine Möglichkeit der Entwicklung von Varianten, wie sie KUHN in der Behauptung eines vorherrschenden Paradigmas annimmt, die die Forschungsprobleme und damit auch die (nach der hier verwendeten Terminologie) Theorievarianten bestimmt. In der biologischen Evolution können miteinander konkurrierende Arten lange nebeneinander bestehen bleiben, ohne daß sich entscheiden ließe, welche sich letzten Endes aufgrund besserer Anpassung an ihre Umgebung durchsetzen wird. Nichts anderes wird für die Theorievariante der Psychoanalyse festgestellt. Die Variante muß auch nicht unverändert bleiben; im Verlauf ihrer weiteren Entwicklung kann sie qua Anpassung an ihre Umgebung, d.h. nach dem hier vertretenen evolutionären Konzept durch die Eliminierung ursprünglicher Fehler sowie durch verbesserte Beiträge zur Problemlösung Teile der Theorie revidieren und modifizieren. Daher kann TOULMIN nicht zugestimmt werden, der in den Sozialwissenschaften Vorgänge sieht, die nicht in (sein) Evolutionsmodell passen, weil sie auf ihn eher den Eindruck zyklischen Aufstiegs und Niedergangs machen (TOULMIN 1974 b, S. 270). Die wiederholte Wiederaufnahme verloren geglaubter Vorstellungen in den Sozialwissenschaften, die TOULMIN zu dieser Bemerkung angeregt hat, darf nicht überschätzt werden: es handelt sich kaum um die Wiederaufnahme der gleichen Überlegungen, wie sie eine oder zwei Generationen zuvor typisch waren, sondern immer um eine in der Zwischenzeit weiterentwickelte und mit den Errungenschaften der vorherigen Generation angereicherte "Neuauflage". Als hier naheliegende Beispiele können sowohl die Wiederaufnahme der Wissenssoziologie durch die derzeit dominierende, historisch orientierte Wissenschaftssoziologie und die Wiederaufnahme einer evolutionären Wissenschaftssoziologie, d.h. darwinistische Überlegungen berücksichtigende Sozialforschung gelten. In beiden Fällen stellt nachweislich die Wiederaufnahme keine Wiederholung der alten Überlegungen dar, sondern eine verbesserte Variante der alten Theorien. Die Verbesserung resultiert dabei aus dem "Lernen aus Fehlern" (vgl. dazu ausführlich

S. 56 ff. dieses Buches), d.h. der "Vermeidung untüchtiger Eigenschaften" (so z.B. der Unfähigkeit der Wissenssoziologie, empirisch überprüft werden zu können, oder der Falschheit der teleologischen Vorstellungen in der sozialdarwinistischen Schule der Soziologie und ihre Vorstellungen von Gesellschaft als "Organismus").

Diese Überlegungen vorläufig abschließend kann festgehalten werden, daß die Psychoanalyse gemäß der oben gegebenen Definition die Selektionsstadien 1, 2 und 3 sicher erreicht hat. Als "specialty" hat sie die Akademisierung erreicht. Sie ist institutionalisierter Bestandteil vieler Universitäten und hat ihren Anteil an deren Forschung und Lehre. Die Schüler der Schüler der ersten Theoretiker haben wiederum Schüler, und eine ständige Weiterentwicklung innerhalb der psychoanalytischen Schule findet statt. Sie erweist sich weiterhin als kreativ und fruchtbar und ist derzeit aus der psychologischen Medizin und klinischen Psychologie nicht wegzudenken.

Anders verhält es sich auf den Stufen 4, 5 und 6: obgleich sich hier Teile der Theorie durchgesetzt haben, wird diese Durchsetzung keinesfalls von allen wissenschaftlichen Schulen anerkannt. Das Stadium der "Selbstverständlichkeit" ist damit nicht erreicht. Die scheinbare Widersprüchlichkeit dieses Ergebnisses läßt sich zurückführen auf den allgemeinen Zustand vorparadigmatischer Wissenschaften im Sinne KUHNs, der eine Entscheidung darüber, welche Disziplin von den derzeit existierenden psychologischen Wissenschaften irgendwann einmal als gemeinsames Paradigma anerkannt sein oder ob es zu einer Integration der unterschiedlichen Schulen kommen wird, noch nicht zuläßt.

Kapitel 11
Gründe für die Durchsetzung der psychoanalytischen Theorievariante gegen andere Varianten

Die Ausgangsfrage dieser Arbeit: "Warum konnte sich die Psychoanalyse als Theorie und als Therapie so erfolgreich gegen andere Theorievarianten, die sich mit der Psychotherapie der Nervösen befaßten, durchsetzen?", soll nun beantwortet werden.

Als Bezugsrahmen für die Beantwortung dieser Frage wurde das Konzept einer evolutionären Wissenschaftssoziologie vorgeschlagen; Kriterium des Erfolges einer Theorie war deren Durchsetzung auf den Selektionsstufen 1-6, deren Merkmale definiert wurden.

Es wurde gezeigt, daß neben der Theorievariante Psychoanalyse zur Lösung des anstehenden Problems der "Nervösen" Ende des 19. Jhdts. viele psychotherapeutische Varianten entstanden (auch einige mehr und viel unbekanntere als hier dargestellt werden konnten), daß aber fast alle "starben" bis auf die Theorie Sigmund FREUDs, die sich auf den Stufen 1-3 offensichtlich und auf den Stufen 4-5, wie oben beschrieben, teilweise durchsetzen konnte.

Abstrakt gesprochen konnte sie das, weil sie die bestangepaßte Variante war. Dabei bezieht sich Anpassung selbstverständlich nicht auf die natürliche, sondern auf die gesellschaftliche Umwelt. Für wissenschaftliche Arbeiten heißt gesellschaftliche Umwelt: Werte und Normen der Wissenschaft, Traditionen derselben, Struktur der Wissenschaftsgemeinschaft, Stand des wissenschaftlichen Wissens zu dieser Zeit und Anteil an der zu dieser Zeit möglichen wissenschaftlichen Kommunikation, d.h. auch: Rezeption der Forschungsergebnisse anderer Wissenschaftler und "Austausch".

Im weiteren Sinne heißt "Umgebung" oder "Umwelt" aber auch "Öffentlichkeit", also die außerhalb des eigentlichen Wissenschaftssystems liegende gebildete Laienschicht, die große Teile der Humanwissenschaften noch hinsichtlich der Qualität ihrer Theorien zu beurteilen vermag, jedenfalls eher als in den Naturwissenschaften, in denen, wie KUHN richtig bemerkt, nur noch Wissenschaftler für Wissenschaftler schreiben und auch daher zu höherer Konzentration auf esoterische Forschungsprobleme in der Lage sind (KUHN 1978, S. 172).

Woran hat sich die psychoanalytische Theorievariante also angepaßt? Was gab ihr den entscheidenden Selektionsvorteil gegenüber den Theorien CHARCOTs, BERNHEIMs, JANETs und DUBOIS'? War ihr Selektionsvorteil theoretischer oder überwiegend sozialer Natur?

Am einfachsten ist die Frage nach der Durchsetzung psychotherapeutischer Theorien überhaupt zu beantworten. Grob gesprochen handelte es sich bei den Nervösen, die "unerlöst" von einem Arzt zum anderen liefen (vgl. Kapitel 4 dieses Buches), gegen Ende des 19. Jhdts. um ein in dieser Stärke neu auftretendes Problem, für das die Psychotherapeuten langsam Problemlösungen fanden.

Von Beginn der Psychotherapieangebote an haben diese immer auch den Ruch des Wunderbaren gehabt; daß irgendwelche Säfte und Pulver halfen, war sozusagen kontrollierbar: ein Stoff wurde zugeführt und eine Wirkung desselben wurde sichtbar; daß aber erst die Hypnose, dann die Katharsis (d.h. emotionale Abfuhr verdrängter Erlebnisse durch Reden), dann das "freie Assoziieren" und der "freie Einfall" heilen sollten, hatte etwas Geheimnisvolles. Schon aus diesem Grund waren die Laien betört und die Wissenschaftler skeptisch.

Die Heilung durch psychische Mittel wie Hypnose, Suggestion, Katharsis, freie Assoziation, "Persuasion" oder "Umstimmung" war allen dargestellten Theorievarianten gemeinsam. Ihre Heilerfolge waren offenbar recht ähnlich und begründeten den Ruhm CHARCOTs, BERNHEIMs, JANETs und DUBOIS' beim breiten Publikum – nicht die theoretischen Schriften.

Ihre Berühmtheit in den wissenschaftlichen Gemeinschaften, nachweisbar an der Bildung von "networks" um CHARCOT, BERNHEIM, JANET und DUBOIS und an der intensiven Rezeption ihrer theoretischen Werke durch die zeitgenössischen Fachkollegen, fand ihre Begründung sowohl in den Heilerfolgen als auch in den Theorien selbst. CHARCOT, JANET und FREUD schrieben sehr viel; BERNHEIM und DUBOIS hingegen mußten fast gebeten werden, ihre praktischen Erfolge auch theoretisch zu begründen. Letztere waren wohl überhaupt mehr an der Frage der Heilung der ihnen unmittelbar anvertrauten Patienten als an der Erforschung theoretischer wissenschaftlicher Probleme interessiert. In dieser Hinsicht unterschieden sich CHARCOT, JANET und FREUD deutlich von jenen.

CHARCOT hat erst spät mit der Psychotherapie zu arbeiten begonnen; als er auf den Gedanken kam, daß "der Glaube heile" (220), konnte er diesem zwar noch Ausdruck verleihen, kurz darauf jedoch starb er. Daß seine Arbeiten über die Hysterie und mit den Hysterischen an der Salpêtrière "keinen wissenschaftlichen Wert" gehabt hätten (ELLENBERGER), ist schon deshalb nicht zutreffend, weil CHARCOT zeigen konnte, daß und wie sehr Hysterische suggestiv beeinflußbar sind und wie sie unter Hypnose Symptome entwickeln, die man bis dahin als traumatisch bedingt angesehen hatte. Daß die speziellen Symptome ansuggeriert und somit nicht geeignet waren, als objektive, quasi natürliche (fixe) Formen interpretiert und klassifiziert zu werden, hat er nicht mehr sehen können, tut seiner Hauptentdeckung der prinzipiellen Suggestibilität Hysterischer jedoch auch keinen Abbruch. Daß sein Werk nach seinem Tod so schnell vergessen war, daß seine Arbeiten über Hysterische diffamiert wurden, hat eher soziale als wissenschaftlich-rationale Gründe. Der Nachfolger CHARCOTs an der Salpêtrière, DÉJERINE, war ein Anhänger DUBOIS'.(221) Dieser hatte einen "rationalen" Psychotherapiestil entwickelt: seine Persuasion beruhte auf der Fähigkeit des Arztes, den Patienten kognitiv zu beeinflussen. Diese Methode hatte CHARCOT fern gelegen. DÉJERINE und vor allem CHARCOTs ehemaliger Schüler BABINSKI sorgten dafür, daß CHARCOTs Arbeiten statt kritischer Würdigung wissenschaftliche Verurteilung entgegengebracht wurde. Gleich nach dem Tod CHARCOTs begann in Frankreich (mit wenigen Ausnahmen, z.B. JANETs) eine Gegenbewegung zur Psychotherapie: die einst der wissenschaftlichen Psychotherapie gegenüber aufgeschlossenste Nation bewegte sich in ihren wissenschaftlichen Repräsentanten von der Psychotherapie weg zu einer mechanizistischen Neurologie hin, die die Nervösen wieder ihrem Schicksal überließ. Es handelte sich um die Ablösung einer Schule, die ihren Schülern offensichtlich mehr als das Joch eines autoritären Lehrers gebracht hatte, durch eine andere, deren Hauptrepräsentant ein ehemals mißhandelter Schüler war; die vielen Übertreibungen CHARCOTs lieferten diesem freilich genügend Material.

BERNHEIM, der Altmeister der Hypnose nach LIÉBAULT, der später auf die Hypnose verzichtete und seine Patienten durch Suggestion im Wachzustand heilte, hat viel weniger Selbstdarstellung betrieben als CHARCOT. Weder ist sein theoretisches Werk so umfangreich, noch hatte er CHARCOTs theatralisches Talent, das viele Menschen anzog.

Obgleich er zwischen 1894 bis 1900 weltberühmt war (ELLENBERGER 1973, II., S. 1025 ff.) und jeder, der sich in Hypnose weiterbilden wollte, zu ihm fuhr (u.a. FREUD und DUBOIS), hatte er dennoch keine Schule im engeren Sinne und auch keine Schüler; noch zu seinen Lebzeiten wurde seine Theorievariante von denen anderer überholt, so von der DUBOIS' (vgl. Kapitel 5.4. dieser Arbeit).

Bei JANET trifft zwar ebenfalls zu, daß er keine Schule gegründet hat (er arbeitete sogar Zeit seines Lebens in geradezu hartnäckiger Einsamkeit (ELLENBERGER 1973, I., S. 472 ff.), aber sein schriftliches Werk ist sehr umfangreich. Es wurde bereits erwähnt, daß JANET wohl nur deshalb in Vergessenheit geriet, weil er in relativer Isolierung lebte bzw. arbeitete. Das lag nicht nur an seiner Persönlichkeit, sondern auch daran, daß nach dem Tode CHARCOTs eine organizistische und mechanizistische Neurologie an die Stelle der psychotherapeutischen Ansätze trat; in Frankreich waren die Bedingungen für die Weiterentwicklung einer psychotherapeutischen Theorie und Praxis zu der Zeit, da JANET an der Salpêtrière arbeitete, die denkbar schlechtesten. Zwar störte man ihn dort nicht direkt, aber man förderte ihn auch nicht und honorierte seine Arbeit in keiner Weise. Auch FREUD beklagte sich immer wieder über die französischen Kongreßteilnehmer: seit CHARCOT tot war, hatten sich die Franzosen von der Psychotherapie abgewandt. BERNHEIMs Schule blühte noch bis 1900, dann trat auch sie ab.

DUBOIS schrieb ebenfalls wenig, hierin BERNHEIM verwandt. Es ist anzunehmen, daß sich von seiner Theorie der Persuasion implizit wesentlich mehr erhalten hat als auf ihn zurückgeführt wird; man sehe sich daraufhin nur die heutige psychotherapeutische Variante der verhaltenstherapeutischen "kognitiven Umstrukturierung" an. Seine Erkenntnisse wurden nicht unter seinem Namen tradiert, zumal auch er kein Interesse daran gehabt hatte, eine Schule zu gründen oder seine Behandlungsmethode und -theorie (außer in direkter Lehre an der Universität) weiterzugeben. Sein Ruhm schwand mit seinem Tod.

Warum die genannten Psychotherapeuten zu Lebzeiten so großen Zulauf hatten, wurde gesagt: sie boten nicht nur jeweils Problemlösungen für das in Abschnitt 1 beschriebene Problem an, sondern sie hatten sicht- und fühlbaren Erfolg. Viele ihrer Patienten wurden gesund, selbst langjährig Kranke wurden geheilt. Dennoch gilt, daß der Ruhm der ersten Psychotherapeuten an ihre Person bzw. an ihr Charisma gebunden war und deshalb weniger als eine wahre, d.h. überpersönlich gültige Theorie personenunabhängig über den Tod hinaus tradierbar war. Dies ist möglicherweise typisch für psychotherapeutische Theorievarianten; zwar hat sich bei FREUD die Proportion von persönlichem Können und "zeitloser Theorie" zugunsten der Theorie verschoben, aber auch derzeit sprechen empirische Untersuchungen zum Psychotherapieerfolg dafür, daß die Struktur der Therapeutenpersönlichkeit für die Heilung eines Patienten wichtiger zu sein scheint als die angewandte Methode (vgl. z.B. GARFIELD 1973).

FREUDs Theorie vereinte die Qualitäten der genannten psychotherapeutischen Theorievarianten, transzendierte sie aber auch.

Aus systematischen Gründen werden die Ursachen für die Durchsetzung der FREUDschen Psychoanalyse unter drei getrennten Aspekten diskutiert: dem formal-wissenschaftlichen, dem institutionell-organisatorischen und dem inhaltlichen Aspekt.

1. Formal-wissenschaftliche Gründe

Soll eine neue Theorievariante sich in einem Wissenschaftssystem durchsetzen, so muß sie zunächst und noch vor aller wissenschaftlich-inhaltlichen Qualität bestimmten formalen Anforderungen genügen. Gewöhnlich muß auch der "Erfinder" einer neuen Theorievariante sich als für die Formulierung einer Theorievariante befähigt ausgewiesen haben.

Wissenschaftliche Vorerfahrung, wissenschaftliche Sozialisation ganz allgemein, wissenschaftliche Qualifikation im Laufe dieses Sozialisationsprozesses wie Studium, Doktorat, Habilitation etc. sind die derzeit üblichen Initiationsriten, die im Rahmen des wissenschaftlichen Systems bzw. im Kreis der zuständigen Scientific Community dafür sorgen, daß neuen Theorievarianten Gehör geschenkt wird. (Daß es hiervon Ausnahmen gibt, bestätigt in diesem Falle tatsächlich nur die Regel.)

Es wurde gezeigt, daß der klassische Neurologe FREUD den formalen Standards voll entsprach: selbständige Arbeit im Labor ab dem 20. Lebensjahr, Veröffentlichung erster eigener Arbeiten ebendort, eine frühe Erfindung auf dem Gebiet der Färbemethoden zur Verbesserung anatomischer Untersuchungen der Nerven, Promotion mit 26 Jahren, Habilitation mit 29 Jahren, Privatdozent für Neuropathologie im selben Jahr (vgl. Kapitel 6.1. dieses Buches). Kurz: Die Karriere FREUDs schien in seinem 30. Jahr auf Grund seiner Leistungen innerhalb der "normalen Wissenschaft" gesichert; FREUD war bekannt für seine exakte Arbeit am Mikroskop; mit 26 Jahren hatte ihm der Ruf exakten topisch-neurologischen Diagnostizierens (bestätigt durch die pathoanatomischen Sektionsbefunde) die Hörerschaft junger amerikanischer Ärzte (vgl. S. 217 dieser Arbeit) eingebracht. Sein Habilitationsgesuch wurde einstimmig befürwortet (GICKLHORN/GICKLHORN 1960), seine Fähigkeiten in der Neuropathologie galten als besondere, was sich in der wohlwollenden Förderung durch BRÜCKE, MEYNERT, NOTHNAGEL und CLAUS deutlich ausdrückte. Diese in der "normalen Wissenschaft" bewiesene Befähigung wurde ihm auch dann nicht bestritten, als er längst eigene, viele Wissenschaftlicher vor den Kopf stoßende Wege ging.

Er hatte also sein Handwerk gelernt, d.h. die normalen Kriterien für die Aufnahme in den Kreis anerkannter Wissenschaftler erfüllt. Diese Reputation sorgte dafür, daß seine ersten psychotherapeutischen Arbeiten ein offenes Ohr fanden: FREUD war kein "Spinner" oder Exzentriker (vgl. BÜHL 1974, S. 112 ff.), dessen Arbeiten man hätte denunzieren können. Noch in seinem Buch über den Traum hatte er in den ersten Kapiteln die gesamte, bis dahin zum Thema existierende Literatur aufgearbeitet, eine von ihm damals allerdings schon als anstrengend empfundene Tätigkeit, die er von da an auch immer mehr aufgab.

Auch die Formulierung seiner psychotherapeutischen Theorievariante war nach den damaligen Standards wissenschaftlichen Arbeitens auf exakte Datengewinnung gegründet. Als wichtigste Methoden zur Datengewinnung können gerechnet werden:

a) die Beobachtung von neurotisch Kranken,
b) die Befragung von neurotisch Kranken (einschließlich der Anamneseerhebung),
c) die durch die Hypnose und die von FREUD entwickelte Technik der freien Assoziation oder des freien Einfalls mögliche Erforschung des Unbewußten neurotisch Kranker,
d) die Beobachtung, Feinwahrnehmung und Analyse sogenannter Übertragungsphänomene (womit im wesentlichen die Neigung der Menschen gemeint ist, frühkindlich erworbene Beziehungsmuster unbewußt auf den Interaktionspartner zu "übertragen", d.h. dieselben Erwartungen, Ängste, Befürchtungen und Hoffnungen an den Interaktionspartner

in der Gegenwart zu richten wie an vergangene frühe Interaktionspersonen),

e) die Beobachtung, Feinwahrnehmung und Analyse sogenannter Widerstandsphänomene, d.h. der Widerstände, die sich der Aufklärung unbewußter Regungen entgegenstellen,

f) die Traumanalyse,

g) die Introspektion im weitesten Sinne.

Diese Art der Datengewinnung bewegte sich im Rahmen des wissenschaftlich Üblichen.(222)

FREUD hatte also gute Gründe, das Wissenschaftsideal des 19. und beginnenden 20. Jhdts. in seinen Arbeiten als erfüllt zu betrachten. Es handelte sich hier auch nicht um ein "szientistisches Selbstmißverständnis" (HABERMAS 1968). Die Entdeckung von seelischen Gesetzmäßigkeiten, die über die Naturwissenschaften in ihrer positivistischen Begrenzung hinausweisen, widersprach weder dem Wissenschaftsideal des 19., noch widerspricht es dem des 20. Jahrhunderts. Es war keine Besonderheit der Psychoanalyse, auf der Grundlage klassisch-neurologischer Schulung Psychogenes zu entdecken. Daß auch andere Psychopathologen (ehemalige Neurologen) auf die psychogenetischen Ursachen der neurotischen Störungen stießen, wurde oben ausführlich dargestellt. FREUD war in formaler Hinsicht, d.h. in der Erfüllung der geltenden Normen und Werte wissenschaftlichen Arbeitens sogar besonders gut angepaßt. Erst spät hat er sich von einigen Wissenschaftlern als Personen distanziert, nachweislich deshalb, weil in seinen Augen jene die wissenschaftlichen Standards (der Objektivität, der Sachlichkeit, der Verpflichtung auf Wahrheit etc.) verletzt hatten (vgl. dazu insbesondere GW X., S. 79 f.; GW XIV., S. 75 f.).

Da das Wissenschaftsideal des 19. Jhdts. bei FREUD einen besonders hohen Stellenwert einnahm, taten sich FREUDs Gegner schwer, die Psychoanalyse mit diesem formalen Argument nachhaltig zu treffen. Im Gegenteil trug die wissenschaftliche Reputation FREUDs in der "normalen Wissenschaft" entscheidend zur Durchsetzung seiner neuen Theorievariante bei.

2. Institutionell-organisatorische Gründe

Die Rezeption der "Traumdeutung" war der Anfang der Schulenbildung um die Psychoanalyse. Das Buch wurde in Wien und Zürich, in Paris und in den USA gelesen: Neben der Entfaltung der "Psychologischen Mittwoch-Gesellschaft" entstand auch ein "Invisible College" (CRANE 1972). Während diese spontane Schulenbildung aber einen Indikator für die Durchsetzung einer Theorievariante darstellt, ebenso, wie die Bildung eines "Invisible College" als soziale Antwort auf die Qualität einer neuen Theorievariante aufzufassen ist, ging es FREUD darüber hinaus um die bewußt, geplante und kontrolliert durchgeführte Institutionalisierung und Organisierng einer die Psychoanalyse vermittelnden und tradierenden Schule. Wie oben gezeigt wurde, überließ FREUD seine Theorievariante nicht einfach dem spontanen Urteil seiner wissenschaftlichen Fachkollegen und Zeitgenossen, sondern organisierte um den ursprünglichen Kern des Netzwerkes herum die Wiener Psychoanalytische Vereinigung sowie später die verschiedenen nationalen und internationalen Vereinigungen. Das Komitee wurde gar "zum Schutz" der Theorie und "zum Schutz" der Person Sigmund FREUDs organisiert. Die noch später erfolgende Institutionalisierung der psychoanalytischen Lehrinstitute mit einer streng reglementierten und formalisierten Ausbildung einschließlich des unumgänglichen Initiationsritus der Lehranalyse stellt eine organisatorische Leistung ersten Ranges dar und reicht in ihrer gesellschaftlichen Auswirkung weit über die natürliche Nutzung eines spontan um eine Theorie sich bildenden wissenschaftlichen Netzwerkes hinaus. Diese organisatorische Besonderheit unterscheidet die psychoanalytische Theorievariante von den Theorievarianten CHARCOTs, BERNHEIMs, JANETs und DUBOIS'. Nicht zufällig haben JUNG und ADLER die Organisationsform und den Stil der Vermittlung von Lehre und Ausbildung von FREUD übernommen: fast ebenso erfolgreich wie dieser selbst.(223)

Keine der oben dargestellten Theorievarianten gründete eine Schule, deren Entwicklung nicht sich selbst überlassen, sondern geplant durchgeführt wurde. Keiner der oben beschriebenen Theoretiker hat, wie FREUD, den Gedanken geäußert, sein Werk müsse "überleben". Keiner betrieb eine so ausführliche Selbstdarstellung wie FREUD; nicht nur in dem gleichnamigen Aufsatz, dessen Thema ja vorgegeben war, sondern generell: FREUD konnte nicht nur die Beweggründe seiner Patienten und Schüler erläutern, sondern auch seine eigenen Ansichten plausibel und gewinnend zum Ausdruck bringen sowie sie in seinen Institutionen hervorragend tradieren. Daß sich seit 1902 die psychoanalytische Theorie und Praxis unverhältnismäßig rasch über die gesamte Erde ausbreitete, liegt letzten Endes zwar an den inhaltlichen Qualitäten der Theorie, die sowohl den wissenschaftlichen Anforderungen an eine geforderte Problemlösung der Epoche als auch den zentralen Bedürfnissen der Adressaten entsprachen; aber die konsequente Politik der Verbreitung der Theorie verlieh der spontanen Durchsetzung zweifellos erheblichen Nachdruck. So waren vor allem die Ausbildungsinstitute mit ihrem Initiationsritus der Lehranalyse ein herausragendes Instrument zur Tradierung der Psychoanalyse. Hierin lag sicher ein ganz entscheidender und überdies bewußt geplanter Selektionsvorteil gegenüber den anderen hier beschriebenen Theorievarianten.

3. Inhaltliche Gründe

Mit dem allgemeinen Ausdruck "inhaltlich" sind hier die Kernstücke der FREUDschen Theorie angesprochen, deren Aussagen dazu geeignet waren, der Psychoanalyse Selektionsvorteile zu verschaffen. Auf einer eher oberflächlichen Ebene gehört dazu die ausführliche Berücksichtigung der sexuellen Unterdrückung und die Betonung ihrer krankmachenden Wirkung in der psychoanalytischen Theorie, die umfassende Berücksichtigung der Biographie der zur Behandlung kommenden neurotischen Kranken, die psychoanalytische Auffassung von der Bedeutung der Erziehung und des Familienlebens (eng mit dem ersten und zweiten Element verknüpft) sowie der frühkindlichen psychosexuellen Entwicklung für die Entstehung neurotischer Störungen. Es konnte aber gezeigt werden, daß das erste Netzwerk um die Psychoanalyse sich im Verlauf der Rezeption der "Traumdeutung" bildete. Damit läßt sich formulieren, daß dieses Buch, auch von FREUD selbst als sein wichtigstes eingeschätzt, zum entscheidenden Faktor für die inhaltliche Durchsetzung der Theorie wurde. In der "Traumdeutung" sind alle Themen der Psychoanalyse, die zum Teil erst später ausformuliert wurden, bereits in nuce enthalten: Die Bedeutung des Unbewußten für unser bewußtes Leben, die Bedeutung des Ödipuskomplexes, die Bedeutung unserer Phantasietätigkeit und vor allem die Bedeutung des unter der dünnen Decke der Ratio schlummernden Chaos des Irrationalen, des Ungebändigten, des "Triebwesens" für das individuelle wie für das gesellschaftliche Leben.

Ebenso wie die beschriebenen anderen Theorievarianten befaßte sich FREUD mit der Biographie seiner Patienten. Etwas Entscheidendes hat er aber den anderen (auch JANET,

der ihm hierin am ähnlichsten war) voraus: Die Berücksichtigung des individuell verstehbaren, einfühlbaren, nachvoll-
ziehbaren ˙Leidens seiner Patienten. In den Schriften CHAR-
COTs, BERNHEIMs, DUBOIS' und auch JANETs geht es
regelmäßig eher um "Fälle", deren (medizinische) Lösung
gesucht und auch gefunden wird. Bei FREUD geht es um
Individuen, um einzelne Menschen, deren Geschichte und
Schicksal unmittelbar betroffen machen. Auch JANET hatte
über "Marie", "Madeleine" und "Irène" (vgl. Kapitel 5.3.
dieses Buches und ELLENBERGER 1973 I., S. 496-51) ausführlich berichtet. Dennoch bleiben seine Patienten seltsam
blaß im Vergleich mit den von FREUD geschilderten. Dies
beginnt schon bei FREUDs ersten Darstellungen hysterischer
Erkrankungen in den "Studien über Hysterie": "Katharina"
(FREUD, GW I., S. 184-195), "Fräulein Elisabeth v. R."
(ebenda, S. 196-251), "Frau Emmy v. N." (ebenda, S. 99-
162) und "Miß Lucy R." (ebenda, S. 163-183). Zwei Damen
der Gesellschaft, eine Gouvernante und ein Bauernmädchen
werden nicht nur so geschildert, daß sie geradezu leibhaftig
dem Leser vor Augen stehen, sondern sich der lesenden
Schicht (dem gebildeten Laienpublikum der Jahrhundertwende
ebenso wie den Fachleuten) auch als Identifikationsobjekte
anbieten. Sie waren dies nicht zuletzt deshalb, weil sie
die Hysterikerinnen gegen Ende des 19. Jhdts. repräsentier-
ten, die jeder aus seiner Familie und aus seinem Bekannten-
kreis kannte. Der Eindruck des Vertrauten, des Wiederer-
kennens und des daraus plötzlich resultierenden Verständnis-
ses kommt dadurch zustande, daß FREUD nicht nur deren
Krankheit beschrieb, sondern ausführlicher und genauer
als andere Psychotherapeuten deren gesamte Lebensumstände
mitteilte. Dadurch erst wurden die Krankengeschichten
zu Novellen, die sie bei anderen Ärzten eben nicht waren.

Daß es FREUD gelang, die Leidensgeschichten seiner
Patienten so lebendig darzustellen, beruhte natürlich auch
auf seiner außerordentlichen sprachlichen und schriftstellerischen Begabung, die ihm bekanntlich im Jahr 1930 den
GOETHE-Preis der Stadt Frankfurt eingetragen hat.

Ein weiterer Grund, der für die Psychoanalyse einen
Selektionsvorteil brachte, ist ihre Nähe zur Familie, zu
den Themen der Kindererziehung und zu den frühkindlichen
Erfahrungen, deren˛ entscheidende Bedeutung für die Entstehung einer Neurose oder für das Gesundbleiben FREUD
hervorhebt. Das beginnende 20. Jahrhundert war gerade
dabei, das Kind zu entdecken. In den Jahrhunderten zuvor war das Kind ein kleiner Erwachsener gewesen, über
den man sich nicht weiter den Kopf zerbrechen mußte

(ARIÈS 1978). Die Psychoanalyse leistete in dieser der Erforschung der kindlichen Seele günstigen Zeit keineswegs den einzigen, aber doch einen zentralen Beitrag zum Verständnis des Kindes: Die frühkindliche Sexualität, lange Zeit für unmöglich gehalten (obwohl, wie FREUD betonte, jedes Kindermädchen davon wußte), wurde entdeckt. Die früherwachende Aufnahmefähigkeit und Phantasietätigkeit des Kindes, bislang nicht oder kaum beachtet, ist ein zentraler Bestandteil der psychoanalytischen Theorie. Die Rolle des Kindes in der Familie, in seiner Beziehung zu Mutter und Vater, in seiner geschlechtsspezifischen Entwicklung als Mädchen oder Knabe wurde von der Psychoanalyse in ihren Arbeiten zum Ödipuskomplex ausführlich dargelegt.

Auch wenn derzeit wegen der im Vordergrund stehenden Theorie narzißtischer Störungen die Triebtheorie etwas in den Hintergrund getreten ist, hat die Entdeckung des Ödipuskomplexes durch FREUD nichts von seiner Aktualität verloren. Dies gilt, auch und sogar insbesondere trotz der Notwendigkeiten, einige der weitreichenden Schlußfolgerungen, die FREUD für die Wirkung des Untergangs des Ödipuskomplexes zog, revidieren zu müssen. Vor allem betrifft dies die Entwicklung der weiblichen Sexualität. Damit entfallen aber nicht die theoretisch und klinisch so grundlegenden Konzepte wie die Verliebtheit in den gegengeschlechtlichen und die Ambivalenz gegenüber dem gleichgeschlechtlichen Elternteil, die Notwendigkeit des Objektwechsels für das Mädchen, die der Identifikation mit dem gleichgeschlechtlichen Elternteil usw.

FREUD hat ja nicht nur die Analyse des Ödipuskomplexes für das Kernstück jeder Analyse gehalten, sondern er hat vor allem auch gehofft, daß durch eine auf psychoanalytischen Erkenntnissen beruhende Reform der Kindererziehung die Unterdrückung in erträglichen Grenzen gehalten werden könne. Wenn sich auch durch die Hintertür so mancher Reform viele neue Probleme eingeschlichen haben, so läßt sich doch auch sagen, daß (leider im wesentlichen noch auf die aufgeklärte Mittelschicht beschränkt) die psychoanalytisch beeinflußte Kindererziehung ihre Früchte tragen wird. Ohne die Sexpolbewegung der Dreißigerjahre wieder heraufbeschwören zu wollen: Eine konsequente Anwendung der psychoanalytischen Erkenntnisse auf Kindererziehung, in der Schule und in zwischenmenschlichen Beziehungen dürfte z.B. mit der von ADORNO u.a. analysierten Struktur des "autoritären Charakters" nicht vereinbar sein. Ebensowenig läßt sich vorstellen, wie faschistische Bewegungen ihr Potential aus einem Pool nicht-repressiv erzogener Kinder rekrutieren sollte.

Ebenso wie CHARCOT, BERNHEIM, DUBOIS und JANET sah FREUD deutlich das sexuelle Elend seiner Patienten. Das Gefängnis der Ehe wurde beschrieben und die mangelnden Möglichkeiten für die Frau, sich innerhalb dieses Gefängnisses zu entfalten. Dieses Gefängnis korrespondierte mit dem Problem, das der Annahme FREUDs zufolge Männer zur Neurasthenie desponierte: die Masturbation in langen Verlobungszeiten, während der der Mann einen angemessenen Status zum Erwerb des Lebensunterhaltes der gesamten Familie nachzuweisen hatte und die Frau beschäftigungslos zu Hause saß und wartete. Die Kleinfamilie, Errungenschaft des Industriezeitalters, Prototyp eines Sozialverbandes, in welchem Emotionen, nicht ökonomische Beziehungen den Zusammenhalt garantieren sollten, wurde wegen des neuartigen Zwangs zur "romantischen Liebe" häufig ein Verlies unterdrückter Haß- und Ausbruchsgefühle und damit ein Hort für den Ausbruch von Neurosen. Die Verbindung zur Literatur des 19. Jhdts. ist offenkundig. FREUD maß diesem Problem nicht nur individuelle, sondern auch gesellschaftliche Bedeutung bei. Zentraler Gedanke FREUDs war, daß die sexuelle Unterdrückung zu Neurosen führe, daß sie sowohl die individuelle Glücks-, Liebes- und Arbeitsfähigkeit herabsetze wie das gesellschaftliche Leben insgesamt negativ beeinflusse. Durch die Psychoanalyse wollte er die Sexualität für seine Patienten soweit akzeptabel machen, daß sie sich die ehemals verpönten Wünsche eingestehen und deren Erfüllung einer realistischen Befriedigung zuführen konnten. Dieser Gedanke hatte zweifellos eine befreiende, neue Hoffnung weckende Wirkung. Das Bürgertum fand in der Psychoanalyse zwar keine totale, aber doch eine partielle Befreiung: Die Couch wurde die Stätte, an der Entlastung vom Familienzwang gefunden werden konnte. Selbst JASPERS (1973), sicher kein Freund der Psychoanalyse, hat FREUD zugestanden, einem verlogenen Zeitalter den Spiegel vorgehalten zu haben.

Darüber hinaus hatte bis zum Zeitalter der wissenschaftlichen Psychotherapie kein Arzt sich über viele Monate jeden Tag eine Stunde lang den Darstellungen eines einzelnen Patienten gewidmet. Subjektiv fehlte den Patienten genau das: jemand, der ihre Leiden ernst nahm, nicht als Einbildung abtat, der selbst die intimsten Geheimnisse und Peinlichkeiten nicht verwerflich und nicht einmal die geringsten Kleinigkeiten aus dem Leben des Patienten unwichtig fand. Das hatte nicht nur eine entlastende, sondern zutiefst befreiende Wirkung, weil der Wert des Individuums, seines speziellen Schicksals und seiner speziellen Leiden bestätigt wurden.

Daß die Psychoanalyse deshalb die klassische bürgerliche Therapie wurde, ist so oft gesagt worden, daß es hier nicht wiederholt werden muß (vgl. zuletzt SCHÜLEIN 1979). Die Wirkung der Psychoanalyse geht allerdings keineswegs hierin auf: aber die ideale Wunscherfüllung ist die Couch des Analytikers für den luxuriösen Neurotiker (den adeligen Neurastheniker ebenso wie für die Hysterika aus großbürgerlichem Milieu) in vieler Hinsicht wohl gewesen.

Ferner war (und ist) die Psychoanalyse eine besonders von Intellektuellen geschätzte psychotherapeutische Methode. Das hatte für die Durchsetzung der Psychoanalyse den Vorteil, daß die das geistige Leben bestimmende Schicht die Psychoanalyse durch Wort und Schrift bekannt machte. Dieser Schicht kam die Psychoanalyse besonders deshalb entgegen, weil sie - nach der Befreiung von den feudalen Fesseln, in denen der Lebenslauf im wesentlichen durch die Geburt determiniert war - das letzte Hindernis einer Benachteiligung, entstanden durch Erziehung und Familienumstände, noch zu beseitigen versprach. Das oben angesprochene "corriger la fortune" bedeutete das Versprechen, sein Leben noch einmal aufrollen, Fehler der Eltern oder anderer Beziehungspersonen nun vermeiden, mildern oder überwinden zu können. Daß sich auf diese Weise Idealisierungen der psychoanalytischen Methode mit realistischen Einsichten in ihre Möglichkeit vermischten, liegt auf der Hand.

FREUD blieb aber bei der Berücksichtigung dieser so wichtigen Faktoren nicht stehen: Es kam ihm - im Gegensatz zu anderen Psychotherapeuten - darauf an, die tiefen Zusammenhänge zwischen der individuellen Unterdrückung, manifestiert durch im Über-Ich verankerte Normen und Gesetze des gesellschaftlichen Funktionierens, und dem Zustand der Gesellschaft insgesamt aufzuzeigen. Wie keinem Theoretiker der Psyche vor ihm gelang es FREUD, die Bedeutung der Triebnatur in allen ihren für den rationalen Menschen des 19. und 20. Jhdts. befremdlichen Schattierungen zu zeigen.

Seine Einsicht, in der "Traumdeutung" reich illustriert, daß wir alle Reiter sind, die auf einem Pferd sitzen, das uns zwar trägt, aber das auch immer wieder geführt und geleitet werden muß, mutet wie die bildhafte Beschreibung der modernen Einsichten des Biologen RIEDL an, daß nur die Erkenntnis sowie die hieraus gezogenen Konsequenzen, unsere Ratio sitze auf einem ratiomorphen Apparat, der wiederum bis in präzelluläre Stadien der Evolution zurückzuführen sei, uns noch zu retten in der Lage ist. Dem gegenüber wirken moderne Kriterien an FREUDs "Biologismus" (SULLOWAY 1979), seien sie noch so verdienstvoll und noch so exakt durchgeführt, zumindest in dieser Hinsicht zu kurz gegriffen. BETTELHEIM (1984) hat auf die verflachte amerikanische Rezeption der FREUDschen Aussagen mit der gesamten Autorität seiner lebenslangen psychoanalytischen Erfahrung und Meisterschaft (auch in den USA) deutlichst hingewiesen:

"Mit seiner Einladung, ihm in das scheinbare Chaos der Welt der Finsternis, des Unbewußten und seiner Irrationalität zu folgen, beabsichtigte FREUD, unsere Anschauungen vom Menschen zu ändern; aber das konnte nur geschehen, wenn wir unsere Anschauung von uns selbst änderten und zu einem Verständnis auch der dunkelsten Seiten unseres Geistes gelangten. Wenn uns das gelänge, würden wir entdecken, daß, was dort vor sich ging, verstanden werden konnte und auf seine Art einen Sinn ergab und uns viel über uns selbst lehrte. FREUD versuchte, unsere Vorstellungen von unseren Träumen zu berichtigen und zu erweitern und uns über ihre Bedeutung zu unterrichten. Er hoffte, daß Vertrautheit mit den verborgenen Seiten unserer Seele uns ein tieferes, vollständigeres Verständnis von uns selbst ermöglichte." (BETTELHEIM 1984, S. 81)

Dies konnte FREUD nur deshalb gelingen, weil in seiner Person der höchste Wert der Wissenschaft - die Verpflichtung auf Wahrheit - mit der subjektiven Bereitschaft korrespondierte, diesen wissenschaftlichen Wert auch auf sich selbst anzuwenden: In FREUD treffen objektive wissenschaftliche Qualifikation mit subjektiver Radikalität zusammen, die in dem unerhörten und einzigartigen Experiment seiner Selbstanalyse kulminierten. Hieraus resultiert wohl letzten Endes auch die Faszination an der Person und an dem Werk FREUDs, die nicht zufällig in der Bildung des ersten Netzwerkes ihren sozialen Ausdruck fand. Wo FREUD wirklich verstanden wird, ist, wie BETTELHEIM sagt, eine Veränderung notwendig, nicht nur die der anderen, der Patienten, sondern auch die eigene und damit vielleicht auch die Veränderung gesellschaftlicher Verhältnisse. Daß diese Haltung - bezogen auf den spezifischen Gegenstand, die Psychoanalyse - geradezu Massen in Bewegung setzte, wird damit etwas verständlicher.

Somit hat FREUD radikaler als CHARCOT, LIÉBAULT, BERNHEIM, JANET und DUBOIS, radikaler als alle anderen Repräsentanten psychotherapeutischer Schulen "Ordnung aus der Welt extrahiert", d.h. uns ein Instrumentarium an die Hand gegeben, mittels dessen wir auf dem Gebiet der Psychotherapie (und auch, damit in Zusammenhang, einer möglichen "Therapie der Gesellschaft") wirksam werden können durch Selbsterkenntnis, Einsichten in unsere Natur, vor allem in die tiefsten, ältesten und unbewußten Schichten unserer Seele, das im Grundsätzlichen nichts von seiner Bedeutung eingebüßt hat, im Gegenteil unter bestimmten Aspekten wichtiger als je scheint. In diesem Sinne läßt sich formulieren, daß FREUDs radikale Theorie zugleich die angepaßteste war: angepaßt an die menschliche (und gesellschaftliche) Wahrheit des Menschen des ausgehenden 19. und beginnenden 20. Jhdts. und an die gesellschaftlichen Notwendigkeiten dieser Zeit. Diese Radikalität FREUDs wurde bald sozial beantwortet: durch Netzwerke von Wissenschaftlern um die Theorie, durch die Bildung von "Clusters", durch die Entstehung von Schülerarbeiten von Wissenschaftlern, die von FREUD lernen und die gewonnenen Einsichten weitervermitteln wollten. Wie gezeigt wurde, sind diese sozialen Prozesse nicht so außergewöhnlich, wie sie gewöhnlich dargestellt werden: soziale Kämpfe, Religionskämpfen durchaus häufig ähnlich, bildeten sich auch um die Theorie Galileo Galileis, um die Newtons, um die Darwins und durchaus auch um Theorien, die "auf den Schultern von Riesen" (Merton) stehend, formuliert werden, nicht selbst Riesen zu ihren Begründern voraussetzen müssen.

So läßt sich abschließend sagen, daß die genannten spezifischen inhaltlichen Qualitäten der FREUDschen Theorievariante, die Widerspiegelung von psychischer wie gesellschaftlicher Wahrheit und Wirklichkeit in seiner Theorie, sich in der allmählichen Durchsetzung seiner Theorievariante ablesen ließ und auch in Zukunft wird ablesen lassen.

Schluß:
Evolutionäre Wissenschaftsentwicklung und Psychoanalyse

Die zentrale These dieser Arbeit lautete, die Wissenschaftsentwicklung verlaufe nicht rational, sondern evolutionär. Herauszustellen war, daß dem evolutionären Wissenschaftswachstum eine eigene Rationalität zukommt, die Ähnlichkeit mit der Rationalität biologischer Entwicklungen besitze. Die von der Wissenschaftstheorie formulierten Standards für wissenschaftliche Tätigkeit werden hierdurch nicht ungültig. Im Gegenteil werden sie über einen umfassenderen theoretischen Bezugsrahmen gestützt und begründet. Es wurde behauptet, daß die von FEYERABEND gesuchte, aber nicht gefundene "List der Vernunft" (vgl. Kapitel 3.1.3.) in deren Gebundenheit an evolutionäre Gesetzmäßigkeiten zu suchen sei.

Die These gilt (so wurde am Beispiel der Psychoanalyse aufgezeigt) sowohl für den Entstehungs- als auch für den Begründungszusammenhang einer Theorie. Bisher hat vor allem POPPER mit wissenschaftstheoretischen und antipsychologischen Argumenten zwischen beiden Schritten wissenschaftlicher Tätigkeit einen scharfen Trennungsstrich ziehen wollen, um unerwünschten Vermischungen der reinen Wissenschaft mit sozialen und psychischen Faktoren vorzubeugen (vgl. Kapitel 3.1.1.). Ebensowenig konnte dem in letzter Zeit breit diskutierten Konzept T.S. KUHNs zugestimmt werden, der die nicht neue (wie in dem Abschnitt über die ältere deutsche Wissenssoziologie aufgezeigt, vgl. Kapitel 2) Berücksichtigung historischer und sozialer Daten im Prozeß wissenschaftlicher Revolutionen so begeistert begrüßte, daß im Zuge dieser Begeisterung das sogenannte Kind mit dem Bade ausgeschüttet wurde: nämlich die Objektivität von Wissen und die Geltung wissenschaftstheoretischer Standards mit der Fragwürdigkeit einer ahistorischen Wissenschaftsentwicklungstheorie.

Zwischen diesen beiden Extrempositionen wurde insofern zu vermitteln versucht, als neuere Ergebnisse zur "Biologie der Erkenntnis" referiert und als Fundament für eine im

Ansatz integrierte Auffassung des Gegenstands angewandt wurde (vgl. Kapitel 3.2.). Damit sollte gezeigt werden, daß wissenschaftstheoretische Überlegungen, unter welchen Bedingungen Wahrheit zu finden sei, das spezifisch menschliche Regulativ darstellen, das nicht selbstverständlich und allein mit Hilfe des "ratiomorphen Apparates" (BRUNSWIK) zu bewältigende Problem des Überlebens zu lösen. Dieser Versuch kann nur über zahlreiche Irrtümer und deren Widerlegungen laufen. Er verlangt die Wiederholung des gesamten schon einmal abgelaufenen evolutionären Prozesses über Versuch und Irrtum (vgl. Kapitel 3.2.), bzw. über "kühne Vermutungen" und "sinnreiche Versuche zu deren Widerlegung" (POPPER).

Entscheidend war im Anschluß an diese Ausführungen der Versuch einer theoretischen Verknüpfung wissenschaftstheoretischer Standards mit sozialen Faktoren. Es war das Problem zu lösen, wie "kühne Vermutungen" oder, evolutionstheoretisch ausgedrückt, "Theorievarianten" sozial zustande kommen und wie sie, einmal zustande gekommen, sozial selegiert werden. Die Versuche, "Wissen" und "Gesellschaft", "Idealfaktoren" und "Realfaktoren", "Bewußtsein" und "Sein" miteinander zu verknüpfen, bzw. zu zeigen, wie sie realiter miteinander verknüpft sind, haben in der Soziologie eine lange Tradition (vgl. Kapitel 2 sowie FRANCIS 1981). Die diesbezüglichen Versuche waren bisher deshalb unbefriedigend, weil entweder einseitige Kausalverhältnisse konstatiert oder ein interdependentes Verhältnis zwar häufig angenommen, aber nicht näher begründet werden konnte, oder (dies zumeist) eine bloße Parallelentwicklung konstatiert wurde. Alle Versuche scheiterten an dem Problem, das Verhältnis beider Variablen so zu konzeptualisieren, daß es empirischer Untersuchung offen gestanden hätte. Wo dies im Ansatz gelang, waren die Aussagen von so geringer theoretischer Reichweite, daß die zentralen Fragestellungen herausfielen.

Eine soziologische Bestimmung der bekannten Begriffe der "Variation" und "Selektion" wurde versucht, angewandt auf Theorien und deren Auswahl zum "Überleben"; untersucht wurde das Zustandekommen von Varianten und der soziologische Ort ihrer Entstehung und Entwicklung, ihrer Entfaltung und Auswahl, gegebenenfalls ihres "Sterbens" bzw. ihres Untergangs. Als dieser "soziologische" Ort wurde die "wissenschaftliche Gemeinschaft" bestimmt. Sie ist nicht nur die Hüterin der wissenschaftlichen Tradition, die Bewahrerin der Einhaltung strenger Kriterien für deren Geltung, sondern auch die Vermittlerin wissenschaftlichen Wissens, das die überkommene Grundlage für jede neu formulierte Theorievariante darstellt. Es wurde versucht, die in der Wissenschaftstheorie sich antagonistisch gegenüberstehenden Pole "Wahrheit" und "Sozialfaktoren" miteinander zu verbinden. Es konnte gezeigt werden, daß z.B. die "subjektiven Momente" der Entstehung von Theorievarianten, von der Wissenschaftstheorie ungern akzeptiert, unter evolutionärem Aspekt geradezu die Voraussetzungen für deren Zustandekommen sind (vgl. Abschnitt 3.3.4.).

Dieses Prinzip des "laßt 100 Blumen blühen" ist - analog dem auch in der Natur vorherrschenden Prinzip des Überschusses - sinnvoll, um überhaupt genügend Varianten zur Verfügung zu haben, unter denen ausgewählt werden kann. Eine Einengung wissenschaftlichen Forschens (aus politischen, ideologischen, wirtschaftlichen, religiösen oder sonstigen Gründen), eine Reduktion der Möglichkeiten der Produktion von Theorievarianten bedeutet damit immer eine Beschränkung wissenschaftlichen Wachstums überhaupt.

Ort der Selektion der Theorievarianten ist ebenfalls die wissenschaftliche Gemeinschaft. Ferner - insofern sie in der Lage ist, wissenschaftliche Theorien zu beurteilen - die "Öffentlichkeit".(224)

Ein vorläufiges Konzept von sechs aufeinanderfolgenden Selektionsstadien, die eine Theorievariante im Verlauf ihrer Durchsetzung zu bestehen hat, wurde entwickelt, um anhand dieses Instrumentariums am Beispiel der Psychoanalyse zu zeigen, wie und wie weit sich eine Theorievariante auf den Ebenen "Kognition", "Institution" und "Kommunikation" durchgesetzt hat. Je nach theoretischer Reichweite wird eine erfolgreiche Variante auf dem Stadium 3 zur "Theorieklassik". Theorien großer Reichweite können es bis zur Durchsetzung auf Stufe 5 und 6 bringen, d.h. die wissenschaftliche Sichtweise eines in Frage stehenden Gegenstandes bestimmen.

Dieses Konzept ist im Gegensatz zu älteren sozialdarwinistischen Konzepten nicht teleologisch. Ebensowenig wie in biologischen Evolutionsprozessen kann es mehr aufzeigen als die Mechanismen der (freilich reich ausdifferenzierten) Anpassung an die Notwendigkeiten menschlichen Überlebens, für welches Wissenschaft - jedenfalls auf dem derzeit gegebenen Stand der historischen Entwicklung - unumgänglich notwendig ist.

Das Konzept enthält auch eine Zurückweisung der Überbetonung des "subjektiven Faktors", wie sie in der letzten Zeit zuweilen üblich war (so z.B. bei KUHN 1978). Durch die selbstverständliche Hineinnahme psychischer Faktoren in die Prozesse wissenschaftlicher Entwicklung geht es aber auch nicht davon aus, daß der sogenannte "subjektive Faktor" keine Rolle spiele: im Gegenteil sind es die individuellen Transformationen kollektiven, gesellschaftlichen und sozialen Wissens, die bei dem Entwurf neuen wissenschaftlichen Wissens geradezu entscheidend sind. Die Selektion geschieht allerdings in jedem Fall gesellschaftlich und, wie gezeigt wurde, durch die lebhafte Gruppenaktivität von Wissenschaftlern und Mehrheiten von Forschern. Nur so kann eine Theorievariante auch gesellschaftlich "nützlich", kann "Spinnerei" von "Kreativität" gesellschaftlich erfolgreich unterschieden werden.

Dieses im ersten Teil der Arbeit entworfene Konzept, das alle Unvollkommenheiten eines Entwurfs enthält, wurde anhand des Beispiels der Entwicklung der Psychoanalyse zur wissenschaftlichen Disziplin erprobt. Eine derartige Überprüfung reicht nicht aus, gesicherte Ergebnisse über den Einzelfall hinaus zu formulieren. So ist dieser Teil auch eher als Anregung zu weiteren Untersuchungen denn als Vorstellung eines bereits gut abgesicherten Ergebnisses zu werten. Das Beispiel Psychoanalyse ist aus mehreren Gründen als Untersuchungsgegenstand besonders geeignet. Die Fülle des "Randmaterials", das um die Theorie der Psychoanalyse herum entworfen, beschrieben und bearbeitet wurde (Herausgabe des umfangreichen FREUDschen Briefwechsels, Biographien, Protokolle der ersten in wissenschaftlicher Absicht geführten Diskussionen, "Werkstatt" also) erleichterten die Aufgabe, die Entstehung einer Theorie mit all ihren Begleitumständen nachzuvollziehen. Was die "Heldenverehrung" (SULLOWAY) durch Bewahrung und Publikation dieses Materials zuwege gebracht hat, ist eine Fundgrube für Wissenschaftshistoriker, -soziologen und -psychologen.

Des weiteren ließen sich am Beispiel der Entwicklung der Psychoanalyse recht gut die "rationalen", "irrationalen", "arationalen" (HEMPEL) und "evolutionären" Mechanismen der Entwicklung aufzeigen: auch dies aufgrund der breiten Bearbeitung des Stoffes durch Verehrer, Anhänger, "Gläubige" und Epigonen.

Obwohl die Fülle des Materials die Untersuchende oft zu ersticken drohte (was jeder bestätigen wird, der einmal versucht hat, sich näher mit der Literatur zur Psychoanalyse auseinanderzusetzen), war sie wesentliche Voraussetzung zum Aufweis der generellen Entwicklungslinie.

Am Beispiel der Entwicklung der Psychoanalyse zur wissenschaftlichen Disziplin wurde zu zeigen versucht, wie wissenschaftliche, historische, soziale und psychische Faktoren zahlreiche Forscher dazu motivieren, aufgrund eines als "neu" perzipierten Problems eine neue Theorie zu formulieren. Die Entstehung von Theorievarianten, im theoretischen Teil hypothetisch formuliert, wurde so am Beispiel der Psychoanalyse und sie begleitender psychotherapeutischer Theorievarianten illustriert.

Es konnte gezeigt werden, daß das Konzept nicht auf dem Prinzip des Zufalls (der nach BLACHOWITZ dem Begriff der Variante anhaftet) (225), sondern in Analogie zur biologischen Evolution sowohl auf der systematischen Weiterentwicklung überkommener Strukturen als auch auf "zufälligen" Neuentdeckungen beruht.

Der "Hypothesentod" (POPPER) und das Absterben ganzer Theorien wurden im zweiten Teil der Arbeit behandelt. Speziell für die psychoanalytische Theorievariante wurden die verschiedenen erreichten bzw. nicht erreichten Selektionsstadien gezeigt; der Standard der Selektion von Theorien war im Fall der Psychoanalyse die "wissenschaftliche Wahrheit", worüber allerdings ein nicht enden wollender Streit, ein sozialer Kampf zwischen Wissenschaftlern verschiedener "scientific communities" ausbrach. Daß Wahrheit nicht gleich Wahrheit ist, sondern daß sie historischen Veränderungen unterliegt, ist nicht ein Ausdruck ihrer Relativität, sondern "Wahrheit und Geltung (fordern) in der Sphäre des geschichtlichen Seins geradezu eine solche Bedingtheit, um nicht von vorneherein unwahr und ungültig zu sein" (MARCUSE 1929, S. 383; vgl. auch S. 49 ff. dieses Buches). Diese Einsicht hat die Wissenssoziologie in den 20er Jahren bereits formuliert. Daß die "Wahrheit" evolutionär relativiert werden muß, sei hinzugefügt.

Das Konzept einer evolutionären Wissenschaftssoziologie hat sich zur Untersuchung einer konkreten Einzeldisziplin bewährt. Es ist anzunehmen, daß sich nicht nur die Psychoanalyse mit ihren im Hinblick auf Institutionalisierung und Tradierung unleugbaren Besonderheiten nach diesen Prinzipien entwickelte, sondern auch andere wissenschaftliche Disziplinen.

Die Psychoanalyse hatte deshalb Erfolg, weil sie der psychischen Wahrheit der Menschen des 19. Jhdts. am adäquatesten gewesen ist. Gerade unter diesem Aspekt sind heute einige ihrer Inhalte zu revidieren und den gewandelten Verhältnissen neu anzupassen (was auch laufend geschieht). Um aber mehr als ein abstraktes Prinzip zu sein, müßte das Konzept an weiteren Einzelentwicklungen erprobt werden. Teilweise verlangt dieses überhaupt nach einer speziellen

Untersuchung, weil dazu ausführlicher als hier beabsichtigt war, die inhaltlichen Fragen einer Theorie untersucht werden müßten. Gerade die Inhalte eines solchen Anpassungsprozesses konnten sicher nicht so genau behandelt werden, wie es wünschenswert gewesen wäre.

So kann abschließend festgehalten werden, daß nur "wahre" wissenschaftliche Theorien die Chance haben, sich langfristig durchzusetzen, weil sie auf die übergeordnete Notwendigkeit verwiesen sind, sich zu bewähren, d.h. z.B. qua "Anpassung" an die gegebenen Umstände (Umwelt) "Ordnung zu extrahieren", die, sofern sie falsch ist, zum Untergang der Variante führen muß. So bleibt (mit den Vertretern der "New Philosophy of Science" besteht hier Übereinstimmung) die Wahrheit einer Theorie das oberste Prinzip aller wissenschaftlichen Tätigkeit. Was nicht dem Wahrheitskriterium genügen muß, ist Kunst, Literatur, Religion oder eine andere Variante menschlichen Denkens, Schaffens und Erfindens, aber keine Wissenschaft. Allerdings setzt sich die "Wahrheit" einer Theorie, bzw. die Theorie selbst, meist langsam und oft nur über soziale Kämpfe durch.

Diese sozialen Kämpfe (hier besteht ein Unterschied zur Auffassung der Vertreter der "New Philosophy of Science") sind keine "störenden", die "reine" Wissenschaft lediglich "verunreinigenden" Faktoren, sondern die conditio sine qua non des Wissenschaftsfortschritts und -wachstums. Gerade die Komplexität oder auch die "Umständlichkeit" der sozialen Kämpfe um die Wahrheit einer Theorie garantieren, daß eine solche (womöglich falsche) nicht voreilig akzeptiert wird. Wie gezeigt wurde, spielen wissenschaftliche Traditionen hierbei eine ebenso wichtige Rolle wie die verschiedenartigen Charaktere einzelner Wissenschaftler. Insgesamt ergeben sie ein Selektionsinstrument, das bisher immerhin recht gut in der Lage war, falsche Theorien von den richtigen zu unterscheiden.

Anmerkungen

1 Die Jahreszahl 1895 steht hier für die Veröffentlichung der "Studien über Hysterie", die FREUD gemeinsam mit BREUER verfaßt hat; in dieser Studie wird zum ersten Mal von der für die Psychoanalyse zentralen therapeutischen Methode der "freien Assoziation" (als Ablösung der zuvor ausgeübten Techniken der Hypnose, Suggestion und "Katharsis" gesprochen).

2 Freilich scheint sich in letzter Zeit in der Auffassung der Psychoanalyse als Einzelleistung eine Wende anzubahnen; vgl. dazu vor allem die Arbeiten von ELLENBERGER (1973) und SULLOWAY (1979).

3 Ernst FREUD, Lucy FREUD, GRUBRICH-SIMITIS, Sigmund Freud, sein Leben in Bildern und Texten mit einer biographischen Skizze von K.A. EISSLER, Frankfurt 1974.

4 Edmund ENGELMAN, Berggasse 19, Sigmund Freuds Wiener Domizil, mit einem Vorwort von Peter Gay, 1976.

5 Jeffrey M. Masson, Was hat man dir, du armes Kind, getan? Sigmund Freuds Unterdrückung der Verführungstheorie, Reinbek 1984. Weder die Arbeit von LORENZER noch die von MASSON konnten im vorliegenden Zusammenhang noch berücksichtigt werden; s. aber den Aufsatz von S. TÖMMEL, War FREUD ein "Biologe der Seele"? (in Vorbereitung)

6 Nach WIESENHÜTTER (1969b) verwendete der englische Arzt TUKE in einer Veröffentlichung erstmals 1872 den Begriff "Psychotherapy".

7 "Daß FREUD selbst die Psychoanalyse als eine erklärende Wissenschaft ansah, geht aus seinem Gesamtwerk eindeutig hervor." (MÖLLER 1978, S. 25)

8 Zum Konzept der "Wirklichkeitswissenschaften" vgl. VOLLMER (1975).

9 Vgl. dazu seine langjährige Freundschaft und die theoretischen Auseinandersetzungen mit Ludwig BINSWANGER (BINSWANGER 1956).

10 Auch HOLZKAMP-OSTERKAMP vertritt die Auffassung, daß bisherige Versuche, die Psychoanalyse "schulpsychologisch" umzuformulieren und experimentell zu überprüfen, lediglich zum dem Ergebnis geführt haben, den Erklärungsanspruch der Theorie "drastisch zu reduzieren". Im übrigen stellt sie mit Recht heraus, daß die Psychoanalyse hiervon jeweils "unberührt" geblieben sei und sich unbeeindruckt weiterentwickelt habe: offenbar, weil sie in ihrer zentralen Substanz nicht erreicht wurde (HOLZKAMP-OSTERKAMP 1976, S. 185).

11 Im übrigen dürfte die alte Unterscheidung zwischen Naturwissenschaft und Geisteswissenschaft obsolet geworden sein. Die neuere Entwicklung der "alten" Naturwissenschaften gibt zu diesem Zweifel mehr als genug Anlaß.

12 Im wesentlichen ist es die Erklärung der Gesellschaftsentwicklung aus "natürlichen" Umweltfaktoren, die den Sozialdarwinismus von einer evolutionär verstandenen Wissenschafts- (und/oder Gesellschafts-) Entwicklung trennt sowie, vor allem, die "Organismus"analogie.

13 Dazu vergleiche man seine theoretischen Ausführungen zu der Freude der Menschen im 19. Jht. an der griechischen Kunst, die ihm selbst allerdings ein Rätsel darstellte (vgl. MARX 1967, S. 124).

14 Sondern auch Wissenschaftler wie z.B. Max WEBER; vgl. dazu WEBER 1965, 1968.

15 Auch das Werk von Ludwig FLECK, das derzeit neu aufgelegt wird (möglicherweise, weil KUHN ihn als einen seiner Vorläufer bezeichnet), ist in diesem noch früheren wissenssoziologischen Kontext zu sehen. Vor allem erinnert FLECK bis in einzelne Termini, z.B. "Denkstil" etc., lebhaft an MANNHEIM, den er freilich nicht zitiert (vgl. FLECK 1980 (1935)).

16 Diesen Terminus benutzt MARCUSE selbst nicht; aber "Lebensqualität" ist der moderne Ausdruck für die Vorstellung, die hier wohl gemeint ist.

17 So schreibt auch D.T. CAMPBELL: "It is primarily through the works of Karl Popper, that a natural selection theory epistemology is available today." (CAMPBELL (1974) in: SCHILPP (1974 I.), S. 413-463)

18 POPPER 1976, S. 14ff. Im vorliegenden Zusammenhang ist es nicht notwendig, das Falsifikationskonzept von POPPER auszuführen. Es wird als bekannt vorausgesetzt. Vgl. aber die Differenzierung von LAKATOS in "dogmatischen", "naiven", "methodologischen" und "raffinierten" Falsifikationismus, die offene Fragen des POPPER-Kon-

zepts zu klären versucht (LAKATOS (1974a, 1974b), in: LAKATOS/MUSGRAVE (1974), S. 174ff.).

19 Vgl. WEINGART (1976), LEPENIES (1979). In diesen Zusammenhang gehört auch die Neuauflage des Werkes von Ludwig FLECK, dessen bis zur "KUHN-Ära" fast völlig unbekanntes Buch "Entstehung und Entwicklung einer wissenschaftlichen Tatsache" (Frankfurt 1980 (Bern 1935)) in mehr als nur einer Hinsicht eine Vorwegnahme der KUHNschen Thesen ist. Seinerseits geht FLECKs Werk deutlich auf MANNHEIM zurück.

20 Darauf hat auch WEINGART (1976, S. 33f.) hingewiesen.

21 Unter anderem wird diese Behauptung bestätigt durch Äußerungen von Wissenschaftlern wie Carl HEMPEL, der anläßlich eines Vortrages in der Siemensstiftung in München (im Mai 1980) seine wissenschaftstheoretische Diskussion mit der Bemerkung abschloß, Wissenschaft sei nicht rational (wie HUME und CARNAP gemeint hätten, auch POPPER), Wissenschaft sei nicht irrational (wie KUHN meine), sondern Wissenschaft sei "arational".

22 Vgl. zur "Dritten Welt" POPPER 1968a, 1968b.

23 Z.B. bezeichnet er KUHNs These, die Wissenschaft entwickle sich "revolutionär", als "grobe Vereinfachung" (vgl. TOULMIN 1974b, S. 266).

24 Er liefert zu diesem Gedanken Beispiele: Gedankengänge, die in der Photometrie am Platze seien, seien dies nicht unbedingt für die Gravitationstheorie, und welche, die für die Chemie fruchtlos seien, würden u.U. in der Genetik mit Erfolg angewandt.

25 An anderer Stelle nennt er KUHNs Theorie des Wissenschaftswandels "nur noch in einem veralteten Sinne evolutionär" (TOULMIN 1978, S. 377).

26 (RIEDL 1980, S. 29). RIEDL zitiert an dieser Stelle auch Konrad LORENZ: "Reinen Unsinn zu glauben ist ein Privileg des Menschen."

27 Auch RIEDL verweist hier auf G. VOLLMER 1975.

28 Vgl. dazu POPPER 1974a.

29 Bezüglich der Ableitung der "phylogenetischen Gewordenheit" der "produktiven Bedürfnisse" vgl. dies. 1975, S. 173ff. und 179ff.

30 HOLZKAMP-OSTERKAMP auf MARX, LEONTJEW und RUBINSTEIN; RIEDL auf POPPER, OESER, K. LORENZ und CAMPBELL.

31 Nämlich HOLZKAMP-OSTERKAMP in die des Dialektischen Materialismus, RIEDL in die des Kritischen Rationalismus. Die Gemeinsamkeit in ihrem wissenschaftlichen Wissen ist ein weiterer Hinweis darauf, daß bei Verpflichtung

auf das wissenschaftliche Medium "Wahrheit" (LUHMANN 1968) die Ergebnisse, insofern sie überprüft werden, à la longue so unterschiedlich nicht sein können.

32 Aus seiner Skepsis machte RIEDL auch in einem Vortrag, gehalten in München im Frühjahr 1980 in der Siemens-Stiftung, keinen Hehl. Er formulierte dort, daß bisher jede Art an ihren "Extremorganen" untergegangen sei: bei dem Menschen sei das Hirn dieses Extremorgan.

33 Das Konzept der Erklärung sozialer Evolution nach den Gesetzmäßigkeiten der biologischen Evolution hat natürlich innerhalb der Allgemeinen Soziologie eine lange und reiche Tradition (vgl. dazu auch FRANCIS 1981). Sie begann bereits vor DARWIN und vertrat meist teleologische Richtungen. Dies wurde oben schon betont. Auch heute sind die "Sinn"-Konstruktionen innerhalb der Soziologie eher die Regel als die Ausnahme. Daß Menschen sinnkonstruierende Systeme darstellen, bedeutet aber noch nicht, daß die Evolution des Sozialen diese Implikation enthalte. Ein darwinistisches Konzept enthält sich jedenfalls jeder Sinndeutung. – Zu den verschiedenen theoretischen Ansätzen innerhalb der Soziologie einer (makrosoziologischen) Theorie sozialer Evolution vgl. vor allem LEPSIUS 1976; in den speziellen Soziologien sind evolutionstheoretische Ansätze noch wenig konzeptualisiert. Vgl. zur Wissenschaftssoziologie HALFMANN 1979 und MÜNCH 1979; zwar ist auch WEINGART der Auffassung, daß sein (handlungstheoretischer) Bezugsrahmen wissenschaftliche Entwicklung als Evolutionsprozeß auffasse. Er bleibt jedoch eine nähere Bezeichnung der Theorie "selegierender sozialer Strukturen" schuldig (vgl. WEINGART 1976, S. 82f.).

34 Vgl. zur "wissenschaftlichen Gemeinschaft": HAGSTRÖM 1965, CRANE 1972, BÜHL 1974, WEINGART 1976.

35 Hierfür ist MENDEL ein Beispiel. Die langjährige Unbekanntheit seiner Forschungsergebnisse und deren Bedeutung sind ein Hinweis auf die Relevanz einer wissenschaftlichen Gemeinschaft.

36 Vgl. zu den Funktionen wissenschaftlicher Gemeinschaften BÜHL 1974, S. 66ff.; WEINGART 1976, S. 58ff.; zu den Normen und Werten wissenschaftlicher Gemeinschaften vgl. MERTON 1957, S. 550-561; BARBER 1962, S. 122-142; STORER 1972, S. 61-65; BÜHL 1974, S. 107-123.

37 Ausgenommen hiervon sind die "Kriegsforschung" sowie einige Forschungsprozesse, die industriellen Entwicklungen dienen. Häufig handelt es sich aber bei diesem "Geheimhalten" in nationalen (oder heute: "Block"-)Gren-

zen eher um Fragen der Anwendung von Wissenschaft, also Technik, als um wissenschaftliche Tätigkeit im engeren Sinne. Eine Analyse der damit verbundenen sozialen Prozesse wirft völlig andere als die hier im Zentrum stehenden Probleme auf und wird daher vernachlässigt.

38 Vgl. zu den vier konstitutiven Normen im einzelnen BÜHL 1974, S. 107ff.

39 Vgl. dazu Kapitel 3, 1.1.1., 2.2.1. und 2.2.2. dieser Arbeit.

40 Vgl. dazu vor allem MÜNCH 1979.

41 Mit "gesellschaftlichem Problem" sind hier Probleme gemeint, wie sie beispielsweise "Überschwemmungen" oder "Krebs" etc. darstellen; das Nachdenken von Wissenschaftlern über neue Methoden des Dammbaues oder die intensive Befassung mit Krebs-Ursachenforschung wäre eine wissenschaftliche Antwort auf solche gesellschaftlichen Probleme.

42 Was in vorliegendem Zusammenhang als "Problemdefinition" bezeichnet wird, nennt WEINGART "Identifikation" (vgl. WEINGART 1976, S. 58).

43 Vgl. zur Diskussion um "Wahrheit" im 20. Jahrhundert SKIRRBEKK 1977.

44 Mit Recht hat WEINGART darauf hingewiesen, daß Faktoren wie Schichtung, Macht und Statuszuweisung - gesamtgesellschaftlich "das tägliche Brot" des Soziologen - idealiter innerhalb des Wissenschaftssystems eine wesentlich geringere Rolle spielen, weil "das Wissenschaftssystem ... gleichsam als Paradigma demokratischer und egalitärer Sozialordnung gelten (kann)" (1976, S. 62). Entsprechend sind auch die Normen wissenschaftlicher Gemeinschaften formuliert (vgl. oben). Dennoch sind Kämpfe, die den gesamtgesellschaftlichen durchaus ähneln, auch innerhalb der Wissenschaftlergemeinschaften an der Tagesordnung (vgl. dazu vor allem MERTON 1980). Der zweite Teil dieser Arbeit liefert hierzu ausreichend illustrierendes Material.

45 Die Probleme der "gelenkten" Forschung, der "Auftragsforschung", der "finalisierten Forschung" etc. werden hier mit Absicht ausgeklammert. Vgl. dazu insbesondere BÖHME, van den DAELE, HOLFELD, KROHN, SCHÄFER und SPENGLER 1978; van den DAELE, KROHN und WEINGART 1979.

46 In diesem Zusammenhang sei auf das theoretisch außerordentlich unterschiedliche Spektrum der Sozialwissenschaften in den Ländern des Westens und des Ostens hingewie-

sen. Bekanntlich wird dieser Tatbestand sehr unterschiedlich interpretiert: meist "parteilich", indem entweder die eine oder die andere Theorievariante schlicht als "falsch" bezeichnet wird; ebenso gut (oder besser) läßt er sich aber als begrüßenswerter Beitrag zum Pool der Theorievarianten auffassen.

47 Ein Beispiel aus den Sozialwissenschaften wäre das Frankfurter Institut der frühen Kritischen Theorie; ein anderes ist die Institutionalisierung des frühen Wiener Lehrinstitutes der Psychoanalyse (vgl. dazu ausführlich Teil II dieser Arbeit).

48 Seine Institutionenanalyse stützt WEINGART vor allem auf WHITLEY 1974.

49 WEINGART 1976, S. 57f. Er zitiert hier auch MULLINS 1973; vgl. auch Kapitel 3, 3.3.3. dieser Arbeit.

50 MULLINS nennt hier als Beispiel die Struktur-Funktionalisten und ihre gemeinsamen Vorläufer PARETO, DURKHEIM, Max WEBER.

51 Das Modell der Gruppenkommunikationsstruktur ist für diese Art "großer" Theorien nicht mehr geeignet; es spielt daher von Stadium 4 an innerhalb des Schemas keine Rolle mehr. Die Kommunikation bleibt im "normalen" Stadium, während sich auf den anderen Ebenen weitere Veränderungen nachweisen lassen. Statt der Veränderung der Gruppenstruktur finden allerdings u.U. weitreichende soziale und sogar gesamtgesellschaftliche Veränderungen statt.

52 Weniger glücklich ist der in diesem Zusammenhang auftauchende Ausdruck "soziologische Paradigmata", für den MASTERMAN plädiert hat (vgl. MASTERMAN 1974).

52a Beispiel für ein gesellschaftliches Problem ist etwa die "Zunahme drogenabhängiger Jugendlicher"; übersetzt in die wissenschaftliche Sprache verschiedener Disziplinen wird dieses Problem z.B. in der Medizin, der Pädagogik, der Soziologie und der Psychologie.

53 So schreibt ELLENBERGER, daß die Krankheit des Adels im 18. Jhdt., der der "Magnetiseur" MESMER seine Erfolge verdankte, bei den "hochwohlgeborenen Damen" die "vapeurs" gewesen seien, bei den adeligen Herren die "Hypochondrie", worunter damals nervöse Reizbarkeit, Depressionen, Müdigkeit etc. verstanden wurden. Adelige Damen bekamen bei den Heilveranstaltungen MESMERs ihre "Krisen" (die wie ihre "vapeurs" aussahen), Angehörige des Bauernstandes hingegen fielen in tiefen Schlaf (vgl. ELLENBERGER 1973, S. 264f.).

54 Auch Paul DUBOIS schreibt im Jahre 1904 rückblickend: "Die deutschen Kliniker schienen lächelnd anzunehmen, man müsse nach Paris gehen, um schwere Hysterien zu beobachten. Wollte man ihren Aussprüchen Glauben schenken, so äußerten die starken Frauen Germaniens ihre Nervosität niemals unter so extravaganten Krankheitsbildern." (DUBOIS 1910, S. 144)

55 FREUD praktizierte in Wien, DUBOIS in Bern. Schilderungen anderer Ärzte in anderen Städten Europas zeigen das gleiche Bild, vgl. etwa MUNTHE 1980.

56 Nicht zufällig veröffentlichte Emile DURKHEIM im Jahre 1897 seine berühmt gewordene Selbstmordstudie, die zum ersten Mal den Nachweis der sozialen Gesetzmäßigkeit eines vordergründig subjektiven Phänomens erbrachte.

57 "Armer Tausk, ich hatte ihn lieb, glaubte ihn zu kennen und hätte doch nie, nie an Selbstmord gedacht." (ANDREAS-SALOME 1965, S. 161)

58 In vorliegendem Rahmen kann das Anomie-Konzept DURKHEIMs nicht diskutiert werden; es benennt einige (nach wie vor gültige) gesellschaftliche Ursachen für das scheinbar individuelle Phänomen (DURKHEIM 1897). Vgl. auch S. TÖMMEL, Psychosoziologie des Suizids, (im Druck).

59 Robert MUSIL hat in seinem Roman "Der Mann ohne Eigenschaften" (1952) am Beispiel der "Parallelaktion" zu Ehren Kaiser Franz-Josephs die Umstrukturierung der Klassen und Schichten in Österreich-Ungarn in unnachahmlicher Weise beschrieben.

60 DÖRNER verwendet den Terminus "Psychiatrie" wie in den USA üblich; in den europäischen Ländern war der Psychiater immer der für die "Geisteskranken" zuständige Arzt; der Neurologe war für die "Nervenkranken" zuständig (vgl. auch Kapitel 4, Abschn. 4 dieser Arbeit).

61 Wir haben im übrigen bis heute keineswegs den Kulminationspunkt überschritten: was sich derzeit als Gruppendynamik, Sensitivity-Training, Self-Awareness etc. unter dem Titel "Therapie für Gesunde" mit viel Erfolg den städtischen Bevölkerungsmassen, vorwiegend noch der Mittelschicht, verkauft, ist durchaus als Fortsetzung der im 19. Jht. rasant einsetzenden Ausbreitung des Gewahrwerdens von Abweichungen im Hinblick auf den Normalitätsbegriff, oder, wo dieser nicht existiert, einer Normalitätsvorstellung, zu sehen. Die Grenzen dieser Vorstellungen werden noch immer enger, und

nur im Ansatz sind bisher Versuche unternommen worden, nicht diese Grenzen mit Therapieversuchen letzten Endes aufrecht zu erhalten oder noch enger zu ziehen, sondern die Normalitätsvorstellungen und deren Herkunft selbst in den analytischen Blick zu nehmen.

62 ZWEIG schrieb diese Erinnerungen kurz vor seinem freiwilligen Tod im Exil, 1942.

63 Der eher ungenaue Ausdruck "natürlich" bezieht sich hier auf eine Stelle bei ELLENBERGER, in der er schreibt, man habe sich oft gefragt, warum die Hysterie in den 80er Jahren des 19. Jhdts. so zahlreich aufgetreten und nach 1900 sehr rasch verschwunden sei: es habe wohl an der "affektierten", d.h. "unnatürlichen" Lebensweise insgesamt gelegen (vgl. ELLENBERGER 1973 I., S. 335).

64 Vgl. dazu die Berufsordnung für Mediziner, die noch heute einen "festen Amtssitz" zur Vorschrift macht, ein Hinweis auf die nicht selbstverständliche Seßhaftigkeit der Ärzte, sondern auf ihre Vergangenheit als "Wanderärzte". In: SPANN (1962), S. 223. Auch der Terminus "Niederlassung" weist auf die historische Wanderlust der Mediziner hin.

65 Vgl. A. MECHLER 1963, S. 405, wo er frühere irrige Auffassungen über die Herkunft und das Wort "Psychiatrie" korrigiert.

66 Ein "Vesicans" ist ein blasenziehendes Hautreizmittel als Zugpflaster und ferner ein Beispiel für die höchst abenteuerlichen Heilversuche der Zeit.

67 Kaspar Hauser, ein Epileptiker, verdankt seine Geschichte der Tatsache, daß zu dieser Zeit "Geisteskranke" von vielen Familien einfach in einem Keller versteckt wurden, zwar Essen und Getränke bekamen, aber als "Schande der Familie" nicht nach außen gezeigt wurden. Schande deshalb, weil auch moralische Schuld, Sünde und Strafe als Ursache geistiger Verwirrungen angenommen wurden.

68 Der von DÖRNER ausführlich dargestellte William BATTIE (1704-1776) kann dementsprechend als ein zwar sicherlich genialer, aber nicht sehr wirkungsvoller Vorläufer betrachtet werden: für seine fortschrittlichen Theorien, fußend auf der langjährigen, exakten Beobachtung Geisteskranker in Londoner Anstalten, war die Zeit noch nicht reif genug. Vgl. auch KRAEPELIN (1918), der BATTIE nicht kannte.

69 JONES schreibt im ersten Band seiner FREUD-Biographie, daß FREUD "sehr wahrscheinlich" die Schriften GRIE-

SINGERs gekannt, auf jeden Fall aber über seinen Lehrer MEYNERT Zugang zu GRIESINGERs Schriften gehabt und von ihnen eine "sehr hohe Meinung" besessen habe (1978, S. 432).

70 Archiv für Psychiatrie und Nervenkrankheiten, herausgegeben von Dr. W. GRIESINGER, I. Band, Berlin, 1868-69.

71 Das medizinische Modell wird heute bekanntlich innerhalb der Psychiatrie wieder angegriffen: vgl. dazu die Literatur zur "Antipsychiatrie". Auffallend ist die Unkenntnis der historischen Wurzeln des "medizinischen Modells" und der romantischen Tradition, in der die "Antipsychiatrie" steht. Eine soziologische Untersuchung zur Neuauflage der alten Auffassungen fehlt u.W. bisher.

72 Z.B. von CHARCOT und DUBOIS; vgl. dazu weiter unten, vor allem Abschnitt 5.2. und 5.4. dieses Buches.

73 Vgl. zur "wissenschaftlichen Sozialisation" FREUDs ausführlich Kapitel 6.1. dieses Buches.

74 Die Vorstellungen FREUDs über den "psychischen Apparat" bzw. dessen Anordnung und sein Funktionieren bei Hemmungen lassen sich direkt auf die neurologischen Vorstellungen JACKSONs zurückführen.

75 Meyers enzyklopädisches Lexikon, Stichwort "Neurologie", Bd. 17, S. 128 (1976).

76 Vgl. ACKERKNECHT 1967, S. 82 und ELLENBERGER 1973, I., S. 143 ff. Zu der "Theorievariante", die CHARCOT anbot, vgl. Abschnitt 5.1. dieses Buches.

77 Der Wiener Arzt Anton MESMER (1734-1815) hatte ein Jhdt. zuvor durch Handauflegen und durch Berührung von mit "magnetischen" Kräften geladenen Gegenständen zahlreiche Menschen geheilt, hatte dann aber wegen starker Anfeindungen ("Scharlatanerie") von Wien nach Paris fliehen müssen. In Frankreich wurde er von zahlreichen Nachfolgern kopiert, die Hypnose unter dem Namen "Magnetismus" weiterentwickelt. Allerdings sahen die Nachfolger MESMERs bald, daß es sich keineswegs um ein "Fluid" und dessen Wirkungen handelte, sondern um psychologische Kräfte, die einen schlafähnlichen Zustand auslösen und den Hypnotisierten der Suggestion öffnen konnten (vgl. auch ELLENBERGER 1973, I., S. 95 ff.).

78 CHARCOTs Schüler Josef BABINSKI (1857-1932) erwarb sich nach dessen Tod Verdienste durch den Nachweis der "Unechtheit" fast aller von CHARCOT beschriebenen hysterischen Symptome (vgl. ACKERKNECHT 1967, S. 82 und ELLENBERGER 1973, I., S. 143 ff.).

79 Vgl. im übrigen diesen Begriff bei Wilhelm WUNDT, bei dem er eine zentrale Rolle spielt, ebenso bei PIAGET.

80 Was sich vor allem in seinem ersten Entwurf zu einer wissenschaftlichen Psychologie zeigt, den er allerdings selbst nie veröffentlicht hat (vgl. FREUD 1962, S. 297-384).

81 Franz Anton MESMER, Mémoire sur la découverte du Magnétisme animal, London und Paris 1780. Ders., Précis historique des faits relatif au Magnétisme animal jusque en Avril 1781, Paris 1781. Zur Geschichte des "Mesmerismus" bzw. des "Thierischen Magnetismus" vgl. ELLENBERGER 1973, I., S. 89-162.

82 Dies berichtete der russische Arzt LYUBIMOW (zit. nach ELLENBERGER 1973, I., S. 151).

83 So schildert z.B. auch Arthur SCHNITZLER in seiner Autobiographie "Jugend in Wien" seine Versuche, Hals-Nasen- und Ohrenkrankheiten (er war wie sein Vater Laryngologe) mit Hilfe der Hypnose zu heilen (vgl. SCHNITZLER 1971).

84 James BRAID (1795-1860) führte 1853 den Begriff "Hypnotherapie" ein und beschrieb die Vorgänge der Wach- und Autosuggestion.

85 Dem Entdecker des nach ihm benannten "Babinski-Reflexes".

86 Bereits 1897 erschien ein "Lehrbuch der gesammten Psychotherapie" von dem Münchner Nervenarzt LÖWENFELD.

87 LIÉBAULT war das zwölfte Kind eines Bauern und hatte es zum Landarzt gebracht. Als Student soll er ein Buch über "thierischen Magnetismus" von MESMER gefunden und begonnen haben, die Bauern in seiner Umgebung kostenlos zu behandeln: dabei habe er nicht auf die Verschiedenheit der Krankheiten geachtet, sondern gleichermaßen Tuberkulosen, Geschwüre, Gelbsucht, Arthritis etc. mittels der "hypnotischen Suggestion" geheilt. Seine Erfolge wurden zwar bekannt, wurden aber von der wissenschaftlichen Medizin als "Quacksalberei" klassifiziert (ELLENBERGER 1973, S. 139).

88 ELLENBERGER 1973, S. 449. ELLENBERGER bedient sich einer etwas anderen Terminologie als die vorliegende Arbeit: da er in den USA arbeitet und schreibt, hat er auch den dort üblichen Begriff von Psychiatrie verwendet, der z.T. identisch ist mit Psychoanalyse und/oder anderen nicht-naturwissenschaftlichen psychotherapeutischen und psychologischen Theorien. In Europa (obgleich sich derzeit z.B. in der soziologischen Rezep-

tion der amerikanischen Literatur der Unterschied verwischt) ist es sowohl traditionell als auch derzeit üblich, zwischen Psychiatrie und Psychoanalyse oder anderen psychotherapeutischen Methoden genau zu unterscheiden (vgl. Kapitel 4.3. dieser Arbeit, wo der Unterschied wissenschaftshistorisch erläutert wird).

89 Es ist offensichtlich, daß der "Rapport", von welchem JANET hier schreibt, das Übertragungskonzept S. FREUDs meint bzw. in nuce enthält. Ebenso die frühen Formulierungen über das "Unbewußte".

90 Die Heilungsgeschichte der "Marie" ist veröffentlicht in einem der ersten Hauptwerke JANETs: Pierre JANET, L'Automatisme psychologique. Paris (1889), S. 44. Dieses Buch erschien also vor BREUERs und FREUDs "Studien über Hysterie" (1895).

91 Vom Konzept des "automatischen Schreibens" zu dem der "freien Assoziation" ist kein großer Schritt.

92 Im Gegensatz zu den Werken JANETs; möglicherweise liegt die Begründung hierfür lediglich in der Zweisprachigkeit der Schweiz.

93 Vgl. auch die Vorrede von DÉJERINE zu DUBOIS' oben zitiertem Werk. DÉJERINE war zu dieser Zeit (1904) der Nachfolger CHARCOTs an der Salpêtrière.

94 Vgl. die Auseinandersetzung über die verschiedene Klientel der Neurologen und Psychiater, s. Kapitel 4 dieses Buches.

95 "Die Nervösen sind suggestibel, ermüdbar, empfindlich und erregbar bis zum Exzeß." (DUBOIS 1910, S. 123)

96 "Es ist unmöglich, aus den pathologischen Zuständen des Geistes scharf gezeichnete Krankheitsbilder zu konstruieren und sie je nach ihren Symptomen in streng voneinander getrennte Klassen zu ordnen. Die Farben gehen im Gegenteil ineinander über, wie im schattierten photographischen Grund, der vom blendendsten Weiß ins tiefste Schwarz übergeht. Keiner von uns kann den Anspruch darauf erheben, in dieser weißen Zone Platz zu nehmen, welche die ideale unerreichbare Gesundheit darstellt; wir stehen alle im Schmutzigweißen, im Hellgrauen." (DUBOIS 1910, S. 175)

97 Z.B. CHARCOT, BERNHEIM, FREUD, BREUER, JANET.

98 "Veitstanz".

99 Also 1903 oder 1904 (DUBOIS 1910, S. 190).

100 Alle diese Begriffe deuten auf das hin, was man heute als "kognitive Umstrukturierung" bezeichnen würde.

101 Die "wissenschaftliche Sozialisation" läßt sich nur will-kürlich von der schulischen (Sekundär-) und der in der Familie stattfindenden (Primär-)Sozialisation abgrenzen. Selbstverständlich lassen sich Einflüsse auf die Berufswahl, die wichtigsten Interessengebiete, die Art ihrer Auswahl und die Bestimmungen durch große Lehrer bis in die frühen Kinderjahre zurückver-folgen. Im vorliegenden Zusammenhang kommt es aber weniger auf die frühen biographischen Ereignisse als vielmehr auf die Einflüsse an, die FREUD im Rahmen seiner "Scientific community" geprägt haben.

 Zur primären und sekundären Sozialisation FREUDs vgl. auch BERNFELD 1944b, 1946; SAJNER 1968; JONES, I., 1978; KRÜLL 1979. Die Darstellung der wissen-schaftlichen Sozialisation stützt sich im wesentlichen auf BERNFELD 1944a, 1949, BERNFELD-CASSIRER 1952 (zitiert wird nach BERNFELD/BERNFELD-CASSIRER 1981); JONES, I., 1978, SULLOWAY 1979).

102 Diese Abneigung steht in Widerspruch zu einer gewissen Freude an der Spekulation; dazu später weitere Ausfüh-rungen.

103 Vgl. JONES, I., 1978, S. 57ff. Die Sitzung der Kaiser-lichen Akademie der Wissenschaften fand am 15. März 1877 statt; veröffentlicht im LXXV. Band der Sitzungs-berichte der Königlichen Akademie der Wissenschaften, I. Abt. April 1877, zitiert nach JONES, I., 1978, S. 59.

104 Diese Freundschaft ist mit FREUDs nicht sehr glücklich verlaufener Kokain-Episode verknüpft (vgl. dazu BERN-FELD/CASSIRER-BERNFELD 1981, S. 198–236, JONES, I., 1978, S. 102–125, SULLOWAY 1982, S. 55ff.).

105 Eine Stellung, mit der in bescheidenem Umfang auch eine Lehrtätigkeit verbunden war; nachdem FREUD im Jahr 1881 seine Rigorosa absolviert hatte, stieg er bei BRÜCKE zum "Demonstrator" auf (vgl. JONES, I., 1978, S. 82).

106 Zur Zeit der Abfassung der "Traumdeutung" war BRÜCKE gerade 7 Jahre tot. Er starb 1892 im Alter von 73 Jahren.

107 Sitzungsberichte der Kaiserlichen Akademie der Wissen-schaften (Wien). Mathematisch-Naturwissenschaftliche Classe, 75, III. Abtheilung, 15–27 (1877).

108 Sitzungsberichte der K. Akademie der Wissenschaften (Wien), Mathematisch-Naturwissenschaftliche Classe, 75, I. Abtheilung 419–30 (1877).

109 Sitzungsberichte der K. Akademie der Wissenschaften (Wien), Mathematisch-Naturwissenschaftliche Classe, III. Abtheilung, S. 81-167 (1878). (Vgl. auch BERN-FELD/CASSIRER-BERNFELD 1981, S. 112ff.)

110 Centralblatt für die medicinischen Wissenschaften, 17, 1879, S. 468-69.

111 Sitzungsberichte der Kaiserlichen Akademie der Wissenschaften (Wien), Mathematisch-Naturwissenschaftliche Classe, III. Abtheilung, S. 9-46 (1882).

112 Über den Einfluß Meynerts auf FREUD vgl. DORER 1932, SPEHLMANN 1953, BERNFELD/CASSIRER-BERN-FELD 1981, JONES, I., 1978, SULLOWAY 1979.

113 BERNFELD/CASSIRER-BERNFELD 1981, S. 177, JONES, I., 1978, S. 95ff., GICKLHORN und GICKLHORN 1960, S. 5ff.

114 Die niedergelassenen Ärzte Wiens gehörten zu dieser Zeit noch dem "Ärztekollegium" an, das gemeinsam mit den Universitätswissenschaftlern gebildet wurde; daher war der Kontakt und die Kommunikation der niedergelassenen Ärzte mit den wissenschaftlich erreichten Fortschritten der Medizin ein anderer als heute; damit verbunden gab es eine stärkere soziale Kontrolle der niedergelassenen Ärzte, die nur deren Qualität gedient haben kann (vgl. auch LESKY 1965).

115 Vgl. dazu im einzelnen HIRSCHMÜLLER 1978, S. 71-254.

116 HIRSCHMÜLLER 1978, S. 19. Auch BREUER war wie FREUD jüdischer Abstammung. Er führte allerdings nie irgend eine Art von Benachteiligung darauf zurück.

117 So Marie v. EBNER-ESCHENBACH, EXNER, FREUD, WAGNER-JAUREGG u.a.

118 Während der häufig zugunsten FREUDs parteiische JONES in seiner Biographie bemerkt, an dem Zerwürfnis zwischen MEYNERT und FREUD habe ersterer zweifellos einen großen Anteil, ist er bezüglich der Beziehung zwischen BREUER und FREUD gegenteiliger Auffassung: hier gibt er im wesentlichen FREUD die Schuld (JONES, I., 1978, S. 264-315; vgl. auch SCHUR 1973).

119 HIRSCHMÜLLER 1978, S. 179. Aufgrund seiner Recherchen korrigiert HIRSCHMÜLLER JONES, der der Auffassung war, BREUER und FREUD hätten sich erst 1881 kennengelernt (vgl. JONES, I., 1978, S. 266).

120 FREUD schreibt: "Wir hatten uns daran gewöhnt, alle wissenschaftlichen Interessen miteinander zu teilen. Natürlich war ich der gewinnende Teil in diesem Verhältnis" (GW XIV, S. 43).

121 Zur Geschichte der Anna O. vgl. HIRSCHMÜLLER 1978, S. 131–177, JONES, I., 1978, S. 266ff.).

122 Zu den Arbeiten JANETs vgl. Kapitel 5.3. dieses Buches. Im übrigen ist diese Bemerkung ein Beitrag zum Prioritätenstreit zwischen FREUD und JANET.

123 FREUD (GW XIV, S. 46f.). 1897 wurde die "BREUER/ FREUDsche kathartische Methode" als "spezielle Psychotherapie" in dem bereits zitierten Lehrbuch von LÖWEN-FELD (1897) dargestellt.

124 Die Auseinandersetzung zwischen BREUER und FREUD ist in der Literatur breit behandelt worden, z.B. von JONES, I., 1978, S. 264–315, SULLOWAY 1979, S. 70–100, HIRSCHMÜLLER 1978, S. 244–255.

125 Weitere Beispiele für diese Empfänglichkeit sind seine Beziehungen zu Wilhelm FLIESS zu C.G. JUNG und zu Sandor FERENCZI. Er selbst sprach sich eine faszinierende Wirkung auf Menschen ab, suchte und bewunderte sie bei anderen aber umsomehr.

126 Vgl. Kapitel 5.3.2. und 6.1. dieses Buches.

127 Vgl. S. TÖMMEL, War Freud ein "Biologe der Seele"? (In Vorbereitung)

128 Wilhelm ERB (1840–1921) war Professor für Neurologie in Leipzig und Heidelberg; eines seiner Hauptwerke, das FREUD hier erwähnt, handelte über Elektrotherapie: W. ERB, Handbuch der Elektrotherapie, Leipzig 1882.

129 Paul MÖBIUS (1853–1907), ebenfalls Neurologe, war zunächst Dozent in Leipzig, später niedergelassener Nervenarzt; er arbeitete vor allem über Hysterie, Neurasthenie und Migräne; berühmt wurde sein 1900 veröffentlichtes und heute wieder neu aufgelegtes Werk: "Über den physiologischen Schwachsinn des Weibes", Leipzig 1900.

130 Vgl. Kapitel 2.2. dieses Buches; dort wurde dargelegt, daß LIEBAULT ein einfacher Landarzt war, der seine Behandlungen oft umsonst anbot.

131 S. BERNHEIM, Die Suggestion und ihre Heilwirkung, 1888. Ders., Neue Studien über Hypnotismus, Suggestion und Psychotherapie, 1892.

132 Solche Gedächtnisfehler sind bei FREUD relativ häufig anzutreffen; da die "Selbstdarstellung" erst 1925 verfaßt wurde, ist der kleine Fehler vielleicht auf die lange Zeit dazwischen zurückzuführen.

132 FREUD schrieb mit großer Offenheit an W. FLIESS: "Was es mit der Suggestion für eine Bewandtnis hat, wissen Sie. Ich habe die Arbeit sehr ungern übernommen, nur um bei einer Sache, welche in den nächsten

Jahren gewiß die Praxis der Nervenärzte tief beeinflussen wird, eine Hand im Spiele zu behalten. Ich teile Bernheims Ansichten, die mir einseitig scheinen, nicht, und habe in der Vorrede den Standpunkt Charcots in Schutz zu nehmen versucht. Mit welcher Geschicklichkeit, weiß ich nicht; aber ich weiß bestimmt, mit schlechtem Erfolg. Die suggestive, d.h. introsuggestive Theorie Bernheims hat einen common-place-Zauber für die deutschen Ärzte, welche keinen großen Sprung zu machen brauchen, um aus der Simulationstheorie, bei der sie jetzt stehen, in die Suggestionstheorie hineinzukommen." (S. FREUD 1962, S. 56 (Brief 5))

134 Die größere Personenbezogenheit von Frauen gegenüber der (im Durchschnitt) größeren Sachbezogenheit der Männer hat nicht nur die moderne Sozialisationsforschung klar herausgestellt; sie ist wohl auch ein "soziobiologisches Phänomen" im engeren Sinne.

135 Vgl. dazu die Jugenderinnerungen FREUDs: einmal die, "in einer Eihaut geboren" worden zu sein, was Glück verheiße, zum zweiten die der Weissagung einer Zigeunerin, er werde berühmt werden; drittens an die (GOETHE unterschobene) Rolle des Lieblingssohnes seiner Mutter, welche zeitlebens Selbstvertrauen und, in dessen Gefolge, auch tatsächlichen Erfolg nach sich ziehe (S. FREUD, GW II/III, S. 198; GW XII, S. 26; GW II/III, S. 203).

136 Vgl. zum Begriff und Konzept der "Assimilation" PIAGET 1969.

137 Wilhelm FLIESS (1858-1928) war Facharzt für Hals-Nasen-Ohrenkrankheiten; er praktizierte als niedergelassener Arzt in Berlin, seine Heimatstadt war Wien. Die Beziehungen der beiden Männer, deren Intimität immer wieder Erstaunen innerhalb und außerhalb von Psychoanalytikerkreisen hervorgerufen hat, (insbesondere auch der Tatbestand der Unterordnung FREUDs unter seinen Freund FLIESS) ist in der Literatur ausführlich analysiert worden, zuletzt von SULLOWAY (1979). Davor: E. JONES, I. (1978), ELLENBERGER (1973, II), Max SCHUR (1973); den besten Eindruck bekommt der Leser von dem seit 1962 in deutscher Sprache veröffentlichten Briefwechsel der beiden Männer; (vgl. Sigmund FREUD, Aus den Anfängen der Psychoanalyse, Briefe an Wilhelm FLIESS, Abhandlungen und Notizen aus den Jahren 1887-1902). In vorliegendem Zusammenhang wird auf diese Beziehung nur so weit eingegangen, wie sie von unmittelbarer Relevanz ist.

138 S. FREUD, Zur Auffassung der Aphasien: Eine kritische Studie, Leipzig und Wien 1891.

139 S. FREUD und Oskar RIE, Klinische Studie über die halbseitige Cerebrallähmung bei Kindern. Heft III der Beiträge zur Kinderheilkunde, herausgegeben von Max KASSOWITZ, Wien 1891.

140 S. FREUD, L.O. v. DARKSCHEWITSCH, Über die Beziehung des Strickkörpers zum Hinterstrang und Hinterstrangskern nebst Bemerkungen über zwei Felder der Oblongata. In: Neurologisches Centralblatt, Nr. 5, 1866, S. 121-129.

141 Z.B. erschienen um dieselbe Zeit: Richard v. KRAFFT-EBING, Hypnotische Experimente, Stuttgart 1893; Moritz BENEDIKT, Hypnotismus und Suggestion, Eine klinischpsychologische Studie, Leipzig und Wien 1894; Pierre JANET, Contribution à L'étude des accidents mentaux chez les hystériques. Med. Doktorarbeit, Paris 1893; Heinrich OBERSTEINER, Die Lehre vom Hypnotismus, Wien 1893; Frederick W.H. MYERS, The Subliminal Consciousness.

142 Diese Diskrepanz wird von JONES, KRIS und SCHUR als die Hauptquelle des Zerwürfnisses zwischen FREUD und BREUER angegeben.

143 Hier handelt es sich um einen Nachdruck des am 2.2.1896 in der Neuen Presse erschienenen Artikels von BERGER.

144 Im Vorwort zu den "Studien" hatte FREUD geschrieben, daß sie nicht für alle theoretischen Behauptungen auch die empirischen Beweise antreten könnten, weil sie sich an ein "gebildetes und lesendes Publikum" wendeten und die Patienten, die aus derselben Schicht stammten, anonym bleiben müßten.

145 Vgl. oben Kapitel 4.3.1. dieses Buches. FREUD hatte sich mit der Paranoia beschäftigt, einer Krankheit, die traditionell in das Gebiet der Psychiatrie fiel.

146 R. v. KRAFFT-EBING, Psychopathia Sexualis (1886).

147 Nachdem ihm einige Patienten von einer früheren Verführung durch die Eltern erzählt hatten, begann FREUD, aktiv nach diesen traumatischen Erlebnissen zu forschen. Er merkte erst relativ spät, daß es sich bei diesen Erzählungen häufig um Phantasien seiner Patientinnen handelte (vgl. auch MASSON 1984).

148 Die "Schreiblähmung" bezog sich offensichtlich auf eine geminderte Lust, mit FLIESS zu korrespondieren.

149 Nach ELLENBERGER hat auch C.G. JUNG eine solche Krankheit durchgemacht.

150 Vgl. auch ELLENBERGER, der die Quellen der "Traum-deutung" analysiert und die originalen Leistungen FREUDs herausstellt (1973, II., S. 676-679 und S. 1044-1047); ferner JONES 1978, S. 406-421 und SULLOWAY 1979, S. 327-350.

151 Neues Wiener Tagblatt, 29. und 30. Januar 1902, zit. nach ELLENBERGER 1973, II., S. 1047.

152 Entfällt

153 Wie gezeigt wurde, war die Psychologie im 19. Jhdt. zunächst rein philosophisch, dann zwar experimentell, aber nicht klinisch oder psychopathologisch ausgerichtet. Die Psychopathologie war das Gebiet der Psychiater, also der Ärzte. Die Neurosen wurden erst langsam als psychische, nicht organische Krankheiten erkannt (vgl. Kapitel 5.3. dieses Buches).

154 Persönliche Mitteilung an JONES; dieser zitiert sie in FREUDs Biographie. Dort heißt es: "Als der Verfasser ihn einmal fragte, welches seine Lieblingswerke seien, nahm er die 'Traumdeutung' und 'Drei Abhandlungen zur Sexualtheorie' vom Büchergestell und erklärte, er hoffe, seine Sexualtheorie werde bald allgemein aner-kannt und darum veraltet sein, während das Buch über Traumdeutung sich länger halten dürfte ... er scheine dazu bestimmt, nur Selbstverständlichkeiten zu entdecken: daß Kinder sexuelle Gefühle hätten, was jedes Kindermädchen wisse, und daß nächtliche Träume genau so sehr eine Wunscherfüllung seien wie Tagträume." (JONES, I., 1978, S. 406)

155 Karl Albrecht SCHERNER, Das Leben des Traumes, Berlin 1891; Ignaz TROXLER, Blick in das Wesen des Menschen, Aarau 1812; Alfred MAURY, Le som-meil et les rêves, Paris 1861; John MOURLY VOLD, Einige Experimente über Gesichtsbilder im Traume, Dritter Internationaler Congress für Psychologie in München 1896; München 1897; Marie-Jean-Léon HER-VEY de SAINT-DENIS, Les rêves et les moyens de les diriger, Paris 1867. Alle diese Werke sind aber mehr oder weniger beliebige, häufig romantische Deu-tung von Träumen. Zur Traumliteratur, die FREUD in seinem Buch verarbeitete, vgl. FREUD, GW II/III, S. 1-99.

156 Gemeint ist Dr. Heinrich GOMPERZ, später Professor für Philosophie in Wien und Los Angeles; vgl. FREUD 1962, Anm. S. 436.

157 Also im Jahr 1895. FREUD verlängert hier den Zeitraum seiner wissenschaftlichen Einsamkeit, da er bereits

im Jahr 1902 zunehmend Anhänger um sich sammeln konnte. Vgl. auch FREUD, GW X, S. 63.

158 SULLOWAY hat sich die Mühe gemacht, diese Zahlen zu errechnen (vgl. ders. 1979, S. 347; vgl. auch ELLENBERGER 1973, II).

159 SULLOWAY hat die wissenschaftliche Beziehung zwischen FREUD und FLIESS ausführlich untersucht (vgl. ders. 1979, S. 135-237).

160 Die Protokolle erschienen zunächst in einer amerikanischen Übersetzung unter dem Titel: "Minutes of the Vienna Psychoanalytic Society" (New York 1962). In der Einleitung erklärt Ernst FEDERN diesen erstaunlichen Tatbestand sowie auch den, daß die Protokolle lange Zeit überhaupt nicht erschienen sind: FREUD hatte vor seiner Emigration die Protokolle FEDERN anvertraut. Ernst FREUD meinte, sein Vater habe den Protokollen keine große Bedeutung beigemessen; anders konnte er es sich nicht erklären, daß weder er noch Anna FREUD etwas von deren Existenz wußten. Paul FEDERN verfügte testamentarisch, daß die Protokolle in den Besitz seiner Kinder übergehen und von seinem Sohn Ernst FEDERN zusammen mit Hermann NUNBERG veröffentlicht werden sollten (vgl. dazu die Einleitung von Ernst FEDERN, geschrieben in Wien 1975, S. XIV).

161 Z.B. STEKEL, Koitus im Kindesalter. In: Wiener medizinische Blätter, 18. April 1885, S. 242-244.

162 Quellen für die Tabelle sind im wesentlichen NUNBERG/FEDERN 1976-1981, JONES, I.-III., FREUD X., S. 44-113 und XIV., S. 31-96.

163 Otto RANK, ein in späteren Jahren kreativer Schriftsteller, war noch sehr jung, als er zum FREUDschen Kreise stieß; er stammte aus beengten Verhältnissen, wurde als Sekretär der Psychoanalytischen Vereinigung bezahlt und studierte teilweise mit finanzieller Unterstützung FREUDs.

164 Max GRAF war der Vater und Analytiker des "kleinen Hans", dessen im Kindesalter durchgemachte Pferdephobie von FREUD publiziert wurde (FREUD, GW. VII., S. 241-377).

165 FREUD, GW X., S. 96ff. Die Einschätzung FREUDs läßt sich in ADLERs Werk aufzeigen.

166 JONES erzählt hierzu einige komische Anekdoten (vgl. ders., 1978, II., S. 165ff.).

167 Auch einer viel umfassenderen, als heute allgemein angenommen wird; selbst in Fachkreisen war FREUD in den ersten Jahren des 20. Jhdt. vielen unbekannt.

168 Der Durchschnitt ergibt sich aus der Durchsicht der Gesamtsitzungen.

169 E. JONES schrieb nicht nur eine dreibändige, mit den reichsten Materialquellen arbeitende Biographie über FREUD, er sorgte 1939 auch für dessen Auswanderung und Eingliederung in London, war selbst Psychoanalytiker und hatte jahrelang die verschiedensten zentralen Funktionen in der psychoanalytischen Organisation inne. BRILL übersetzte die Werke FREUDs; er trug maßgeblich zur frühen Verbreitung der Psychoanalyse in den Vereinigten Staaten bei.

170 ABRAHAM hatte im wesentlichen FREUDs Theorie vorgetragen, nach welcher das Spätstudium der Dementia praecox nicht aus der Zerstörung der geistigen Fähigkeiten resultiere, sondern, da der Fixierungspunkt früher als bei den Neurosen läge, von der völligen Blockierung des Gefühlslebens verursacht sei; C.G. JUNG hatte seine auch im "Briefwechsel" immer wieder vorgetragene Theorie zur Diskussion gestellt, ein noch unbekanntes "Psychotoxin" zerstöre das Gehirn; FREUD interpretierte den vermeintlichen Nichtzugang zur psychoanalytischen Denkweise aus JUNGs Christen- und Nichtjudentum. Im übrigen ist im Prinzip diese Diskussion bis heute nicht beendet. Die Ätiologie der "Dementia praecox", die seit E. BLEULER (1911) "Schizophrenie" heißt, ist auch heute noch zwischen klinischen Psychiatern und Psychoanalytikern umstritten.

171 Während JONES diese Angriffe aus der Sichtweise FREUDs schildert, unübersehbar aber auch aus der eines Zeitgenossen und Mitkämpfers und daher zuweilen zu Übertreibungen zu neigen scheint, nehmen z.B. ELLENBERGER und auch SULLOWAY den gegenteiligen Standpunkt ein: sie scheinen die Feindseligkeit eher zu untertreiben als realistisch einzuschätzen. Bei Lektüre der Originaltexte so mancher psychiatrischen Kritik der Zeit und unter Hinzunahme des von JONES plausibeln Argumentes, die Hauptanteile der Angriffe seien nicht gedruckt worden - einfach, weil sie nicht druckreif gewesen seien - sondern vor allem auf Kongressen und in inoffiziellen Gesprächen zum Ausdruck gekommen, kann man sich dem Eindruck nicht verschliessen, daß die Einsamkeitsgefühle FREUDs, die Einschätzung der Feindseligkeiten vieler, wenn auch bei weitem nicht aller Kollegen, so unrealistisch nicht gewesen sind: vgl. dazu ausführlich Kapitel 8 dieses Buches.

172 Vgl. dazu z.B. die Schilderung FREUDs an JUNG über den Besuch FRIEDLÄNDERs: "... Da hatte ich also unseren großen Feind" (FREUD/JUNG 1974, S. 356ff., vgl. auch Kapitel 8 u. 9 dieses Buches).

173 Vgl. dazu BETTELHEIM (1984), der die Auffassung vertritt, durch Übersetzungsfehler sei FREUD in den USA nie wirklich verstanden worden.

174 "Laienanalyse" ist sicher ein etwas problematischer Ausdruck. Er reflektiert die zuweilen grotesken standespolitischen Glaubensbekenntnisse der Zeit, zu deren Credo die Bezeichnung des Mediziners als "Fachmann" und der anderen (aller anderen?) als "Laien" gehört. FREUD, Arzt, aber kein überzeugter Mediziner, hat hierzu bekanntlich deutlich Stellung bezogen und die Nachteile der, wie wir heute sagen würden, "Medizinalisierung" für die Weiterentwicklung der Psychoanalyse deutlich genug herausgestellt (GW XIV, S. 209-286).

175 Die Kritik wurde so ausführlich zitiert, weil sie besonders plastisch die Bedenken der damaligen Schulpsychiatrie formuliert; sie kann als repräsentativ gelten.

176 Otto BINSWANGER (1852-1929), Professor für Psychiatrie und Leiter der Psychiatrischen Klinik an der Universität Jena; er war ein Onkel von Ludwig BINSWANGER (vgl. oben).

177 Korbinian BRODMANN (1868-1918), Herausgeber des Journals für Psychologie und Neurologie.

178 Oskar VOGT (1870-1959) war deutscher Hirnforscher. Er hatte das Hirnforschungsinstitut in Berlin-Buch und Neustadt gegründet und geleitet. Zusammen mit FOREL und anderen hatte er die "Internationale Gesellschaft für medizinische Psychologie und Psychotherapie" gegründet. FREUD und JUNG, die mehrfach eingeladen wurden, schienen die inhaltlichen Gegensätze zwischen beiden Vereinen zu groß, um eine Zusammenführung der Psychotherapeuten anzustreben (vgl. dazu FREUD/JUNG 1974).

179 Keine Angaben gefunden.

180 Willy HELLPACH (1877-1955), Mediziner und Psychologe, ab 1911 Professor in Karlsruhe.

181 Entfällt

182 Es handelt sich hier um Ernst MEYER (nicht Adolf MEYER). E. MEYER (1871-1931) war Professor der Psychiatrie und Neurologie in Königsberg.

183 Keine Angaben gefunden.

184 Gustav ASCHAFFENBURG (1866-1944), Professor für Neurologie und Psychiatrie in Heidelberg, später in Halle und Köln.

185 Ludwig FRANK (1863-1935), Nervenarzt in Zürich.
186 Dumeng BEZZOLA (1868-1936), Arzt für Psychiatrie in Graubünden (Schweiz).
187 Alfred Erich HOCHE (1865-1943), Professor für Psychiatrie in Freiburg.
188 Max ISSERLIN (1879-1941), Nervenarzt in München, Assistent bei KRAEPELIN.
189 Walter SPIELMEYER (1879-1935), Arzt für Psychiatrie in Freiburg.
190 Oswald BUMKE (1879-1950), Professor für Neurologie und Psychiatrie in Rostock, Breslau, Leipzig und München.
191 Conrad RIEGER (1855-1939), Psychiater, ab 1887 Professor in Würzburg.
192 J.H. SCHULTZ (1884-1970), Nervenarzt, ab 1919 Professor in Jena, ab 1924 Psychotherapeut in Berlin. Erfinder des "Autogenen Trainings".
193 In JUNGs Brief steht - unkorrigiert und unkommentiert: "Selbstberäucherungsvereines" - es müßte aber wohl "Selbstbeweihräucherungsverein" heißen; Fehlleistung oder Druckfehler?
194 Gemeint ist der Leiter des Sanatoriums in Uchtspringe, Konrad ALT (1861-1922).
195 Theodor ZIEHEN (1862-1950), Professor für Psychiatrie und Neurologie in Berlin, später in Halle.
196 Heinrich SACHS, Professor für Psychiatrie in Breslau.
197 Vgl. Kapitel 5.3. dieses Buches.
198 Karl HEILBRONNER (1869-1914), Professor für Psychiatrie in Utrecht.
199 Womit er sich insofern kräftig blamiert hat, als C.G. JUNG seit Jahren auf diesem Gebiet arbeitete und bereits mehrere Arbeiten dazu veröffentlicht hatte, nicht aber FREUD, der mit JUNG hierüber nur korrespondierte. Die "Assoziationsexperimente" waren von der Methode FREUDs, seine Patienten "frei assoziieren" zu lassen, etwas Verschiedenes.
200 Entfällt
201 Otto GROSS war nicht nur Arzt, Psychiater und Assistent von KRAEPELIN, sondern auch Patient von FREUD und JUNG; seine Geschichte ist kürzlich veröffentlicht worden (Emanuel HURWITZ, Otto Groß, Paradies-Sucher zwischen Freud und Jung, Leben und Werk, Frankfurt 1979), GROSS lebte von 1877-1919. Er starb durch Suizid.
202 Z.B., daß JUNG "die Redezeit nicht eingehalten" und "die Mahnungen des Vorsitzenden nicht beachtet" habe (ebenda).

313

203 JONES über FREUD vor der Wiener Vereinigung, in: Jones (1978), Bd. II., S. 91.

204 FREUD hatte in seiner Jugend eine intensive Phase der Identifikation mit Hannibal durchgemacht (vgl. JONES, I., S. 43).

205 "Je mehr die Psychoanalyse den Charakter einer Bewegung annahm, desto mehr Polemik erhob sich um sie." (ELLENBERGER 1973, II., S. 1065) ELLENBERGER wundert sich vielleicht darüber deshalb wenig, weil sein Buch sich generell mit dem seit MESMER häufig ins Charismatische übergreifenden Gebiet der Psychotherapie befaßt.

206 FRIEDLÄNDER, Hysterie und moderne Psychoanalyse, Budapest 1909, S. 146-222, zit. nach ELLENBERGER 1973, II., S. 1075.

207 So ist überliefert, daß ADLER einmal FREUD gegenüber geäußert haben soll: "Glauben Sie denn, daß es ein so großes Vergnügen für mich ist, ein Leben lang in Ihrem Schatten zu stehen?" (Vgl. FREUD, GW X., S. 94)

208 Lou ANDREAS-SALOME, In der Schule bei FREUD. Tagebuch eines Jahres 1912/13 (München 1965). Dort schreibt sie über ADLER: "Er ist liebenswürdig und sehr gescheit. Mich störte nur zweierlei: daß er in viel zu persönlicher Weise von den obwaltenden Streitigkeiten sprach. Dann, daß er wie ein Knopf aussieht. Als sei er irgendwo in sich selbst sitzen geblieben." (S. 7) Im übrigen hielt sich Lou ANDREAS-SALOME nicht an den "Unvereinbarkeitsbeschluß": sie besuchte ADLERs Diskussionsabende ebenso wie die FREUDs, denen sie freilich die Priorität einräumte.

209 K. ABRAHAM, S. FERENCZI, E. JONES und A. SIMMEL, Die Psychoanalyse und die Kriegsneurosen, Wien 1919.

210 Dies war vor allem ein Verdienst der sich um diese Zeit immer stärker in der psychoanalytischen Bewegung engagierenden Anna FREUD, die sich Zeit ihres Lebens - ebenso wie ihr Vater - für die sog. "Laienanalyse" einsetzte.

211 Frühe Vertreter der Ich-Psychologie sind vor allem Heinz HARTMANN (1930, 1960, 1964), Hermann NUNBERG (1932) und Anna FREUD (1936).

212 Es wurde mehrfach darauf hingewiesen, welche terminologischen Schwierigkeiten sich deshalb in der Folge der Rezeption amerikanischer Literatur zur Psychiatrie ergeben haben und noch ergeben. Einen besonders hohen Anteil hat dabei die in der Nachfolge der amerika-

nischen Literatur verfaßte deutsche sozialpsychiatrische und soziologische Literatur. Die begrifflichen Schwierigkeiten reichen häufig weit in die zentralen inhaltlichen Fragestellungen hinein. Allerdings kann hier nicht näher auf das (bisher in der Literatur unbeachtete) Problem eingegangen werden.

213 In diesem Zusammenhang sind Bemerkungen FREUDs über JONES Einstellung zur Frage der "Heredität" und zu "psychogenen" Verursachung von Neurosen interessant. An C.G. JUNG schrieb er: "JONES ist gewiss ein sehr interessanter und wertvoller Mensch, aber ich habe gegen ihn ein Gefühl, beinahe sagte ich der Rassenfremdheit. Er ist ein Fanatiker und ißt zu wenig ... Er leugnet alle Heredität; ich bin ihm schon ein Reaktionär. Wie haben Sie sich nur bei Ihrer Mäßigung verstanden?" (FREUD/JUNG 1974, S. 161).

214 Im folgenden soll gezeigt werden, daß die Ablehnung der Psychoanalyse durch die Universitätswissenschaft auch später keine "Legende" ist, wie ELLENBERGER (1973, II.) und SULLOWAY (1979) glauben beweisen zu können; zwar kann es sich hier aus naheliegenden Gründen nicht um eine vollständige historische Rekonstruktion der akademischen Geschichte der Psychoanalyse handeln; wohl aber um den Nachweis der diesbezüglichen Problematik, die nach wie vor besteht. Der folgende Abschnitt stützt sich in der Hauptsache auf die Arbeiten von HUBER 1977 und 1978.

215 Zehn amerikanische Ärzte suchen die Wiener medizinische Schule, in: Österreichisches Tagebuch 1.10.47, zit. nach HUBER 1977, Anmerkung S. 203. Der Vorname FREUDs ist hier fälschlicherweise mit "ie" geschrieben.

216 FREUD widmete Stanley HALL seine Vorlesungen (FREUD, GW VII, S. 2).

217 Adolf MEYER (1866-1950), gebürtiger Züricher, Schüler von FOREL und J.J. HONEGGER.

 1892 ging er in die USA. Er war zunächst Professor für Psychiatrie an der Cornell University Medical School, New York. 1910 erhielt er einen Ruf an die Johns Hopkins University, Baltimore. Mitte des Jahres 1908 schrieb C.G. JUNG an FREUD: "Jüngst erhielt ich den Besuch von Prof. Adolf MEYER vom State Pathological Institute in New York. Er ist ein sehr intelligenter und klarer Kopf und ganz auf unserer Seite, sogar jenseits des Toxingrabens in der Dementia praecox." (FREUD/JUNG 1974, S. 188f.)

218 Hannah GREEN, Ich hab' Dir nie einen Rosengarten versprochen (1978).

219 Vgl. dazu die FREUDsche Bemerkung zu JANETs Behauptung, die Psychoanalyse habe nur in dem "sittenlosen" und "sinnlichen" Wiener Milieu entstehen können; FREUD setzte dagegen, daß das Gegenteil sich eventuell hören ließe (GW X., S. 80f.).

220 La foi qui guérit (Paris 1893). Vgl. auch Kapitel 4.3.2. und 5.1. dieses Buches.

221 Vgl. dazu die Einleitung DEJERINEs zu DUBOIS' 1904 verfaßtem Werk "Die Psychoneurosen" (DUBOIS 1910).

222 Vgl. S. TÖMMEL, Wissenschaftsstrukturelle Beschreibung der Psychoanalyse in: PSYCHOANALYSE, 4/1983, S. 319–352.

223 Zumindest insoweit, als davon auszugehen ist, daß beide Theorien die Psychoanalyse voraussetzen und von dieser eine Variante sind. Sie haben sich erfolgreicher durchgesetzt als die Theorie JANETs, und hier kann man mit noch besserer Begründung sagen: Nicht wegen ihres wissenschaftlichen Gehaltes, sondern auf Grund ihrer organisatorischen und institutionellen Vorsorge (vgl. auch Kapitel 7 dieses Buches).

224 Für die allerdings inzwischen alle die Einschränkungen zutreffen, die HABERMAS (1965) als ihren "Strukturwandel" beschrieben hat.

225 BLACHOWITZ (1971) lehnt ein evolutionäres Konzept vor allem deshalb für die Wissenschaftsentwicklung ab, weil nach seiner Vorstellung Variationen durch "Zufall" zustandekommen. Er verkürzt das für das Evolutionsmodell wesentliche Prinzip der Variation auf die spezielle Variationsquelle Mutation; neben dieser spielt aber die mehr oder minder systematisch ablaufende bzw. heute sogar präzise geplante "Zuchtwahl" mit ihren z.T. völlig neuartigen Genkombinationen eine bekanntlich oft entscheidende Rolle als Variationsquelle, deren Ergebnisse anschließend der Selektion unterliegen. Im übrigen geschehen sowohl Mutation als auch Rekombination stets nur auf der Basis des bisher Erreichten (d.h. hier des Informationskomplexes, der sich bis dahin als überlebensfähig erwiesen hat). Ferner hat schon TOULMIN auf die nicht nur zufällige Mutationsrate hingewiesen; man kennt spezielle Umweltbedingungen, die die Mutationsrate vorhersagbar erhöhen: so bestimmte Bestrahlung, chemische Einflüsse etc.

Literatur

ACHINSTEIN, P. (1968): Concepts of Science, Baltimore.

ACKERKNECHT, E. (1967): Kurze Geschichte der Psychiatrie, Stuttgart.

ADAM, H.A. (1925): Einführung in die Psychotherapie, München.

ADLER, A. (1907): Studie über Minderwertigkeit der Organe, Wien.

DERS. (1912): Über den nervösen Charakter, Wien.

ADORNO, T.W. (1962): Die revidierte Psychoanalyse. In: HORKHEIMER/ADORNO, Sociologica II, Frankfurt.

DERS. (1973): Studien zum autoritären Charakter, Frankfurt.

AICHHORN, A. (1925): Verwahrloste Jugend, Wien.

ALBERT, H. (1968): Traktat über kritische Vernunft, Tübingen.

DERS. (1972): Plädoyer für kritischen Rationalismus, München.

DERS. (1977): Kritische Vernunft und menschliche Praxis (mit einer autobiographischen Einleitung), Stuttgart.

DERS. und KEUTH, H. (Hrsg.) (1973): Kritik der kritischen Psychologie, Hamburg.

ALLGEMEINE ZEITSCHRIFT FÜR PSYCHIATRIE Bd. 102 (1934): Bericht über die Jahresversammlung des Deutschen Vereins für Psychiatrie am 24. und 25.5.1934 in Münster/W.

ANDICS, H. (1974): Das österreichische Jahrhundert, Die Donaumonarchie von 1804 bis 1900, Wien-München.

ANDREAS-SALOME, L. (1965): In der Schule bei Freud, Frankfurt.

ARIÈS, Ph. (1978): Die Geschichte der Kindheit, München.

ARKEL, D. van (1966): Antisemitism in Austria, Leiden.

ATTENBOROUGH, D. (1979): Das Leben auf unserer Erde, Hamburg-Berlin.

AUSTIN, W.A. (1973): Paradigms, Rationality, and Partial Communication. In: Zeitschrift für allgemeine Wissenschaftstheorie, 3. Jahrgang, Heft 2, Wiesbaden.

BAHR, Hermann (1920): Burgtheater, Wien.

BAKAN, D. (1958): Sigmund Freud and the Jewish Mystical Tradition, Princeton.

BARANDE, I., BARANDE, R. (1975): Histoire de la Psychoanalyse en France, Toulouse.

BARBER, B. (1962): Science and the Social Order, New York.

BATESON, G. et al. (1969): Schizophrenie und Familie, Frankfurt.

DERS. et al. (1970): Auf dem Weg zu einer Schizophrenie-Theorie, Frankfurt.

BEN-DAVID, J. (1960): Roles and Innovations in Medicine. Amer. J. Sociology LXV, S. 557-568.

DERS. (1960): Scientific Productivity and Academic Organization in Nineteenth Century Medicine. Am.Soc.Rev. XXV, 6, S. 828-843.

DERS. (1966): Social Factors in the Origins of New Science: the Case of Psychology. Am.Soc.Rev. XXXI, 4, S. 451-465.

DERS. (1971): The Scientist's Role in Society, a Comparative Study, Englewood Cliffs.

BENEDETTI, G. (1973): Psyche und Biologie, Stuttgart.

BENEDIKT, M. (1868): Elektrotherapie, Wien.

BERGER, A. Frhr.v. (1932): Seelenchirurgie. In: Neue freie Presse, nachgedruckt in: Die psychoanalytische Bewegung IV, 1932, S. 73 ff.

BERNAL, J.D. (1970): Wissenschaft (Science in History), Bd. 1-4, Hamburg.

BERNFELD, S. (1944 a): Freud's Earliest Theories and the School of Helmholtz, The Psychoanalytic Quarterly 13, S. 341-62.

DERS. u. CASSIRER, S. (1944 b): Freud's Early Childhood, Bulletin of the Menninger Clinic. Vol. VIII, S. 105-115.

DERS. (1946): An Unknown Autobiographical Fragment by Freud, The American Imago 4, S. 3-19.

DERS. (1949): Freud's Scientific Beginnings, The American Imago 6, S. 163-196.

DERS. (1971 a): Antiautoritäre Erziehung und Psychoanalyse, Ausgewählte Schriften Bd. 2, Berlin.

DERS. (1971 b): Ist Psychoanalyse eine Weltanschauung? In: Bernfeld 1971 a.

DERS. u. CASSIRER, S. (1952): Freud's First Year in Practice, 1886-1887, in: Bulletin of the Menninger Clinic, Vol. XVI, 2, S. 37-49.

DERS. u. CASSIRER-BERNFELD, S. (1981): Bausteine der Freud-Biographik, Frankfurt.

BERNHEIM, H. (1886): De la suggestion et de ses application à la thérapeutique, Paris.

BERNHEIM, H. (1891): Hypnotisme, Suggestion, Psychothérapie, Etudes Nouvelles, Paris.

BETTELHEIM, B. (1984): Freud und die Seele des Menschen,
Düsseldorf.

BINSWANGER, L. (1956): Erinnerungen an Sigmund Freud,
Bern.

BLACHOWICZ, R. (1971): Systems Theory and Evolutionary
Models of the Development of Science. Philosophy of Science
38 (1971), S. 178-199.

BLANTON, S. (1975): Tagebuch meiner Analyse bei Sigmund
Freud, Frankfurt.

BLEULER, E. (1896): (Rez.) Dr. Josef Breuer und Dr.
Sigmund Freud: Studien über Hysterie. In: Münchener
med. Wschr. 43, S. 524 f.

DERS. (1911): Die Psychoanalyse Freuds. Jahrbuch für
psychoanalytische und psychotherapeutische Forschung II,
Leipzig und Wien.

DERS. (1916): Lehrbuch der Psychiatrie, Berlin.

DERS. (1926): Zur Unterscheidung des Physiogenen und
des Psychogenen bei der Schizophrenie. AZP 84, Berlin.

BÖHME, G., DAELE, W., KROHN, W. (1973 a): Die Finalisie-
rung der Wissenschaft. ZfS, Jg. 2, Heft 2, S. 128-144,
Stuttgart.

DIES. (1973 b): Alternativen in der Wissenschaft. ZfS Jg. 2,
Heft 4, S. 302-316, Stuttgart.

BÖHME, G. et al. (1978): Die gesellschaftliche Orientierung
des wissenschaftlichen Fortschritts, Frankfurt/M.

DERS., KROHN, W., WEINGART, P. (1979): Geplante Forschung, Frankfurt.

BONDI, H. (1975): What is Progress in Science? In: Harré
1975, S. 1-10.

BONHOEFFER, K. (1915): Psychiatrie und Neurologie. In:
Monatsschrift für Psychiatrie und Neurologie, Bd. 37,
1915, S. 94-104.

BOWEN, M. (1971): The Use of Family Theory in Clinical
Practice. In: Haley (ed.), Changing Families, New York.

BREUER, J., FREUD, S. (1893): Über den psychischen
Mechanismus hysterischer Phänomene (Vorläufige Mitteilung). Neurolog. Centralblatt 12, S. 4-10.

DIES: (1895): Studien über Hysterie, Leipzig und Wien.

BREZINA; E., STRANSKY, E. (1955): Psychische Hygiene,
Wien und Bonn.

BROME, V. (1969): Sigmund Freud und sein Kreis, München.

BRY, I., RIFKIN, H. (1962): Freud and the History of
Ideas: Primary Sources 1886-1910, Science and Psychoanalysis 5, S. 6-36.

BÜHL, W.L. (1974): Einführung in die Wissenschaftssoziologie, München.
DERS. (1982): Struktur und Dynamik des menschlichen Sozialverhaltens, Tübingen.
BUMKE, O. (1931): Die Psychoanalyse, eine Kritik, Berlin.
BUNGE, M. (1959): Causality, The Place of the Causal Principle in Modern Science, Cambridge, Mass.
DERS. (1963 a): A General Black Box Theory. Philosophy of Science 30, S. 346-358.
DERS. (1963 b): The Myth of Simplicity, Englewood Cliffs.
DERS. (1964): Phenomenological Theories, in: BUNGE, M. (ed.), The Critical Approach to Science and Philosophy, London.
DERS. (1967): Scientific Research 1 and 2, Berlin, New York.
DERS. (1973): Method, Model, and Matter, Boston.
BURNHAM, J.C. (1967): Psychoanalysis and American Medicine 1894-1918: Medicine, Science, and Culture. In: Psychological Issues, Vol. V, No. 4, Monograph 20, New York.

CAMPBELL, C.H. (1957): Induced Delusions, The Psychopathy of Freudism, Chicago.
CAMPBELL, D.T. (1974): Evolutionary Epistemology, in: SCHILPP, P.A. (ed.), The Philosophy of Karl Popper, S. 413-464, La Salle III.
CHANGEUX, J.P. (1984): Der neuronale Mensch, Reinbek.
CHARCOT, J.-M. (1882): Sur le divers états nerveux déterminés par L'hypnotisation chez les hystériques. Comptes-Rendus hebdomadaires des Séances de l' Académie des Sciences 94, S. 403-405.
DERS. (1893): La foi qui guérit, Paris.
CHERTOK, L.R. (1973): Naissance du Psychoanalyste, De Mesmer à Freud, Paris.
COATS, A.W. (1969): Is there a 'Structure of Scientific Revolutions' in Economics? Kyklos XXII, S. 289-296.
CLARK, R.W. (1979): Freud, the Man and the Cause, London.
CLARKE, J.M. (1896): (Rez.) Studien über Hysterie. In: Brain, London 19, S. 401-414.
CLAUS, A., GRÜNTHAL, E., HEIMANN, H., KUHN, R., SPOERRI, M., WYRSCH, J. (1957): Beiträge zur Geschichte der Psychiatrie und Gehirnanatomie, Basel, New York.
COMTE, A. (1842): Cours de philosophie positive, vol. 4-6, Sociologie, Paris.
CRANE, D. (1972): Invisible Colleges, Diffusion of Knowledge in Scientific Communities, Chicago.

van den DAELE, W., KROHN, W., WEINGART, P. (Hrsg.) (1979): Geplante Forschung, Vergleichende Studie über den Einfluß politischer Programme auf die Wissenschaftsentwicklung, Frankfurt/M.

DAHRENDORF, R. (1962): Homo sociologicus, Stuttgart.

DANNEMANN, A. (1901): Bau, Einrichtung und Organisation psychiatrischer Stadtasyle. Betrachtungen über eine zeitgemäße Verbesserung der Fürsorge für Geistes- und Nervenkranke, Halle.

DARWIN, Ch. (1859): Die Entstehung der Arten durch natürliche Zuchtwahl, Bd. I u. II.

DERS. (1965): Eine Auswahl aus seinem Werk, übers. u. hrsg. von W.v. WYSS, Bern und Stuttgart.

DAUDET, L. (1917): Souvenirs de milieux littéraires, politiques, artistiques et médicaux de 1885 à 1905. 2e série: Devant la douleur, Paris, S. 4-15.

DERS. (1922): Les Oeuvres et les Hommes, Paris.

DIEDERICH, W. (Hrsg.) (1974): Theorien der Wissenschaftsgeschichte. Beiträge zur diachronen Wissenschaftstheorie.

DITFURTH, H.v. (1979): Gedanken zu einem naturwissenschaftlichen Weltbild, Frankfurt.

DÖRNER, K. (1975): Bürger und Irre, Zur Sozialgeschichte und Wissenschaftssoziologie der Psychiatrie, Frankfurt/M.

DOLLARD, J., MILLER, N.E. (1948): Theory and experiment relating psychoanalytic displacement to stimulus-response generalization. J.Abn.Soc.Ps. 43 (1948), S. 155-178.

DIES. (1950): Personality and Psychotherapy, an Analysis in Terms of Learning, Thinking, and Culture, New York.

DOOLITTLE, H. (1976): Huldigung an Freud. Frankfurt, Berlin, Wien.

DORER, M. (1932): Historische Grundlagen der Psychoanalyse, Leipzig.

DUBIEL, H. (1978): Wissenschaftsorganisation und politische Erfahrung, Studien zur frühen kritischen Theorie, Frankfurt/M.

DUBOIS, P. (1910): Die Psychoneurosen und ihre seelische Behandlung, mit einer Vorrede von Dr. Déjérine, Bern.

DURKHEIM, E. (1897): Le suicide, Paris.

EBNER-ESCHENBACH, M., BREUER, J. (1969): Ein Briefwechsel 1889-1916, hrsg. von R.A. KANN, Wien.

ECCLES, J. (Ed.) (1966): Brain and Conscious Experience, Heidelberg.

DERS. (1975 a): Wahrheit und Wirklichkeit (Mensch und Wissenschaft), Berlin, Heidelberg, New York.

DERS. (1975 b): Das Gehirn des Menschen, München, Zürich.

EIBL-EIBESFELDT, J. (1984): Die Biologie des menschlichen Verhaltens, München.

EISSLER, K.R. (1966): Sigmund Freud und die Wiener Universität. Über die Pseudowissenschaftlichkeit der jüngsten Wiener Freud-Biographik, Bern.

ELIAS, N. (1974): The Sciences: Towards a Theory. In: WHITLEY, R. (ed.) (1974).

DERS (1980[7]): Über den Prozeß der Zivilisation, soziogenetische und psychogenetische Untersuchungen, Frankfurt.

ELLENBERGER, H.F. (1973): Die Entdeckung des Unbewußten (2 Bde), Bern.

ELLIS, A. (1956): An Operational Reformulation of some of the Basic Principles of Psychoanalysis, Minnesota Studies, p. 131-154.

ELLIS, H. (1896): Hysteria in Relation to Sexual Emotions. In: Alienist, S. Louis 19, S. 599-615.

ENGELMANN, E. (1977): Berggasse 19, Das Wiener Domizil Sigmund Freuds, Stuttgart, Zürich.

ENGELS, F. (1845): Zur Lage der arbeitenden Klassen in England, Leipzig.

DERS. (1884): Der Ursprung der Familie, des Privateigentums und des Staates, Leipzig.

DERS. (1964): Briefe an Franz Mehring, in: MARX, K., ENGELS, F.: Ausgewählte Schriften in zwei Bänden, Bd. II, Berlin-Ost.

ERB, W. (1882): Handbuch der Elektrotherapie, Leipzig.

EYSENCK, H.J. (1970): Fact and Fiction in Psychology, Harmondsworth, Middlessex.

FAGES, J.-B. (1976): Histoire de la psychoanalyse après Freud, Toulouse.

FECHNER, G.Th. (1860): Elemente der Psychophysik, Leipzig.

DERS. (1873): Einige Ideen zur Schöpfungs- und Entwicklungsgeschichte der Organismen, Leipzig.

FEDERN, P. (1956): Ich-Psychologie und die Psychosen, Bern-Stuttgart.

DERS. (1976): Einleitung. In: NUNBERG/FEDERN, Bd. 1

FEIGL, H., SCRIVEN, M. (1956): Minnesota Studies in the Philosophy of Science, The Foundations of Science and the Concepts of Psychology and Psychoanalysis, Minneapolis.

FEYERABEND, P.K. (1972): Von der beschränkten Gültigkeit methodologischer Regeln. In: Neue Hefte für Philosophie 2/3.

FEYERABEND, P.K. (1974): Kuhns Struktur wissenschaftlicher Revolutionen - ein Trostbüchlein für Spezialisten? In: LAKATOS und MUSGRAVE (1974), S. 191-222.

DERS. (1976): Wider den Methodenzwang, Frankfurt/M.

FISCHEL, A. (1928): Das tschechische Volk, Bd. 1 und 2, Breslau und Oppeln.

FISHER, S. (1977): The Scientific Credibility of Freud's Theories and Therapy, New York.

FLECK, L. (1980): Entstehung und Entwicklung einer wissenschaftlichen Tatsache, Frankfurt/M.

FLEW, A. (1956): Motives and the Unconscious, Minnesota Studies, S. 155-173.

FLIESS, W. (1897): Die Beziehung zwischen Nase und weiblichen Geschlechtsorganen. In ihrer biologischen Bedeutung dargestellt, Leipzig, Wien.

DERS. (1906): In eigner Sache, Berlin.

DERS. (1926^3): Nasale Fernleiden, Leipzig, Wien.

FOUCAULT, M. (1969): Wahnsinn und Gesellschaft, Frankfurt/M.

FRANCIS, E.K. (1981): Darwins Evolutionstheorie und der Sozialdarwinismus. In: KZfSS 2, S. 209-228.

FRANKL, V. (1949): Der unbewußte Gott, Wien.

FRAENKEL, J. (1971): The Jews of Austria. Essays on their Life, London.

FRENKEL-BRUNSWIK (1956): Confirmation of Psychoanalytic Theories. In: Ph.G. FRANK (ed.) The Validation of Scientific Theories, Boston.

FREUD, Anna (1936): Das Ich und seine Abwehrmechanismen.

DIES. (1968): Schwierigkeiten der Psychoanalyse in Vergangenheit und Gegenwart. In: Die Schriften der Anna Freud, Bd. IX, S. 2481-2508.

FREUD, Ernst, FREUD, Lucie, GRUBRICH-SIMITIS, I. (1976): Sigmund Freud, sein Leben in Bildern und Texten mit einer biographischen Skizze von K.A. EISSLER, Frankfurt/K.

FREUD, Martin (1958). Sigmund Freud, Man and Father, New York.

FREUD, S. (1942-1968): GESAMMELTE WERKE, Bd. I-XVII, Frankfurt/M.

DERS. (1894): Die Abwehr-Neuropsychosen. Neurolog. Centralblatt 13, 362-364 und 401-409.

DERS. (1895): Über die Berechtigung, von der Neurasthenie einen bestimmten Symptomenkomplex als "Angstneurose" abzutrennen: Neurolog. Centralblatt 14, 50-66.

DERS. (1897): Die infantile Cerebrallähmung. In: H. NOTHNAGEL (Hrsg.) Specielle Pathologie und Therapie 8, II, Wien.

FREUD, S. (1962): Aus den Anfängen der Psychoanalyse, Briefe an Wilhelm Fliess, Frankfurt/M.

DERS., ZWEIG, A. (1968): Briefwechsel, hrsg. von Ernst L. FREUD, Frankfurt/M.

DERS., JUNG, C.G. (1974): Briefwechsel, Frankfurt/M.

DERS., WEISS, E. (1973): Briefe zur psychoanalytischen Praxis, Frankfurt/M.

FRIEDLÄNDER, S. (1975): Histoire et psychoanalyse, Essai sur les possibilités et les limites de la psychohistoire, Paris.

FROMM, E. (1935): Die gesellschaftliche Bedingtheit der psychoanalytischen Therapie, ZfS 4.

DERS. (1971): Analytische Sozialpsychologie und Gesellschaftstheorie, Frankfurt/M.

DERS. (1981): Sigmund Freud, Seine Persönlichkeit und seine Wirkung, Frankfurt, Berlin, Wien.

FROMM-REICHMANN, F. (1976): Heilung durch Wiederherstellung von Vertrauen. In: P. MATUSSEK (1976) Psychotherapie schizophrener Psychosen, Hamburg.

DIES. (1959): Intensive Psychotherapie, Stuttgart.

DIES. (1978): Psychoanalyse und Psychotherapie, Stuttgart.

FÜRSTNER, C. (1904): Neuropathologie und Psychiatrie, Archiv für Psychiatrie 38, S. 895-907.

GAMM, H.J. (1979): Das Judentum, Frankfurt/M.

GARFIELD, S.L. (1973): Basic Ingredients or Common Factors in Psychotherapie, J. Consult.Clin.Psychol. 14, S. 9-12.

GEYMONAT, L. (1980): Grundlagen einer realistischen Theorie der Wissenschaft, Köln.

GICKLHORN, J., GICKLHORN, R. (1960): Sigmund Freuds akademische Laufbahn im Lichte der Dokumente, Wien, Innsbruck.

GRIESINGER; W. (1867[2]): Pathologie und Therapie der psychischen Krankheiten, Stuttgart (Nachdruck: Amsterdam 1964).

DERS. (Hrsg.) (1868-69): Archiv f. Psych. u. Nervenkrankheiten, I. Bd., Berlin.

GRIFFITH, B.C., MILLER, H.J. (1970): Networks of Informal Communication Among Scientifically Productive Scientists. In: NELSON, C.E., POLLOCK, D.K. (eds.) Communication Among Scientists and Engineers, Lexington, Mass.

GRINSTEIN, A. (1968): On Sigmund Freud's Dreams, Detroit.

GROHMANN (1820): Physiologie des menschlichen Geistes nach allgemeinen Naturgesetzen. Allgemeiner Entwurf zu einer künftigen Psychologie und Pathologie, Zeitschr. f. psych. Ärzte 3, S. 284-332 und S. 449-504.

GRUBRICH-SIMITIS, I. (1971): Sigmund Freud, Lebensge-
schichte und Anfänge der Psychoanalyse. In: S. Freud,
Selbstdarstellung, Frankfurt/M., S. 7-33.
DIES. (1981): Siegfried Bernfeld: Historiker der Psychoana-
lyse und Freud-Biograph. In: BERNFELD/CASSIRER-BERN-
FELD 1981, Frankfurt/M.
GUILLAIN, G. (1955): J.-M. Charcot, 1835-1893, sa vie,
son oevre, Paris.

HABERMAS, J. (1965): Strukturwandel der Öffentlichkeit,
Frankfurt/M.
DERS. (1973): Erkenntnis und Interesse, Frankfurt/M.
HAGSTRÖM, W.O. (1965): The Scientific Community, New
York.
HALE, N.G. (ed.) (1971): James Jackson Putnam and Psycho-
analysis, Letters between Putnam and Sigmund Freud,
Ernest Jones, William James, Sandor Ferenczi, and Morton
Prince, 1877-1917, Cambridge, Mass.
HALFMANN, J. (1979): Wissenschaftliche Entwicklung und
Evolutionstheorie, Archives Européennes de Sociologie XX,
X., S. 245-298.
HARRÉ, R. (1970): The Principles of Scientific Thinking,
London.
DERS. (1972): The Philosophics of Science. An Introductory
Survey, London, Oxford, New York.
DERS. (ed.) (1975): Problems of Scientific Revolution,
Progress and Obstacles to Progress in the Sciences, Ox-
ford.
DERS. (1965): An Introduction to the Logic of Science,
London.
HARTMANN, H. (1927): Die Grundlagen der Psychoanalyse,
Leipzig.
DERS. (1930): Psychoanalyse (Handwörterbuch der med.
Psychologie), Leipzig.
DERS. (1959): Psychoanalysis as a Scientific Method. In:
S. HOOK (ed.), Psychoanalysis, Scientific Method and
Philosophy, New York.
DERS. (1960): Ich-Psychologie und Anpassungsproblem,
Stuttgart.
DERS. (1964): Zur psychoanalytischen Theorie des Ichs,
Stuttgart.
HAYMAKER; SCHILLER (eds.) (1970[2]): The Founders of Neu-
rology, Springfield/Ill.
HELM, J., RÖSLER, H.-D., SZEWICZYK, H. (1979): Klini-
sche Psychologie, theoretische und ideologische Probleme,
Berlin (Ost).

HEMPEL, C.G. (1977): Aspekte wissenschaftlicher Erklärung, Berlin, New York.

DERS., OPPENHEIM, P. (1936): Der Typusbegriff im Lichte der neuen Logik, Leiden.

HERBART, J.F. (1813): Lehrbuch zur Einleitung in die Philosophie, Berlin.

HILFIKER, K. (1928): Zur Kritik von Freuds Auffassung der Vorstellungen Schizophrener und Primitiver. Allg.Z. Psychiat. 89, S. 83–108.

HILGARD; E:R. et al. (1970[2]): Psychoanalyse as Science, Greenwood.

HILL, L.B. (1958): Der psychotherapeutische Eingriff in die Schizophrenie, Stuttgart.

HIRSCHMÜLLER, A. (1978): Physiologie und Psychoanalyse im Leben und Werk Josef Breuers, Bern.

HOCHE, A.E. et al. (1975): Drei Kritiken der Psychoanalyse, Coburg.

HOLZER, H. (1978): Evolution oder Geschichte? Einführung in Theorien gesellschaftlicher Entwicklung, Köln.

HOLZKAMP, K. (1973): Sinnliche Erkenntnis, historischer Ursprung und gesellschaftliche Funktion der Wahrnehmung, Frankfurt/M.

HOLZKAMP-OSTERKAMP, U. (1975/76): Grundlagen der psychologischen Motivationsforschung, Bd. 1 (1975), Bd. 2 (1976), Frankfurt/M.

HOOK, S. (1959): Verteidigung und Kritik psychoanalytischer Auffassungen.

HORNEY, K. (1951 a): Neue Wege in der Psychoanalyse, Stuttgart.

DERS. (1951 b): Der neurotische Mensch in unserer Zeit, Stuttgart.

HOWELLS, J.G. (ed.) (1975): World History of Psychiatry, New York.

HUBER, W. (1977): Psychoanalyse in Österreich seit 1933, Veröffentlichungen des Ludwig BOLTZMANN-Institutes für Geschichte der Gesellschaftswissenschaften, hrsg. von E. WEINZIERL u. W. HUBER, Bd. 2, Wien, Salzburg.

DERS. (1978): Beiträge zur Geschichte der Psychoanalyse in Österreich, Veröffentlichungen des Ludwig-BOLTZMANN-Institutes für Geschichte und Gesellschaftswissenschaften, hrsg. von E. WEINZIERL u. W. HUBER, Bd. 4, Wien, Salzburg.

IBOR, J.L. (1964): Psychiatrie und Neurologie am Kreuzwege. Der Nervenarzt 35, S. 145–148.

INFELD, M. (1896): (Rez.) Breuer und Freud: Studien über Hysterie 1895. In: Wiener klinische Rundschau 10, S. 877 f.

JACKSON, D.D. (ed.) (1960): The Etiology of Schizophrenia, New York.
JACOB, W. (1969): Zur Geschichte der Psychotherapie und Neurosenlehre. In: E. WIESENHÜTTER (1969), S. 9-19.
JAEGER, M. (1956): Before Victoria, London.
JAEGER, M., LEISER, E. (1979): Zur Rolle der Subjektivität der wissenschaftstheoretischen Kategorien bei der Kritik der modernen bürgerlichen Sozialwissenschaften, Köln.
JAEGGI, U.: Theoretische Praxis, Frankfurt/M.
JANET, P. (1886): Les actes inconscient et le dédoublement de la personalité pendant le somnabulisme provoqué, Revue philosophique 22, S. 577-592.
DERS. (1889): L' automatisme psychologique, Paris.
DERS. (1893): Contribution à l' étude des accidents mentaux chez les hystériques, Paris.
DERS. (1897): L' influence somnabulique et le besoin de direction. III. Internationaler Kongreß für Psychologie vom 4. bis 7. August 1896, München 1897, S. 143-145.
DERS. (1898): Névroses et Idées fixes, 2 Bde., Paris.
DERS. (1903): Les obsessions et la psychasthénie, Paris.
DERS. (1909): Les Névroses, Paris.
JASPERS, D. (1973[9]): Allgemeine Psychopathologie, Berlin, Heidelberg, New York.
JOHNSTON, W.M. (1974): Österreichische Kultur- und Geistesgeschichte, Gesellschaft und Ideen im Donauraum 1848-1938, Wien.
JONES, E. (1959): Free Associations, Memories of a Psycho-Analyst, London, New York.
DERS. (1978(2), 1960, 1962, 1962): Das Leben und Werk von Sigmund Freud. Bd. I: Die Entwicklung zur Persönlichkeit und die großen Entdeckungen, 1856-1900, Bd. II: Jahre der Reife, 1901-1919, Bd. III: Die letzte Phase, 1919-1939, Bern, Stuttgart, Wien.
JUNG, C.G. (1906): Diagnostische Assoziationsstudien, Leipzig.

KANN, R.A. (1962): Werden und Zerfall des Habsburgerreiches, Graz, Wien, Köln.
DERS. (1964[2]): Das Nationalitätenproblem der Habsburger Monarchie, 2 Bde., Wien.
DERS. (1977): Geschichte des Habsburgerreiches 1526-1918, Wien, Köln.

KANT, I. (1800²): Anthropologie in pragmatischer Hinsicht, Berlin.

KATZENSTEIN, A. (1979): Zum psychoanalytischen Therapiekonzept, Wege zur soziodynamischen Psychotherapie. In: HELM, RÖSSLER, SZEWCZYK (1979), S. 61–73.

KELK, N. (1977): Is Psychoanalysis a Science? A Reply to Slater. Brit.J.Psychiat. 139, S. 105–111.

KERNBERG, O. (1979): Borderline Störungen und pathologischer Narzißmus, Frankfurt/M.

KIESLER, D.J. (1966): Some Myths of Psychotherapy Research and the Search for a Paradigm, Psychological Bulletin 65, S. 110–136.

KISIEL, Th., JOHNSON, G. (1974): New Philosophies of Science in the USA. Zeitschr. f. allg. Wissenschaftstheorie 5, S. 138–191.

KLEIST, K. (1925): Die gegenwärtigen Strömungen in der Psychiatrie, AZP 82.

KLIMA, R. (1974): Scientific Knowledge and Social Control in Science: the Application of a Cognitive Theory of Behavior to the Study of Scientific Behavior. In: R. WHITLEY (1974), S. 96–122.

KÖNIG/STEHR (Hrsg.) (1975): Wissenschaftssoziologie, Sonderheft 18 KZfSS.

KOHUT, H. (1873): Narzißmus, Frankfurt.

DERS. (1979): Die Heilung des Selbst, Frankfurt.

KRAEPELIN, E. (1915): Psychiatrie, Ein Lehrbuch für Studierende und Ärzte (achte, vollstdg. umgearb. Aufl.) Bd. IV, Teil III, Leipzig.

DERS. (1918): 100 Jahre Psychiatrie, München.

KRAFT-EBING, R. (1886): Psychopathia sexualis, Stuttgart.

DERS. (1896): Zur Suggestivbehandlung der Hysteria gravis. Zeitschr. f. Hypnotismus Nr. 4, S. 27–36.

KRAIKER, Chr. (1980): Psychoanalyse, Behaviorismus, Handlungstheorie, Theoriekonflikte in der Psychologie, München.

KRANTZ, D.L. (ed.) (1969): Schools of Psychology, New York.

KRETSCHMER, E. (1977): Über Hysterie, Leipzig.

KRIS, E. (1960): Vorwort zu Freud 1962, Frankfurt/M.

KRÜLL, M. (1979): Freud und sein Vater. Die Entstehung der Psychoanalyse und Freuds ungelöste Vaterverbindung, München.

KRYSMANSKI, H.J. (1972): Soziales System und Wissenschaft, Düsseldorf.

KUCZYNSKI, J. (1963): Die Geschichte der Lage der Arbeiter unter dem Kapitalismus. Bd. 1–18, Berlin (Ost).

KUHN, T.S. (1970): Reflexions on my Critics. In: LAKATOS, MUSGRAVE (eds.) (1970).

DERS. (1974): Logik der Forschung oder Psychologie der wissenschaftlichen Arbeit? In: LAKATOS, MUSGRAVE (1974), S. 1-24.

DERS. (1978[3]): Die Struktur wissenschaftlicher Revolutionen, Frankfurt/M.

DERS., KRÜGER, L. (1977): Die Entstehung des Neuen – Studien zur Struktur der Wissenschaftsgeschichte, Frankfurt/M.

LAKATOS, I. (1974 a): Falsifikation und die Methodologie wissenschaftlicher Forschungsprogramme. In: LAKATOS, MUSGRAVE (1974), S. 89-190.

DERS. (1974 b): Die Geschichte der Wissenschaften und ihre rationale Rekonstruktion, in: LAKATOS, MUSGRAVE (1974), S. 271-312.

DERS., MUSGRAVE, A. (1974): Kritik und Erkenntnisfortschritt, Braunschweig.

LAMMERS, C.J. (1974): Mono- and poly-paradigmatic developments in natural and social sciences, in: R. WHITLEY (1974), S. 123-147.

LAMPL-DE-GROOT, J. (1933): Zu dem Problem der Weiblichkeit. Internationale Ztschr.f.Psychoanalyse XIX.

LEHMANN, H., LEHMANN, S. (1973): Das Nationalitätenproblem in Österreich 1848-1918, Göttingen.

LEIBBRAND-WETTLEY (1961): Der Wahnsinn, Freiburg, München.

LEPENIES, W. (Hrsg.) (1979): Georges Canguilhem, Wissenschaftsgeschichte und Epistemologie, Frankfurt.

LEPSIUS, R. (Hrsg.) (1976): Verhandlungen des 17. Deutschen Soziologentages, Zwischenbilanz der Soziologie, Stuttgart.

LESKY, E. (1959): Das Österreichische Gesundheitswesen im Zeitalter des aufgeklärten Absolutismus, Wien.

DIES. (1965): Die Wiener medizinische Schule im 19. Jahrhundert, Studien zur Geschichte der Universität Wien, Bd. VI, Graz, Köln.

DIES. (Hrsg.) (1974): Wien und die Weltmedizin, Wien, Köln.

LEUPOLD-LÖWENTHAL, H. (1981): Nachwort. In: Protokolle der Wiener Psychoanalytischen Vereinigung, Bd. IV, 1912-1918, Frankfurt/M., S. 325-354.

LIÉBAULT, A.A. (1866): Du sommeil et des états analogues considéres surtout au point de vue de l'action du moral sur le physique, Paris.

LIEBER, H.J. (Hrsg.) (1974): Ideologielehre und Wissenssoziologie, Die Diskussion um das Ideologieproblem in den zwanziger Jahren, Darmstadt.

LÖWENFELD, L. (1897): Lehrbuch der gesammten Psychotherapie, Wiesbaden.

LORENZ, K. (1973): Die Rückseite des Spiegels, Versuch einer Naturgeschichte menschlichen Erkennens, München, Zürich.

LORENZER, A. (1970): Sprachzerstörung und Rekonstruktion, Frankfurt/M.

DERS. (1972): Zur Begründung einer materialistischen Sozialisationstheorie, Frankfurt/M.

DERS. (1973): Über den Gegenstand der Psychoanalyse oder Sprache und Interaktion, Frankfurt/M.

DERS. (1976): Die Wahrheit der psychoanalytischen Erkenntnis. Ein historisch-materialistischer Entwurf, Frankfurt/M.

LUDZ, P.Ch. (1979): Thomas Kuhns Paradigmathese - eine ideologiekritische Untersuchung. In: SALOMON, K. (Hrsg.) Sozialphilosophie als Aufklärung - Festschrift für Ernst Topitsch, S. 217-246.

LUHMANN, N. (1968): Selbststeuerung der Wissenschaft, Jahrbuch für Sozialwissenschaft, Frankfurt/M.

MANNHEIM, K. (1925): Das Problem einer Soziologie des Wissens. In: LIEBER, H.J. (1974).

DERS. (1926): Ideologische und soziologische Interpretationen geistiger Gebilde. In: LIEBER, H.J. (1974).

DERS. (1952^3): Ideologie und Utopie, Frankfurt/M.

MARCK, S. (1927): Marxistische Grundprobleme in der Soziologie der Gegenwart. In: LIEBER (1974), S. 361-378.

MARCUSE, H. (1929): Zur Wahrheitsproblematik der soziologischen Methode, Die Gesellschaft 6, S. 356-369. In: H.J. LIEBER (1974).

DERS. (1965): Triebstruktur und Gesellschaft, Frankfurt.

DERS. (1968): Psychoanalyse und Politik, Frankfurt, Wien.

MARTIUS, H. (1972): The Kuhnian 'Revolution' and its implication for Sociology, in: NOSSITER, T.J. et al. (eds.) Imagination and Precision in the Social Science, London.

MARX, K. (1956): Die Deutsche Ideologie, MEW Bd. 3, Berlin (Ost).

DERS. (1967): Über Kunst und Literatur, Berlin (Ost).

MASSERMAN, J.H. (Ed.) (1972): Science and Psychoanalysis Vol. XXI Research and Relevance, Scientific Proceedings of the American Academy of Psychoanalysis, New York, London.

MASTERMAN, M. (1974): Die Natur eines Paradigmas. In: LAKATOS, MUSGRAVE (1974), S. 50-88.

MECHLER, A. (1963): Das Wort 'Psychiatrie', historische Anmerkungen. Der Nervenarzt 34, S. 405-406.

MEEHL, P.E. (1965): Problems in the actuarial Characterization of a Person, Minnesota Studies, p. 205-222.

MENDEL, G. (1972): Generationskrise, eine soziopsychoanalytische Studie, Frankfurt/M.

MENDELSOHN, E., WEINGART, P., WHITLEY, R. (eds.) (1977): The Social Production of Scientific Knowledge, Boston.

MENSCHIK, J. (1971): Gleichberechtigung oder Emanzipation? Die Frau im Erwerbsleben der BRD, Frankfurt/M.

MERTON, R.K. (1957): Social Theory and Social Structure, Chicago.

DERS. (1962): Priorities in Scientific Discovery. In: BARBER, HIRSCH, Sociology of Science, New York.

DERS. (1968): The Matthew Effect in Science. Science 159 (Jan.)

DERS. (1972): Insiders and Outsiders: a Chapter in the Sociology of Knowledge. Amer. J. Sociol. 78, S. 9-47.

DERS. (1973): The Sociology of Science, Theoretical and Empirical Investigations, Chicago, London.

DERS. (1980): Auf den Schultern von Riesen, Frankfurt/M.

MEYNERT, Th. (1889): Zum Verständnisse der traumatischen Neurosen im Gegensatze zu ihrer hypnotischen Entstehungstheorie, Wien. med. Wochenschrift 39, S. 686-687.

DERS. (1890): Klinische Vorlesungen über Psychiatrie aus wissenschaftlichen Grundlagen für Studierende und Ärzte, Wien.

MÖBIUS, F. (1900): Der physiologische Schwachsinn der Frau, Leipzig.

MÖLLER, H.-J. (1976): Methodische Grundprobleme der Psychiatrie, Stuttgart, Berlin, Köln, Mainz.

DERS. (1978): Psychoanalyse - erklärende Wissenschaft oder Deutungskunst? Zur Grundlagendiskussion in der Psychowissenschaft, München.

DERS. (1979): Zur wissenschaftstheoretischen Kritik an der psychoanalytischen Theorie, Der Nervenarzt 50, S. 157-164.

MOLL, A. (1924): Der Hypnotismus mit Einschluß der Psychotherapie und der Hauptpunkte des Okkultismus, Berlin.

MÜLLER, F.C. (Hrsg.) (1893): Handbuch der Neurasthenie, Leipzig.

MULLINS, N.C. (1973): Theories and Theory Groups in Contemporary American Sociology, New York.

DERS. (1974): Die Entwicklung eines wissenschaftlichen Spezialgebiets: die Phagen-Gruppe und die Ursprünge der Molekularbiologie. In: WEINGART, P. (1974).

MÜNCH, R. (1979): Evolutionäre Strukturmerkmale komplexer sozialer Systeme am Beispiel des Wissenschaftssystems, KZfSS 26, 681-714.

MUNTHE, A. (1980[3]): Das Buch von San Michele, München.

NELSON, B. (1974): On the Shoulders of the Giants of the Comparative Historical Sociology of 'Science' - in Civilizational Perspective. In: R. WHITLEY (1974).

NICHOLS, Ch. (1972): Science or Reflexion, Habermas on Freud. Phil. Soc. Sciences 2, p. 261 ff.

NOLTE, H. (1970): Psychoanalyse und Soziologie, Bern, Stuttgart.

NUNBERG, H. (1932): Allgemeine Neurosenlehre auf psychoanalytischer Grundlage, Bern.

DERS., FEDERN, E. (Hrsg.) (1976-1981): Protokolle der Wiener Psychoanalytischen Vereinigung. Bd. I. 1906-1908 (1976), Bd. II. 1908-1910 (1977), Bd. III. 1910-1911 (1979), Bd. IV. 1912-1918 (1981).

OESER, E. (1974): System, Klassifikation, Evolution, Wien, Stuttgart.

DERS. (1979): Wissenschaft und Information, systematische Grundlagen einer Theorie der Wissenschaftsentwicklung, 3 Bde., Wien, München.

ORTIGUES, M.-C., ORTIGUES, E. (1973): Oedipe africain (nouvelle édition revue et corrigée par les auteurs), Paris.

PANDY, K. (1908): Die Irrenfürsorge in Europa. Eine vergleichende Studie, Berlin.

PEIRCE, Ch.S. (1967): Die Festigung einer Überzeugung und andere Schriften (hrsg. v. E. WALTHER), Baden-Baden.

DERS. (1968): Über die Klarheit unserer Gedanken (hrsg. v. R. BERLINGER), Frankfurt/M.

DERS. (1973): Lectures on pragmatism (hrsg. v. E. WALTHER), Hamburg.

PERREZ, M. (1969): Bedarf die psychoanalytische Theorie eigener Kriterien der Wissenschaftlichkeit? In: Psyche 23, S. 842-849.

DERS. (1972): Ist die Psychoanalyse eine Wissenschaft? Bern, Stuttgart, Wien.

DERS. (1974): Die Funktion der psychoanalytischen Theorie bei der Formulierung von Interpretationen. In: Z. f. klin. Psychother. 22, S. 228-235.

PETERS, U.H. (1979): Anna Freud, Ein Leben für das Kind, München.

PIAGET, J. (1969): Das Erwachen der Intelligenz beim Kinde, Stuttgart.

POLANYI, M. (1958): Personal Knowledge, Towards a Post-critical Philosophy, Chicago.

DERS. (1962): The Republic of Science: It's Political and Economical Theory, Minerva 1, p. 54-73.

DERS. (1967): The Growth of Science in Society, Minerva 5, p. 533-545.

POPPER, K. (1957): The Poverty of Historicism, Boston.

DERS. (1959): The Logic of Scientific Discovery, London.

DERS. (1968 a): Epistemology without an Knowing Subject, in: ROOTSELAAR, STAAL (eds.): Proceedings on the Third International Congress for Logic, Methodology, and Philosophy of Science. Amsterdam, S. 333-373.

DERS. (1968 b): On the Theory of the Objective Mind. In: Proceedings of the XIV. International Congress of Philosophy I., S. 25-53, London.

DERS. (1974 a): Objektive Erkenntnis, ein evolutionärer Entwurf, Hamburg.

DERS. (1974 b): Replies to my Critics. Lectures on the Equal Status of Newton's and Freud's Theories. In: P.A. schilpp (1974), S. 999-1013.

DERS. (1974 c): Replies to my Critics. Campbell on the Evolutionary Theory of Knowledge. In: P.A. SCHILPP (1974), S. 1059-1065.

DERS. (1975): The Rationality of Scientific Revolutions. In: R. HARRÉ (1975), S. 72-102.

DERS. (1976): Die Logik der Forschung, Tübingen.

PRICE, D. (1963): Little Science, Big Science, New York, London.

DERS., BEAVER, D. (1966): Collaboration in a Invisible College, American Psychologist XXI, 6, pp. 1011-1018.

PROKOP, U. (1976): Weiblicher Lebenszusammenhang. Von der Beschränktheit der Strategien und der Unangemessenheit der Wünsche, Frankfurt/M.

QUEN, J.M., CARLSON, E.T. (1978): American Psychoanalysts: Origins and Development. The Adolf Meyer Seminars, New York.

RACHMAN, St. (1974): Wirkungen der Psychotherapie, Braunschweig.

RANK, O. (1908): Mythos über die Geburt der Helden, Wien.

RAPAPORT, D. (1970^2): Die Struktur der Psychoanalyse, Stuttgart.

RATTNER, J. (Hrsg.) (1979): Pioniere der Tiefenpsychologie, Wien, München, Zürich.

RAVETZ, J.R. (1971): Scientific Knowledge, and its Social Problems, London.

REIMANN, B.W. (1973): Psychoanalyse und Gesellschafts-theorie, Darmstadt und Neuwied.

REMPLEIN, S. (1977): Therapieforschung in der Psychoana-lyse. Ergebnisse und Probleme experimenteller Untersuchun-gen, München, Basel.

RICOEUR, P. (1969): Die Interpretation. Versuch über Freud, Frankfurt.

RIEDL, R. (1978): Die Strategie der Genesis, München, Zürich.

DERS. (1980): Biologie der Erkenntnis, Berlin, Hamburg.

DERS. (1984): Evolution und Erkenntnis, Antworten auf Fragen unserer Zeit, München.

RIEGER, K. (1896): Über die Behandlung Nervenkranker. In: Schmidt's Jb. 121 (1896), S. 193-198, 273-276.

RIKLIN, F. (1905): Analytische Untersuchungen der Symp-tome und Assoziationen eines Falles von Hysterie (Lina H.) Psychiatrisch-Neurologische Wochenschrift 46, S. 446-524.

RILLING, R. (1975): Theorie und Soziologie der Wissenschaft. Zur Entwicklung in BRD und DDR, Frankfurt/M.

ROAZEN, P. (1971): Politik und Gesellschaft bei Sigmund Freud, Frankfurt/M.

ROLLINS, N. (1974): The New Soviet Approach to the Un-conscious. Am. J. Psychiat. 131, S. 301-304.

ROSE, H., ROSE, S. (1974): "Do not adjust your mind, there is a fault in reality". Ideology in the Neurobiological Sciences. In: R. WHITLEY (1974), S. 148-171.

ROSEN, J.N. (1953): Direct Analysis, New York.

DERS. (1964): Psychotherapie der Psychosen, Stuttgart.

ROSSUM, W. van (1974): The Development of Sociology in the Netherlands: a Network Analysis of the Editorial Board of the Sociologische Gids. In: W. WHITLEY (1974), S. 172-194.

RUITENBEEK, Ph.D. (ed.) (1973): The First Freudians, New York.

SABLIK, K. (1968): Sigmund Freud und die Gesellschaft der Ärzte in Wien. Wiener Klin. Wochenschr. 80, 107–110.

SACHS, H. (1944): Freud, Master and Friend, Cambridge.

SAJNER, J. (1968): Sigmund Freuds Beziehungen zu seinem Geburtsort Freiberg (Pribor) und zu Mähren. Clio Medica 3, S. 167–180.

SCHÄFER, M.L. (1972): Der Neurosenbegriff. Ein Beitrag zu seiner historischen Entwicklung, München.

SCHEFFLER, I. (1964): Science and Subjectivity, 4. Kapitel Wissenschaft, Wandel und Objektivität. In: DIEDERICH (1974), S. 137–166.

SCHEIDT, J. vom (1973): Freud und das Kokain, München.

SCHELER, M. (1925): Probleme einer Soziologie des Wissens. In: H.J. LIEBER (1974).

DERS. (1960): Die Wissensformen und die Gesellschaft. (Zweite, durchgesehene Auflage mit Zusätzen herausgegeben von Maria SCHELER,) Bern.

SCHILPP, P.A. (ed.) (1974): The Philosophy of Karl Popper, La Salle III.

SCHIPPERGES, H. (1975): Psychiatrische Konzepte und Einrichtungen in ihrer geschichtlichen Entwicklung. In: Psychiatrie der Gegenwart, Bd. III, S. 1–38.

SCHMIDBAUER, W. (1971): Psychotherapie: ihre Geschichte von der Magie zur Wissenschaft, München.

DERS. (1973): Verwundbare Kindheit, Planegg b. München.

DERS. (1981): Der Psychoanalytiker und das Irrationale. In: Der Wissenschaftler und das Irrationale, hrsg. v. H.P. Dürr, Frankfurt.

SCHNITZLER, A. (1971): Jugend in Wien. Autobiographie, München.

SCHOLZ, W. (1961): 50 Jahre Neuropathologie in Deutschland (1885–1935), Stuttgart.

SCHRENK, M. (1973): Über den Umgang mit Geisteskranken. Die Entwicklung der psychiatrischen Therapie vom "moralischen Regime" in England und Frankreich zu den "psychischen Curmethoden" in Deutschland, Heidelberg, New York.

SCHÜLEIN, J.A. (1978): Das Gesellschaftsbild der Freud'schen Theorie, Frankfurt/M.

SCHULTZ, D.P. (1969): A History of Modern Psychology, New York, London.

SCHULTZ, J.H. (1952): Psychotherapie. Leben und Werk großer Ärzte, Stuttgart.

SCHULTZE, F.: Neuropathologie und innere Medizin. Centralblatt f. Nervenheilkunde und Psychiatrie, 27. Jg. (15. Bd.), S. 453–454.

SCHUR, M. (1973): Sigmund Freud, Leben und Sterben, Frankfurt/M.

SCHWARTZ, L. (1951): Die Neurosen und die dynamische Psychologie von Pierre Janet, Basel.

SCRIVEN, M. (1956): A Possible Distinction between Traditional Scientific Disciplines and the Study of Human Behavior. Minnesota Studies, p. 330-339.

SIEWING, R. (1978): Evolution: Bedingungen, Resultate, Konsequenzen, Stuttgart, New York.

SKINNER, B.F. (1956): Critique of Psychoanalytical Concepts and Theories. In: Minnesota Studies, Vol. I., p. 77-87.

SKIRRBEKK, G. (Hrsg.) (1977): Wahrheitstheorien, Frankfurt/M.

SLATER, E. (1975): The Psychiatrist in Search of a Science: III.-The Depth Psychologies. Brit.J.Psychiat. 126, S. 205-224.

SOROKIN, P.A. (1962): Social and Cultural Dynamics, Vol. 1-4, New York.

SOUQUES, A. (1925): Charcot intime. In: Presse Médicale, Bd. 33 I Nr. 42, 27. Mai, S. 693-698.

SPANN, W. (1962): Ärztliche Rechts- und Standeskunde, München.

SPEHLMANN, R. (1953): Sigmund Freuds neurologische Schriften. Eine Untersuchung zur Vorgeschichte der Psychoanalyse, Berlin, Göttingen, Heidelberg.

SPITZ, R.: Nein und Ja - die Ursprünge der menschlichen Kommunikation, Stuttgart, o.J.

STEGMÜLLER, W. (1974): Theoriedynamik und logisches Verständnis. In: DIEDERICH 1974, Frankfurt.

DERS. (1975): Hauptströmungen der Gegenwartsphilosophie, Stuttgart.

STEWART, W.A. (1967): Psychoanalysis. The First Ten Years, 1888-1898, New York, London.

STORER, N.W. (1966): The Social System of Science, New York.

STROTZKA, H. (1969): Psychotherapie und soziale Sicherheit, Stuttgart.

DERS., HEIDER, M. (1967): Die zukünftige Rolle von medizinischer Psychologie und Soziologie, Österreichische Hochschulzeitung.

STRÜMPELL, A. (1896): Studien über Hysterie. In: Dtsch. Ztschr. f. Nervenheilkunde 8, S. 159-161.

SULLOWAY, F.J. (1979): Freud, Biologist of the Mind, Beyond the Psychoanalytic Legend, New York.

TAPIE, V.L. (1975): Die Völker unter dem Doppeladler, Köln 1975.

THOMPSON, K. (1952): Die Psychoanalyse, ihre Entstehung und Entwicklung, Zürich.

TÖMMEL, S.E. (1976): Nation und Nationalliteratur. Eine soziologische Analyse des Verhältnisses von Literatur und Gesellschaft in Belgien zwischen 1830 und 1840, Berlin.

DIES. (1983): Wissenschaftsstrukturelle Beschreibung der Psychoanalyse. In: Psychoanalyse 4/1983, S. 319-352.

TOPITSCH, E. (Hrsg.) (1971[7]): Logik der Sozialforschung, Köln, Berlin.

TOULMIN, St. (1953): Einführung in die Philosophie der Wissenschaft, Göttingen o.J. (London 1953).

DERS. (1967): Conceptual Revolutions in Science. In: Synthesis No. XVII.

DERS. (1968): Voraussicht und Verstehen. Ein Versuch über die Ziele der Wissenschaft, Frankfurt/M.

DERS. (1971): From Logical Systems to Conceptual Population. In: R. BÜCK, R.S. COHEN (eds.): Studies in the Philosophy of Science, Vol. III, Boston.

DERS. (1972): Human Understanding, London.

DERS. (1974 a): Ist die Unterscheidung zwischen Normalwissenschaft und revolutionärer Wissenschaft stichhaltig? In: LAKATOS, MUSGRAVE (1974), S. 39-48.

DERS. (1974 b): Die evolutionäre Entwicklung der Naturwissenschaft. In: DIEDERICH (1974), S. 249-275.

DERS. (1978): Kritik der kollektiven Vernunft, Frankfurt/M.

TURKLE, S. (1978): Psychoanalytic Politics. Freud's French Revolution, New York.

UMPFENBACH, F. (1896): (Rez.) Breuer und Freud. Studien über Hysterie. In: Zeitschr. Psychol. Physiol. Sinnesorg. 10, S. 308 f.

VOLLMER, G. (1975): Evolutionäre Erkenntnistheorie, Stuttgart.

WAGNER-JAUREGG, J. (1950): Lebenserinnerungen, Wien.

WANDRUSZKA, A., URBANITSCH, P. (Hrsg.) (1973): Die Habsburgermonarchie 1848-1918 (1. Bd.).

WEBER, M. (1965): Die protestantische Ethik, eine Aufsatzsammlung, hrsg. von J. WINCKELMANN, München, Hamburg.

DERS. (1968): Die protestantische Ethik, Kritik und Antikritik, hrsg. von J. WINCKELMANN, München, Hamburg.

WEININGER, O. (1903): Geschlecht und Charakter, Leipzig, Wien.

WEINGART, P. (1972; 1974 a): Wissenschaftssoziologie Bd. I (1972), Bd. II (1974 a), Frankfurt/M.

DERS. (Hrsg.) (1974 b): Determinanten wissenschaftlicher Entwicklung, Frankfurt/M.

DERS. (1974 c): On a Sociological Theory of Scientific Change. In: R. WHITLEY (ed.) (1974).

DERS. (1976): Wissensproduktion und soziale Struktur, Frankfurt/M.

WELLS, H.G. (1963): The Failure of Psychoanalysis. From Freud to Fromm, New York.

WERTHEIMER, M. (1971): Kurze Geschichte der Psychologie, München.

WHITLEY, R. (1969): Communication Nets in Science: Status and Citation Patterns in Animal Physiology. Sociological Review No. 17.

DERS. (ed.) (1974): Social Processes of Scientific Development, London, Boston.

DERS. (1974 a): Cognitive and Sociological Institutionalization of Scientific Specialities and Research Areas. In: R. WHITLEY (ed.) (1974).

DERS. (ed.) (1977): The Social Production of Scientific Knowledge, Dordrecht, Boston.

WIESENHÜTTER, E. (Hrsg.) (1969 a): Einführung in die Neurosenlehre, Stuttgart.

DERS. (1969 b): Grundbegriffe der Tiefenpsychologie, Darmstadt.

DERS. (1974): Freud und seine Kritiker, Darmstadt.

DERS. (1979): Die Begegnung zwischen Philosophie und Tiefenpsychologie, Darmstadt.

WISDOM, J. (1957): Philosophy and Psycho-analysis, Oxford.

WITTELS, F. (1924): Sigmund Freud: Der Mann, die Lehre, die Schule, Leipzig.

WOLFF, K.H. (1967): The Sociology of Knowledge in the USA, Trend Report and Bibliography, Current Sociology XV, No. 1.

WUNDT, W. (1896): Grundriß der Psychologie, Leipzig.

WYNNE, L.C. et al. (1958): Pseudomutuality in the Family Relations of Schizophrenics, Psychiatry 21, S. 205-220.

ZIESEL, E. (1976): Die soziologischen Ursprünge neuzeitlichen Wissens. In: W. KROHN: Zur soziologischen Interpretation der neuzeitlichen Wissenschaft, Frankfurt/M.

ZUTT, J. (1962): Psychiatrie und Neurologie. Der Nervenarzt 33, S. 1-6.

ZWEIG, A. (1934): Bilanz der Deutschen Judenheit. Ein Versuch, Amsterdam.

ZWEIG, St. (1978): Die Welt von Gestern. Erinnerungen eines Europäers, Frankfurt/M.

Wilhelm Fliess
Von den Gesetzen des Lebens
1985. 144 Seiten, Broschur

Jahrbuch für sexuelle Zwischenstufen
Herausgegeben im Namen des wissenschaftlich-humanitären
Comitées v. Magnus Hirschfeld
Auswahl in zwei Bänden aus den Jahrgängen 1899 - 1923
Neu ediert von W.J. Schmidt
1983. Band I, 304 Seiten, Leinen
1984. Band II, 312 Seiten, Leinen

Fritz Morgenthaler
Homosexualität. Heterosexualität. Perversion
2. Auflage 1985. 194 Seiten, Broschur

Hans-Martin Lohmann (Hrsg.)
Das Unbehagen in der Psychoanalyse. Eine Streitschrift.
1984. 120 Seiten, Broschur

Hans-Martin Lohmann (Hrsg.)
Die Psychoanalyse auf der Couch
1983. 336 Seiten, Broschur

Campus Verlag · Myliusstrasse 16 · 6000 Frankfurt am Main

Campus Bücher zum Thema: Eine Auswahl

Klaus Holzkamp
Grundlegung der Psychologie
1983. 602 Seiten, Leinen. Studienausgabe 1985

Morus Markard
Einstellung
Kritik eines sozial-psychologischen Grundkonzepts
Reihe Texte zur kritischen Psychologie Band 12
1984. 248 Seiten

Peter K. Schneider, Erich Ruff
Der begriffene Wahnsinn
Ein kognitives Modell zur Aufklärung und Therapie des
psychotischen Verhaltens
1985. 252 Seiten

Manfred Thielen
Sowjetische Psychologie und Marxismus
Geschichte und Kritik
1984. 330 Seiten

Regina Schaps
Hysterie und Weiblichkeit
Wissenschaftsmythen über die Frau
1983. 210 Seiten, 10 Abb.

Hans-Joachim Busch
Interaktion und innere Natur
Sozialisationstheoretische Reflexionen
Mit einem Vorwort von Klaus Horn und Alfred Lorenzer
1985. 292 Seiten

Campus Verlag · Myliusstrasse 15 · 6000 Frankfurt am Main